제3판

사회조사론

김용석 · 이정희 · 전종설 · 정익중 · 김기덕

박영story

제3판 머리말

조사론을 다루는 책들이 매우 많다. 사회복지학, 경영학, 사회학 등 여러 학문 분야에서 조사연구가 중요하기 때문에 조사론이 필수 과목으로 지정되어 있다. 학부와 대학원 과정에서 모두 그렇다. 조사론을 다루는 책들이 수없이 많아서 저자들은 이 책의 초판을 만들 때 과연 이 책이 어느 정도 인기 있을지 걱정이 많았다. 그러나 우리의 우려와는 달리 이 책을 좋아하는 독자들이 점차 증가하여 제3판을 내기에 이르렀다. 이에 대해 독자들에게 감사드린다. 독자들이 이 책을 좋아하는 이유는 이 책이 갖는 장점 때문이라고 생각한다. 첫째, 이 책은 가능한 한 많은 사례를 제시하여 독자들이 이 책의 내용을 더 쉽고 빠르게 이해할 수 있도록 하였다. 둘째, 이 책은 필요한 부분마다 양적 조사와 질적 조사를 동시에 다루어 독자들이 사회조사를 총체적으로 이해할 수 있도록 하였다. 셋째, 이 책의 화려한 디자인도 독자들이 이 책을 좋아하게 만드는 데 한몫을 차지하였다고 생각한다.

우리 저자들은 초판 서문 마지막 부분에서 이 책의 내용에 대해 아쉬움을 토로하면서 책의 내용을 계속 고치고 다듬겠다고 독자들에게 약속하였다. 이러한 약속을 지키는 것이 이번 제3판의 최우선 목적이었다. 우리 저자들은 새로운 내용의 추가는 최대한 자제하되 이 책의 장점을 살리면서 완성도를 더 높이는 데 초점을 두고 제3판을 제작하였다. 주요 개정 내용은 다음과 같다.

- Part 1의 1~3장에서는 장문과 비문을 수정하여 가독성을 높였고, 특히 2장의 경우 독자들이 조사방법론의 핵심 쟁점을 더 명확하게 이해할 수 있도록 조사의 과학적 방법을 보완하였다.
- 조사연구의 구조를 다루는 Part 2에서는 일부 장의 순서를 바꾸었다. 초판에서는 조사연구의 과정을 먼저 제시한 후 조사연구의 기초 개념을 제시하였다. 제3판에서는 조사연구의 기초 개념을 제시한 후 조사연구의 과정을 제시하였다. 그 이유는 기초 개념을 먼저 소개한 후 조사연구의 과정을 소개하는 것이 타당하다고 판단하여 두 장의 순서를 바꾸었다. 더불어 조사연구의 기초 개념에 관한 사례를 추가하고 현실에 맞게 수정하였다. 또한, 사회과학 분야에서 조사연구의 의미, 조사연구를 수행하기 위한 절차, 그리고 데이터들을 정보화시키는 과정 등을 더욱 간결하게 정리하였다.
- Part 2에서 조사설계를 다루는 6장은 내용상으로 보강되었다. 조사설계의 유형을 추가하였고 각 조사설계가 내적 타당도 저해 요인을 통제하는 능력을 보완하였다. 또한 개인 수준 조사설계를 통해서 수집된 자료를 통계적으로 분석하는 방법에 대한 독자들의 욕구가 있어 이에 관한 내용을 추가하였다.
- 질적 조사 방법을 활용한 연구가 점차 증가하고 있어 질적 조사에서 사용하는 자료수집 방법들의 구체적인 사례를 풍부하게 제시하였다.
- Part 3은 조사연구의 마지막 단계라고 할 수 있는 연구논문과 조사보고서 작성을 다룬다. 이 책의 독자들이 주로 학생들이기 때문에 조사보고서에 초점을 두고 조사보고서의 각 구성요소에 꼭 들어가야 하는 내용을 점검할 수

있도록 정리하였다.

　제3판 제작을 위해 기울였던 저자들의 고민과 노력이 독자들에게 전해져 독자들이 이 책의 초판에 이어 제3판에도 많은 애정을 보여주길 바란다. 더불어 제3판에 대해서도 독자들의 지속적인 평가가 이루어지길 바라며 우리 저자들은 이 책의 완성도를 높이기 위해 독자의 평가를 끊임없이 반영하는 노력을 기울일 것이다.

　마지막으로 제3판이 나오기까지 성원을 아끼지 않은 박영스토리의 노현 대표님과 바쁜 일정 속에서도 꼼꼼한 교정 작업을 해 주신 배근하 과장님께 심심한 감사의 인사를 드린다.

2022년 봄
김용석, 이정희, 전종설, 정익중, 김기덕

머리말

책의 처음을 여는 글이라는 뜻을 가진 서문(序文)이란 이름과는 달리 서문은 흔히 책을 마무리하는 마지막에 작성되기 쉽다. 그래서 독자들이 책의 서문을 접하면서 기대하는 것은 그 책이 들려줄 내용에 대한 궁금증 그리고 책의 저자들에 대한 호기심일 것이지만 막상 서문에 담겨 있는 내용은 저자들의 입장에서 책을 만드는 과정에서의 아쉬움과 고마움 그리고 반성이 담겨 있는 후기(後記)일 경우가 많다.

이러한 점에서 우리 저자들은 이 책의 서문이 비록 마지막에 작성되었지만 철저히 독자들의 입장을 염두에 두고 쓰려고 노력하였다. 책의 서문에서부터 시작되는 이러한 독자들과 저자들의 입장 차이에 대한 깨달음이야말로 사실 이 책을 기획했던 출발점이자 마지막까지 우리 저자들을 이끌었던 문제제기였다. 또한 이는 지금도 시중에 상당한 수의 사회조사론 혹은 사회복지조사론 관련 책들이 넘쳐나고 있음에도 불구하고 또 하나의 사회조사론 책을 세상에 내보내는 것에 대한 우리 저자들의 진정성이자 정당화이다.

그 깨달음이자 문제제기는 바로 "처음부터 끝까지 이 책을 읽을 독자들(주로 대학의 젊은 학생들)의 입장과 시각에서 만들어진 재미있고 감각적이며 입체적인 그래서 읽고 학습하기에 정말 즐거운 사회조사론"에 대한 구상이었다. 우리 저자들이 교육현장에서 실제 학생들을 가르치면서 얻은 경험에 비추어 볼 때 학생들은 조사론을 마치 수학이나 논리학과 같은 과목으로 여기면서 그 속에 담겨 있는 내용들을 숙지하고 암기하여야 한다는 진지함과 엄숙함으로 임한다. 따라서 당연하게 조사론은 시험이나 졸업을 위해 어쩔 수 없이 들어야 하는 부담스럽고 재미없는 과목으로 취급되기 일쑤였다.

물론 엄밀한 과학성을 추구하는 조사론이 기본적으로 이러한 측면이 없진 않지만 본질적으로 조사론은 암기보다는 이해의 영역이고, 전 영역이 일관된 논리에 따라 서로 연관되고 연속된 단계들로 체계적으로 구성되어 있어, 잘만 가르치고 배우면 알아가는 기쁨이 쏠쏠한 흥미로운 영역이라는 것이 우리 저자들의 공통된 생각이다. 그리고 그 생각의 출발점은 다름 아니라 바로 이러한 재미있는 학습을 가능하게 할 새로운 교재의 필요성이었던 것이다.

하지만 너무도 당연하게 이러한 생각을 구현하는 과정은 쉽지 않았다. 무엇보다 이러한 저자들의 구상에 모범이 될 좋은 선례(先例)를 발견하기가 쉽지 않았고 저자들 역시 어떠한 내용을 어떠한 방식으로 구성하여야 할지를 결정하기가 쉽지 않았으며, 이러한 방식으로 만들어진 고비용의 책이 출판시장에서 어떠한 반응을 얻을지에 대한 불안도 높았다. 하지만 늘 그러하듯 이러한 어려움은 당연히 이 책을 만드는 과정에 참여한 모든 사람들의 열정과 노력으로 극복할 수밖에 없었다. 무엇보다 이 책은 사회조사와 연구방법에 대해 오랫동안 관심을 가져왔고 현재 교육현장에서 관련 과목을 가르치는 현직 교수들에 의해 이루어졌으며 집필 내용 또한 각자의 주된 전공과 관심을 중심으로 할당하여 전문성을 발휘할 수 있도록 나누어졌다. 뿐만 아니라 우리의 기획의도와 가장 유사한 외국의 출판 사례를 수집하여 검토함으로써 우리 저자들의 구상을 담을 수 있도록 끊임없이 노력하였다.

이 과정에서 실질적으로 이 기획을 주도했던 가톨릭대학의 김용석 교수는 처음부터 끝까지 성실한 리더십을 발휘해 주었고, 실제로 이 책의 구상을 처음으로 제기하였던 이화여대의 정익중 교수는 우리 책의 범례가 될 좋은 사례들을 꾸준히 모색해 주었으며, 연배상 학생들의 입장을 가장 잘 이해할 수 있는 위치에 있는 같은 대학의 전종설 교수는 특유의 성실함과 꼼꼼함으로 집필의 모범을 보여 주었다. 무엇보다 미국 포틀랜드주립대학의 이정희 교수는 지리적 거리에도 불구하고 언제나 한국 저자들의 나태를 포근하게 일깨우는 역할을 해 주었고 심지어 수차례 직접 한국을 방문하여 집필 동료들에 대한 격려와 조언을 아끼지 않았다. 순천향대의 김기덕 교수는 사회복지철학 전공자의 특성을 살려 사회조사론을 평면적 매뉴얼이 아니라 세상과 사회를 바라보는 하나의 시각으로 바꾸려는 노력을 해 주었다. 뜨거웠던 지난 여름 모든 저자들이 한 자리에 모여 시간 가는 줄 모르고 나누었던 교육과 연구에 대한 솔직한 고민들과 공감, 특히 학생들을 어려워하고 존중하며 그들의 입장에서 가르쳐야 한다는 공감이야말로 이 기획을 끝까지 가능하게 했던 힘이었다.

저자들의 이러한 고민과 노력의 결과 이 책은 다른 사회조사론 교재에 비해 몇 가지 뚜렷한 장점을 갖게 되었다. 무엇보다 서술과 설명에서 가능한 한 많은 사례를 제시하여 독자들이 해당 내용을 보다 쉽고 빠르게 이해할 수 있도록 하였다. 또한 기존 교재들이 주로 양적 조사나 질적 조사 한 부분에 한정하여 작성된 것을 고려하여 이 책에서는 필요한 부분마다 양적 조사와 질적 조사를 동시에 다루어 독자들로 하여금 사회조사에 대해 보다 총체적으로 이해할 수 있도록 배려하였다.

책의 명칭과 관련해서는 약간의 부연이 필요할 것 같다. 저자들이 모두 사회복지분야에서 연구와 교육활동을 하고 있기 때문에 책에서 사용되는 용어나 사례가 사회복지적인 것들이 많지만 대부분의 내용은 사회과학을 전공하는 모든 학생들이 공통적으로 학습할 수 있는 내용이다. 이러한 점에서 이 책의 제목은 사회복지조사론이 아니라 사회조사론으로 붙여졌다. 이는 사회복지분야를 넘어 보다 많은 영역의 학생들이 쉽고 재미있게 조사론을 학습했으면 하는 저자들의 순수한 기대가 담긴 것도 사실이지만 어찌 보면 저자들의 다소 치기어린 구상을 아무런 불평 없이 진지하게 구현해 주신 출판사 측에 경제적 보답으로 조금이나마 감사의 마음을 표현하려는 저자들의 다소 불순한 바람이 담겨 있음을 고백하지 않을 수 없다.

사실 박영사의 노고가 적지 않았다. 어려운 출판시장의 사정에도 불구하고 다소 불확실한 저자들의 의도를 높이 사 주신 박영사의 안종만 회장님의 결단이 없었더라면 지금도 이 책은 단순히 구상의 수준에서 우리 저자들의 마음속에서만 머물러 있을 것이다. 그리고 조금 더 학생들의 입장에서 책이 만들어져야 한다는 저자들의 고집에 따라 책의 표지에서 내용, 심지어 한 페이지에 들어가는 글자의 수와 크기에까지 수차례 수정을 하면서도 전혀 불평하지 않으시던 출판부 직원 선생님들, 특히 김효선 선생님의 노력과 태도는 우리 저자들을 감동시키기에 충분하였다. 저자들이 느낀 이러한 감동은 이 책을 읽은 독자들에게도 고스란히 전해질 것이라고 굳게 믿는다.

서문의 마지막 부분은 순수하게 저자들의 입장이다. 그 동안 많은 노력을 기울였지만 책의 내용에 대해서는 여전히 아쉬움과 반성이 남는다. 당연히 책의 내용과 관련하여 부족한 점은 우리 저자들만의 몫이다. 책의 내용을 앞으로 계속 고치고 다듬겠다는 것은 서문을 작성할 때면 언제나 하는 이야기이지만 이번에는 더욱 진심을 담아 약속드린다. 이 책의 출발점이 철저하게 학생들이었던 만큼 이 책에 대한 학생들의 평가와 요구의 반영은 우리들의 선택이 아니라 의무이다. 이 의무를 즐겁게 다하고 싶다.

2015년 겨울
김기덕, 김용석, 이정희, 전종설, 정익중

Contents

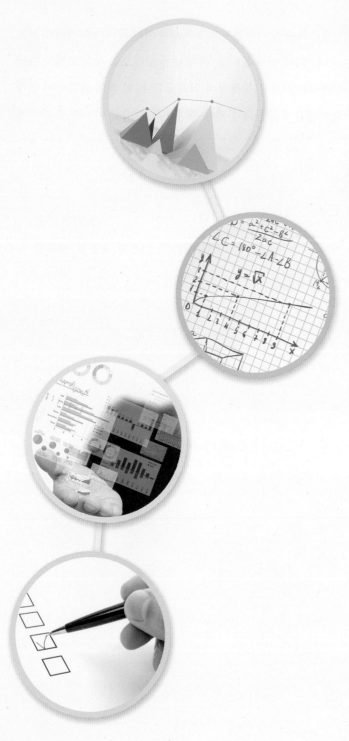

Social Research Methods

CHAPTER 02
조사의 과학적 방법

Social Research Methods

CHAPTER 03
조사의 윤리성과 정치성

Part2 조사연구의 구조

Social Research Methods

CHAPTER 06
조사설계

Social Research Methods

CHAPTER 07
측정

|Part3 　조사연구의 활용|

Part1
조사연구의 토대

1

조사의
기초 토대

Social
Research
Methods

CONTENTS

이 장은 사회조사론을 처음 접하는 독자들로 하여금
사회조사론을 학습하여야 하는 근본적인 이유와
아울러 사회조사론이 다루고자 하는 내용이
무엇인지를 이해하는데 필요한 기초 지식을 제공한다.
이 장의 학습을 통해 독자들은 사회조사론이
단순하게 자료를 수집하고 분석하는
기술이나 방법론이 아니라 실천의 대상인
인간과 사회에 대한 지식을 탐구하고
이를 확인하는 하나의 학문 분야임을 알게 될 것이다.
이 장에서는 먼저 실천에 필요한 지식을 탐구하는
사회조사론이 근본적으로 철학의 한 분야인
인식론과 긴밀한 연관을 맺고 있음을 설명한다.
이를 통해 학생들은 사회조사론이 추구하는
지식이란 무엇인지,
지식의 대상인 인식대상을 어떻게 바라보는지,
그리고 이러한 인식대상과 인식주체와의 관계를
어떻게 설정하는지에 따라 지식을 탐구하는
다양한 입장과 접근법이 있음을 알게 될 것이다.
이러한 과정을 통해 사회조사론을 공부하는 학생들
스스로가 자신이 가진 지식에 대한 입장과 앎의 방법을
비판적이고 성찰적으로 바라볼 수 있는
토대를 마련하게 될 것이다.

Social
Research
Methods

사회조사와 관련된 세 가지 근본 질문

이 책에서 다루고자 하는 사회조사론은 사회복지를 전공하고 있는 학생들뿐만 아니라 실천 현장의 사회복지사들에게조차 여전히 까다롭고 어려운 분야로 여겨지고 있는 것 같다. 나아가 사회조사론이 사회복지실천에 꼭 필요한 필수 분야인가에 대한 회의적인 분위기도 사회복지 현장을 중심으로 존재하고 있는 것으로 보인다.

학교에서 사회복지학을 전공하는 학생들은 사회조사론을 마치 논리학이나 수학과 유사한 분야로 취급하여 엄격한 규칙과 논리에 기반을 둔 자료수집절차나 계산방법을 배우는 과목으로 생각하고 있는 것 같다. 반면에 일선 현장의 사회복지사들의 경우 사회조사론은 사회복지의 본래 내용인 현장에서 이루어지는 생생한 실천활동과는 구별되는 '책상 위 업무'로 기획이나 평가와 비슷한 부류의 다소 차갑고 딱딱한 분야로 느끼고 있는 것 같다.

사회조사론에 대해 학생들과 실천전문가들이 갖고 있는 이러한 인식들에 내재된 공통적인 정서는 사회조사론이 사회복지의 핵심이나 본질과는 거리가 있는 분야로 훌륭한 실천을 위해서 반드시 공부하여야 하는 것은 아니지 않은가 하는 것이다. 이들에게 있어 사회복지는 도움을 필요로 하는 클라이언트에 대한 인간적인 공감을 바탕으로 이들이 가진 욕구와 사회 문제에 대해 직접적인 실천을 수행하는 것이다. 따라서 이러한 사회복지의 본성에 비추어 볼 때 사회조사론은 뭔가 비인간적이고 기계적이고 논리적인 특성을 가진 다소 이질적

인 것이다.

이러한 상황을 고려해볼 때 사회복지를 전공하는 학생들과 일선 현장의 실천가들이 사회조사론과 관련하여 제기할 수 있는 첫번째 질문은 아마 다음과 같은 종류일 것이다.

> "과연 사회복지와 사회조사론은 어떠한 관계가 있는 것일까? 사회복지를 전공하는 학생들이나 현장의 사회복지사들은 왜 사회조사론을 공부하여야 하는 것일까?"

이러한 질문을 던지는 사회복지 전공학생들이나 실천 현장의 전문가들의 마음속에는 아마 사회복지와 사회조사론은 본질적인 관계가 없다는 생각이 자리하고 있을 것이다. 달리 말해 사회복지전공자가 사회조사론을 충분히 공부하지 않는다고 하더라도 사회복지실천을 수행하는데 있어 무슨 결정적인 문제가 생기는 것은 아니라고 판단할지 모른다.

'사회복지와 사회조사론이 어떠한 관계가 있을까?'라는 질문에 대한 완전한 대답은 이 책이 담고 있는 전체 내용을 충분히 학습한 후에야 이루어질 수 있을 것이다. 다만 이 절에서는 일단 사회조사론의 근본적인 목적과 핵심적인 내용을 간략히 소개함으로써 사회조사론과 사회복지의 만남에 필요한 가장 기초적인 토대를 마련하고자 한다.

사회복지철학자인 Ian Shaw는 사회복지실천과 연구에 필요한 지식의 중요성을 제안하는 자신의 글에서 위에서 제시한 질문인 사회복지와 사회조사론의 관계를 짐작할 수 있는 간결하지만 매우 통찰력 있는 설명을 우리에게 제공하고 있다Shaw, 2013. 그는 좋은 사회복지실천에 있어 연구와 지식이 가진 중요성에 관해 설명하면서 사회복지사들로 하여금 다음과 같은 질문을 스스로에게 던지고 이에 대한 해답을 성찰해 볼 것을 제안하고 있다.

> "사회복지실천가로서 내가 제대로 실천을 수행하였는지의 여부를 과연 어떻게 알 수 있을까?"

이 질문이 우리에게 던지는 함의는 여러 가지가 있을 수 있겠지만 그 가운데 가장 근본적인 것은 사회복지실천에 있어 실천활동과는 구별되는 지식의 필요성과 중요성에 대한 인식이다. 위의 질문이 우리에게 던지는 함의는 과연 우리가 사회복지실천을 하면서 실천 그 자체에 대해 성찰적으로 생각하고 있는가 하는 점이다.

만약 참으로 성실한 사회복지실천가가 현재 자신이 수행하고 있는 실천활동을 반성적으로 살펴보지 않음으로 인해 자신이 제대로 된 실천을 수행하고 있는지 혹은 그렇지 않은지를 전혀 알지 못한 채 맹목적인 실천만을 수행한다면 어떻게 될까? 다시 말해 성실한 사회복지사라고 할지라도 '아는 것'과 전혀 무관한 '실천'을 수행한다면 그러한 실천은 사회복지사의 의도와는 달리 전혀 효과적이지 못한 실천이 될 수 있을 뿐만 아니라 어떤 경우에는 클라이언트에게 매우 위험한 실천을 수행할 수도 있을 것이다. 결국 이러한 실천은 사회복지실천가로서 추구하는 근본적인 이념이나 목적과도 크게 어긋나는 실천활동이 될 수 있을 것이다.

Ian Shaw가 우리에게 던지고 있는 질문이 분명하게 함의하는 것은 클라이언트에 대한 공감을 바탕으로 그들의 욕구와 문제나 위험에 대해 적절한 개입활동을 수행함으로써 이들로 하여금 인간다운 삶을 유지하게 하려는 사회복지의 근본 목적을 성공적으로 달성하기 위해서는 실천활동과 구별되는 어떠한 앎knowing 혹은 지식knowledge이 반드시 필요하다는 것이다. 만약 우리가 우리의 실천이 어떠한 것이며 그 실천의 결과로 어떠한 효과를 얻었는지에 대하여 전혀 '알지 못한 채' 실천만을 수행한다면 이는 단순히 사회복지실천에 필요한 사회적 자원을 비효율적으로 사용하는 것을 넘어 사회복지사들이 가진 클라이언트에 대한 윤리적인 사명과 의무를 방기하는 것이 될 것이다.

그런데 바람직한 사회복지실천을 수행하기 위해서는 특별한 앎이나 지식이 필요하다는 것을 인정한다고 하더라도 앞서 제기했던 첫번째 질문인 '사회복지와 사회조사론은 어떠한 관계가 있을까?'에 대하여 충분한 답을 하기는 쉽지 않다. 왜냐하면 앎과 실천의 관계 또는 지식과 사회복지실천의 관계를 중요하게 생각하는 사회복지실천가는 곧바로 다음과 같은 질문들에 직면할 수밖에 없기 때문이다.

> "앎 혹은 지식은 어떠한 것이며 어떠한 방식으로 얻을 수 있을까? 그리고 확실하고 믿을 수 있는 앎과 불확실하고 거짓된 앎은 어떻게 다른 것이고 어떻게 구별할 수 있을까?"

다시 말해 우리가 바람직한 사회복지실천을 수행하기 위해서 실천활동과 구별되는 지식이 필요하다는 것을 인정한다고 하더라도 이러한 사실을 단순히 인정하는 것만으로는 충분하지 못하다.

사려 깊은 사회복지사들이라면 바람직한 실천을 하기 위해서는 실천과는 구별되는 앎이 필요하며 나아가 이러한 앎은 흔히 우리가 어떤 대상에 대하여 가지는 막연한 믿음이나 단순한 의견과는 구별되는 뭔가 다른 성격의 앎이라는 것을 금방 알아차릴 것이다. 다시 말해 우리가 어떤 대상에 대하여 가질 수 있는 지식은 매우 다양한 원천으로부터 다양한 종류가 있으며 그 가운데에서 우리는 어떠한 것을 취사선택하여야 할지를 고민하지 않으면 안 된다.

우리를 바람직한 실천으로 이끌어 줄 수 있는 지식을 얻기 위해서는 믿음이나 추측 혹은 의견이나 억지와는 구별되는 앎으로서의 지식이라는 것이 과연 무엇을 의미하는 것인지 그리고 수많은 지식 가운데 참다운 지식이란 무엇이며 이러한 지식은 도대체 어떻게 얻을 수 있는지를 체계적으로 학습하지 않으면 안 된다. 다시 말해 바람직한 앎과 그렇지 않은 앎, 즉 참된 지식과 거짓된 지식을 구별하는 방법에 대해 충분히 공부하여야 한다.

사회복지실천가가 제대로 된 실천을 하기 위해서는 실천의 대상인 클라이언트에 대해서 정확한 정보와 자료가 필요할 뿐만 아니라 자신이 수행하려고 하는 개입방법과 실천활동에 대해서도 체계적인 지식이 필요할 것이다. 뿐만 아니라 자신이 수행한 실천의 결과가 과연 바람직한지에 관해서도 제대로 알 수 있어야 한다. 결국 훌륭한 사회복지실천가가 되기 위해서는 자신의 실천활동과 관련된 수많은 정보와 지식 가운데 무엇이 올바르고 타당한 것인지를 판별해 낼 수 있는 역량을 갖추는 것이 필수적이다.

The basic foundation
of the Research

2

인식론과 조사론

우리는 앞에서 바람직한 사회복지실천을 위해서는 실천활동과는 구별되는 어떤 앎, 즉 지식이 필요하다는 것을 알 수 있었다. 앞으로의 내용을 통해 이 책에서 다루고자 하는 사회조사 혹은 사회조사방법론이라는 분야 역시 크게는 이와 같은 앎과 지식에 관련된 영역에 속하는 것임을 알게 될 것이다. 이 절에서는 먼저 지식에 대한 학문 분야인 인식론에 대해 살펴봄으로써 사회조사론을 이해하기 위한 기초 지식을 갖추고자 한다.

인식론과 지식

인간이 개발하고 축적하여온 다양한 학문 분야 가운데 인간이 추구하는 지식이란 어떠한 본성을 가진 것이며 이러한 지식 가운데 참된 지식이 무엇인지를 탐구하는 분야가 존재한다. 다시 말해 인간이 알고자 하는 지식의 의미meaning와 정당성justification을 다루는 철학의 분과학문이 **인식론**epistemology 혹은 지식이론theory of knowledge이라고 불리는 분야이다. 따라서 사회복지사가 자신의 실천과 관련된 앎과 지식의 본성을 이해하고 바람직하고 참된 지식이 무엇이며 어떻게 이러한 지식을 얻을 수 있을지를 고민한다면 당연히 인식론에 대한 기본적인 이해가 필요할 것이다.

> **인식론** 인간이 알고자 하는 지식의 의미와 정당성을 다루는 철학의 분과학문

지식의 본질과 정당성을 다루는 인식론은 크게 다음과 같은 세 가지 질문에 대한 해답을 구하고자 한다.

첫째 지식이란 무엇인가?
둘째 우리는 무엇을 알 수 있는가?
셋째 우리는 우리가 알고 있다는 것을 어떻게 알 수 있을까?Greco, 2007.

이 세 가지 질문 가운데 첫번째 질문은 지식의 본질에 대한 질문이다. 다시 말해 지식의 개념과 지식의 내용에 대한 질문이다. 두번째 질문은 인식대상과 인식주체간의 관계를 의미하는 것으로 다시 말해 인식의 가능성에 대한 질문이라고 할 수 있다. 세 번째 질문은 우리가 지식으로 알고 있는 것이 과연 타당한 것인가에 대한 질문으로서 참된 지식과 거짓 지식을 구별하는 기준에 관한 질문이다.

다시 말해 이 세 가지 질문은 지식을 얻기 위한 인간의 활동인 인식작용을 구성하는 세 가지 요소인 인식주관, 인식대상, 인식내용간의 관계를 의미한다Hessen, 1994. 인식주관이란 인식능력을 가진 인간을 의미하고, 인식대상은 인식주체인 인간이 관찰하고 분석할 수 있는 대상을 의미하며, 인식내용은 인식주체가 인식대상에 대하여 내린 어떠한 믿음이다. 그리고 우리가 지식이라고 부를 수 있는 것은 인간이 어떠한 대상에 대하여 가진 많은 믿음 가운데 정당화된 참된 믿음justified true belief이라고 정의할 수 있다Audi, 2003.

이러한 세 가지 질문은 각각 지식과 관련된 존재론, 인식론, 방법론적 질문이라고 할 수 있다. 우리가 앞 절에서 살펴본 사

회조사론과 관련된 세 가지 질문을 자세히 살펴보면 이 질문들의 내용이 다름 아니라 사회복지 분야의 지식과 관련된 존재론, 인식론, 방법론적 질문임을 곧바로 알 수 있다.

지식의 종류와 근거

앞서 인식론은 지식이란 무엇인가? 지식은 어떻게 알 수 있는가? 우리는 우리가 알고 있다는 것을 어떻게 알 수 있는가? 라는 세 가지 질문에 대한 해답을 추구한다고 하였다.

인식론에서는 지식이 무엇인가라는 질문에 대한 해답을 구하는 과정에서 지식을 분류하는 여러 가지 방법을 제시하고 있다Ian Shaw, 2013; Audi, 2003.

먼저 지식을 인식하는 주체가 해당 지식에 대하여 명확한 의식을 가지고 있는가에 따라 명백지explicit knowledge와 암묵지implicit or tacit knowledge로 구분할 수 있다. 명백지는 인식주체가 자신의 앎에 대해 명확하게 인식하여 구체적으로 설명할 수 있는 지식이지만 암묵지는 논리적 표현이나 논증 없이 저절로 이해되는 지식이다Altheide and Johnson, 1994: 492. 예를 들어 오랜 실천 경험을 가진 사회복지실천가는 개입전략을 선택하고 수행하면서 명백하게 설명할 수 없는 자신만의 직관적인 지식을 사용하는데 이러한 실천적인 지혜는 대개의 경우 암묵지의 형태를 지닌다.

또한 지식은 그 원천이 무엇인가에 따라 감각지knowledge by acquaintance와 기술지knowledge by description로 구분할 수 있다. 감각지는 흔히 면식적 지식 혹은 직접적 지식으로 불리는 것으로 인식주체의 직접적인 실천이나 경험에 의해 얻어진 지식인 반면에 기술지는 인식주체가 대상과 맺는 간접적 관계에 근거한 지식으로 흔히 명제적 지식propositional knowledge이라고도 한다. 예를 들어 클라이언트와 사회복지사 사이에 이루어진 면접은 직접적 경험이지만 이를 언어로 표현한 내용은 간접적 지식의 대상이 된다.

그리고 지식은 추상성의 정도에 따라서도 구분 가능하다. 추상성이 높은 지식의 종류로는 보편적 가정general presupposition, 모델model, 개념concept 등을 들 수 있는데 이러한 지식들은 흔히 이론theory이라고 불리는 지식 범주를 구성하게 된다. 반면 가장 추상성이 낮은 경험인 영역에 속하는 지식으로는 사실에 대한 직접적 관찰observation을 들 수 있다. 그리고 이러한 경험적 지식과 이론적 지식은 완전히 분리된 것이 아니라 추론inference을 통해 서로 연결되어 있다. 이론을

구성하는 관찰과 추론의 관계는 과학적 방법을 집중적으로 다루는 제2장에서 자세히 소개될 것이다.

인식론이 추구하는 세 번째 질문은 우리가 가진 믿음이 참된 지식이 될 수 있는 정당화의 방법과 관련된 것이다. 우리가 얻고자 하는 지식이 정당화된 참된 믿음이어야 한다면 어떠한 믿음을 정당화하거나 충분하게 훌륭한 설명을 제시하고자 할 때 어떠해야 하는지에 대해서는 크게 두 가지 입장이 존재해왔다. 하나는 내재주의이고 다른 하나는 외재주의이다오유석, 2010.

내재주의internalism는 어떠한 믿음이 정당화되기 위해서는 특정한 조건이나 표준이 필요하며 이러한 조건이나 표준은 인식주체의 정신에 내적인 것internal to the subject's mind이어야 한다고 주장한다. 내재주의 인식이론에 따르면 결국 신념을 지식으로 정당화하는 방법은 어떤식으로든 개인의 내면에서 이루어진다고 본다. 반면에 외재주의externalism는 믿음을 정당화하는 조건이 주체에 내적이거나 반성적일 필요는 없으며 사실과 믿음 사이에 외적인 연관관계만 있으면 충분하다는 입장이다. 따라서 외재주의의 입장에 서게 되면 우리는 우리의 믿음을 정당화하기 위해 내면적이고 반성적인 성찰을 할 것이 아니라 광범위한 경험적 탐구를 하여야 한다한상기, 1998.

조사와 관련 용어들의 의미

바람직한 실천을 수행하기 위해 필요한 지식의 본질과 정당성을 다루는 인식론에 대한 기초를 갖춘 사회복지전공자라도 막상 사회조사론 분야에 관심을 돌리는 순간 지식과 관련되어 매우 다양한 용어들이 사용되는 것을 접하고 혼란과 거부감을 일으킬 수 있다. 현재 여러 학문 분야에서는 이 책에서 다루고자 하는 참된 지식의 획득과 관련하여 조사론, 조사방법론, 과학적 탐구, 조사연구, 연구방법론 등과 같은 다양한 용어들을 사용하고 있는 것이 현실이다. 이러한 맥락에서 여기서는 이 책이 다루고자 하는 궁극적인 주제인 '참된 지식의 본질과 정당성의 추구'라는 주제에 대해 학생들이 보다 친근하게 접근할 수 있도록 이들 용어들이 가지고 있는 어의적, 개

념적 의미를 보다 자세히 살펴보고자 한다.

조사론에 관심을 가진 학생들이 학문분야의 명칭으로 접할 수 있는 용어들인 사회조사론, 사회과학조사론, 사회조사방법론 등에서 가장 핵심이 되는 개념은 조사이다. 따라서 조사라는 용어가 무엇을 의미하는지를 자세히 살펴보는 것으로 논의를 시작해 보자.

어의적 의미에서 보자면, 조사라는 개념은 '고르다'는 뜻을 가진 한자어 조調와 '살피다'는 뜻을 가진 한자어 사査가 결합한 단어로서 그 사전적인 뜻은 사물의 내용을 명확히 하기 위하여 자세히 살펴보거나 찾아본다는 의미를 가지고 있다.

그런데 여기서 주목할 것은 조사라는 개념에는 먼저 '고르다'는 뜻이 포함되어 있다는 것이다. 다시 말해 조사라는 용어에는 이 세상에 존재하는 수많은 것들 가운데 우리가 알아야 할 필요가 있는 대상들과 이들 가운데 참다운 것과 바른 것을 골라내는 과업을 수행한다는 뜻이 담겨 있다. 조사에 담겨 있는 두번째 뜻은 이렇게 사물에 대한 참다운 앎을 골라내기 위해 찬찬히 살펴본다는 뜻이 담겨 있다. 찬찬히 살펴본다는 뜻이 가진 의미는 우리의 앎이라는 것이 대상을 보자마자 곧바로 알아차릴 수 있는 것이 아니라 어떠한 방법이나 수단을 사용해서 찬찬히 살피고 궁리하여야 함을 의미한다.

이렇듯 조사라는 용어 속에는 우리가 앞서 인식론에서 살펴보았던 지식과 관련된 두 가지 큰 질문인 지식이란 무엇인지 그리고 이를 어떻게 알 수 있는지에 대한 해답을 찾는 노력이 담겨 있다고 볼 수 있다.

조사라는 용어는 원래 영어 단어 research를 한자어로 번안한 것이다. Research라는 단어는 사전적으로 사물에 대한 '신중한 탐구 혹은 검토studious inquiry or examination'를 뜻한다Merriam-Webster. Research에 담겨 있는 신중한 탐구 혹은 검토라는 뜻은 앞서 언급한 조사에 담겨 있는 고르고 살핀다는 의미와 매우 유사해 보인다. Research는 어원적으로 원래 중세 프랑스어 recherche에 기원을 두고 있다고 알려져 있는데 이 단어 역시 '조사 혹은 탐구to go about seeking'를 의미하였다고 한다. 이를 보다 자세히 살펴보면 recherche는 반복해서 수행하는 것을 의미하는 접두어 re와 탐색 혹은 탐구를 의미하는 cerchier영어의 search에 해당의 합성어로 알려져 있다. 이와 같이 조사와 research라는 두 단어가 가진 의미를 어원적으로 고찰해 보면 이들 단어들이 어떤 대상을 지속적으로 탐구하고 조사하여 그것에 대해 무엇인가를 알아내고자 하는 것을 뜻함을 알 수 있다.

지금까지 논의한 조사의 어의적 의미와는 다소 구별되는 학문적 의미에서 조사가 무엇을 의미하는지를 살펴보자. 일반적으로 **조사**research는 '어떠한 주제나 쟁점에 대한 우리의 이해를 증진시키기 위한 목적으로 그와 관련된 정보를 수집하고 분석하는 단계나 과정'으로 정의된다Creswell, 2008. 조사에 대한 정의 가운데 어떠한 주제나 쟁점에 대한 우리의 이해는 다름 아니라 해당 주제에 대한 우리의 앎, 즉 지식을 의미하는 것이며, 이러한 목적으로 수행되는 정보 수집과 분석의 과정은 이와 같은 지식을 얻기 위한 수단 혹은 방법을 의미한다고 볼 수 있다.

앞서 우리는 인간의 앎, 즉 지식과 관련된 철학의 분과학문이 인식론이며 인식론의 주된 과업은 지식의 본질과 정당화를 추구하는 것이라는 것을 확인하였다. 그런데 이러한 인식론의 정의와 위에서 제시한 조사의 정의를 비교해 보면 매우 유사한 것을 알 수 있다. 조사의 정의 가운데 어떠한 주제나 쟁점에 대한 우리의 이해라는 것이 바로 인식론에서 다루고자 하는 지식의 본질을 의미하는 것이며, 이와 관련된 정보나 자료를 수집하고 분석하는 방법이라는 부분은 다름 아니라 지식의 정당화에 해당한다고 볼 수 있다. 왜냐하면 다양한 자료와 정보 가운데 참되고 올바른 지식을 얻기 위해서는 바람직하고 올바른 방법을 사용하여야 할 것이며 이러한 방법을 이용하였을 경우에만 그 결과로서의 지식이 정당성을 갖출 것이기 때문이다.

어떠한 대상에 대해 올바른 지식을 얻기 위해서는 그 과정이나 방법이 정당하여야 한다는 것을 강조하는 차원에서 흔히 조사론을 조사방법론research method이라고 부르기도 한다. 또한 조사방법론과 비슷하지만 약간 다른 의미를 가진 연구방법론research methodology이라는 용어가 사용되기도 한다.

연구방법론은 인간의 존재와 사회현상을 과학적으로 탐구하기 위해 활용될 다양한 연구방법을 기술, 수집, 분석하는 기준이나 연구과정 전체를 지배하고 있는 이념, 철학 및 지식체계를 말한다김진숙, 2011: 26. 따라서 연구방법론은 지식과 관련된 철학이나 이념을 다루는 것으로, 특정한 연구 패러다임 내에서 구체적인 자료수집이나 분석방법을 탐구

> **조사** 어떠한 주제나 쟁점에 대한 이해증진을 목적으로 관련된 정보를 수집하고 분석하는 단계나 과정

하는 조사방법론보다 상위의 개념으로서 다음 절에서 보다 자세히 설명할 인식 패러다임에 보다 가깝다고 볼 수 있다.

결국 현재 이 책에서 다루고 있는 조사론 혹은 조사방법론 이라는 분야는 사회가 발달하고 그에 따라 학문이 분화함에 따라 원래 철학의 한 분야였던 인식론이 담당했던 지식에 대한 탐구가 사회과학이나 자연과학과 같은 학문분야를 통해 확대 발전하여 독자적으로 정립된 영역이라고 간주할 수 있다.

③

지식 패러다임

> **패러다임** 사회의 구성원들이 공동으로 소유하고 있는 신념들과 가치들의 총체

지금까지의 논의를 통해 사회복지전공자들이 바람직한 실천을 수행하기 위해서는 지식에 대해 충분히 학습해야 한다는 것을 인식한다 하더라도 곧바로 지식이 무엇이며 참된 지식의 조건은 무엇인지를 명확히 알 수 있는 것은 아니라는 것을 알 수 있었다. 왜냐하면 근본적으로 무엇이 지식이며 지식의 대상은 어떠한 존재이고 참된 지식을 분별하는 방법이 무엇인지에 대하여 명확하게 합의되어 있지 않기 때문이다.

현재 지식의 대상과 본질 그리고 참된 지식을 구별해내는 방법과 그 기준에 대해서는 이를 주장하는 학자들에 따라 몇 가지 명확하게 구별되는 입장으로 나누어져 있다. 따라서 우리가 이 책을 통해 사회복지의 대상과 실천활동에 대한 참된 지식을 발견하고자 하는 목적에서 사회조사론을 공부하고자 한다면 이와 같은 지식에 대한 상이한 입장들에 대한 기본적인 이해가 반드시 필요할 것이다.

패러다임 개념과 구성요소

앞서 살펴본 바와 같이 지식의 본질과 정당화를 다루는 인식론은 세 가지 구성요소로 이루어져 있다. 인식을 수행하는 인식주체, 인식주체가 수행하는 인식활동의 대상인 인식대상 그리고 이러한 활동으로 얻어진 인식내용이 바로 세 가지 구성요소이다. 그리고 이들 구성요소들의 관계에 대한 상이한 입장에 따라 지식의 본질과 정당화에 대해 다양한 접근법이 존재한다.

달리 말해 우리는 인간 자신을 포함하여 인식대상이 되는 것들이 도대체 어떠한 존재이며, 우리가 이를 인식한다는 것이 어떠한 의미이며 구체적으로 이러한 인식은 어떠한 방식으로 이루어지는가에 대하여 하나의 통일된 관점을 가지고 있는 것이 아니라 몇 가지 뚜렷하게 구별되는 상이한 관점을 가지고 있다.

이와 같이 탐구와 관련된 행동을 이끌어 나가는 이러한 믿음의 체계를 흔히 패러다임이라고 부른다 Guba, 1995: 17. **패러다임** paradigm 이란 원래 한 사회의 과학적 지식이 과학자 사회의 구성원들이 공동으로 소유하고 있는 신념들과 가치의 총체라고 규정하는 과정에서 이러한 신념과 가치의 총체를 명명하기 위해 과학사학자인 토마스 쿤 Thomas Kuhu 에 의해 고안된 용어이다 Kuhn, 1970: 23. 다시 말해 패러다임이란 인식의 대상과 우리의 관점을 조직화하는 근본적인 모델이나 도식을 의미한다고 볼 수 있다 Rubin and Babbie, 2009: 53.

인식과 관련된 패러다임은 크게 세 가지 구성요소를 가지고 있다. 이는 앞서 언급한 인식의 구성요소들인 인식의 주체와 인식의 대상 그리고 그 결과로서의 인식내용과 관련된 기본적인 질문들에 대한 입장으로 구성된다 Guba, 1995: 18-19.

존재론적 구성요소

인식 패러다임을 구성하는 첫번째 요소는 인식의 존재론적 측면이다. 인식의 존재론적 측면이란 우리가 알 수 있는 것 the knowable 의 본질은 무엇인지에 대한 질문을 의미하며 이를 다른 식으로 표현한다면 '실재 reality'의 본질은 무엇인가라는 질

문으로 표현될 수 있다. 인식대상의 존재론적 측면을 쉽게 이야기한다면 다음과 같을 것이다. 우리의 앎의 대상들은 정말 실제로 존재하는 것일까 아니면 우리 인식주체들의 마음속에 있는 것일까?

이 질문에 대한 대답은 크게 두 가지로 구분된다. 하나는 인식의 대상이 되는 존재는 인식주체인 인간의 존재와는 무관하게 인간의 인식가능성과는 독립하여 하나의 실재로서 존재한다는 것이고 다른 하나는 인식의 대상인 존재는 인간의 인식과 독립하여 존재하는 것이 아니라 인식주체에 의존하여 그 존재 여부가 결정된다는 입장이다.

첫번째 입장은 인식대상이 인식주체와 독립하여 실제로 실재함을 강조하기에 실재론realism 이라고 불리고 두번째 입장은 인식대상이 인식주체와 독립적으로 존재할 수 없으며 인식주관의 상태나 관점에 따라 존재 여부가 인정되거나 무시될 수 있다는 점을 들어 관념론idealism 이라고 불리고 있다.

인식론적 구성요소

인식론적 구성요소는 인식주관과 인식대상 사이의 관계에 초점을 둔다. 달리 말해 인식주관과 인식대상간의 관계의 본질은 무엇인가라는 질문에 대하여 해답을 구하고자 하는 것이다.

인식주체의 인식가능성을 다루는 인식론적 구성요소는 당연히 앞서 언급한 존재론적 구성요소와 밀접한 연관을 가지고 있다. 예를 들어 인식의 대상이 인식주관과 독립하여 확실하게 존재한다면 인식주관과 인식대상과의 관계는 확연하게 분리되어 있고 그 결과 인식주관이 수행하는 인식의 성격은 객관적일 수밖에 없을 것이다. 달리 표현하자면 인식주체는 자신과 독립하여 객관적으로 존재하는 대상을 인식하는 것이

기 때문에 인식활동 역시 객관주의적objectivist 일 수밖에 없으며 이 경우 인식주관과 인식대상은 엄연히 둘로 구분된다는 의미에서 이원론dualism 의 입장을 취하게 된다.

이와는 달리 인식대상이 인식주관과 독립적으로 존재하는 것이 아니라 인식주관의 감정이나 태도에 달려 있다고 한다면 이때 인식주관과 인식대상의 관계는 확실하게 구분될 수 없고 서로 상당히 연관되어 있을 수밖에 없다. 즉 다시 말해 이러한 경우 인식대상의 존재와 아울러 이러한 인식대상에 대한 인식의 결과로서 인식의 내용은 인식주관과 깊이 연관되어 주관주의적subjectiviist 속성을 취할 수밖에 없다. 만약에 이 세상에 존재하는 모든 존재가 사람들의 마음과 생각에 의한 것이라는 극단적인 주관주의적 인식론을 취한다면 인식대상과 인식주체가 하나로 일치하는 일원론monism 이 될 것이다.

방법론적 구성요소

인식 패러다임의 마지막이자 세 번째 구성요소는 방법론적인 것이다. 방법론적 구성요소가 다루고자 하는 질문은 인식주관은 어떻게 지식을 획득할 수 있는가이다. 달리 말해 인식주관이 인식대상을 인식하는 구체적인 방법에 대한 관심이 방법론적 요소이다. 그런데 인식주관이 인식대상을 인식하는 방법 역시 앞서 언급한 인식의 존재론적 측면 및 인식론적 측면과 매우 밀접하게 연관되어 있다.

만일 인식대상이 인식주관과 독립하여 객관적으로 실재한다면 인식주관은 이러한 객관적인 인식대상을 최대한 그대로 반영할 수 있도록 노력하여야 한다. 따라서 인식주체는 독립적으로 실재하는 인식대상을 정확하게 반영될 수 있도록 경험적으로 관찰하고 그 내용을 중립적인 용어로 있는 그대로 기술하고 묘사하여야 하며 그 내용이 바로 지식이며 우리 앎의 본질이다.

이와는 달리 인식대상이 인식주관과 독립되어 있지 않고 인식주관에 의존하고 있다면 인식주체가 대상을 인식하는 기본적인 방법은 자기의 주관으로 지식을 구성해 나가는 것이라고 볼 수 있다. 따라서 이와 같이 지식을 구성해 나갈 경우 당연히 지식을 구성하는 방법은 인식주체의 입장에 따라 다양하며 상대적일 수밖에 없을 것이다.

인식 방법론적인 입장에서 볼 때 인식주관과 독립된 인식대상을 객관적으로 관찰하고 기술하는 방법론은 반영이론theory of representation 이라 불리며 인식주관이 인식대상을 주관적으로 형성해 나간다는 입장은 구성주의constructivist 라고 불린다.

인식 패러다임의 종류

인식 패러다임 지식이 무엇이며 어떻게 그러한 지식을 인식주체가 얻을 수 있는지에 대한 입장으로 실증주의, 후기실증주의, 비판이론, 구성주의 등이 있음.

앞서 언급한 바와 같이 지식이 무엇이며 어떻게 그러한 지식을 인식주체가 얻을 수 있는지에 대한 입장인 패러다임은 한 가지만 존재하는 것이 아니라 이러한 패러다임을 구성하는 요소들에 대해 어떠한 관점을 가지느냐에 따라 매우 다양한 패러다임이 존재한다.

현재 가장 대표적인 **인식 패러다임**으로는 실증주의, 후기실증주의, 비판이론, 구성주의를 들 수 있다. 각각의 패러다임이 인식론이 해결하고자 하는 세 가지 문제, 즉 지식이란 무엇인가? 지식은 어떻게 알 수 있는가? 우리는 우리가 알고 있다는 것을 어떻게 알 수 있는가?에 대해 어떠한 해답을 제시하고 있는지를 앞서 제시한 패러다임을 구성하는 세 가지 요소들을 중심으로 간략하게 살펴보고자 한다.

실증주의 positivism

실증주의 패러다임에 의하면 지식의 대상이자 내용이 되는 인식대상은 이를 인식하는 인식주체와는 완전하게 독립하여 실재하며 인식주체에 의해 경험적으로 관찰 가능한 사실적 존재이다. 그리고 이들 존재들은 자연법칙 natural law 에 따라 서로 일정한 관계를 맺고 상호작용을 주고받고 있는 것으로 간주된다. 이와 같이 인식대상이 인식주체 외부에 실재로 존재한다는 측면에서 실증주의 패러다임의 존재론을 실재론적 존재론 realist ontology 이라고 부른다.

만일 실재론적 존재론의 입장을 취할 때 인식주체가 얻을 수 있는 참된 지식은 이같이 인식주체의 바깥에 객관적으로 존재하고 있는 인식대상과 이들 사이에서 작동하고 있는 자연법칙을 있는 그대로 정확하게 반영하여 이를 객관적으로 기술하고 묘사하는 것이다.

따라서 실증주의 패러다임은 인식주체가 이러한 인식대상을 있는 그대로 반영할 수 있는 인식능력을 가지고 있다고 전제한다. 다시 말해 인식주관이 자신의 고유한 입장이나 편견을 버리고 인식도구인 감각을 마치 투명한 거울 같은 백지상태로 유지할 수 있다는 것이다. 왜냐하면 이와 같이 투명한 감각을 유지하여야만 인식주관 외부에 객관적으로 존재하는 인식대상을 직접 관찰하여 거짓 없이 반영할 수 있기 때문이다. 인식주체와 인식주체의 인식작용에 대해 실증주의 패러다임이 취하고 있는 이러한 인식론적 입장은 흔히 객관주의 인식론 objectivist epistemology 이라고 불린다. 이러한 측면에서 볼 때 패러다임의 존재론적 측면과 인식론적 측면은 밀접하게 연관되어 있음을 알 수 있다. 실증주의 패러다임이 실재론적 존재론의 입장을 견지하게 되면 자연스럽게 객관주의적 인식론을 취하지 않을 수 없다.

그렇다면 마지막으로 실증주의 패러다임은 어떠한 인식의 방법론을 채택하고 있을까? 앞서 설명한 바와 같이 실증주의 패러다임이 실재론적 존재론과 객관주의 인식론을 취한다면 사실 이러한 대상을 인식하여 지식을 획득하는 특별한 방법은 별도로 필요하지 않다.

인식주체가 자신의 편견과 선입견만 벗어 던지면 자연스럽게 인식대상을 관찰할 수 있으며 이를 객관적이고 중립적인 용어로 묘사하고 기술하기만 하면 된다. 이러한 목적에서 인식과정에서 혹시라도 작동할 수 있는 인식주체의 편견이나 선입견을 제거하기 위한 다양한 조작적 manipulative 기술을 사용한 경험적 실험 empirical experiment 을 사용하여 객관적 사실의 반영 정도를 크게 향상시킬 수 있다.

그렇다면 실증주의 패러다임에서는 우리가 획득한 지식이 참된 지식이라는 것을 어떻게 정당화할 수 있을까? 실증주의 패러다임의 존재론적, 인식론적 입장에 의한다면 인식주체가 경험한 인식내용이 얼마나 객관적으로 존재하는 인식대상과 일치하는지의 여부가 정당화된 참된 믿음의 판단기준이 될 것이다. 실증주의 패러다임의 경우와 같이 인식주관에 독립하여 확실하게 존재하는 실재를 인식의 기초로 삼고자 하는 이러한 입장을 일반적으로 인식 토대주의 foundationalism 라고 부른다.

후기실증주의 postpositivism

후기실증주의 패러다임은 명칭이 의미하는 바와 같이 앞서 설명한 실증주의 패러다임의 문제점을 개선하고자 하는 노력에서 정립된 인식 패러다임이다. 실증주의 패러다임은 '정당화된 참된 믿음'을 얻는 과정에서 다음과 같은 두 가지 큰 문제점을 노출시켰다.

첫째 실증주의 패러다임은 인식의 대상이 인간의 인식과는 무관하게 독립적으로 존재하고 있다고 전제하였지만 불행하게도 불완전한 인간의 감각기관과 제한적인 지적 체계는 이러한 인식대상을 실증주의 패러다임이 전제한 것처럼 투명하고 명확하게 파악할 수 없다Cook and Campbell, 1979. 달리 표현하자면 인식주체의 제한된 인식능력으로는 인식주체의 외부에 실제로 인식대상이 자명하게 스스로 존재하고 있는지의 여부를 명확하게 확증confirmation할 수 없다는 것이다. 이러한 측면에서 후기실증주의 패러다임은 실증주의 패러다임의 존재론을 소박한 존재론이라고 부르면서 이와 대조적으로 자신의 패러다임을 비판적 실재론critical realism이라고 명명하고 있다Guba, 1995: 20.

둘째 실증주의 패러다임이 전제했던 소박한 실재론의 타당성이 근본적으로 의심받게 되자 자연스럽게 실증주의 패러다임의 객관주의적 인식론 역시 흔들리게 되었다. 후기실증주의 패러다임은 인식주관과 완전히 독립된 인식대상에 대한 객관적인 접근을 포기하고 인식주체의 인식과정에서 인식주관과 인식대상간의 상호작용이 존재할 수 있음을 인정하게 되었다. 그 결과 실증주의 패러다임이 인식대상들간에 확고하게 존재한다고 전제했던 자연법칙natural law이라는 보편적 법칙도 인간들의 규범이 담긴 하나의 규제적 이상a regulative ideal 혹은 확률적 규칙 정도로 격하되었으며 지식의 확실한 기초로서의 절대 지식의 존재 여부는 궁극적으로는 '인식불가능한 것'으로 인정하게 된다Cook, 1985. 후기실증주의 패러다임이 취하고 있는 이와 같은 인식론적 입장을 실증주의 패러다임의 인식론적 입장과 대비하여 수정된 객관주의modified objectivist라고 한다.

후기실증주의 패러다임이 인식의 존재론과 인식론적 측면에서 실증주의와는 뚜렷이 구별되는 입장을 취함에 따라 지식을 얻는 방법론적 측면에서도 수정된 입장을 취할 수밖에 없다. 후기실증주의 패러다임은 이제 객관적으로 존재하는 사실을 직접 투명하게 반영할 수 없기 때문에 우리가 알고자 하는 것에 대한 다양한 관점이나 설명들을 비판적으로 검토하는 과정에서 궁극적인 진실과 비슷해 보이는 것을 참된 지식으로서 합의하거나 동의할 수밖에 없다. 실증주의 패러다임이 확고한 지식의 근거를 설정하는 토대주의를 취하는 반면 후기실증주의 패러다임은 인식대상에 대한 다양한 관점과 설명들을 비교하여 이들 사이의 타당성을 추구한다는 점에서 후기실증주의의 방법론적 입장을 정합주의cohenrentism라고 부른다.

이러한 점에서 후기실증주의 패러다임이 바라보는 우리 앎의 본질은 기본적으로 잠정적, 확률적인 것으로서 보다 확실한 증거나 증명에 의해 반증falsification되기 전까지만 그 타당성이 인정되는 임의적인 것일 수밖에 없다. 따라서 후기실증주의 패러다임은 지식의 내용에 대한 관심보다는 지식을 탐구하는 방법과 절차에 대해 더욱 큰 관심을 가질 수밖에 없다Campbell, 1984.

구성주의constructivism

구성이라는 명칭이 의미하는 것처럼 구성주의 패러다임이 전제하는 인식대상은 실증주의 패러다임의 전제와 같이 인식대상의 외부에 존재하는 객관적인 실재가 아니라 본질적으로 사회적인 것으로서 의미를 창조하려는 목적으로 행해지는 인간들간의 상호작용에 의해 구성되는 것이다. 따라서 극단적인 구성주의 관점을 취하게 되면 이 세상의 모든 존재들은 인간의 의식에 의해 만들어진 주관적 존재일 수밖에 없다. 일반적인 구성주의는 이러한 극단적인 구성주의적 관점과는 달리 인식주체의 관심이 되는 인식대상은 주어진 맥락 속에 참여하고 있는 인식주체들 사이에서 이루어지는 합의 혹은 사회적 일치에 의해 존재하는 것으로 간주된다Eisenhart, 1988.

인식대상을 인식주체와 독립된 존재가 아니라 주어진 상황 속에서 인간들이 가지고 있는 상호작용과 합의의 결과로서 간주한다면 인식의 대상이자 결과로서의 지식은 언제나 다원적이며 변화 가능하며 합의적인 존재이며 인식주체에 따라 상대적일 수밖에 없다.

구성주의 패러다임이 인식대상을 인식주체들의 상호작용에 의해 이루어지는 의미창출과정의 결과로 본다면 이제 인식대상과 인식주체는 매우 밀접하게 연관되어 있으며 거의 분리할 수 없다. 앞서 실증주의 패러다임의 인식론적 입장을 인식주체보다는 인식대상을 우위에 두는 객관주의라고 한다면 이와는 달리 구성주의 패러다임의 인식론은 인식대상보다는 인식주체에 보다 강조점을 두는 주관주의라고 할 수 있다. 따라서 구성주의 패러다임의 인식론은 기본적으로 해석적일 수밖에 없으며 인식주체가 가진 가치와 입장에 상당히 영향을 받을 수밖에 없다. 뿐만 아니라 이러한 지식은 기본적으로 인식주체와 독립된 확고한 진리, 법칙, 이론이라기보다는 특정한 상황에 부합하는 작업가설working hypothesis의 성격을 가지기가 쉽다. 따라서 인식대상을 주관적인 존재로 간주하고 인식대상과 인식주체와의 긴밀한 상호관계를 중시하는 구성주의 패러다임에서 채택할 수 있는 앎과 지식의 탐구방법은 기본적으로 해석학적hermeneutic이며 대화적이거나 변증적dialectic일 수밖에 없다.

그렇다면 구성주의 패러다임에서 참된 지식은 어떻게 정당화될 수 있을까? 구성주의 패러다임의 경우 지식은 인식주체와 독립적으로 명확하게 존재하는 객관적인 존재가 아니기 때문에 실증주의 패러다임과 같이 토대주의적 방법을 취할 수 없다. 따라서 어떤 대상에 대한 인식이 타당한지 아닌지의 여부는 어떤 지식이 얼마나 다른 인식주체를 설득할 수 있는지 그리고 특정 맥락이나 상황에서 만들어진 지식이 다른 상황이나 맥락에도 얼마나 적용 가능한가로 판단될 수밖에 없다. 이와 같이 특정한 지식이 다른 상황이나 맥락에 적용 가능한 정도를 의미하는 개념이 바로 이식가능성 혹은 전파가능성 transferability이다Green, 1995.

비판이론critical theory

후기실증주의 패러다임이 실증주의 패러다임에 대한 보완으로 등장한 것처럼 비판이론 역시 실증주의 패러다임에 대한 문제제기로부터 자신의 입장을 구축하고 있다. 먼저 존재론적 측면에서 비판이론은 실증주의 패러다임과는 전적으로 구별되는 입장을 취한다. 실증주의 패러다임의 경우 인식의 대상이 되는 존재들이 인식주체와는 완전히 독립되어 스스로의 법칙에 따라 운동하고 있는 것으로 간주된다. 그러나 비판이론이 바라보는 인식대상은 실증주의 패러다임의 전제와 같이 인식주체와 전적으로 독립된 존재가 아니라 기본적으로 역사적 존재로서 이념과 가치를 가진 인식주체의 의지와 감정이 반영된 사회적 성격을 지닌다. 달리 말해 비판이론에서 전제하는 인식대상은 삶의 역사 속에서 이들이 가진 이념과 가치에 의해 구성되는 것이라고 볼 수 있다.

이러한 측면에서 보자면 비판이론의 존재론적 입장은 실증주의나 후기실증주의 보다는 오히려 구성주의 패러다임이 주장하는 것과 유사해 보인다. 왜냐하면 구성주의 패러다임 역시 인식대상들이 독자적으로 존재하기 보다는 인식주체에 의하여 구성되는 것으로 바라보기 때문이다.

하지만 비판이론은 비판critical이라는 명칭이 의미하는 것처럼 구성주의 패러다임이 가진 다원주의적이고 상대적인 입장의 존재론을 넘어서고 있다. 비판주의 입장이 바라보는 세상은 사회적 규제와 권력이 작동하고 있는 공간으로 본질적으로 특정한 인식적, 문화적, 사회적 전통에 근거한 이해관계의 산물이라고 본다. 그렇지만 이러한 이해관계의 산물로서의 사회는 근본적으로 다원적이고 상대적인 것이 아니라 '선하고 바람직한 삶the good and true life' 혹은 '보편적 복지common welfare'라는 기준에 의해 비판적으로 평가되는 존재이다. 다시 말해 비판이론이 주장하는 존재론적 입장은 인식의 대상들이 인간주체의 가치와 이념에 의해 구성되지만 동시에 인간의 외부에서 실재로 작동하는 실재적인 존재이며 이러한 존재들은 특정한 기준과 가치에 의해 비판적으로 평가되어야 하는 존재인 것이다. 이러한 측면에서 비판이론 패러다임이 주장하는 존재론적 입장은 비판적 실재론critical realist이라고 불린다. 앞서 후기 실증주의의 존재론 역시 비판적 실재론이라고 소개하였다. 그렇다고 해서 비판이론의 존재론적 입장과 후기실증주의의 존재론적 입장이 동일한 것은 아니다. 후기실증주의의 존재론은 실증주의의 소박한 존재론이 실재로 자명하지 않다는 입장에서 비판적 성격을 가진 반면, 비판이론의 비판적 성격은 선하고 바람직한 삶이라는 명확한 기준을 가지고 현실사회의 모습을 비판한다는 측면에서 보다 강한 비판적 입장을 취한다고 볼 수 있다. 이러한 측면에서 본다면 후기실증주의의 존재론적 입장은 비판적 실재론보다는 수정된 실재론으로 명명하는 것이 보다 적절해 보인다.

비판이론이 바라보는 존재론이 다소 복잡하다 보니 비판이론의 인식론적 입장 역시 이중적 모습을 보인다. 비판이론이 바라보는 사회는 복잡한 이해관계를 반영한 권력과 제도의 산물이기 때문에 이를 인식하는 주체들은 왜곡된 허의의식을 가질 수도 있는 반면 비판적 시각을 견지하여 사회적 현실을 보다 정확하게 파악할 수도 있다. 다시 말해 비판이론이 주장하는 앎과 지식에 대한 인식론적 입장은 명시적으로 혹은 암묵적으로 왜곡과 부정의를 만들어 내는 조건들이 어떻게 존재하고 작동하는지를 밝히고 폭로하는 방식으로 이루어진다. 이러한 측면에서 볼 때 비판이론의 인식론적 입장은 비판적 객관주의modified objectivist라고 볼 수 있다.

비판이론이 견지하는 지식의 존재론과 인식론에 따라 방법론적 측면에서도 실증주의나 후기실증주의와는 명확하게 구별되는 입장을 취한다. 비판이론이 견지하는 앎과 지식탐구의 목적은 사회 구성원들의 의식을 고양시켜 그들이 속한 사회를 보다 바람직한 모습으로 변화시키는 것이다. 따라서 비판이론이 추구하는 지식 탐구의 방법은 기본적으로 인식주체들의 허위의식을 제거하고 선하고 참된 관점을 견지할 수 있도록 대화적dialogic이며 변증적일 수밖에 없다.

인식 패러다임의 비교

TABLE 1-1

	실증주의	후기실증주의	구성주의	비판이론
존재론적 측면	소박한 실재론	비판적(수정된) 실재론	관념론 / 상대주의	비판적 실재론
인식론적 측면	객관주의	수정된 객관주의	주관주의	비판적 객관주의
방법론적 측면	실험주의 / 가설검증	수정된 실험주의 / 가설반증	해석주의 / 대화적	대화적 / 변증적

지금까지 논의한 지식 패러다임의 특성을 존재론적, 인식론적, 방법론적 측면을 중심으로 요약하면 **TABLE** 1-1과 같다.

REVIEW
exercises
복/습/문/제

1 사회복지실천에 있어 지식에 대한 탐구가 필요한 이유를 제시해 보시오.

2 조사방법론(research method)과 연구방법론(research methodology)은 어떻게 다른가?

3 지식을 분류하는 방법에 대하여 간략하게 설명해 보시오.

4 인식 패러다임을 구성하는 세 가지 요소에 대하여 간략하게 설명해 보시오.

5 실증주의 패러다임이 바라보는 인식대상에 대한 관점을 후기실증주의 패러다임과 비교하여 설명해 보시오.

6 구성주의 패러다임이 추구하는 지식 탐구의 목적은 비판이론에 근거한 패러다임과 어떻게 구별되는가?

요점 정리

summary 훌륭한 사회복지실천을 수행하기 위해서는 실천활동과는 구별되는 별개의 앎 혹은 지식이 반드시 필요하다.

인간의 인식활동과 지식을 다루는 철학의 하위 영역을 인식론 혹은 지식이론이라고 한다.

summary 인식론이 다루는 세 가지 질문은 지식이란 무엇인가, 우리는 무엇을 알 수 있는가, 우리는 우리가 알고 있다는 것을 어떻게 알 수 있는가이다.

타당한 지식이란 정당화된 참된 믿음을 말한다.

summary 조사란 어떠한 주제나 쟁점에 대한 우리의 이해를 증진시키기 위한 목적으로 그와 관련된 정보를 수집하고 분석하는 단계나 과정을 의미한다.

패러다임이란 탐구와 관련된 행동을 이끌어 나가는 믿음의 체계를 의미한다.

summary 패러다임은 존재론적, 인식론적, 방법론적 구성 요소를 가진다.

대표적인 인식 패러다임으로는 실증주의, 후기실증주의, 구성주의, 비판이론이 있다.

김진숙. 2011. 사회복지조사론. 신정

오유석. 2010. 『내재주의인가 외재주의인가』. 동서철학연구, 58, 381-418.

한상기. 1998. 『지식-회의주의에 대하여』. 범한철학, 17, 467-486.

Shaw, I. 2013. 앎의 방식. 김기덕·최명민·이현정·조성우 역. 사회복지학의 새로운 접근: 철학적 토대와 대안적 연구 방법. 시그마프레스, 319-338.

Altheide, D., & Johnson, J. 1994. Criteria for Assessing Interpretive Validity in Qualitative research. In N. Denzin and Y. Lincoln (Eds.). Handbook of Qualitative Research. Sage, 485-499.

Audi, R. 2003. *Epistemology: a contemporary introduction to the theory of knowledge*. Routledge.

Campbell, D. 1984. Can an open society be an experimenting society. Paper presented at the International Symposium on the Philosophy of Karl Popper.

Cook, T. 1985. Postpositivist critical multiplism. In R. Shotland & M. Mark (Eds.). Social science and social policy. Sage.

Cook, T., & Campbell, D. 1979. *Quasi-Experimentation: Design and Analysis issues for field setting*. RandMcNally.

Creswell, J. 2008. *Educational research: Planning, conducting, and evaluating quantitative and qualitative research*. Pearson Education, Inc.

Eisenhart, M. 1988. The ethnographic research tradition and mathematics education research. *Journal for Research in Mathematics Education*, 19, 99-114.

Greco, J. 2007. Introduction: What is epistemology? In J. Greco and E. Sosa (Eds.) The Blackwell Guide to Epistemology. Blackwell Publishing.

Green, J. 1990. Three Views on the Nature and Role of Knowledge in Social Science. In E. Guba (Ed.). The Paradigm Dialog. Sage.

Guba, E., & Lincoln, Y. 1994. Competing Paradigm in Qualitative Research. In N. Denzin and Y. Lincoln (Eds.). Handbook of Qualitative Research. Sage, 105-117.

Green, J. 1990. Multiple Perspectives: Issues and directions. Paper presented at the Conference on Multidisciplinary Perspective on Literacy Research, National Conference on Research in English.

Hessen, J. 1994. 인식론. 이강조 역. 서광사.

Kuhn, T. 1970. The Structure of Scientific Revolution. The University of Chicago Press.

Rubin, R., & Babbie, E. 2009. 김기덕 외 역. 사회복지조사방법론. 센게이지러닝.

2

조사의
과학적 방법

Social
Research
Methods

CONTENTS

이 장은 타당하고 참된 지식을 얻을 수 있는
과학적 방법의 내용과 조건에 대해 학습한다.
먼저 과학적 방법이 무엇을 의미하는지를 분명히 하고
이와 관련하여 지식을 얻는 과정에서 흔하게 사용되는
대표적인 비과학적 방법들을 살펴본다.
다음으로 조사론의 목표이자 과학적 방법의
핵심 개념인 이론에 대해 알아보고
이론구축을 통해 지식을 얻어가는 대표적 방법들인
귀납적 방법과 연역적 방법을 비교하여 살펴본다.
마지막으로 사회복지 분야에서 과학적 방법에 근거한
대표적인 실천방법으로 간주되고 있는
증거기반실천에 대해서 살펴본다.
아울러 증거기반실천을 둘러싼 논쟁들을 검토하면서
이와 관련하여 과학적 탐구와 관련된
전통적 쟁점들인 객관성과 주관성의 문제,
양적연구와 질적연구의 문제, 보편법칙 연구와
개별사례 연구의 문제들에 대해 살펴봄으로써
과학적 연구에 대한 이해의 폭을 넓힌다.

**Social
Research
Methods**

Learning Objectives

01 조사연구에서 과학적 방법이란 무엇을 의미
하는지 알아본다.

02 참된 지식을 얻는 과정에서 이론과 관찰의
역할과 상호관계를 학습한다.

03 귀납적 방법과 연역적 방법에 대해 학습한다.

04 사회복지 분야에서 증거기반실천의 내용과
함의를 학습한다.

05 과학적 방법 논의와 관련된 조사연구의 기본
쟁점들을 살펴본다.

2

조사의
과학적 방법

과학적 방법과
비과학적 방법

과학적 방법

과학적 방법의 의미

앞서 제1장에서 우리는 인간이 가진 다양한 믿음 가운데 정당화된 것만이 유일하게 참된 지식이 될 수 있다는 것을 학습하였다. 이는 우리가 지금 지식으로 믿고 있는 많은 것들 중에는 정당화되지 않은 방법으로 얻어진 채 막연히 지식으로 간주되고 있는 것들이 상당수 존재할 수 있다는 것을 의미한다. 이러한 측면에서 조사론은 인간이 가진 믿음을 참된 지식으로 정당화할 수 있는 '적절한 방법론'에 많은 관심을 기울여 왔으며 조사론이라는 명칭 대신 조사방법론이라는 용어를 사용하는 것도 이러한 관심이 반영된 결과이다.

자연과학은 물론 사회복지학을 포함하는 사회과학에서는 이같이 인간이 가진 믿음을 참된 지식으로 정당화할 수 있는 방법을 **과학적 방법** scientific method 이라고 명명하고 있다. 이는 오직 과학적 방법을 통해 얻어진 인식만이 참된 지식으로 간주될 수 있다는 것을 의미한다.

그런데 과학적 방법의 중심 개념인 과학 science 의 어원 역시 현재 우리가 다루는 앎이나 지식과 깊이 연관되어 있다. 과학이라는 단어의 기원이 되는 라틴어 스키엔티아 scientia 는 원래 지식 knowledge 을 의미하는 것으로 이 단어는 지식을 의미하는 그리스어 에피스테메 episteme 를 라틴어로 옮긴 것이다.

앞서 우리는 지식에 대한 학문이 인식론 epistemology; science of knowledge 임을 학습한 바 있다. 결국 이러한 맥락에서 보자면 과학이라는 용어 그 자체가 참된 지식을 의미하는 것이고 과학적 방법이란 결국 참된 지식을 밝히는 가장 적절한 방법을 말한다고 볼 수 있다.

그렇다면 과학적 방법이란 구체적으로 어떠한 내용을 담고 있을까? 그런데 과학적 방법을 명확히 하려고 시도하자마자 우리는 곧 커다란 어려움에 직면하게 된다. 그 이유는 무엇이 과학적 방법인지에 대해 아직까지 명확하게 확정된 하나의 입장이 존재하지 않는다는 것이다. 우리는 이러한 점을 제1장에서 인식에 대한 관점들인 인식 패러다임을 논의하는 자리에서 이미 확인한 바 있다. 다시 말해 연구자가 다양한 인식 패러다임들인 실증주의, 후기실증주의, 구성주의, 비판이론 가운데 어떠한 패러다임을 취하느냐에 따라 과학적 방법의 기준과 내용은 확연하게 달라질 수밖에 없다. 왜냐하면 인식 패러다임의 종류에 따라 인식대상과 인식주체에 대한 입장이 분명히 나누어지고 그 결과 인식주체가 인식대상을 인식할 수 있는 방법에 대한 입장이 완전히 달라지기 때문이다.

따라서 이 책에서는 일부 학자들이 선호하는 인식 패러다임에 근거하여 과학적 방법을 논의하기보다는 현재 사회과학에서 과학적 방법으로 가장 많은 지지와 합의를 얻

> **과학적 방법** 인간이 가진 믿음을 참된 지식으로 정당화할 수 있는 방법

고 있는 방법을 중심으로 논의를 전개하고자 한다. 물론 많은 사람들이 합의하고 있는 과학적 방법을 취한다고 하더라고 이 방법이 가장 완벽하고 최선인 것은 아니며 문제점을 가지고 있는 것 또한 사실이다. 이러한 점은 과학적 방법의 내용과 관련된 쟁점을 설명하는 자리에서 보다 자세히 제시될 것이다.

과학적 방법의 내용과 특성

후기실증주의 전통적인 실증주의의 소박한 실재론과 엄격한 검증조건이 다소 완화된 수정된 실증주의

논리실증주의 경험적인 관찰과 타당한 논리의 결합으로 참된 지식을 얻을 수 있다고 가정하는 인식 패러다임의 한 가지 유형

이 책에서는 과학적 방법의 내용을 현재 사회과학의 주류 패러다임으로 간주되고 있으며 과학적 인식방법의 철학적 기초를 이루고 있는 실증주의를 중심으로 설명하고자 한다. 다시 말해 제1장에서 제시한 다양한 인식 패러다임 가운데 실증주의 패러다임이 상대적으로 보편적인 과학적 방법을 제시하고 있다고 상정하는 것이다. 하지만 여기서 제시하는 과학적 방법의 기초로서의 실증주의는 전통적인 실증주의라기보다는 후기실증주의 패러다임 혹은 논리실증주의에 가깝다 Benton and Craib, 2001.

후기실증주의 혹은 **논리적 실증주의**는 전통적인 실증주의가 상정하고 있는 소박한 실재론과 엄격한 검증의 조건이 다수 완화되고 수정된 실증주의이다. 전통적 실증주의에 따르면 인식대상은 인식주체와 완전히 독립되어 존재하고 이들은 자연법칙에 따라 엄격하게 그 관계가 결정되어 있으며 객관적이고 투명한 인식주체의 명확한 관찰에 의해 이러한 법칙은 정확하게 반영되고 재현되며 이러한 반영물로서의 인식결과는 하나의 지식으로 직접적으로 검증될 수 있다고 가정되었다. 하지만 최근의 논의들은 이러한 순수한 의미의 전통적 실증주의가 주장하는 가정과 전제들이 더 이상 지지될 수 없음을 다양하게 제시하고 있다 Green, 1990.

과학적 연구방법과 관련된 최근까지의 논의를 종합해 볼 때 인간이 추구하는 지식의 대상인 인식대상은 인식주체와 완전히 독립하여 존재하는 객관적인 사실이라기보다는 인간의 감각적 경험과 이론적 논증이라는 두 가지 납득할만한 근거와 논리에 의해 파악되고 이해될 수 있는 존재이다. 달리 표

현하자면 우리는 인식주체와 독립된 인식대상이 실재 어떠한 모습인지는 어떠한 방법으로도 명확하게 파악할 수 없다는 것이다.

즉 우리의 인식대상인 사실들은 인식주체들이 직접 관찰하고 경험할 수 있는 경험적 사실 experiential reality과 납득할만한 근거와 논리의 바탕 위에서 인식주체들에 의해 합의된 사실 agreement reality로 구성된다 Rubin and Babbie, 2014. 예를 들어 우리가 얻고자 하는 지식의 상당부분은 자연이나 사회현상에 존재하는 것으로 기대되는 지속적인 규칙이나 체계로서의 법칙이다. 그런데 이러한 법칙은 직접적 관찰만으로 명확하게 파악할 수 있는 경험적 실재가 아니라 이론적 실체 theoretical entities 이다 Benton and Craib, 2001: 33-42. 그런데 본질적으로 불완전한 인간의 감각은 대상의 본질이나 이론을 직접적으로 명확하게 관찰할 수 없을 뿐만 아니라 이러한 관찰의 집적만으로 개별 사실들 사이에 존재하는 규칙성이나 법칙들이 선명하게 드러나는 것도 아니다.

따라서 과학적 방법은 경험적인 관찰뿐 아니라 논리적 설명이 동시에 작동할 수밖에 없다. 즉, 과학적 지식은 경험적으로 관찰 가능하여야 하고 이러한 관찰된 지식들 사이의 관계나 성질은 논리적으로 타당하고 설명 가능하여야 한다. 이와 같이 경험과 논리의 결합으로 지식이 가능하다는 차원에서 이러한 인식 패러다임을 논리실증주의 logical-empiricism라고 부

TABLE 2-1

✚ 과학적 방법의 특징

	특징	설명
1	논리적	• 과학적 설명은 이치에 맞아야 함 • 연역과 귀납이라는 두 가지 추론방식에 기인함
2	결정론적 (확률적 결정론)	• 모든 현상은 반드시 어떤 원인에 의하여 발생하며 그 원인은 논리적인 확인이 전제되어야 함 • 어떤 결과에는 그것을 결정하는 원인이 있음 • 어떤 하나의 요인으로 특정 현상을 100% 설명할 수 있는 경우는 거의 없음
3	일반적	• 개별 현상 하나하나보다는 많은 대상에 대한 일반적 성향을 밝혀 일반적 이해를 추구함
4	간결성	• 어떤 현상을 이해할 때 필요한 최소한의 설명변수만을 이용하여 최대의 설명을 얻는 것
5	구체적	• 개념의 조작화를 통해 개념을 보다 정확히 측정하고 정의하여야 함
6	경험적 검증가능성	• 과학은 이론적 논리나 가정이 현실에서 타당성을 가짐을 경험적으로 입증함
7	상호(간)주관성	• 과학자의 주관적 동기가 달라도 연구과정이 같으면 결론은 같아야 함
8	수정가능성	• 진리는 변화가능하며 과학은 진리를 추구하기보다는 효용을 탐색하는 것
9	설명적	• 과학이란 사실을 수집하고 이를 토대로 설명, 즉 이론을 수립하는 것
10	재생가능성	• 모든 이론은 여러 차례의 반복적 검증 및 관찰 후 정립됨으로써 신뢰성을 확보함
11	객관성	• 누구에게나 동일하게 인식되는 사건이나 현상은 객관성이 있어야 함

른다. 그리고 사물들 사이에 존재할 것으로 기대되는 관계나 설명도 엄밀한 법칙law 이라기보다는 하나의 규칙rule 이나 규정적인 이념regulative ideal 정도로 간주된다.

따라서 지금 참이라고 간주되는 지식은 잠정적으로 타당하고 참인 것이며 언제든지 반대되는 결정적인 증거가 등장하면 반증falsification 될 수 있는 잠정적인 지식에 불과하다. 지금의 지식을 포함하여 새로운 결과의 타당성 여부 역시 한 번의 관찰이나 경험으로 확정할 수 없기 때문에 동일한 대상에 대해 다른 방식으로 관찰하거나 상이한 대상에 대해 반복적으로 적용해 보면서 이러한 결과가 지속적으로 재현replication 이 가능한지를 확인하여야 한다. 이러한 맥락에서 현재 우리가 믿고 있는 지식은 인식대상의 실체를 결정론적으로 엄밀하게 반영하고 있다는 확신을 가지기 보다는 일정정도의 오류를 가지고 있지만 확률적으로 타당도의 정도가 높을 것으로 기대하는 확률적 지식이다.

이상에서 논의한 과학적 방법의 특징과 관련 설명은 **TABLE 2-1**과 같이 요약될 수 있다김진숙, 2011: 18-21.

비과학적 방법

사람들이 일상적으로 지식을 얻을 때 과학적 방법 보다 비과학적 방법을 훨씬 더 많이 사용한다. 따라서 과학적 방법이 무엇인지에 대해 학습하는 것도 중요하지만 우리가 흔히 사용하고 있는 비과학적인 방법은 어떠한 것이 있는지에 대해 명확하게 인식하는 것도 과학적 방법을 보다 분명하게 이해하는데 크게 도움이 될 것이다. 이러한 맥락에서 이 절에서는 지식을 탐구하는 과정에서 사용되는 대표적인 비과학적인 방법과 이러한 오류를 피해 과학적 방법으로 나갈 수 있는 방법에 대해 간략하게 살펴본다Rubin and Babbie, 2009: 19-25.

부정확한 관찰

참된 지식을 얻기 위한 과학적 방법의 핵심은 인식활동의 결과물인 인식내용이 경험적으로도 관찰 가능하며 동시에 논리적으로 타당하여야 한다는 것이다. 따라서 인식대상에 대한 정확한 관찰이야말로 참된 지식을 얻을 수 있는 과학적 방법의 출발이 된다. 그러나 앞서 후기실증주의 패러다임을 설명하는 과정에서 살펴본 바와 같이 인간의 감각기관이 가진 본래적 한계 때문에 인식대상을 있는 그대로 완전하게 관찰할 수 있다는 전제는 근본적으로 그 타당성을 확인할 수 없다. 그렇기는 하지만 우리는 무의식적인 상태로 진행되는 부주의하고 부정확한 관찰을 피할 수 있도록 최대한 의식적이고 신중하게 인식대상을 관찰함으로써 오류를 줄이고자 하는 노력을 다해야 한다.

부정확한 관찰로 인한 오류를 줄이기 위해서는 기본적으로 두 가지 방법이 활용된다.

첫째 인간의 감각기관이 가진 한계를 극복할 수 있는 신뢰할만한 관찰 도구를 활용하는 것이다. 예를 들어 현미경이나 망원경을 사용하면 대상에 대한 보다 정확한 관찰을 수행할 수 있을 것이다.

둘째 관찰대상에 대해 여러 가지 도구를 사용하거나 혹은 반복적으로 관찰하여 그 결과들을 비교하는 방법을 사용할 수 있다. 만약 상이한 도구를 사용하거나 반복적으로 관찰하더라도 동일한 결과가 도출된다면 그 관찰은 정확한 관찰일 가능성이 높을 것이다.

과도한 일반화

참된 지식을 얻는 일반적 방법은 관심 대상을 신중하게 관찰한 후 이러한 관찰에서 발견할 수 있는 체계적 유형이나 특이한 성질을 묘사하거나 추론하는 것이다. 따라서 체계적 유형이나 특질에 대한 묘사나 추론이 가진 엄밀성은 기본적으로 우리가 충분한 정도의 관찰을 수행하였는가의 여부에 달려 있다. 예를 들어 특정 지역에 위치한 사회복지기관에서 일하는 사회복지사가 자신이 활동하는 지역에 대한 욕구조사를 수행하면서 전체 지역주민들 가운데 일부만을 관찰한 후 이를 근거로 결론을 확정하게 되면 그 결과는 실제 그 지역의 욕구 내용과는 매우 다를 것이다. 다시 말해 이러한 방법에 의해 얻어진 지식은 정당화된 참된 지식일 수 없으며 부분적인 타당성만을 가진 부정확한 지식이 될 수밖에 없다.

이러한 부분적 관찰에 의한 과도한 일반화의 오류를 피하기 위해서는 탐구하려는 대상에 대한 관찰이 충분할 수 있도록 가능하면 많은 수의 관찰대상을 확보하여야 한다.

선별적 관찰

앞서 논의한 과도한 일반화의 문제와 더불어 비과학적 탐구의 대표적인 오류로 선별적 관찰을 들 수 있다. 과도한 일반화는 기본적으로 탐구의 대상에 비해 절대적으로 부족한 관찰이 문제가 되는 것이지만 선별적인 관찰은 일정정도 충분한 정도의 관찰을 수행하더라도 이러한 관찰이 특정 대상에 대한 특수한 성질만을 관찰하므로 인해 발생하는 오류이다. 대상을 관찰할 때 객관적이고 타당한 관찰도구를 사용한다고 하더라도 어떤 대상의 어떤 측면을 어떻게 관찰할지에 대한 계획은 기본적으로 인간의 인식활동이며 따라서 연구자가 가지고 있는 선입견이나 편견 혹은 개인적 취향이 무의식적으로 작동하기가 쉽다. 이러한 경우 대상에 대한 관찰은 연구자의 특성에 따라 선별적으로 일어날 수밖에 없으며 이러한 관찰결과로 도출되는 지식은 관찰대상의 특성을 정확하게 반영하지 못하는 불확실한 결과일 수밖에 없을 것이다.

선별적 관찰의 오류를 예방하기 위해서는 무엇보다 연구자가 연구대상에 대한 자신의 선입견이나 편견이 존재하는지의 여부를 성찰하는 작업이 중요하고 자신이 관찰한 대상의 수와 특질을 정확하게 보고하여 다른 연구자들이 이를 평가할 수 있도록 하는 것도 중요하다. 결국 선별적 관찰을 예방하는 가장 좋은 방법은 동료 연구자들에 의한 재현과 검토이다.

사후소급가설 설정

일반적으로 지식을 얻는 방법은 연구대상에 대해 사전에 적절한 가설을 설정하고 이러한 가설이 타당한지를 경험적으로 관찰하여 확인해 보는 것이다. 그런데 가설에 부합하는 관찰결과가 나타나지 않았을 경우에 별다른 추가연구 없이 연구자가 관찰결과에 부합하는 새로운 가설을 곧바로 다시 설정하여 해당 연구의 결론을 내리는 경우가 있다. 예를 들어 한 연구자가 빈곤한 사람들을 대상으로 직업훈련교육을 실시하면 이들의 노동동기가 상승할 것이라는 가설을 설정하고 연구를 수행하였으나 이들의 노동동기가 상승하지 않는 결과를 얻었다고 하자. 그런데 연구자는 빈곤한 사람들이 직업훈련교육 후 노동동기가 상승하지 않은 결과를 설명하기 위해 추가적인 연구나 조사를 수행하지 않고 이들이 빈곤문화에 물들어 직업훈련교육의 효과가 없었다는 결론을 내렸다고 가정하자. 이 경우 문제가 되는 점은 과연 이들이 정말 빈곤문화에 물들어 있는지의 여부는 전혀 확인되지 않은 채 그와 같은 결론이 내려졌다는 것이다.

사후소급가설을 설정하는 오류를 범하지 않기 위해서는 가설에 부합하지 않은 결과가 도출되었을 경우, 이러한 관찰결과에 부합할 것으로 보이는 새로운 가설을 설정하고 다시 연구를 진행하여야 한다. 실제로 이러한 새로운 연구가 좋은 연구결과를 도출할 가능성이 훨씬 높다.

자아가 개입된 이해

우리는 앞서 인식의 패러다임을 논의하는 장에서 지식에 대한 탐구활동이 기본적으로 인간의 의지 및 이해관계와 상당히 밀접한 관련이 있음을 알 수 있었다. 특히 구성주의적 패러다임을 취할 경우 인식대상 자체가 인식주체에 상당히 의존적일 수밖에 없으며 비판이론 역시 인간의 인식을 이해관계나 지위가 반영된 결과로 간주하고 있다. 그런데 문제가 되는 점은 탐구를 수행하는 과정에서 연구자 개인의 자아가 너무 과도하게 개입함으로써 적절한 인식활동이 저해되는 경우가 발생할 수 있다는 것이다. 다시 말해 연구자가 자신의 연구와 자기를 지나치게 동일시하여 자신의 이해관계나 입장을 관철하기 위해 관찰과 논증을 수행할 경우 이는 전적으로 연구의 객관성을 해치게 되고 그 결과는 타당성이 없는 결론을 도출하게 된다.

이러한 오류를 피하기 위해서는 연구과정에서 지나치게 연구자 자신의 이해관계나 자아가 반영되지 않도록 연구자 집단에 의한 객관적인 과학규범에 대한 합의가 모색되어야 할 것이며 아울러 이러한 과학규범에 대한 확고한 준수가 사회적으로 확립되고 강제되어야 할 것이다.

비논리적 추론

앞서 참된 지식은 경험적 관찰과 논리적 설명의 결합물이라는 것을 확인하였다. 따라서 충분한 정도의 믿을만한 관찰이 이루어진다고 하더라도 이러한 관찰들에 대해 잘못된 논리적 추론이 이루어진다면 그 결과는 믿을만한 지식이 될 수 없을 것이다. 다음에 소개하는 추론이나 논증은 흔히 일상적으로 저지르기 쉬운 비논리적 추론으로 이러한 비과학적 방법에 의해 도출된 결과는 당연히 참된 지식이 아니라 비과학적 오류에 불과하다.

첫째 비논리적 추론의 예는 **도박사의 오류**gambler's fallacy 이다. 이는 행운이나 불운이 연속으로 이어지면 다음에는 그 반대가 시작될 것이라고 막연하게 믿는 심리적인 오류로서 그러한 판단에는 전혀 타당한 근거가 없다. 예를 들어 주중에 계속해서 비가 오면 주말에 비가 올 가능성이 높다고 추론하는 경우가 이에 해당한다.

둘째 사례는 **허수아비논증**straw person argument 이라고 불리

는 것으로 이는 어떤 입장이나 인식대상을 다른 것으로 대체하고 이 대체물에 대해 연구와 주장을 펼치는 것이다. 예컨대 "어린이를 혼자 길가에 나다니게 하면 안 된다"는 주장에 대해 "그렇다면 아이를 하루 종일 집 안에 가둬 두란 말이냐"고 논증을 펼쳐 상대방의 입장을 전혀 다른 입장으로 대체한 후 이를 논박하는 것이다.

셋째 사례는 **대인논증**ad hominen attack 이라고 불리는 것으로 이는 연구의 내용이 아니라 연구하는 사람을 공격하는 것이다. 예를 들어 어떤 논의를 주장하는 학자의 주장내용이 아니라 그 사람의 학위나 출신학교를 문제시하는 것을 들 수 있다.

넷째 사례인 **시류에 편승하기**bandwagon appeal 도 대표적인 비논리적 행위이다. 이는 어떤 주장의 내용에 대한 객관적이고 과학적인 평가나 논증이 아니라 많은 사람들이 이에 동조하고 있다는 사실만으로 그 내용의 타당성을 인정하는 것을 말한다.

이러한 비논리적 추론은 모두 우리의 관찰이 참된 지식에 이를 수 있는 길을 방해하는 역할을 하며 이를 예방하기 위해서는 과학적인 증거에 대한 비판적이고 타당한 논증을 수행할 수밖에 없다.

섣부른 탐구의 종료

앞서 논의한 과도한 일반화, 선택적 관찰, 비논리적 추론 등의 사용은 결국 연구자가 참된 진리에 도달하기에 충분한 정도의 연구를 수행하지 못한 채 섣부르게 자신이 수행하는 탐구를 종료하게 만든다. 특히 이러한 비논리적인 추론이나 타당하지 못한 연구의 방법론이 연구자가 가진 건전하지 못한 동기들과 결합하면 더욱 문제가 될 수 있다. 예를 들어 연구자가 성급하게 연구결과를 얻으려고 하거나, 특정한 이해관계를 대변하거나, 자신이 가진 선입견이나 편견을 비판적으로 바라보지 못한 채 연구자의 자아와 결합할 경우에는 충분한 과학적 자료의 수집이나 비판적 논증의 과정을 거치지 않은 채 주어진 자료 내에서 서둘러서 불완전한 결론을 내리게 될 가능성이 높다.

이러한 오류를 피하기 위해서는 앞서 논의한 바와 같이 연구자 집단에 의해 사회적으로 합의된 객관적인 과학규범의 확립이 필요하며 동료 연구자 집단에 의한 연구과정과 결과에 대한 지속적인 비판과 검증이 가능하여야 할 것이다.

Scientific method of the Research

2

이론과 과학적 방법

이론의 개념

이론 사람들이 관심을 가지고 있는 현상에 대한 체계적인 설명으로 타당성이 어느 정도 검증된 믿을만한 참된 지식

제1장에서 우리는 인식대상을 인식한 결과인 지식에 여러 가지 유형이 있음을 학습한 바 있다. 하지만 그 중에서도 대부분의 인식 패러다임이 공통적으로 가장 대표적인 지식으로 간주하는 것은 **이론**theory이며 이론의 개발이야말로 연구자들이 가장 중요하게 생각하는 조사연구의 목적이다Green, 1990.

이론이란 사회적 삶의 특징을 설명하고 사람들이 일상의 삶에서 어떻게 행동하고 의미를 찾는지에 대한 우리의 이해를 풍성하게 하고자 하는 목적으로 만들어진 상호 연관된 진술들의 체계적인 집합이다Rubian and Babbie, 2009: 58. 다시 말해 이론은 사람들이 관심을 가지고 있는 현상에 대한 체계적인 설명으로서 도출과정이 과학적 방법에 의해 수행되어 그 내용의 타당성이 어느 정도 검증된 참된 믿음, 즉 지식이다.

물론 여기서 중점적으로 다루고자 하는 이론과 더불어 패러다임이나 개념 그리고 모델 역시 대표적인 지식의 일종이지만 이들간에는 약간의 차이가 존재한다. 앞서 살펴본 바와 같이 패러다임은 대상을 인식하는 데 있어 우리의 관점을 조직화해주는 근본 도식으로서 이론보다는 추상적인 수준에서 보다 상위의 개념이다. 따라서 동일한 패러다임을 공유하는 연구자들이 동일한 현상을 설명하기 위해 서로 다른 이론을 활용하여 연구를 진행할 수 있다. 예를 들어 실증주의 패러다임을 공유하는 사회복지연구자라 할지라도 우울과 자살이라는 동일한 연구대상에 대해 각각 정신분석이론과 인지행동이론이라는 서로 다른 이론을 사용하여 별개의 연구를 진행할 수 있다.

가설 특정 현상에 대한 하나의 잠정적인 추측

개념 어떤 생각이나 사물, 사건 혹은 사람을 상징하는 정신적인 이미지

반면에 **개념**concept이란 어떤 생각이나 사물, 사건 혹은 사람을 상징하는 정신적인 이미지이다Rubin and Babbie, 2009: 61. 개념

이 기본적으로 관찰대상에 대한 이미지이기 때문에 관찰대상의 본질에 따라 개념의 본질도 달라진다. 예를 들어 성별이라는 개념은 남성과 여성과 같이 상대적으로 직접 관찰이 가능한 대상을 상징할 수도 있지만 우울이나 자존감과 같은 개념은 직접적인 관찰이 용이하지 않은 추상적이고 이론적인 속성을 가진다.

사회복지와 같이 실천을 수행하는 구체적인 분야에서는 패러다임이나 이론보다는 모델model이라는 지식형태를 보다 많이 활용하고 있다. 모델은 기존의 이론을 종합적으로 반영하면서 실천에 대한 우리의 관점을 조직화하고 활동의 구체적인 방향과 내용을 알려줄 수 있는 전략의 역할을 한다.

이론의 구성요소와 역할

앞서 이론은 현상에 대한 체계적인 설명 혹은 상호 연관된 진술들의 체계라고 정의되었다. 그런데 현상을 설명하는 체계적인 진술인 이론은 현상을 구성하는 요소들의 상징인 개념들과 이들 개념들의 관계라는 두 가지 요소로 구성된다. 예를 들어 아동발달 분야에서 '아동들은 지속적으로 격려를 받으면 자존감이 높아진다'라는 이론이 있다고 가정해 보자. 이 이론을 자세히 들여다보면 아동, 격려, 자존감이라는 개념들과 함께 이들 개념들간의 관계relationship, 즉 격려가 많아지면 자존감이 높아진다는 설명으로 이루어져 있다.

이러한 진술이 이론이라는 것은 이 이론이 담고 있는 내용들이 논리적으로도 타당하고 설득력이 있을 뿐만 아니라 경험적으로도 이 진술을 지지하는 사례들이 충분히 관찰되었다는 것을 의미한다. 물론 하나의 진술이 이론으로서의 지위를 얻기 이전에는 특정 현상에 대한 하나의 잠정적인 추측인 **가설**hypothesis의 지위를 먼저 가져야만 한다. 그리고 이 가설이 논리적 지지와 경험적 지지를 받게 되면 하나의 이론으로 인정받게 되는 것이다.

그렇다면 이론은 우리 삶에서 어떠한 역할을 담당하는 것일까? 일반적으로 이론은 단일한 사례에 대한 개별적 설명보다는 특정한 측면에 대한 일반적이고 보편적인 설명을 추구한다. 따라서 우리가 어떤 이론을 구축하게 되면 이 이론이 적용 가능한 대상들에 대해 일정한 설명explanation과 예측prediction을 할 수 있게 된다. 설명이란 과거 혹은 현재의 경우에 대한 이해 가능한 진술이고 예측은 앞으로 기대되는 변화에 대한 가정을 의미한다.

뿐만 아니라 이론을 이용하여 우리는 우리가 원하는 대상에 대해 바람직한 변화도 야기할 수 있다. 앞서 우리는 아동들이 격려를 받으면 자존감이 향상된다는 이론을 접한 바 있다. 우리가 아동들이 높은 자존감을 유지하며 행복한 삶을 살아가기를 원한다면 이 이론에 근거하여 아동들을 충분히 격려하고 지지하는 활동을 하여야만 한다. 달리 표현하자면 이론은 우리들로 하여금 우리가 원하는 바람직한 미래를 달성할 수 있도록 도움을 줄 수 있는 도구이자 자원인 것이다.

③ 연역적 방법과 귀납적 방법

우리는 지금까지 조사론의 근본적인 관심은 과학적 방법을 사용하여 우리가 관심을 가지고 있는 사회현상을 정확하게 설명하는 것이며 이러한 설명에는 경험적 관찰과 이론적 논증이라는 두 가지 작업이 서로 긴밀하게 연관되어 있다는 것을 살펴보았다. 그리고 사회현상을 설명한다는 것은 우리가 관심을 가지고 있는 현상 속에 작동하고 있는 규칙이나 법칙을 발견한다는 것이며 이와 같이 발견된 규칙이나 법칙이 어느 정도의 타당성을 가지게 되면 하나의 이론이 된다는 것도 학습하였다.

이 절에서는 과학적 방법의 근본적인 목적인 이론개발, 즉 현상 속에 담겨있는 규칙을 발견하는 전통적인 두 가지 방법인 연역적 방법과 귀납적 방법에 대해 보다 자세히 살펴보고자 한다.

연역적 방법

연역적 방법 deductive method 에서 연역의 의미는 무엇인가를 끌어낸다는 것으로 이는 논리학에서 대전제로부터 결론을 이끌어낸다는 뜻으로 사용된 것에 기원을 둔다. 이러한 연역의 의미를 연역적 방법을 표현하는 대표적인 사례인 삼단논법을 이용하여 보다 자세히 살펴보자.

> "모든 사람은 죽는다.
> 소크라테스는 사람이다.
> 그러므로 소크라테스는 죽는다."

이와 같이 연역적 방법에 담긴 기본 논리는 모든 사람에 대한 보편적인 사실이나 대전제에서 구체적으로 소크라테스가 사람임을 설명하고 그의 운명을 예측한다는 것이다. 이 논리에서 가장 중요한 것은 '모든 사람은 죽는다'라는 대전제의 확실한 사실 여부와 소크라테스라는 개별사례가 대전제가 다루는 범주에 포함되는지의 여부이다. 이러한 두 가지 조건만 충족되면 결론은 자연스럽게 도출되고 그 타당성은 의심의 여지가 없다.

연역적 방법의 논증방법을 조사방법론의 맥락에서 설명해 보자면 조사론의 영역에서 대전제는 타당성이 있다고 판단된 기존의 이론이며 우리가 관심을 가지고 있는 사례에 대한 설명은 그 사례가 이러한 이론에 해당되는지의 여부를 통해 판단된다. 즉 우리가 관심을 가지고 있는 구체적 현상에 대한 최종적 설명은 이론으로부터 결론이 연역되어 나온다는 것을 의미한다. 이러한 과정을 보다 자세히 설명하여 보자.

우리가 관심을 가지고 있는 현상을 설명하고자 할 때 연역적 방법을 취하는 연구자는 먼저 이 현상을 적절하게 설명할 수 있을 것으로 기대되는 기존의 이론을 찾는 것으로부터 연구를 시작한다. 그리고 이러한 이론으로부터 관심을 가지고 있는 현상을 설명할 수 있는 잠정적인 결론, 즉 가설을 설정한다. 다시 말해 가설은 연구하고 있는 현상을 설명할 수 있도록 특정한 이론을 적절하게 가공한 것이라고 볼 수 있다. 그리고 이러한 가설은 우리가 경험적으로 관찰할 수 있는 용어로 조작화되어 진술의 형태로 구성되며 마지막으로 현실에서 이러한 가설들이 실제로 나타나는지의 여부를 구체적으로 관찰하게 된다. 만일 연구자가 관찰한 사례들이 설정된 가설을 뒷받침하기에 충분하다고 판단되면 연구자가 설정한 가설은 타당한 것으로 증명된다.

연역적 방법 대전제와 보편적 설명으로부터 구체적인 사례나 현상에 대한 결론을 도출하는 논리적인 방법 연역적 방법은 연구대상에 대한 설명을 이미 타당성을 검증받은 기존의 이론으로부터 시작한다는 차원에서 매우 안정적인 방법이다. 기존의 이론은 많은 사례를 통해 비슷한 현상을 설명할 수 있다고 사회적으로 합의되거나 인정된 것이기 때문이다. 하지만 이러한 안정성에도 불구하고 연역적 방법은 과학적 방법이라는 측면에서 몇 가지 단점을 가질 수 있다.

첫째 연구자는 자기가 관심을 가지고 있는 대상을 설명하면서 아무래도 기존의 이론 가운데 가장 많은 지지를 얻고 있는 이론으로부터 출발하기 쉽다. 그러므로 많은 지지를 받고 있는 기존의 이론과 비슷하지만 상대적으로 새로운 이론이거나 지지를 약하게 받고 있는 이론을 선택하기는 쉽지 않을 것이다.

둘째 이러한 이론에서 도출된 가설을 검증하기 위해 구체적인 자료를 관찰하는 과정에서 이러한 가설에 반하는 자료를 쉽게 채택하지 못할 수 있다. 예를 들어 '모든 까마귀는 까맣다'라는 전제를 증명하기 위해 많은 까마귀를 관찰하는 과정에서 연구자가 하얀 까마귀를 발견하였다고 하자. 이 경우 기존의 이론에 강하게 경도된 연구자는 하얀 까마귀가 기존 까마귀의 변종이거나 원래 까마귀종이 아닐지도 모른다는 유혹을 받을 수도 있다.

이러한 측면에서 볼 때 대전제와 보편적 설명에서 출발하는 연역적 방법은 기본적으로 현재 크게 힘을 얻고 있는 이론을 강화하는 방향으로 작동하거나 새로운 사례의 등장에 대해 다소 회의적인 경향을 야기함으로써 보수적인 속성을 가질 수 있다는 비난을 받기도 한다.

귀납적 방법

귀납적 방법 구체적인 사례와 사실들에 존재하는 공통적인 유형과 패턴으로부터 보편적인 설명을 도출하는 논리적인 방법

보편적인 이론에서 구체적인 현상에 대한 결론을 도출하는 연역법과는 달리 **귀납적 방법** inductive method은 구체적인 현상들에서 출발하여 보편적인 결론으로 귀결하는 논리를 취한다. 앞서 예로 들었던 소크라테스의 죽음과 관련된 삼단논법을 통해 귀납적 방법의 논리를 보다 자세히 알아보도록 하자.

소크라테스의 죽음에 관해 호기심을 가진 연구자는 소크라테스와 비슷한 사례들을 수집하여 그 사례들에서 어떠한 공통적인 유형과 패턴을 발견할 수 있을지를 탐구한다. 그래서 연구자는 소크라테스와 비슷한 사례들을 수집하여 이들을 관찰하게 된다. 이러한 과정을 통해 연구자는 다음과 같은 논리적 추론을 하게 될 것이다.

"소크라테스도 죽었다. 플라톤도 죽었다. 아리스토텔레스도 죽었다.
이들은 모두 사람이다.
그러므로 모든 사람은 죽는다."

이와 같이 개별적이고 구체적인 사실들에서 일반적이고 보편적인 결론으로 귀결되어 간다는 차원에서 이러한 방법론을 귀납법이라고 부른다.

귀납적 방법은 구체적인 사례들을 직접 경험적으로 관찰한다는 차원에서 실증주의적 패러다임에 보다 더 부합하고 있다고 볼 수 있다. 하지만 귀납적 방법은 구체적인 사실들에서 보편적인 결론으로 귀결하는 과정에서 다음과 같은 두 가지 내재적인 한계를 가질 수밖에 없다.

첫째 어느 정도의 구체적인 사례를 관찰하여야만 보편적인 결론으로 나아갈 수 있는지가 명확하지 않다. 예를 들어 앞의 사례에서 연구자는 도대체 몇 사람의 죽음을 관찰하여야 모든 사람은 죽는다는 궁극적인 결론에 도달하게 될까? 그리고 연구자가 기존의 사람들에 관한 모든 죽음을 확인하였다고 하더라도 앞으로 태어날 사람들까지 그러하리라고 쉽게 결론내릴 수는 없다.

둘째 관찰된 사례들에서 특정한 유형이나 패턴을 찾는 과정에서 서로 다른 견해들이 존재할 수 있다. 주어진 사례들에서 보이는 패턴이나 유형 혹은 법칙들은 직접적으로 관찰될 수 없는 이론적 실체theoretical entities 이다. 달리 표현하자면 관찰된 경험 자료에서 곧바로 어떠한 결론이 직접 도출될 수는 없으며 연구자의 관점이나 시각 혹은 그들이 잠정적으로 근거하고 있는 학문적 배경에 따라 동일한 사례들을 대상으로 얼마든지 다른 방식과 형태의 유형화가 가능할 수 있다.

이러한 면에서 볼 때 귀납적 방법에 의해 만들어진 일반화는 언제나 보편적인 것이 아니라 잠정적일 수밖에 없다.

연역적 방법과 귀납적 방법의 상관관계

연역적 방법과 귀납적 방법이 대표적인 과학적 방법으로 소개되고 있지만 실제 조사연구를 수행하는 과정에서 연역적 방법과 귀납적 방법은 끝없는 상호작용을 수행하며 EXHIBIT 2-1과 같은 과학의 수레바퀴를 구성한다 Rubin and Babbie, 2008: 68.

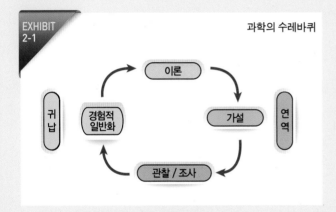

EXHIBIT 2-1   과학의 수레바퀴

과학의 수레바퀴를 보면 특정한 현상을 설명하고자 하는 연구자는 이러한 현상을 적절하게 설명할 수 있을 것으로 기대되는 기존의 이론으로부터 이 현상과 관련된 가설을 도출하게 되고, 가설의 타당성 여부를 경험적으로 증명하기 위해 구체적인 현상에 대한 관찰을 수정하게 된다. 그리고 이러한 관찰을 통해 얻어진 경험적 일반화는 기존의 이론을 수정하기도 하고 강화하기도 한다.

더 많은 사례들에 대한 적용가능성이 높아지면서 기존의 이론은 더욱 더 타당한 이론으로 자리매김 되기도 하지만 새로운 사례의 발견에 의해 수정된 이론은 현상에

대한 새로운 가설과 관점을 제시하게 되고 이러한 새로운 가설은 또 새로운 사례들의 관찰을 통해 검증되면서 새로운 이론으로 발전하게 된다. 따라서 기존의 이론들은 언제나 새로운 사례들에 의한 반증가능성이나 수정가능성이 열려 있는 잠정적인 지식에 불과하며 이러한 새로운 사례의 발견을 통한 이론의 재수정을 통해 과학은 확실한 지식을 향해 끊임없이 진보할 수 있다.

앞서 언급한 바와 같이 참된 지식을 추구하는 방법은 관찰과 논리이다. 달리 표현하자면 경험적인 관찰과 논리적 추론의 상호작용으로 보다 타당한 지식을 구축해 나간다. 위에서 제시한 과학의 수레바퀴에서 보자면 연구자는 연역부분에서는 이론에서 가설구축방향으로 논리적 추론을 진행하고 귀납부분에서는 관찰로부터 일반화의 방향으로 논리적 추론을 수행한다. 이와 같이 귀납과 연역이라는 두 가지 방법은 관찰과 논증이라는 두 가지 도구를 통해 논리실증주의라는 인식의 패러다임을 구현하며 하나의 과학적 방법을 구성하게 된다.

Scientific method of the Research

4 증거기반실천과 과학적 방법의 쟁점

증거기반실천의 개념과 단계

타당하고 참된 지식을 얻기 위해서는 과학적인 방법에 의해 조사와 연구가 수행되어야 한다. 당연히 바람직한 사회복지실천을 위한 연구와 조사 역시 과학적인 방법을 통해 이루어져야만 실천이 지향하는 목표를 명확하게 달성할 수 있을 것이다.

사회복지는 과학적 지식을 구체적인 실천 현장에 적용하기 위해 다양한 실천모델 practice model 을 개발하여 왔는데 사회복지가 역사적으로 발전하는 과정에서 등장한 여러 가지 실천모델 가운데 최근 과학적 방법에 근거한 모델로 크게 주목을 받고 있는 것이 바로 **증거기반실천** evidence-based practice:

증거기반실천 이용 가능한 최선의 증거에 기초하여 실천에 관한 결정을 수행해 나가는 과정

EBP 모델Rubin and Babbie, 2009: 29-30이다.

증거기반실천은 실천가가 이용 가능한 최선의 증거에 비추어 실천에 관해 결정을 수행해 나가는 하나의 과정을 의미한다. 증거기반실천이 사회복지영역에 등장한 배경에는 기존의 사회복지실천이 과학적이지 못한 방식으로 이루어졌다는 반성이 자리하고 있다. 예를 들어 실천 현장에서 과학적 조사연구를 통한 결과에 근거하여 실천을 수행하는 것이 아니라 전문가의 합의와 같은 기존 전통이나 자문위원, 슈퍼바이저의 권위에 크게 의존하는 경향이 있음이 지적되었던 것이다. 이러한 반성에서 사회복지실천과 과학적 조사연구를 긴밀하게 연계하는 노력들이 꾸준히 진행되었고 이러한 노력들이 바로 증거기반실천으로 결과한 것이다.

증거기반실천을 수행하는 실천가는 권위나 전통에 근거한 실천을 수행하는 것이 아니라 증거와 논리에 의존하여 비판적 사고를 수행한다Gambrill, 1999. 증거와 논리는 앞서 논의한 조사연구 수행에 있어 과학적 방법의 두 가지 특성인 경험적 지지와 논리적 지지에 다름 아니다. 즉 실천가는 자신의 사례와 관련된 증거를 찾아내는 타당한 방법을 알고 있어야 하며 조사설계와 연구방법을 충분히 이해하고 활용하여 자신이 발견한 증거의 경험적 타당성과 논리적 타당성을 비판적으로 평가할 수 있어야만 한다. 물론 실천가는 사례에 가장 적절한 최선의 증거를 발견하지 못할 수도 있으며 증거에 기반하여 실천을 수행하였다고 해서 언제나 최선의 결과를 낳는다는 보장은 없다. 하지만 과학적 방법에 기초한 증거기반실천을 하게 되면 다른 방법에 의한 실천보다는 효과적인 실천결과를 낳을 가능성, 즉 확률이 높아진다는 것을 의미한다.

증거기반실천은 실천가가 자신의 클라이언트에게 가장 적절한 개입활동이 무엇인지를 발견할 수 있도록 이용 가능한 최선의 증거를 수집하고 평가해 나가는 하나의 과정이라는 것을 학습하였다. 그렇다면 증거기반실천은 구체적으로 어떠한 과정으로 이루어져 있을까? 일반적으로 널리 채택되고 있는 증거기반실천의 단계는 TABLE 2-2와 같다Rubin and Babbie, 2009: 32-42.

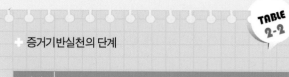

증거기반실천의 단계

단계	내용
1 단계	사회복지실천과 관련하여 궁금한 점을 답변 가능한 질문으로 전환한다.
2 단계	그 질문에 대한 답이 되는 최선의 증거를 최대한 효율적으로 찾는다.
3 단계	수집된 증거를 비판적으로 평가한다.
4 단계	어떤 증거기반 개입이 가장 적절한지를 결정한다.
5 단계	평가의 결과를 실천에 적용한다.
6 단계	실행결과를 평가하고 피드백을 수행한다.

1단계에서는 사회복지실천가는 자신이 담당하고 있는 실천 대상에 대해 어떠한 정보가 필요한지를 파악하고 이를 질문으로 만든다. 이러한 질문에는 미리 특정한 개입방법이나 이론을 염두에 두지 않고 현재 어떤 개입들이 이루어지고 있으며 어떠한 증거가 있는지에 대해 개방적인 입장을 취해야 한다. 2단계에서는 이러한 질문들에 답이 될 수 있는 최선의 증거를 최대한 효율적으로 수집한다. 3단계에서는 2단계에서 수집된 증거들을 비판적으로 검토한다. 이 단계에서는 수집된 증거들의 출처, 내용, 의미들에 대해 종합적인 평가와 판단이 수행된다. 4단계에서는 비판적 평가의 결과를 실천에 적용하고 마지막 5단계에서는 증거가 적용된 실천활동의 결과를 평가하고 피드백을 수행한다.

증거기반실천 비판과 과학적 방법의 쟁점

일반적으로 증거기반실천이 사회복지 분야에 과학적 방법의 활용을 도입하여 사회복지전문직의 발전에 큰 기여를 하고 있다는 주장이 받아들여지고 있는 반면에 일부 연구자와 실천가들은 증거기반실천이 사회복지실천에 미치는 부작용과 문제점을 지적하기도 하였다. 특히 증거기반실천에 의해 가장 훌륭한 증거들을 제공한다고 간주되고 있는 무작위임상실험Randomized clinical trial: RCT에 대한 반론이 다음과 같이 적잖이 제시되고 있다Rubin and Babbie, 2009: 42-45.

첫째 무작위 임상실험과 같은 엄격한 실험설계에 의한 증거들은 매우 제한된 클라이언트를 대상으로 특정한 실험상황에

서 엄격하게 통제되어 수행되는 실험의 결과이기 때문에 대부분의 사회복지 실천가가 현장에서 직면하는 다양한 클라이언트가 가진 복합적인 문제에 대해 효과적인 증거를 제시하지 못한다는 비판이 존재한다. 이러한 반론의 이면에는 실험의 결과인 증거들이 보편성을 갖추지 못하기 때문에 클라이언트가 가진 매우 개별적이고 다양한 특성에 적용하기가 힘들다는 불신이 깔려 있다.

둘째 이와 같은 증거에 기초하여 만들어진 실천 매뉴얼을 과도하게 맹신하는 경우 전문직 관계에 필요한 치료적 협조와 상호작용이 현저히 약해진다는 비판이 있다.

셋째 이러한 증거기반실천이 만연할 경우 전문가의 전문성과 융통성이 현저하게 약화되면서 성찰적이고 창의적인 사회복지실천기법의 개발이 저해될 수 있다는 지적도 제기되고 있다.

넷째 증거기반실천에 대한 극단적인 비판으로는 증거기반실천이 서비스 비용을 지불하는 정부기관이나 의료관리회사들에 의해 악용되어 단순한 비용절감의 도구로 전락하고 있다는 비판도 제기되고 있다. 점점 정부와 기관들이 과학적이라는 명분으로 과학적 증거 특히 엄격한 실험설계에 기반한 증거를 활용하였는지의 여부로 실천을 판단할 경우 이와 같은 문제점이 발생할 가능성이 충분히 존재한다.

결국 증거기반실천에 대한 비판의 이면에는 증거기반실천이 근거하고 있는 실증주의 혹은 후기실증주의 패러다임에 대한 비판과 아울러 실증주의와는 다른 인식 패러다임에 근거한 과학적 방법에 대한 지지와 선호가 자리 잡고 있다고 볼 수 있다.

증거기반실천을 둘러싼 논쟁이 발생할 수 있는 근본적인 이유는 앞서 살펴본 바와 같이 아직까지 과학적 입장에 대한 완전한 합의가 존재하지 않기 때문이다. 따라서 연구자가 지지하는 인식 패러다임에 따라 무엇이 과학적이며 과학적 연구조사가 궁극적으로 지향하는 목적이 무엇인지가 다르게 정의되기 때문이다.

예를 들어 이 세상에 존재하는 모든 존재들은 근본적으로 개별적인 것이어서 이들을 모두 포함하는 보편적인 법칙이

나 이론은 존재할 수 없다고 생각하는 경우 모든 연구는 개별사례를 철저하게 이해하고 파악하는 것에 몰두할 수밖에 없다. 이와 같이 개별사례가 가진 독특성의 파악에 집중하는 과학적 모델을 개별사례모델idiographic model이라고 부른다. 이와는 달리 개별사례들이 포함되어 있는 집단들의 공통적 속성이나 이들 사례들에 보편적으로 작용하는 법칙이나 이론을 발견하고자 하는 모델을 보편법칙모델nomothetic model이라고 부른다. 따라서 개별사례모델은 가능한 많은 설명요인이나 원인요인을 이용하여 특정 사례의 많은 성질을 파악하려고 노력하는 반면 보편법칙모델은 상대적으로 적은 수의 요인을 사용하여 개별사례들이 구성하고 있는 집단들에 작용하고 있는 공통적인 설명요인들을 찾고자 한다.

연구대상에 대한 이러한 입장의 차이는 자연스럽게 연구방법의 차이로 이어진다. 개별사례모델이 가진 입장은 모든 개별사례들은 동일하게 간주될 수 없는 속성을 가진 질적으로 상이한 존재들이다. 따라서 이와 같이 질적으로 다른 독특한 대상들을 연구하면서 일반적인 속성으로 서로 비교 가능한 양적 지표를 사용하는 것은 전적으로 무의미하다. 오히려 이러한 경우에는 연구대상이 가진 특이성과 질적 특수성을 파악해 집중하는 질적연구방법qualitative method을 사용할 수밖에 없다. 반면에 서로 비교 가능한 사례들의 보편적이고 공통적인 속성을 연구하기 위해서는 이를 객관적으로 측정할 수 있는 양적연구quantitative method를 선호할 수밖에 없을 것이다.

이러한 논쟁의 이면에는 과학의 객관성과 사회성에 대한 관점들의 차이가 자리하고 있다. 일찍이 인식 패러다임의 상대주의를 주장한 **쿤**Kuhn은 특정한 영역의 지식들이 지식들간의 논리적 연관관계에 의해 객관적으로 평가될 수 있다고 보지 않는다Kuhn, 1970. 그에 의하면 지식은 사회의 구성원들이 공유하는 신념들과 가치들의 총체인 패러다임에 의해 지지될 뿐이며 어떠한 패러다임이 과연 과학적 패러다임인지를 판단할 수 있는 객관적 근거는 없다고 본다. 따라서 어떤 주장이 진리인지의 여부를 판단하는 과학적 방법은 없으며 단지 주어진 사회의 문제를 얼마나 잘 해결할 수 있는가와 관련하여 연구자들이 내리는 집단적 판단이 흔히 진리라고 간주된다고 본다Kuhn, 1970: 23.

만약 지식과 과학의 발전에 대하여 쿤과 같은 상대주의자의 입장을 취한다면 새로운 증거에 의해 기존의 과학적 이론이 끊임없이 반증되어 나가면서 결국 객관적이고 확실한 지

쿤의 지식 상대주의 특정 영역의 지식들은 이들간의 논리적 연관관계에 근거하여 객관적으로 평가할 수 없으며, 문제의 해결과 관련된 연구자 집단의 주관적 판단에 근거한다는 주장

포퍼의 반증주의 기존 이론에 대한 끊임없는 반증을 통해 결국 객관적이고 확실한 지식으로 나아갈 수 있다는 논리실증주의적 지식이론

식으로 향해 갈 수 있다는 **포퍼**Popper와 같은 논리실증주의자들의 주장은 결코 지지될 수 없게 된다.

앞서 살펴본 바와 같이 실증주의 인식론은 자신들의 주장과는 달리 귀납적이고 경험적인 방법으로는 어떤 명제의 진리 여부를 절대적으로 검증하지 못한다는 비판에 직면할 수밖에 없다. 그런데 포퍼는 반증주의 falsificationism라는 자신만의 독창적인 생각으로 이러한 위기를 극복한다.

그는 어떤 명제의 진리여부를 직접 검증하지 말고, 이 명제의 주장과 상반되는 사례가 등장하기 전까지, 다시 말해서 명제가 반증되기 전까지는 이 명제의 진리성을 인정하자는 주장을 펼친다. 그는 이러한 반증의 과정을 거치면서 우리의 지식이 점점 진리에 다가갈 것이라는 낙관적인 전망을 가진다.

하지만 쿤과 같은 상대주의적 인식론에 의하면 포퍼가 전망하는 지식의 발전가능성은 자의적인 것에 불과하며, 진리의 참된 기준이 절대적으로 존재할 수 없게 된다. 다시 말해 참된 진리를 얻을 수 있는 객관적이고 절대적인 연구방법은 존재하지 않는 것이다.

REVIEW exercises
복/습/문/제

1	과학적 방법과 인식 패러다임의 관계를 설명해 보시오.
2	지식 탐구의 대표적인 비과학적인 방법을 소개해 보시오.
3	이론, 패러다임, 모델, 개념들의 차이를 설명해 보시오.
4	연역적 방법과 귀납적 방법의 차이를 설명해 보시오.
5	증거기반실천모델에 대한 반론들을 제시해 보시오.
6	과학적 방법에 대한 쿤과 포퍼의 입장 차이를 설명해 보시오.

과학적 방법을 통해 얻어진 인식만이 참된 지식으로 간주될 수 있다.

과학적 방법에 의한 지식은 경험적으로 관찰 가능하여야 하며 이러한 관찰된 지식들 사이의 관계나 성질은 논리적으로 타당하고 설명 가능하여야 한다.

과학적 지식은 반대되는 결정적인 증거가 등장하면 언제든지 반증(falsification)될 수 있는 잠정적인 지식에 불과하다.

과학적 지식은 일정정도의 오류를 가지고 있지만 확률적으로 타당도의 정도가 높을 것으로 기대하는 확률적 지식이다.

비과학적인 방법의 대표적인 사례는 부정확한 관찰, 과도한 일반화, 선별적 관찰, 사후소급적 가설설정, 자아가 개입된 이해, 비논리적 추론의 사용, 섣부른 탐구의 종료 등을 들 수 있다.

이론이란 사회적 삶의 특징을 설명하고 사람들이 일상의 삶에서 어떻게 행동하고 의미를 찾는지에 대한 우리의 이해를 풍성하게 하고자 하는 목적으로 만들어진 상호 연관된 진술들의 체계적인 집합이다.

개념(concept)이란 어떤 생각이나 사물, 사건 혹은 사람을 상징하는 정신적인 이미지이다.

모델은 기존의 이론을 종합적으로 반영하면서 실천에 대한 우리의 관점을 조직화하고 활동의 구체적인 방향과 내용을 알려줄 수 있는 전략의 역할을 한다.

연역적 방법(deductive method)에서 연역은 무엇인가를 끌어낸다는 뜻으로 이는 논리학에서 보편적인 대전제에서 개별적인 결론을 이끌어낸다는 뜻으로 사용된 것에 기원을 둔다.

귀납적 방법(inductive method)은 구체적인 현상들에서 출발하여 보편적인 결론으로 귀결하는 논리를 취한다.

귀납과 연역이라는 두 가지 방법은 관찰과 논증이라는 두 가지 도구를 통해 논리실증주의라는 인식의 패러다임을 구현하며 하나의 과학적 방법을 구성한다.

증거기반실천은 실천가가 이용 가능한 최선의 증거에 비추어 실천에 관해 결정을 수행해 나가는 하나의 과정을 의미한다.

증거기반실천을 둘러싼 논쟁이 발생할 수 있는 근본적인 이유는 앞서 과학적 입장에 대한 완전한 합의가 존재하지 않기 때문이다.

요점
정리

개별사례들이 포함되어 있는 집단들의 공통적 속성이나 이들 사례들에 보편적으로 작용하는 법칙이나 이론을 발견하고자 하는 모델을 보편법칙모델(nomothetic model)이라고 부른다.

summary 인식 패러다임의 상대주의를 주장한 쿤(Kuhn)은 지식은 사회의 구성원들이 공유하는 신념들과 가치들의 총체인 패러다임에 의해 지지될 뿐이며 어떠한 패러다임이 과연 과학적 패러다임인지를 판단할 수 있는 객관적인 근거는 존재하지 않는다고 본다.

김진숙. 2011. 사회복지조사론. 신정.

Benton, T., & Craib, I. 2001. *Philosophy of Social Science: the philosophical Foundation and Social Thought.* Palgrave.

Gambrill, R. 1999. Evidence-based practice: An alternative to authority-based practic, *Families in Society*, 80(4), 341-350.

Green, J. 1990. Three Views on the Nature and Role of Knowledge in Social Science. In E. Guba (Ed.). The Paradigm Dialog. Sage.

Kuhn, T. 1970. The Structure of Scientific Revolution. The University of Chicago Press.

Rubin, R., & Babbie, E. 2009. 김기덕 외 역. 사회복지조사방법론. 센게이지러닝.

3

조사의
윤리성과 정치성

Social
Research
Methods

이 장은 조사연구의 윤리적 · 정치적
측면에 대해 학습한다.
먼저 조사연구가 가진 윤리적 측면을
과학적 방법에 대한 의도적인 위반과
연구에 참여하는 사람들의 존엄과 권리의 침해라는
두 가지 측면을 중심으로 살펴본다.
사회조사연구의 윤리적 측면을 보다 명확하게
파악하기 위해 사회조사연구 영역에서 중요하게 생각하는
대표적인 윤리적 쟁점들은 무엇이
있는지를 자세하게 알아본다.
아울러 비윤리적 조사연구를 예방하기 위한
제도적인 노력의 예로 한국과 미국의
사회복지사윤리규정의 내용과
연구윤리심의위원회의 의미와 역할을 소개한다.
조사연구의 정치적 측면을 이해하기 위해
우선 지식의 정치적 속성을 파악하고
이러한 지식을 탐구하는 과정에서
야기되는 탐구의 정치적 측면을 자세히 살펴본다.
이러한 이해를 바탕으로 사회조사연구에서
정치적 측면이 가진 함의를 보다 분명하게 제시하고
문제에 대한 적절한 입장과 대응을 생각해 본다.
마지막으로 조사연구가 가진 윤리성과 정치성의 관계를
생각함으로써 바람직한 사회조사연구의 방향에 대해
비판적으로 성찰해 본다.

Social
Research
Methods

Learning Objectives

01 조사연구의 윤리적 맥락에 대해 학습한다.

02 사회조사연구에서 중요하게 생각하는
윤리적 쟁점들에 대해 학습한다.

03 윤리적 연구를 가능하게 하는 제도적 방안
에 대해 학습한다.

04 조사연구의 정치적 맥락에 대해 학습한다.

05 정치적으로 올바른 연구에 대해 학습한다.

3

조사의
윤리성과
정치성

Ethics &
Politics
of the Research

조사연구의 윤리성

1

조사연구의 윤리적 맥락

조사론이 타당한 지식을 얻을 수 있는 과학적이고 체계적인 방법을 제공하는 학문으로 알려져 있기 때문에 조사론을 전공하는 교육현장의 학생들이나 이를 활용하는 현장의 실무자들은 모두 조사론과 관련하여 그 어떤 혼란이나 논쟁도 존재하지 않을 것이라고 생각하기 쉽다. 달리 표현하면 조사는 명확하게 정립된 체계와 방법을 학습하고 적용하기만 하면 되는 것으로 그 외의 특별한 고려나 논의는 불필요한 것으로 생각하기 쉽다. 하지만 이러한 일반적인 짐작과는 반대로 조사, 특히 살아 있는 사람들을 대상으로 하는 연구조사를 수행하는 경우 여러 가지 측면에서 윤리적 쟁점ethical issues과 연관될 가능성이 매우 높다. 일반적으로 어떠한 연구조사가 윤리적 문제와 연관될 수 있는 상황이나 맥락은 크게 다음의 세 가지 경우이다.

첫째 연구자가 자신이 수행하는 연구의 목적을 달성하기 위해 연구참여자를 수단으로 활용하여 인간의 존엄과 권리를 침해하는 경우 이 연구는 윤리적으로 바람직하지 않은 것으로 사회적인 비난을 받는다. 예를 들어 연구자가 연구참여자들에게 해당 연구에 참여할 경우 받을 수 있는 중요한 피해나 불이익에 대해 연구를 시작하기 전에 전혀 알리지 않아 연구의 참여자들이 자발적으로 참여를 포기할 수 있는 권리를 침해하였을 경우가 이에 해당한다.

둘째 타당한 지식을 얻기 위해서는 연구가 과학적 방법에 따라 수행되어야 한다. 비과학적 방법에 의해 얻어진 지식은 진리가 아니기 때문이다. 그런데 어떤 연구자가 자기가 원하는 연구결과를 얻기 위해 과학적 방법을 의도적으로 위반하는 경우 이 연구의 수행과정이 비윤리적인 것은 물론이고 이러한 과정을 통해 도출된 연구결과의 활용 역시 비윤리적이라는 평가를 면할 수 없다. 예를 들어 연구자가 자신의 연구가설이 옳다는 것을 증명하기 위해 의도적으로 특정한 범주의 연구대상자를 선별적으로 선택하거나 특수하게 마련된 조사도구나 절차를 활용하여 연구를 수행하는 경우가 이에 해당한다.

셋째 연구자가 의도하지 않은 연구결과를 얻었으나 고의로 이 결과를 허위로 해석하여 보고하는 경우 이는 전적으로 비윤리적인 연구행위이다. 예를 들어 연구자가 자신이 원하는 연구결과를 얻지 못하였을 때 아예 연구결과를 보고하지 않거나 심지어는 연구결과를 조작, 날조 혹은 왜곡하여 보고할 경우가 이에 해당한다.

결국 조사연구에서 윤리적 문제가 발생하는 맥락은 크게 연구와 관련된 사람들, 특히 연구참여자의 존엄과 권리를 침해하여 연구를 진행하는 경우와 연구자가 의도적으로 사회적으로 합의된 과학적 연구방법을 위반하거나 왜곡하는 두 가지 경우로 나누어진다.

사회조사연구의 윤리적 쟁점

조사와 연구를 수행할 때 발생할 수 있는 윤리적 문제는 위에서 설명한 바와 같이 명확하게 판단할 수 있는 것처럼 보이

> **조사연구의 윤리성** 조사대상자에 대한 비인간적 태도와 과학적 연구방법의 위반으로 저지르게 되는 조사의 반도덕성

지만 실제 조사연구과정을 살펴보면 그렇게 간단하게 판정할 수 없는 애매한 경우가 매우 많다. 따라서 비윤리적 연구를 수행하지 않으려면 과학적 방법을 따라 수행되는 조사연구의 과정에서 어떠한 측면에서 윤리적 쟁점이 발생하며 그 경우 윤리성과 관련하여 어떠한 합의가 이루어지고 있는지에 대해 충분하게 학습하는 것이 무엇보다 중요하다.

이러한 맥락에서 이 절에서는 사회복지조사를 포함한 다양한 사회조사연구에서 발생할 수 있는 윤리적인 쟁점들을 소개하고 이러한 쟁점들에 관한 윤리적인 합의에 대해 간략하게 살펴보고자 한다 Rubin and Babbie, 2009: 86-95.

자발적 참여와 고지에 입각한 동의

사람을 대상으로 하는 연구는 어떠한 형태를 취하더라도 연구참여자가 인지하는지에 상관없이 그들에게 영향을 미친다. 그러므로 연구참여자의 존엄과 권리를 지키기 위해서는 연구에 참여하였을 경우 그들이 받을 수 있는 모든 영향에 대해 충분히 알리고 그들의 자발적인 동의를 얻는 것이 무엇보다 중요하다.

그런데 이 경우 문제가 되는 점은 어떠한 연구는 참여자들에게 자신들이 연구대상자라는 사실을 알리지 않아야만 연구의 목적을 충분히 달성할 수 있다는 것이다. 예를 들어 교통사고가 많은 어떤 거리에 교통신호등을 설치할 것인가를 판단하기 위해 자동차의 통행량과 통행속도의 관계에 대한 연구를 수행하고 있다고 가정하자. 이 경우 연구를 수행하고 있다는 사실을 자동차 운전자들에게 알리고 동의를 얻어야 하는지의 여부가 논란이 될 수 있다. 만일 연구를 수행하고 있다는 것을 운전자에게 알릴 경우 이들은 평상시 행동과 전혀 다른 행동을 보일 것이며 이러할 경우 연구자는 교통신호등을 설치할 것인가를 결정할 수 있는 객관적인 자료를 전혀 얻지 못할 것이다. 또 다른 경우는 연구에 대해 상세하게 알리면 아예 연구에 참여할 대상자를 구하지 못하는 경우도 있을 수 있다. 실제로 실험약물에 대한 많은 연구조사는 자발적인 연구참여자를 구하지 못해 죄수들을 이용하여 연구를 수행하기도 하였다. 또한 자발적 참여가 연구참여자의 권리보호 차원에서는 중요할지 모르나 과학적 연구의 조건과 배치될 수 있다. 예

를 들어 직업훈련과 취업간의 관계를 밝히고자 하는 연구에서 자발적으로 참여한 대상자를 사용하여 얻어진 연구결과는 비자발적으로 할 수 없이 참여한 대상자를 대상으로 얻어진 연구결과와는 현저하게 다를 것이기 때문이다.

참여자에게 피해 주지 않기

모든 조사연구는 연구참여자들에게 의도하지 않은 고통이나 해악을 주지 않아야 한다. 연구대상자들에게 의도하지 않은 고통이나 해악harm을 주는 것은 근본적으로 부당하며 비윤리적이기 때문이다. 그런데 어떤 연구는 연구자체의 목적상 필연적으로 참여자에게 일정정도의 고통이나 해를 줄 수밖에 없는 것도 있다. 예를 들어 연구의 목적을 수행하기 위해 연구참여자들이 경험한 과거의 괴롭거나 고통스러운 기억을 끊임없이 떠올리게 하는 경우도 있을 수 있고, 연구참여자가 밝히고 싶지 않은 부끄러운 과거나 비밀을 밝혀야 하는 경우도 있을 것이다.

물론 연구과정에서 이러한 고통이나 해악이 발생할 수도 있다는 것을 사전에 미리 알리고 참여자의 자발적인 동의를 얻는 것이 현실적으로 바람직하겠지만 그렇다고 해서 그와 같은 고통이 전혀 사라지는 것은 아니다. 따라서 고지에 의한 자발적인 동의가 연구로 인한 고통발생의 문제를 근본적으로 해결하는 것은 아니며 어느 정도의 고통이 윤리적으로 받아

들여질 수 있는지에 대해서는 적절한 사회적 합의가 필요할 것으로 보인다.

익명성과 비밀보장

연구에 참여하는 사람들은 자신의 개인적인 사생활을 보호받을 권리가 있고 이러한 익명성과 비밀보장의 권리를 적극적으로 보장하는 것이 연구자의 윤리적 의무이다. 익명성을 보장한다는 것은 특정한 참여자가 구체적으로 어떠한 행동을 하였는지를 연구자가 전혀 모르는 경우를 말한다. 예를 들어 무기명 우편 설문의 내용만을 연구자에게 전달할 경우 연구자는 해당 설문의 응답자가 누구인지를 명확하게 알지 못할 것이다. 한편 비밀보장이란 연구자가 비록 설문지의 응답자가 누구인지 알 수 있다고 하더라도 이를 공공연히 공개하여 제3자가 알지 못하게 하는 것을 의미한다.

익명성과 비밀보장은 참여자들의 권리를 보호하는 윤리적 행위이기도 하지만 연구참여자의 동기와 연구의 과학성을 높이는데도 큰 역할을 한다. 특히 알코올중독이나 약물남용 등과 같이 사회적으로 비난받을 수 있는 문제를 대상으로 연구를 수행할 경우 익명성과 비밀보장은 연구참여자의 동기를 크게 높일 수 있을 것이다.

하지만 연구자가 연구참여자의 익명성과 비밀을 보장하지 못하는 경우도 발생할 수 있다. 예를 들어 연구자가 연구과

정에서 연구참여자가 선의의 제3자에게 피해를 주고자 계획하고 있음을 알게 된 경우이거나 연구참여자가 법적으로 문제가 되는 경력을 소지한 경우 연구자는 이를 보고하여야 할 윤리적 의무와 함께 법적 의무도 가진다. 이와 같이 법적으로 명백한 경우가 아니더라도 연구자는 참여자의 익명성과 비밀을 보장하여야 한다는 윤리적 의무와 제3자와 공공의 이익을 보호하여야 한다는 윤리적 의무 사이에서 갈등에 직면하게 된다.

연구참여자 속이기

대부분의 연구에서는 연구에 대한 모든 것을 연구참여자에게 알리는 것이 윤리적이지만 어떤 경우에는 연구자가 본인이 연구자라는 것을 알리지 않고 속이는 것이 과학적인 연구일 수 있다. 왜냐하면 연구자가 자신을 연구한다는 것을 알게 될 경우 참여자는 평소와는 다른 행동을 할 수 있거나 연구참여 자체를 거부할 수 있기 때문이다.

이러한 경우 연구자는 자신이 연구자라는 것을 밝히더라도 구체적으로 누구를 위하여 어떠한 연구를 수행하는지에 관해 모든 것을 이야기하지 않고 원래 연구와는 다른 목적이나 기관을 제시하여 연구참여자를 속일수도 있다. 예를 들어 법무부의 의뢰로 마약이나 약물남용을 조사하고 있는 연구자가 자신이 법무부의 연구를 수행하고 있다고 밝힐 경우 참여자들이 연구 참여를 거부하거나 전혀 일상적인 행동을 하지 않고 위장된 행동을 할지 모른다. 이 경우 연구자는 객관적이고 과학적인 결과를 얻기 위해 자신이 법무부 의뢰로 연구를 수행한다는 사실을 속이고 약물남용자를 치료하고 돕기를 원하는 자선단체의 의뢰로 연구를 하고 있다고 할 수도 있다. 하지만 그럼에도 불구하고 연구자가 자신의 신분을 속이는 것이 가능하고 조사의 목적을 달성하기 위해서 중요하다고 할지라도 그러한 행위는 반드시 조사의 과학적 방법의 준수라는 윤리적 고려에 의하여 정당화되어야 하며 속이는 행위의 범위와 내용은 사회적으로 인정된 한계 내에서 이루어져야 한다.

분석과 보고

조사연구는 개인적인 관심에서 수행되기도 하지만 대부분 사회적인 의미와 결과를 가진 공적인 행위이다. 이와 같은 공공성이 가진 의미는 연구자가 연구와 관련된 모든 것 특히 연구의 결과에 대해서 사회와 동료 연구자들에게 상세하고 솔직하게 알려야 한다는 것이다. 비록 연구자는 인간적인 측면에서 연구 수행과정에서 발생한 오류와 실수를 감추고 싶거

나 자신이 의도한 것과 다르게 나온 연구의 결과를 숨기고 싶은 유혹을 받을 것이다. 심지어는 연구에서 의도한 결과가 나오지 않았을 경우 이를 왜곡하고 날조할 수도 있다. 이러한 행위는 비윤리적인 것이며 동시에 많은 경우 불법적인 행위로 사회적 비난과 재제를 받는다.

하지만 연구자는 자신의 연구가 가진 사회적 의미를 생각한다면 오히려 이와 같은 실패의 결과도 성실하게 보고하여야 한다. 물론 좋은 연구가 사회적으로 의미 있는 기여를 하는 것을 분명하지만 때때로 실패한 연구도 후속연구자들에게는 좋은 학습의 대상이 되기 때문이다. 특히 사회조사연구의 경우 부정적인 연구결과를 보고하지 않거나 왜곡한다면 이는 더욱 더 비윤리적이다. 왜냐하면 이렇게 보고되지 않거나 왜곡된 연구를 근거로 하여 실제 사회복지사의 실천활동이 수행된다면 이는 비효과적인 실천일 뿐 아니라 전적으로 비윤리적인 실천이 될 것이기 때문이다.

윤리성 제고 방안

이상에서 살펴본 사회조사연구의 윤리성 문제는 크게 다음과 같은 두 가지 가치의 충돌이라고 할 수 있다. 조사연구에 참여하는 대상자들의 권리를 보호하는 것과 이러한 조사연구를 통해 얻을 수 있는 사회적 이익이라는 두 가지 가치가 가진 이득과 비용의 비교문제이다. 만일 연구참여자의 인권을 일정부분 저해하는 한이 있더라도 이러한 연구를 통해 기대할 수 있는 사회적 이익이 더욱 크다면 조사연구는 윤리적인 정당성을 찾을 수 있을 것이다. 하지만 사회적 이익과 연구참여자의 인권을 비교하는 문제는 결코 절대적인 원칙이 있을 수 없으며 해당 사회에서 이루어진 사회적 합의의 문제라고 할 수 있을 것 같다.

사회조사연구의 경우 이와 같은 사회적 합의의 일환으로 조사의 윤리성을 유지하기 위한 몇 가지 제도적 장치를 마련하고 있다.

사회복지사 윤리강령

사회복지사가 전문가로서 준수하여야 할 윤리적 소명과 행동의 규칙을 천명하는 윤리강령code of ethics에서도 조사연구와 관련된 내용들을 발견할 수 있다. 만일 사회복지사 윤리강령에 조사연구와 관련한 명백한 규정을 제시하면 연구참여자의 권리를 보호하는 수단이 될 뿐만 아니라 연구자 자신과 아울러 전문직 전체를 비윤리적인 행위로부터 보호할 수 있는 구체적인 도구가 될 수 있다.

먼저 한국의 사회복지사 윤리강령은 사회복지사의 기본적 윤리기준을 제시하는 장의 두번째 절인 '전문성 개발을 위한 노력' 부분의 (2)항과 (3)항에서 다음과 같이 조사연구의 윤리성을 분명하게 천명하고 있다.

> **2. 전문성 개발을 위한 노력**
> (2) 클라이언트를 대상으로 연구하는 사회복지사는 저들의 권리를 보장하기 위해 자발적이고 고지된 동의를 얻어야 한다.
> (3) 연구과정에서 얻은 정보는 비밀보장의 원칙에서 다루어져야 하고 이 과정에서 클라이언트는 신체적·정신적 불편이나 위험·위해 등으로부터 보호되어야 한다.

이러한 규정을 통해 확인할 수 있는 것은 사회복지사가 조사연구를 수행하면서 연구참여자인 클라이언트의 존엄과 권리를 위반하지 않도록 하여야 한다는 것이며 그 내용은 고지에 의한 자발적인 동의와 연구과정에서 얻어진 정보에 대한 비밀보장과 함께 위해의 방지이다. 하지만 한국의 사회복지사 윤리강령은 조사와 관련된 윤리성을 분명하게 천명하고는 있지만 앞서 언급한 바와 같이 조사연구에서 윤리적 문제가 발생할 수 있는 맥락과 경우에 따라 적용가능한 보다 구체적인 대안을 제시하지 못하고 있다.

미국 사회복지사 윤리강령은 한국의 사회복지사 윤리강령과는 달리 사회복지사가 업무와 관련하여 조사와 연구를 수행할 때 어떠한 윤리적 고려를 하여야 하는지를 보다 상세하게 제시하고 있다. 미국 사회복지사 윤리강령은 '사회복지전문직에 대한 사회복지사의 책임Social Workers' Ethical Responsibility to the Social Work Profession'이라는 항목 가운데 평가와 조사Evaluation and Research라는 별도의 부문에서 사회복지사가 연구조사와 관련하여 준수해야할 윤리적 규정들을 다음과 같이 매우 상세하게 열거하고 있다.

2. 평가와 조사(Evaluation and Research)

ⓐ 사회복지사는 정책, 프로그램의 실행 및 실천개입을 살피고 평가해야 한다.

ⓑ 사회복지사는 지식의 발전을 위해 평가와 조사를 증진하고 촉진시켜야 한다.

ⓒ 사회복지사는 실천에 관련되는 새로운 지식을 비판적으로 검토하고 파악하며, 평가와 조사연구에서 얻어진 증거들을 전문직 실천에 충분히 활용해야 한다.

ⓓ 평가와 조사에 종사하는 사회복지사는 일어날 결과를 신중하게 고려하며 연구참여자를 보호하기 위해 개발된 지침을 따라야 하며 적절한 연구윤리심의위원회의 자문을 구해야 한다.

ⓔ 평가와 조사를 담당하는 사회복지사는 참여자로부터 자발적으로 서면 작성된 고지에 입각한 동의를 얻어야 한다. 참여 동의는 적절한 때에, 참여 거부에 대한 암묵적, 실재적 박탈이나 처벌 없이, 참여에 대한 부당한 권유 없이, 참여자의 행복, 사생활과 존엄을 적절하게 고려해 이루어져야 한다. 고지에 입각한 동의에는 참여의 본질, 기간, 정도와 함께 참여로 인한 위험과 혜택에 대한 공개도 포함해야 한다.

ⓕ 평가와 조사연구의 참여자가 충분한 정보에 근거한 동의를 할 수 없을 때에도 사회복지사는 참가자에게 적절한 설명을 통해 가능한 한 동의를 얻어야 하며 정당한 대리인으로부터 문서화된 동의를 얻을 수 있다.

ⓖ 사회복지사는 엄격하고 책임 있는 검토를 통해 예견되는 과학적, 교육적, 실용적 가치로 그 연구가 정당하다고 판단되지 않는 한 그리고 동의에 대한 유예 없이 동일하게 효과적인 대안이 불가능한 경우가 아니라면 특정 형태의 자연적 관찰이나 기록연구와 같이 합의된 절차를 사용하지 않는 연구나 평가를 설계하거나 수행하여서는 안 된다.

ⓗ 사회복지사는 평가나 조사참여자가 어떠한 불이익 없이 언제든지 동의를 철회할 권리가 있음을 알려주어야 한다.

ⓘ 사회복지사는 평가나 조사의 참여자가 적절한 지원서비스를 이용할 수 있도록 합리적 조치를 취해야 한다.

ⓙ 평가와 조사를 담당하는 사회복지사는 부당한 신체적, 정신적 스트레스, 위해, 위험, 박탈 등으로부터 참여자를 보호해야 한다.

ⓚ 서비스 평가를 담당하는 사회복지사는 수집된 정보를 전문직의 목적을 위해 그리고 이 정보에 관해 전문적 관심을 갖는 사람들과만 논의해야 한다.

ⓛ 평가와 조사를 담당하는 사회복지사는 참여자와 그들로부터 얻은 자료의 익명성과 비밀을 보장해야 한다. 사회복지사는 비밀보장의 한계, 비밀보장의 수단, 자료의 폐기시기를 참여자들에게 알려야 한다.

ⓜ 평가와 조사의 결과를 보고하는 사회복지사는 공개를 허락하는 합법적 동의가 없는 한 신상정보를 생략하여 참여자의 비밀을 보호해야 한다.

ⓝ 사회복지사는 평가나 조사의 결과를 정확하게 보고하여야 한다. 결과를 날조하거나 위조해서는 안 되며 정식으로 출간된 이후 발견된 어떠한 실수라도 교정할 수 있는 조치를 취해야 한다.

ⓞ 평가나 조사를 담당하는 사회복지사는 연구참여자와 잠재적 혹은 현재적 이해갈등이 발생할 수 있을 때는 이해갈등이나 이중관계를 피해야 하며 이를 참여자에게 알려야 한다. 그리고 연구참여자의 이해관계가 우선시 될 수 있는 방식으로 문제를 해결할 수 있도록 조치를 취해야 한다.

ⓟ 사회복지사는 책임 있는 조사연구를 수행할 수 있도록 자신과 학생 그리고 동료들을 교육하여야 한다.

이상에서 살펴본 바와 같이 미국의 사회복지사 윤리규정은 사회복지사가 수행하는 조사연구과 관련하여 연구수행의 전 과정에 걸쳐 연구참여자의 권리와 존엄을 보호하기 위한 상세한 조치를 규정하고 있음을 알 수 있다. 또한 사회복지사는 연구의 전 과정에 걸쳐 과학적 조사연구의 원칙을 준수하여야 한다는 것을 분명히 언급하고 있다.

특히 미국 사회복지사 윤리강령에서 주목할 것은 연구를 수행하는 과정에서 과학적 방법을 수행하여야 한다는 윤리적 원칙과 참여자의 인권을 보호하여야 한다는 원칙이 충돌할 경우를 정확히 언급하고 이에 대한 적절한 문제해결의 방향을 또한 제시하고 있다. 위에서 소개한 윤리규정의 ⓖ항에서 사회복지사는 엄격하게 검토하여 해당 연구가 과학적, 교육적, 실용적 가치를 분명히 보유하고 있고 동시에 연구의 이러한 가치를 유지하기 위해서는 연구 참여자의 동의를 유예하는 것이 불가피함을 증명하지 않은 한 합의된 절차를 사용하지 않는 연구나 평가를 설계하거나 수행할 수 없음을 분명히 언급하고 있다.

연구윤리심의위원회 Institutional Review Board : IRB

연구자가 취하는 인식 패러다임에 따라 과학적, 윤리적 조사연구에 대한 의견이 나누어지는 것은 당연하며 그 결과 과학적이고 윤리적인 조사연구에 대한 세세하고 명확한 규정이 아직은 분명하게 확정되어 있지 않다. 따라서 특정 연구가 윤리적인지 아닌지의 판단을 연구자 개인에게 맡기는 것보다는 독립된 전문적인 심사단의 평가와 동의를 얻는 것이 사회적으로 보다 바람직해 보인다. 이러한 맥락에서 만들어진 독립적이고 전문적인 심사기관이 바로 **연구윤리심의위원회**이다.

연구윤리심의위원회는 인간을 대상으로 하는 연구의 제안서를 심사하고 평가하여 연구의 전체 과정에서 윤리적으로 문제가 없는지를 판정한다. 물론 연구윤리심의위원회의 판단이 전적으로 올바른 것은 아니겠지만 개별 연구자가 자신의 연구에 대해 주관적으로 내리는 판단보다는 보다 공정하고 객관

> **연구윤리심의위원회** 인간을 대상으로 하는 연구의 제안서를 심사 평가하여 연구의 전체 과정에서 윤리적으로 문제가 없는지를 판단하는 독립적이고 전문적인 심사기관

적일 가능성이 높을 것이다.

연구윤리심의위원회는 기관이나 조직별로 존재할 수 있고 연구윤리심의위원회의 종류에 따라 심사의 대상이 되는 연구와 관련하여 요구하는 정보의 양과 질은 매우 다양하다. 예를 들어 어떤 대학교에 소속된 연구자가 외부의 연구기관에 연구제안서를 제출할 경우, 자기가 소속된 대학의 연구윤리심의위원회의 심사를 거쳤다는 증명을 첨부하여 연구제안서를 제출할 것을 요구받을 수 있다. 하지만 어떤 경우에는 자신이 소속한 대학과 연구제안서를 제출하는 기관 양쪽 모두의 연구윤리심의위원회에서 승인을 얻어야 할 수도 있다. 이러한 승인과정에서 연구윤리심의위원회는 제안된 연구가 보다 윤리적 연구가 되기에 필요한 시정명령을 내리거나 특별한 조치를 요구할 수도 있다.

조사연구의 정치성

인식과 지식의 정치성

조사연구 특히 사회과학 분야의 조사연구는 앞서 언급한 윤리성과 더불어 정치성을 가지고 있다. 어떤 지식이 정치적 성격을 가진다는 것은 지식의 생산과정과 결과가 인간과 독립하여 객관적으로 존재하는 것이 아니라 당시의 사회경제적 이해관계 속에서 특정 집단의 관점에서 추구되고 해석된다는 것을 의미한다. 제1장에서 언급한 인식의 패러다임 가운데 특히 비판이론의 관점을 취할 경우 지식의 정치성은 더욱 두드러진다.

비판이론에 근거한 인식 패러다임은 인간의 앎과 지식은 객관적이고 과학적인 것이 아니라 기본적으로 역사적이며 이념적인 성격을 가진다고 생각한다. 역사적이라는 것의 의미는 인간의 인식대상과 그에 대한 지식이 인간의 역사와 유리되어 존재하지 않는다는 뜻이며 이념적이라는 것은 지식이 특정 집단이 선호하고 지향하는 가치와 이념에 직·간접적으로

연관되어 있다는 의미이다. 따라서 역사적이고 이념적인 지식은 당연히 특정 개인이나 집단의 이해관계를 반영할 수밖에 없을 것이다.

조사연구가 가지는 정치성의 의미를 보다 분명하게 이해하기 위해서는 앞서 언급한 조사연구의 윤리성과 비교하여 살펴보는 것이 보다 유용할 것이다 Rubin and Babbie, 2009: 109-110.

첫째 조사연구의 윤리적 측면은 주로 연구의 방법론에 관심을 집중하고 있는 반면 연구의 정치적 측면은 연구와 관련된 실제적 비용과 연구의 사회적 결과에 주목한다. 예를 들어 조사의 윤리적 측면은 연구방법이 과학적 방법을 위반하였거나 연구참여자의 권리를 침해하는 것에 주목한다면 연구의 정치적 측면은 연구가 특정 집단의 정치적 이해나 이념을 배타적으로 반영함으로써 다른 집단에 실제적, 잠재적 피해나 위험을 가져오며 특히 사회의 가치 있는 자원의 분배와 관련된 권리, 의무의 문제와 권력문제에 깊이 연관되어 있다.

둘째 조사연구의 윤리적 측면에 대해서는 앞서 살펴본 바와 같이 상대적으로 상세하게 그 의미와 내용이 규정되어 있고 비윤리적 조사연구가 기획되고 수행되는 것을 예방하기 위한 사회적 조치들이 발달되어 있다. 반면에 조사연구의 정치적 측면에 대해서는 윤리적 측면에 비해 정치적인 측면이 무엇인지 특히 정치적으로 올바르거나 정당하지 못한 것이 무엇인지가 분명하지 않은 실정이다. 예를 들어 어떤 연구가 남성의 시각을 반영하여 수행됨으로써 여성의 권리와 이익을 침해했다고 할 경우 이러한 점을 명백하게 법적, 제도적으로 평가하고 제제할 수 있는 장치들이 존재하기는 쉽지 않다. 많은 경우 이러한 연구는 여론이나 사회적 행동을 통해 정치적인 방식으로 문제가 제기되고 논의가 전개되기가 쉽다.

조사연구의 정치적 성격

이제까지 논의한 인간의 앎과 지식이 가진 사회성과 역사성을 고려할 때 조사연구의 정치적 측면은 크게 다음과 같은 몇 가지 맥락과 연관되어 있다고 볼 수 있다.

첫째 만일 특정한 조사연구의 목적이나 의도가 사회의 특정 집단의 이념이나 가치 혹은 이해관계를 배타적으로 반영하고 지지하는 것이라면 이 조사연구는 당연히 비과학적이며 비윤리적인 동시에 정치적이다. 예를 들어 특정 집단의 고유한 가치관이나 이념이 연구를 수행하고 결과를 해석하는 과정에서 선입견이나 편견을 갖게 한다면 이는 객관적인 진실을 왜곡하거나 숨기는 결과를 낳기 때문에 비과학적인 조사이다. 하지만 이러한 비과학적인 조사연구는 동시에 과학성과는 구별되는 정치적인 결과를 가져온다. 만일 어떤 조사가 백인의 입장에서 사회문제를 설정하고 이를 뒷받침할 수 있는 자료를 수집한 후 그 결과를 백인의 관점에서 해석한다면 이는 의도적으로 그 문제에 대해 다른 인종이 가진 입장과 시각을 배제하는 효과를 낳을 것이다. 더욱이 이와 같은 조사결과가 사회적으로 활용될 경우 백인의 입장과 이해관계만을 지지하는 제도나 정책을 등장하게 만들어 다른 인종의 이익을 배제하는 결과를 낳을 것이다. 결국 이 연구는 백인의 이념을 강화하고 권력의 확장에 크게 기여하는 결과를 가져올 것이다.

둘째 그런데 위의 사례에서 연구주제가 되는 사회적 현상을 백인의 입장으로 보는 것이 타당한지 아니면 다른 인종들의 시각으로 보는 것이 타당한지의 여부는 과학적인 문제라기보다는 이데올로기의 문제로서 연구자가 어떠한 집단과 정체성과 이념을 공유하는지가 관건이다. 다시 말해 조사연구의 모든 과정은 기본적으로 사실적이기 보다는 가치지향적이며 과학적이기 보다는 정치적 이념의 문제가 된다. 이러한 면에서 볼 때 앞서 언급한 조사연구의 윤리적 측면이 주로 개별연구 참여자의 권리나 이해관계와 연관되어 있다고 한다면 조사연구의 정치적 측면은 특정 정체성과 이익을 공유하는 인구집단이나 단체의 이해관계나 권력의 문제와 연관되어 있다고 볼 수 있다. 현대사회에서 정체성을 공유하며 정치적 집단을 구성하는 대표적인 범주로는 성별, 지역, 인종, 민족, 계급, 소득수준 등을 들 수 있다. 그러나 사회가 점점 다원화되고 상대화되어 감에 따라 이와 같이 정체성과 이해관계를 공유하는 집단들은 점점 세분화되고 다양화될 것이다.

셋째 사회를 대상으로 하는 조사연구가 정치적이라는 것 자체가 문제가 되는 것은 아니다. 앞서 살펴본 바와 같이 지식과 앎은 어느 정도 사회적인 성격을 가지고 있으며 사회는 기본적으로 특정한 정체성과 이해관계를 공유하는 하위 집단으로 구분되어 서로간에 협력과 갈등을 반복하기 때문이다. 따라서 사회는 기본적으로 정치적이며 이러한 사회를 조사하고 연구하는 연구방법론 자체도 정치적 속성을 가질 수밖에 없다. 오히려 연구의 객관성을 주장하면서 정치적 속성을 가질 수밖에 없는 조사연구의 본질을 애써 정치적이지 않은 것으로 주장하는 것 자체가 정치적인 결과를 낳을 수밖에 없다.

조사연구의 윤리성과 정치성의 관계

앞서 우리는 조사연구의 정치성을 윤리성과 비교하면서 윤리성은 상대적으로 상세하게 그 의미와 내용이 규정되어 있는 반면 정치성은 윤리적 측면에 비해 올바르거나 정당한 것이 무엇인지가 분명하게 정립되어 있지 않다는 것을 살펴보았다. 하지만 그렇다고 해서 조사연구의 윤리성과 정치성은 전혀 무관하다거나 조사의 정치성이 옳고 그름의 판단대상이 아니라는 뜻은 아니다.

제1장에서 소개한 비판이론에 근거한 인식 패러다임에 의하면 지식이 역사성과 사회성을 가진 채 이념과 이해관계의 산물인 것은 사실이지만 그렇다고 해서 지식이 단순히 상대적인 것만은 아니다. 다시 말해 정치적 속성을 가진 지식 역시 윤리적 판단이 가능하다는 것이며 한 사회에서 지식에 대한 가치 판단은 지식이 '훌륭하고 참된 삶good and true life'에 대해 어떠한 의도를 가지고 있는지Fischer, 1985: 251를 기준으로 판단할 수 있다는 것이다.

이러한 차원에서 사회조사연구는 역사적으로 성이나 인종 혹은 다른 인구집단을 조사연구하면서 이들 집단의 정체성에 대해 둔감하거나 편견을 갖지 않으며 이들 집단을 의식적, 무의식적으로 차별하거나 억압하지 않는 연구의 방법을 모색하여 왔다

Rubina and Babbiem 2009: 108-109.

사회정의를 중요하게 여기며 불의에 대한 저항을 전문직의 가치로 상정하고 있는 사회복지전문직은 오히려 지식의 정치적 성격과 조사연구의 정치적 성격에 대해 더욱 더 민감성을 가져야 할 것으로 보인다. 그리하여 얼핏 보면 객관적이고 중립적으로 보이는 연구가 사실은 특정 집단의 이해나 이념을 반영하고 있으며 직·간접적으로 여타의 집단을 억압하거나 차별하고 있음을 예민하게 파악할 수 있는 역량을 가져야 할 것이다. 하지만 어떠한 연구가 정치적으로 올바른 것인지 혹은 그렇지 않은 것인지에 대한 판단은 조사연구의 방법론을 벗어나 정치적 측면의 본질과 정당성을 다루는 정치철학적 논의를 별도로 필요로 한다.

REVIEW exercises
복/습/문/제

1 조사연구가 비윤리적이라는 평가를 받을 수 있는 맥락에 대해 설명해 보시오.

2 사회조사연구를 수행할 때 직면하는 대표적인 윤리적 쟁점을 제시해 보시오.

3 조사의 윤리적 실천을 위한 제도적 장치의 예를 들어 보시오.

4 조사연구의 윤리적 측면과 정치적 측면의 차이에 대해 설명해 보시오.

5 사회조사연구가 조사의 정치적 측면에 주목하여야 하는 이유에 대해 설명해 보시오.

요점
정리

summary 살아 있는 사람들을 대상으로 연구조사를 수행하는 경우 여러 가지 측면에서 윤리적 쟁점(ethical issues)과 연관될 가능성이 매우 높다.

조사연구에서 윤리적 문제가 발생하는 맥락은 크게 연구와 관련된 사람들, 특히 연구참여자의 존엄과 권리를 침해하여 연구를 진행하는 경우와 연구자가 의도적으로 사회적으로 합의된 과학적 연구방법을 위반하거나 왜곡하는 두 가지 경우로 나누어진다.

summary 사회적 조사에서 발생할 수 있는 윤리적 쟁점으로는 자발적 참여와 고지에 입각한 동의, 참여자에게 피해주지 않기, 익명성과 비밀보장, 연구참여자 속이기, 분석과 보고의 문제 등을 들 수 있다.

사회조사연구의 윤리성 문제는 조사연구에 참여하는 대상자들의 권리를 보호하는 것과 이러한 조사연구를 통해 얻을 수 있는 사회적 이익이라는 두 가지 가치가 가진 이득과 비용의 비교문제이다.

summary 좋은 연구가 사회적으로 의미 있는 기여를 하는 것은 분명하지만 때때로 실패한 연구도 후속연구자들에게는 좋은 학습의 대상이 된다.

사회조사연구의 경우 부정적인 연구결과를 보고하지 않거나 왜곡한다면 더욱 더 비윤리적이다. 왜냐하면 이렇게 보고되지 않거나 왜곡된 연구를 근거로 하여 사회복지사의 실천활동이 수행된다면 이는 비효과적인 실천일 뿐 아니라 전적으로 비윤리적인 실천이 될 것이기 때문이다.

summary 사회조사연구의 경우 사회적 합의의 일환으로 조사의 윤리성을 유지하기 위한 몇 가지 제도적 장치를 마련하고 있으며 사회복지사윤리강령과 연구윤리심의위원회가 대표적인 장치이다.

특정 연구가 윤리적인지 아닌지의 판단을 연구자 개인에게 맡기는 것보다는 독립된 전문적인 심사단의 평가와 동의를 얻는 것이 사회적으로 보다 바람직하며 이러한 맥락에서 만들어진 독립적이고 전문적인 심사기관이 바로 연구윤리심의위원회이다.

summary 특정한 조사연구의 목적이나 의도가 사회의 특정 집단의 이념이나 가치 혹은 이해관계를 배타적으로 반영하고 지지하는 것이라면 이 조사연구는 비과학적이며 비윤리적인 동시에 정치적이다.

사회정의를 중요하게 여기고 불의에 대한 저항을 전문직의 가치로 상정하고 있는 사회복지전문직은 지식의 정치적 성격과 조사연구의 정치적 성격에 대해 민감성을 가져야 한다.

Fischer, F. 1985. Critical Evaluation on Public Policy: A methodological case study. In J. Forester (Ed.). Critical theory and public life. MIT Press. 231-257.

Rubin, R., & Babbie, E. 2009. 김기덕 외 역. 사회복지조사방법론. 센게이지러닝.

Part2
조사연구의 구조

Social Research
Methods

4

조사연구의
기초 개념

Social
Research
Methods

이 장은 조사연구의 기초를 설명하는 장으로서
연구문제의 형성과정과 이론의 기능, 구성요소,
이론형성의 방법체계를 살펴보고,
연구문제를 연구하기 위한 연구의 종류를
조사연구의 목적이나 시간차원에 따라
분류하고 설명할 것이다.
마지막으로 양적연구의 기초를 형성하는
변수의 종류를 살펴보고
분석단위를 살펴볼 것이다.

Social
Research
Methods

Learning Objectives

01 연구문제의 형성과정에 대해 이해한다.

02 연구문제의 형성과정에서 이론의 기능을
이해한다.

03 가설설정방법에 대해 이해한다.

04 조사연구의 목적에 따른 연구의 분류를
이해한다.

05 시간차원에 따른 연구의 분류를 이해한다.

06 변수의 종류를 이해하고 변수를 이용하여
가설을 설정한다.

4

조사연구의
기초 개념

1

연구문제와 이론

연구문제의 형성

연구문제가 없는 연구는 없다. 모든 연구는 연구문제를 가지고 출발한다. 문제가 정확하게 제기되어서 조사연구를 통해 적절한 대답을 얻을 수 있도록 설정되어야 한다. 연구문제의 설정은 조사연구의 모든 단계 중 가장 핵심적이며 동시에 가장 어려운 부분이기도 하다. 연구문제 설정과정은 주제선정과 연구문제 형성의 두 과정으로 나눠진다.

주제선정

주제선정에 영향을 주는 요인들은 단순한 호기심, 개인적 관심, 일상생활에서의 관찰, 사회문제, 이론, 기존 사회조사, 독서, 학문적 관심, 주변인물, 신념이나 가치관 등 매우 다양하다. 주제선정과정은 반드시 과학적인 고려에 입각하지 않고도 가능하다. 그러나 연구문제 형성은 문제의 특성화 과정으로서 연구문제를 보다 정확하고 구체적이며 분명한 언어로 표현하여 그것이 과학적 방법으로 실제 취급될 수 있도록 체계화하는 단계이다. 주제선정과정에서는 아직도 불확실하고 막연한 상태에 있다. 문제형성단계에서는 이를 정확하고 구체적이고 분명한 상태로 만들어 놓아야 한다. 문제에 대한 정확하고 체계적인 이해는 이론적 준거들의 맥락에서 이루어진다. 그 문제가 가진 이론적 배경, 그 분야의 전체 이론체계에서 차지하는

위치, 다른 주제와의 관련성 등을 밝히는데 이론이나 선행연구들이 중요한 공헌을 한다.

연구문제 형성

연구문제 형성단계는 기존 지식의 한계, 실천 현장의 경험, 개인적 관심 등을 통해 의문을 제기하는 것에서 시작된다. 그러나 모든 의문이 조사연구를 필요로 하는 연구문제가 되지는 않는다. 많은 의문들은 구체적인 문제로 바뀌는 과정에서 스스로 해결될 수 있다. 의문에 대해 선행연구를 검토하는 과정에서 스스로 답이 찾아지는 경우도 많다. 이런 경우에는 더 이상의 조사연구는 필요없게 되고 단지 기존 지식에 대한 탐색과 학습이 필요할 뿐이다. 의문이 조사연구를 필요로 하는 문제로 바뀌는 경우는 기존의 지식으로는 그러한 의문을 해결할 수 없을 때이다. 기존 연구나 문헌, 전문가와 동료로부터 충분한 해답을 찾을 수 없는 경우, 관련 학문 분야에서 이에 대한 지식이 결여되어 있는 것으로 간주하고 새로운 지식을 직접 찾아 나서야 할 필요성을 갖게 된다.

문헌검토

연구문제를 정리하고 연구방법을 고려하는데 그 연구주제에 대해 어떤 것들이 이미 알려져 있는지를 확인해 내는 것이 중요하다. **문헌검토** literature review 는 이러한 목적에 가장 적절하다. 전문서적이나 학술지 등과 같은 자료들을 찾아보는 것을 문헌검토라고 한다. 연구가 가치있는 것이 되기 위해서는 이전에 수행되었던 기존 연구에 대한 철저한 평가에 기반을 두어야 한다. 이러한 철저한 평가는 연구의 중복을 피할 수 있게 하고 기존 연구에 기초하여 선행연구의 맥락하에서 현재의 연구문제를 규정할 수 있게 한다. 계획된 연구를 기존 연구와 어떻게 관련시킬

문헌검토 연구주제에 대한 기존의 연구내용을 사전에 검토하는 작업을 말한다. 만일 연구자들이 기존의 연구결과들을 무시하고 연구한다면 단편적이고 파편적인 연구결과들만 도출될 뿐 수많은 연구결과들 사이의 유기적 연관성을 기대할 수 없다.

것인가, 연구결과를 선행연구의 맥락에서 어떻게 해석할 것인가의 문제는 문헌검토를 통해 이루어진다. 많은 사람들이 쉽게 가질 수 있는 의문에 기초한 연구문제라면 그에 대한 충분한 자료들이 이미 갖추어져 있을 가능성이 많다. 그러나 대부분의 경우에는 문헌검토를 하는 과정에서 더 많은 의문이 도출되는 것이 일반적이다. 기존에 가졌던 의문은 해결되고 새로운 의문이 문헌검토를 통해 발생할 수 있다. 어떤 경우에도 연구자는 문헌검토를 통해 자신이 가진 의문에 대한 새로운 시각, 새로운 자료, 새로운 연구방법들에 대한 지식을 얻게 된다. 따라서 문헌검토의 결과는 대개 의문에 대한 직접적인 해답을 제공하기보다 의문에 대한 해결의 단서를 제공하거나 그로 인해 연구주제에 대한 가설을 세울 수 있게 도와준다. 이는 결코 기존의 연구를 그대로 재현하는 연구replication study를 해서는 안 된다는 것을 의미하는 것은 아니다. 중요한 것은 그런 재현연구를 하겠다는 결정이 단순히 기존 연구에 대한 무지에서 비롯된 것이어서는 안 되며 반드시 기존 연구에 대한 충분한 이해를 바탕으로 내려진 연구자로서의 판단에 근거한 것이어야 한다.

문헌검토의 목적

연구의 시작은 문헌검토에서 시작한다고 해도 과언이 아닐 만큼 연구논문에서의 문헌검토는 필수적이다. 일반적으로 문헌검토는 다음과 같은 목적을 가질 수 있다.

- **기존 지식에 대한 확인**: 이미 연구된 내용이나 현재까지의 연구진행 상황을 확인함으로써 연구의 중복을 피하거나 연구주제와 관련된 이론이나 선행연구에 대한 확인이 필요하다. 선행연구들의 연구설계, 측정도구, 자료수집방법, 분석방법 등에 대한 검토를 통하여 연구의 실행상 발생할 수 있는 문제점과 이를 해결할 수 있는 방안에 대한 정보를 얻을 수 있다.
- **새로운 아이디어의 발견**: 기존의 관행이나 이론적 논의에 대한 검토를 통하여 자신의 연구주제와 관련된 새로운 시각을 발견할 수 있다. 예컨대, 선행연구들에 대한 논리적·이론적·방법론적 문제점의 발견과 해결을 위한 방법의 강구, 선행연구들의 연구상황과 연구대상이 다른 경우에 일반화 가능성 검토, 선행연구 수행과정상의 모호성의 발견과 명확화, 상이한 분야의 연구들을 결합하여 특정 문제에 대한 새로운 접근법의 발견 등에 대한 새로운 시각들을 얻을 수 있다.
- **실행가능성의 평가**: 선행연구들에서 활용된 자원, 시간, 연구대상, 협조자, 설비, 도구, 통계분석패키지(SPSS, SAS) 등의 활용가능성에 대한 평가를 통하여, 본 연구의 실행가능성 여부를 평가할 수 있다. 만약 실행가능성이 낮거나 없을 때에는 연구범위의 축소나 주제의 변경을 감행할 수밖에 없다.
- **새로운 연구의 학문적 위치 파악**: 기존 연구들의 개념적 틀과 연구자의 개념적 틀과의 연결성 검토를 통하여 연구자의 새로운 연구가 이론적 체계 안에서 차지하는 위치의 파악과 공헌도의 평가가 가능하다.

문헌검토를 위해 가장 중요한 자원은 도서관이다. 따라서 연구자는 도서관 이용법에 대한 충분한 숙지가 필요하다. 요즘은 색인카드를 이용한 것보다 도서관 홈페이지 내에 국내전자정보KISS, DBpia, 뉴논문 등, 국외전자정보ProQuest, Medline 등를 이용한 자료검색이 더 일반적이다. 학생들이 가장 많이 사용하는 방법은 네이버, 다음, 구글 등 인터넷포털의 검색창을 이용하는 것이다. 뚜렷한 계획없이 문헌을 읽기 시작하면 방황만 거듭하거나 정보의 홍수더미 속에 완전히 파묻혀 버리는 위험한 상황이 발생한다.

문헌검토에서 가장 어려운 점은 자신의 의문과 관련된 문헌자료가 어떠한 형태로 존재하는지를 아는 것이다. 그 이후에 자료들에 대한 소재와 획득여부는 시간과 비용이 관련된 부차적이고 기술적인 문제이다. 관련문헌의 존재여부는 해당 분야의 권위자 혹은 전문가에게 자문을 구하는 것이 가장 빠른 방법이다. 또한 연구경향분석, 메타분석 등으로 선행연구를 연구한 리뷰논문review paper을 찾는다. 이러한 리뷰논문들은 각 주제에 관련된 선행연구들을 망라하여 정리 분석하고 앞으로의 후속 연구방향을 제시하며 해당 분야의 대가大家들에 의해 발표된다. 이런 논문을 우선적으로 찾아서 상세히 검토해보면 해당 분야의 연구상황을 파악하는 데 큰 도움이 된다. 그리고 기존 문헌에 있는 인용된 서적이나 논문들을 근거로 역추적해나가는 방법, 도서관의 전문 사서들에게 도움을 요청하는 방법들도 주로 사용되는 방법 중의 하나이다.

든 해답을 하나의 조사연구에서 해결할 수는 없다. 따라서 시간, 비용, 에너지, 연구대상의 확보, 연구수행능력, 지원체계의 존재여부 등 현실적 여건하에서 한정된 범위의 구체적인 연구문제를 찾는 것이 중요하다. 아무리 좋은 연구과제라 하더라도 예산이 없거나 조사원이나 기타 자원을 동원할 여력이 없다면 실현가능성은 낮아질 것이다. 또한 이따금씩 연구대상으로부터 협조를 얻지 못함에 따라 다른 대상을 급히 찾아야 할 경우가 있다. 연구대상들은 관찰되기를 거부할 수 있으며, 면접조사를 회피할 수도 있고, 설문작성에 응하지 않을 수 있다. 특히, 자료수집과정이 복잡하고 위협적인 면이 있을수록 심하다. 또한 종단연구를 한다면 비록 이번에 연구에 참여한다고 하더라도 연구자가 그들을 다시 추적할 수 있을지도 생각해 보아야 한다. 예를 들어, 정신질환이 있는 노숙자들에 대해서 다년간의 패널연구를 한다고 가정해 본다면 과연 연구대상의 소재를 항상 파악하고 그들에 대한 추적조사를 한다는 것이 얼마나 힘들지 쉽게 짐작할 수 있을 것이다.

셋째 **사회적 효용성**이다. 아무리 좋은 연구문제라 해도 그 연구문제에 대한 해답을 찾는 것을 통해서 무엇을 하려는 것인지에 대한 적절한 의도나 함의가 갖추어지지 않으면 효용성이 없다. 연구를 위한 연구여서는 안 된다. 실천적인 학문인 사회조사론에서는 특히 이러한 실용성이나 효용성의 문제에 더 많은 관심을 가지고 있다.

모든 의문이나 문제의 조사연구가 실행 가능한 것은 아니다. 적절한 조사연구문제가 되기 위해서는 다음을 고려해야 한다.

첫째 **과학적 검증가능성**이다. 과학적인 방법은 검증될 수 있는 의문에 한하여 답을 제시한다. 양적연구든 질적연구든 경험적으로 확인할 수 없는 문제들, 가치의 문제를 다루는 것들, 지나치게 추상적인 것들은 과학적인 연구문제가 될 수 없다. 이러한 문제들이 중요하지 않다는 것이 아니라 다만 경험적 검증을 중시하는 과학적 조사연구에서는 해결될 수 없다는 것이다.

둘째 **연구범위의 적절성**이다. 처음에는 꿈을 크게 하는 경우가 많지만 애초에 가졌던 의문에 대한 모

그 다음 단계는 구체적으로 조사연구가 가능한 문제로서의 형식을 갖춘 연구문제로 만드는 것이다. 어떤 방식으로 연구문제를 서술할 것인가에 대한 정답은 없다. 하지만 연구문제를 서술할 때 주의해야 할 몇 가지 점들이 있다.

첫째 연구문제를 서술할 경우에는 먼저 의문문의 형태를 띨 필요가 있으며 그러한 의문문은 가능하다면 단순명료하게 서술되는 것이 좋다. 또 여러분들이 학술논문들을 읽다보면 연구목적이라는 말도 나오는데 연구목적과 연구문제는 반드시 일치하지는 않는다. 연구목적은 연구의 계기와 결과를 둘러싼 함의들에 초점맞추어진 반면 연구문제는 보다 직접적으로 연구의 주요 관심대상이 되는 문제에

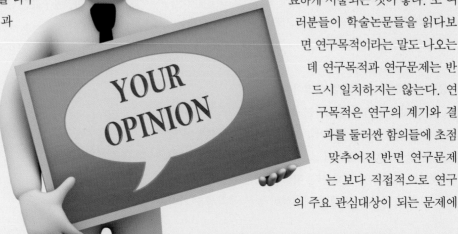

해당한다.

둘째 연구문제는 양적연구이든 질적연구이든 경험적 검증이 가능하도록 의도되어야 한다. 서술된 관계들에 대해 경험적인 검증이 가능하지 않다면 그것은 더 이상 과학적인 문제가 아니다. 따라서 양적연구의 연구문제들에서는 개념들이 변수화될 수 있어야 하고 그러한 변수들은 경험적인 조작화가 가능해야 한다. 관대한 복지서비스의 제공이 도덕적 해이를 가져올 것인가? 비록 중요한 문제이기는 하지만 쉽게 과학적 연구문제라고 하기 힘들다. 왜냐하면 관대한 것과 도덕적 해이라는 것이 너무 추상적이고 가치지향적이어서 경험적인 기준을 갖기 힘들기 때문이다. 따라서 이러한 종류의 의문들은 독자들이 특정 연구문제에 관심을 가지도록 유도하는 데는 큰 역할을 할 수 있지만 구체적인 조사연구의 주제로는 적합성이 떨어진다.

이론의 기능

이론 사물에 관한 지식을 논리적인 연관에 의해 하나의 체계로 이루는 것

과학은 논리와 경험적 사실의 관찰로 그 특성을 이룬다. 사물에 대한 과학적 이해는 사물에 대한 이해가 논리에 맞아야 하고 관찰한 것과 일치해야 한다. **이론**은 과학의 논리적 측면을 다루고, 조사는 과학의 경험적 관찰 측면을 다룬다. 이론은 연구대상인 사물 속에 존재하는 논리적 관계를 설명하고, 조사는 이들 논리적 관계가 실제로 존재하는지를 보여주는 수단을 제공한다. 따라서 논리성과 경험적 입증은 과학적 방법의 기본요소이다.

과학적 방법에서 논리성을 책임지는 이론은 다양한 유형을 가지고 있다. 시각의 차이에 따라 미시, 거시 이론을 나뉘기도 하고 다루는 현상이 구조인지 과정인지에 따라 정적 혹은 동적 이론이라고 분류하기도 한다. 이론의 성숙정도에 따라 이론은 임시적 분류체계라는 초보적 형태에서 완전한 설명을 위한 고급단계의 이론적 체계모델에 이르기까지 다양하게 존재한다.

이론의 기능은 무엇인가?

첫째 사회현상의 **이해 및 설명**이다.

둘째 사회현상 속에 존재하는 논리적이고 지속적인 **규칙성**을 알린다. 물론 모든 규칙에는 예외가 있다. 예를 들어 일반적으로 중장년이 청년보다 소득이 높다는 규칙성이 있지만 그 예외는 얼마든지 존재한다. 따라서 이론에서 말하는 규칙성은 확률적 규칙성, 발생의 개연성이 높은 규칙성을 의미하

는 것이지 약간의 예외도 인정하지 않는 절대적 규칙성을 의미하는 것이 결코 아니다.

셋째 사회현상의 **예측**이다. 예를 들어 강화이론에 따르면 반응이 일어날 때 그 반응이 보상을 받는다면 그 반응은 반복되는 경향이 있다. 따라서 아기가 인사하는 행동에 칭찬이라는 보상을 받으면 인사하는 그 행위는 반복할 것이라 예측할 수 있다. 이러한 기능을 갖는 이론은 연구의 가장 기반이 된다.

이론의 구성요소

이론의 구성요소는 개념, 변수, 서술로 나눠볼 수 있다. 개념 concept은 경험이나 사고로 인지할 수 있는 어떤 대상이나 현상을 대변하는 것이다. 개념은 용어, 단어, 혹은 상징으로 표현되며 서로 다른 개체들이 가지고 있는 공통성을 나타내는 것이다. 서로 다른 대상을 단일의 관념으로 통합시키기 위해 추출된 공통성이다. 개념은 이론의 기본적인 구성물이다.

> **개념의 예**
> - **개:** 말티즈, 허스키, 요크샤테리어, 얼룩개 등
> - **원형:** 공, 오렌지, 베어링, 바퀴 등
> - **직업:** 사회복지사, 의사, 변호사, 환경미화원, 은행원 등

변수 variable란 개념의 경험적인 상대역으로 변수와 개념은 종종 구분되지 않고 쓰이기도 한다. 엄격히 구분하자면 개념은 추상적인 것이고 변수는 그것에 대한 일종의 조작화이다. 모든 개념들은 변수가 아니지만 모든 변수는 개념이다. 즉, 변수는 개념의 특수한 형태를 지칭하는 것이다. 변수는 변이의 성질을 가지고 있으며 변수는 적어도 둘 이상의 변수값, 속성을 가지고 있다. 변수는 변수값을 하나만 갖는 상수 constant와 구별된다. 변수값은 수치화할 수도 있고 아닐 수도 있다. 이는 측정의 수준 비율, 등간, 서열, 명목과 관련되어 있다. 명목척도의 경우 변수값은 숫자가 아니다.

> **변수의 예**
> - **사랑:** 포옹횟수-1회 스킨십, 전화횟수 및 시간 등
> - **자신감:** 발표횟수-1회 등
> - **사회복지의 전문성:** 자격증 개수-1개 등
> - **폭력:** 심각성의 정도-전치 1주 등

개념	변수	변수값
건강	1년에 감기에 걸리는 횟수	1번, 2번, 3번 등
빈곤	1주일 내의 결식횟수	1회, 2회, 3회 등
가정폭력	배우자를 폭행한 횟수	1회, 2회, 3회 등
알코올중독	1일 음주량	소주 1병, 맥주 1병 등
교육	교육수준	중졸, 고졸, 대졸
인터넷중독	인터넷 사용시간	1시간, 2시간
일탈	폭주의 횟수	월 1회, 연 1회
자아존중감	자해정도	가끔, 자주
빈곤가정	가계 월수입	30만원 이하, 50만원 이하
결식아동	끼니를 거르는 횟수	주 5회 이하, 주 10회 이하
사회복지과목	과목명	개론, 조사론
이타심	양보횟수	1회, 2회, 3회
이타심	심리검사의 이타심 영역	상, 중, 하
장애인복지	장애인편의시설 설치율	60% 미만, 60~70% 등
사회복지사의 근무환경	1인당 담당 대상자 수	50명 미만, 50~100명
복지선진국	GDP 대비 사회복지지출	10% 미만, 10~20% 등

다음의 사례는 개념과 변수가 이어지지 않는 경우이다. 변수는 개념을 측정하기 위한 것으로 생각하면 된다.

• 평등을 조작화한 변수가 성별인가요?
• 자신감의 조작화한 변수가 한달수입인가요?
• 죽음을 조작화한 변수가 질병인가요?
• 아동을 조작화한 변수가 아동학대인가요?
• 집을 조작화한 변수가 부모인가요?

이 변수들은 개념을 조작화했다기보다 관련있는 요인으로 보인다.

사랑이라는 추상적 개념을 구체적으로 측정할 수 있는 형태로 바꾸는 작업을 조작화라고 하는데 사랑을 조작화하는 방법은 개인의 가치관에 따라 여러 가지가 있을 수 있다. 사랑을 조작화하는 방법은 스킨십에 따라, 전화횟수에 따라, 선물의 크기에 따라 여러 가지가 있을 수 있다. 모든 방법을 다 동원하면 사랑을 제대로 측정할 수 있겠지만 과학은 간결성을 추구하기 때문에 그 중에 한 두 가지로 조작화를 하게 된다. 그러므로 연구자는 연구에서 어떤 식으로 조작화했다는 것에 대해 논문에서 분명히 밝혀야 한다. 독자는 이에 근거해서 연구의 함의를 판단하면 된다. 최근에는 한 가지 측정의 한계 때문에 다각적 측정triangulation이 강조되고 있다. 한 가지 자료에 의존하면 연구자의 실수나 편견이 작용할 여지가 있으며 자료가 한정되는 문제가 있다. 따라서 두 가지 이상의 다양한 방법을 통해 수집된 자료를 비교하여 판단함으로써 자료의 객관성을 높인다.

서술statement은 개념과 변수들에 대해 기술하는 것이다. 이론에는 다음과 같은 세 가지 서술들이 포함되어 있다.

첫째 **공리**axiom는 이론의 기초가 되는 설명으로 증명 없이 받아들이는 것이다. 사전 조건과 같은 것으로 미리 입증된 것이기 때문에 공리에 관련된 서술은 증명을 요구하지 않는다.

둘째 **명제**proposition는 공리들의 논리적 관계에 기초하여 이루어지는 개념들간의 관계에 대한 결론적인 설명이다. 다시 말하면, 명제는 실제 현상과 관련된 개념이 다른 개념과 어떠한 특징을 가지고 연결되어 있는지를 나타내는 문장이다. 명제는 경험적인 검증이 필요한데 가설을 이용한 간접적인 검증방법을 많이 사용한다. 흔히 명제를 경험적 근거에 의하여 확인된 가설이라고도 한다.

셋째 **가설**hypothesis은 명제로부터 유추되어지는 것으로 변수간의 관계를 기술하는 것이다. 가설은 경험적으로 검증되지 않은 상태의 것으로 "어떤 문제에 대한 예상된 해답"이라고 할 수 있다. 그리고 가설은 2개 이상의 변수들간의 관계에 대한 잠정적인 결론이며, 실증적 검증의 대상이 된다.

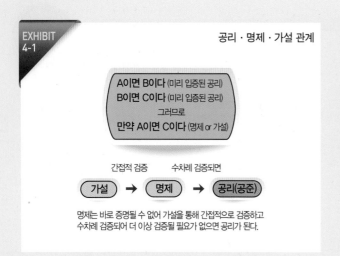

EXHIBIT 4-1 공리 · 명제 · 가설 관계

A이면 B이다 (미리 입증된 공리)
B이면 C이다 (미리 입증된 공리)
그러므로
만약 A이면 C이다 (명제 or 가설)

간접적 검증   수차례 검증되면

가설 → 명제 → 공리(공준)

명제는 바로 증명될 수 없어 가설을 통해 간접적으로 검증하고
수차례 검증되어 더 이상 검증될 필요가 없으면 공리가 된다.

연역법의 예시
(일반화된 설명이나 논리, 공리) 모든 사람은 죽는다.
(조작화) 소크라테스는 사람이다.
(관찰 경험) 고로 소크라테스는 죽는다

① 음란사이트 방문횟수와 청소년 비행간의 적정인
상관관계가 있다(공리나 기존 연구를 통한 가설
설정).
② 많은 수의 청소년들을 대상으로 관찰 또는 조사
③ 마지막으로 가설 검증

귀납법의 예시
(관찰) A도 죽는다.
(관찰) B도 죽는다.
(관찰) 소크라테스도 죽는다.
(이론) 그러므로 모든 사람은 죽는다.

① 여러 번의 관찰을 통해 음란사이트 방문횟수와
청소년 비행간의 관계 기록
② 관찰결과를 정리하여 공통 유형이나 규칙성을
발견
③ 결론 도출

이론형성의 방법체계

연연적 논리 A이기 위해서 B
여야 한다.

귀납적 논리 A이므로 B가 된
다.

조사연구는 이론을 만들고 검증해가는
과정이다. 모든 이론은 논리와 경험에 기
초하고 있다. 따라서 이론을 만들기 위해
서는 논리와 경험이 어떻게 결합되는지를
알아야 한다. 이론의 발전과정에서 논리와 경험의 결합
방법을 둘러싸고 크게 두 가지의 상이한 접근들이
있어 왔다. 조사연구를 통해 이론을 형성하는 방법
은 크게 논리에서 먼저 시작하는 연역적 접근과 경험
에서 먼저 시작하는 귀납적 접근이다. 조사연구의
공통적인 목적은 이론을 만들어내는 것이지만 이렇
게 각기 다른 방법으로 논리와 경험을 결합시킨다.

연역적 deductive **논리**는 일반적 사실에서 특수한
사실을 이끌어내는 방법이다. 전형적인 과학적
방법이라 불리는 실증주의적 입장에서 이론을
만들어낼 때 주로 사용하는 것이 연역적 논리
체계이다. 연역적 논리의 대표적인 예가 삼단
논법이다. **귀납적** inductive **논리**는 연역적 논리
와 반대방향으로 전개되며 특수한 경우를 통해 일반
적인 논리로 도달하는 방법이다. 주로 패러다임의 전
환이 필요할 때 귀납적 논리가 활동된다.

연역적 이론체계에서는 논리, 이론에서 출발하여 조
작하여 마지막으로 경험으로 확인하는 과정을 거치
고 반대로 귀납적 논리체계에서는 연역적 방법과
반대의 순서로 경험에 대한 관찰을 여러 번 거친 다
음 이론, 논리에 마지막에 이르는 과정을 거친다.

비록 논리적으로는 연역적 이론체계와 귀납적 이론체계가
구분될 수 있지만 과학적 지식이 축적되어가는 전반적인 과
정은 연역과 귀납의 순환과정으로 볼 수 있다.

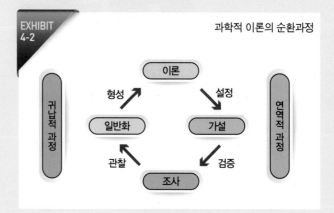

EXHIBIT 4-2 과학적 이론의 순환과정

귀납적 과정

이론
형성 ↗   설정 ↘
일반화   가설
관찰 ↖   ↘ 검증
조사

연역적 과정

연역과 귀납은 상호대립적인 관계가 아니라 상호보완적 관
계이다. 현상에 대한 이해와 지식은 이 두 가지 과정이 되풀이
되면서 발전되는 것으로 보는 것이 타당하다. 하나의 논리 혹
은 이론이 등장하면 그것은 경험적 검증을 거치게 되는데 이
과정에서 자료가 필요하게 된다. 이러한 과정은 연역적 과정
이다. 한편 쌓여진 자료들을 통해 일반화가 가능하고 그것이

다시 이론으로 설정되어가는 과정은 귀납적 과정이다. 이러한 과정은 일회적으로 끝나는 것이 아니라 관찰에 의거해 이론이 만들어지는 귀납적 과정과 그 이론을 검증하기 위해 관찰을 시도하는 연역적 과정이 되풀이되어 가면서 사회현상에 대한 사회과학이론들이 더욱 정교해져 가는 것이다. 따라서 그 출발이 논리이든 경험이든 그 구분은 크게 중요하지 않을 수 있다.

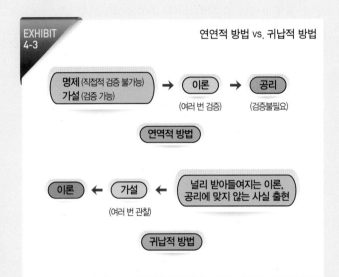

EXHIBIT 4-3 연연적 방법 vs. 귀납적 방법

한 조사연구를 수행하는 연구자의 입장에서는 현재 단계의 조사연구를 선이론 후조사의 연역적 방법을 택할 것인가 혹은 선조사 후이론의 귀납적 방법을 택할 것인가를 결정해야 한다. 조사연구의 접근방식을 귀납적으로 할 것인지 혹은 연역적으로 할 것인지에 대한 결정은 조사연구의 문제와 밀접하게 관련되어 있다. 문제의 성격이 새로운 영역에 대한 조사를 필요로 하는 경우, 그 문제에 대해 알려진 것이 적은 경우, 전통적인 지식들이 의문에 부딪쳤을 경우에 귀납적 방법을 사용한다. 이런 경우 문제에 대한 사전 지식이 없으므로 미리 어떤 가설이나 명제를 갖추어서 조사에 들어가기 어렵다. 따라서 우선 자료를 수집해 보고 그 자료들을 토대로 하여 연구문제에 대한 해답을 내리는 귀납적 과정이 보다 적절하게 된다. 반면에 특정의 연구문제에 대해 나름대로 이론을 제기할 수 있을 만큼 선행지식들이 갖추어졌을 경우 연역적 방법이 사용된다. 이 경우에는 연구문제에 대한 이론화를 시도하여 잠정적인 결론가설을 먼저 도출하고 난 후에 그것을 경험적인 자료를 통해 검증해보는 과정을 거친다.

연역적 방법과 귀납적 방법은 이론과 가설에서 출발하느냐 경험과 관찰에서 출발하느냐의 차이가 있을 뿐 결코 상반된 개념이 아니다. 연역적 방법이든 귀납적 방법이든 사회현상을 설명, 이해, 예측, 규칙성 도출을 위한 목적은 동일하다. 연역적 방법과 귀납적 방법은 교대로 이루어지는 과정을 통해 서로 순환되고 이러한 순환과정을 통해 이론은 더 정교화되고 과학화된다. 하지만 일반적으로 한 연구에서 연역적 방법과 귀납적 방법을 동시에 사용할 수 없다. 연역적 방법과 귀납적 방법 둘 다 장단점이 있다. 연역적 방법은 먼저 빈곤한 가정에서 태어난 사람은 왕따가 된다는 선입견이라 볼 수 있는 이론을 세워놓고 이 이론에 맞는 검증대상자를 비확률적으로 표집하고 관찰하여 이 이론이 옳음을 증명하였다면 비과학적 결론에 이를 수 있다. 귀납적 방법도 빈곤가정에 자라나 왕따가 된 소수의 경우를 관찰하여 그들의 공통점인 빈곤가정의 왕따라는 특성을 추출하여 이론으로 수립하였다면 편향된 결론에 이를 수 있다. 따라서 연역이든 귀납이든 과학적 방법과 절차를 따르는 것이 중요하고 이에 기반해야 정확한 결론에 이를 수 있다.

연구의 종류

A Study on the Survey Research

연구 패러다임에 따른 분류

어떤 연구 패러다임을 따르는지에 따라 양적quantitative 연구와 질적qualitative 연구로 구분된다. 양적연구는 양적 변수를 계량적으로 다루고 평균이나 표준편차를 중심으로 자료를 집합적으로 처리하고 통계적으로 분석하여 이론적 배경으로 설정한 가설을 검증하는 것을 말한다. 주로 실증주의적 패러다임에 근거하여 이루어진다. 실증주의는 객관성과 보편성을 강조하고, 현실은 객관적으로 존재하고 그 현실을 실증적으로 설명하며 연구자와 연구대상자는 분리되고 가치중립적이어야 한다는 것을 믿는다. 반면 질적연구는 자연적이고 실제적인 생활의 현장에서 사람들의 행동과 의미를 관찰하고 해석함으로써 어떠한 유형을 발견해내고 새로운 시각과 통찰력을 만들어 가는 것이다. 주로 연구자들의 경험이나 구체적인

관찰로부터 시작하고, 자료에서 주관적 의미, 본질, 맥락을 발견하거나 심층적 규명probing을 목적으로 하며 전형적 사례, 극단적 사례, 심지어 1사례 등 소수사례의 의미를 분석하고 해석하는 것을 말한다. 이는 주로 해석주의, 비판주의, 구성주의, 자연주의 등의 패러다임에 기반한다. 이러한 패러다임에서는 현실은 주관적으로 존재하고 연구자와 연구대상자는 분리될 수 없고 연구대상과의 상호작용을 통해 의미를 인식하는 것을 추구한다. 질적연구는 양적연구가 수량화될 수 있는 측면만 측정하기 때문에 현실을 왜곡한다고 비판하며 표본의 대표성이나 통계적인 절차 등을 중시하지 않는다. 질적연구는 심층적이고 풍부한 맥락 발견이 가능하고 소외되기 쉬운 대상자의 내면 깊숙이 숨어있는 이야기까지도 연구할 수 있어 점점 그 활용이 증가하고 있다. 양적연구는 주로 연역법을 따르지만 질적연구는 주로 귀납법을 따른다. 하지만 귀납법을 따르는 양적연구, 연역법을 따르는 질적연구도 존재할 수 있다. 양적연구나 질적연구 중 어떤 것이 더 낫다고 할 수 없으며 연구자의 연구목적, 연구대상, 연구상황에 따라 적절한 방법을 선택하는 것이 중요하다.

　　양적연구와 질적연구가 모두 장단점이 있기 때문에 요즘은 두 가지를 적절하게 상호보완하는 **혼합**mixed 및 **통합**integrated 연구방법이 증가하고 있다. 양적연구와 질적연구를 동시에 사용하는 것은 연구자가 이 둘을 동시에 잘 알고 있어야 하는 동시에 상당한 시간과 비용을 요하는 일이다. 각 연구의 교육훈련도 매우 다르고 각 패러다임의 순수성을 고수하는 연구자들은 서로 상대방의 입장을 수용하기

혼합 서로 다른 것을 한데 섞어 생각해 방안을 모색하는 방법

통합 부분적인 포함에 의해 새로운 전체를 만드는 방법

어렵다. 이러한 인식론적 불화 때문에 혼합방법이 불가능하다는 입장도 있지만 연구방법의 다각화triangulation 측면에서 증가되어야 한다. 그 방식은 질적연구를 먼저하고 양적연구를 다음에 하거나 그 반대순서로 진행하는 경우도 있고 동시에 진행하는 경우도 있다유태균, 1998. 질적연구에서 얻어진 탐색적 결과를 양적연구에서 개념조작화, 가설검증 등으로 보완할 수도 있고, 양적연구에서 얻어진 평균적 결과를 질적연구를 통해 맥락과 심층적 의미를 파악하여 보완할 수도 있다. 이 과정에서 두 연구의 결과가 수렴되거나 상반될 수도 있다. 실증주의적 양적연구가 우리에게 많은 과학적 증거를 제시하고 있지만 그것이 우리에게 줄 수 있는 것은 분명 한계가 존재한다. 질적연구도 현상에 대한 새로운 이해와 풍부하고 낯선 해석을 가져다주지만 질적연구가 양적연구를 완전히 대체할 수는 없다. 따라서 연구의 혼합이나 통합방식은 그 결과가 수렴하거나 상반되거나 간에 시너지효과가 크기 때문에 시도할 만한 충분한 가치가 있다.

지역사회 내 혼합이나 통합연구의 필요성

일반적으로 양적연구로 보면 세상이 어둡고, 질적연구로 보면 세상이 밝다. 극단적으로 말하면 원하는 대로 결과가 나오는 경우도 있다. 그래서 혼합이나 통합연구가 필요한 것이 아닌가 판단된다. 예를 들어 빈곤의 심각성 측면을 살펴볼 때는 빈곤아동들이 가장 문제가 많은 것으로 나타나길 바라고 프로그램 평가 측면을 살펴볼 때는 빈곤아동들이 가장 민감하게 반응하여 효과가 있기를 바란다. 그러나 지금까지 대부분의 우리나라 연구에서는 빈곤아동들이 일반아동들보다 문제가 많아 심각한 것으로 나타나지 않고 있다. 이는 아마도 가장 심각한 빈곤아동들은 설문조사조차 참여하지 않기 때문일 것으로 판단된다. 그리고 사전사후 조사에서는 변화가 나타나는 것이 당연하고 만족도는 높은 것이 사실이다. 하지만 장기로 살펴보았을 때는 그 결과가 명확하지 않을 때도 많이 있다. 장기성과가 잘 나타나지 않은 것은 사업의 한계가 아니라 현재 연구와 척도의 한계일 수 있다. 빈곤아동들이 변화한 부분을 연구자가 제대로 물어보지 못한 것일 수 있다.

또한 만약 성과가 있었다 하더라도 현재 연구자만 열심히 프로그램을 제공한 것이 아니라 지역사회의 많은 사회복지기관과 학교 등에서 많은 교사와 사회복지사들이 열심히 서비스를 제공한 결과이지 혼자만의 결과가 아닌 것이다. 그래서 그 결과를 받아들일 때 겸허한 자세가 필요하다. 혼자만의 성과가 아니라 지역 전체의 성과로 온전히 받아들일 때 지역사회 연계도 가능하리라 판단된다. 또한 성과를 강조하다보면 성과가 높을 수 있는 대상으로 수혜자를 한정하게 되는 creaming현상이 나타나게 된다. 따라서 위기나 문제수준이 높은 대상자를 다룰 때에는 변화가 없더라도 현상을 유지하는 것만으로도 성과로 받아들여주는 분위기가 필요하고 실패를 용인하는 분위기가 만들어져야 한다.

또한 지역사회에서는 대상자가 변화했는지 여부에 집중하는 양적연구만이 아니라 어떤 것이 변화의 추동력이었는지를 발견하는 맥락과 상황을 보여주는 질적연구가 추가되어 혼합이나 통합방식으로 연구되어야 한다.

조사연구의 목적에 따른 분류

조사설계는 조사가 추구하는 목적에 맞추어 적합하게 마련된다. 조사연구의 목적은 조사연구를 통해 얻으려는 지식의 수준과 관심에 기초하여 탐색적, 기술적, 설명적 연구 세 가지로 나뉜다. 횡단연구는 시간적 우선성 확보가 어렵고, 질적연구는 이론적 배경이 부족하기 때문에 설명연구를 할 수 없는 것처럼 단정적으로 생각하는 경우가 있으나 횡단연구나 종단연구, 양적연구나 질적연구 모두 탐색, 기술, 설명의 목적으로 진행될 수 있다.

TABLE 4-1

+ 탐색적 · 기술적 · 설명적 연구의 비교

특징 / 연구	탐색적	기술적	설명적
주요 연구내용	• 주제탐색	• 특정 시점 자료를 이용한 기술통계	• 실험을 통한 인과관계 가설검정
연구방법	• 문헌연구 • 사례연구 • 초점집단면접법	• 횡단연구 • 시계열연구 • 패널연구	• 실험연구
연구결과	• 질적 정보 중심 • 비구조화 질문 • 시행착오식 연구 진행	• 계량적 정보 중심 • 구조화 질문 • 기술통계분석	• 계량적 정보 중심 • 정밀한 관찰 • 정밀한 원인-결과 통계분석

출처: 이영훈, 2008, p.69 수정 보완

탐색적 연구

탐색적exploratory 연구는 필요한 지식의 수준이 가장 낮은 경우에 실시하는 조사형태로, 이후 보다 상세한 연구를 위해 문제를 설정하거나 또는 가설을 발전시키거나 하는 목적을 가진 경우가 많다. 연구의 초기 단계에 연구에 대한 아이디어나 통찰력을 얻기 위해 주로 사용된다. 연구자가 새로운 관심사에 대해 연구하거나, 연구문제에 대한 사전 연구가 부족하거나, 유용한 지식이 현재로서는 한정되어 있는 미개척 분야에서 기본적 자료를 제공하기 위한 조사로서 적합하다. 선행지식이 없을 경우 그냥 정글속 수풀을 헤쳐가며 거기에 무엇이 있는지 살펴보는 것과 같다. 사회조사는 많은 부분이 이러한 연구형태를 통해 자료가 제시되어야 한다. 예를 들어 히키코모리은둔형 외톨이는 사회생활에 적응하지 못하고 집안에만

틀어박혀 사는 병적인 사람들을 지칭하는 용어로 1970년대에 일본에서 처음 나타나기 시작했다. 히키코모리는 현대사회가 만들어낸 문명병의 일종이다. 1990년대 중반에 이르러 사회문제로 대두될 만큼 심각해졌다. 이는 과거에는 찾아볼 수 없었던 질병으로 이에 대한 탐색적 연구를 진행할 수 있다. 또는 저장강박증compulsive hoarding syndrome은 물건의 중요함이나 사용여부에 관계없이 어떤 물건이든지 버리지 못하고 저장해 두는 장애를 의미하는데 이에 대한 연구는 매우 부족한 상황이다. 이런 경우 저장강박증에 대한 정확한 조사를 위해서는 사전에 많은 지식, 정보를 얻어야 할 필요가 있을 것이며, 이를 위해 탐색적 조사를 실시할 필요가 있을 것이다. 질적연구자들은 탐색적 연구에서도 가설이 설정될 수 있다고 주장할 수 있으나 이는 양적연구에서 말하는 가설이 아닌 경우가 많다.

이제까지 한 번도 자신을 연구자라고 생각해 본 적이 없는 사람이라고 할지라도 이와 같은 질문들에 대해서 적어도 대략적인 답을 구하기 위해 탐색적 연구를 시도해 볼 수 있을 것이다. 일반적으로 사회과학 분야에서 탐색연구는 매우 가치 있는 연구로 인식되고 있다. 특히 사회조사처럼 충분한 지식이 부족한 상태에서 계속적으로 중요한 결정을 내려야 하는 전문 분야에서는 탐색적 연구의 결과가 필요한 행동을 취하는데 큰 도움이 된다. 탐색연구는 늘 새로운 분야에 관심을 갖는 연구자에게는 필수적이라 할 수 있으며 거의 모든 경우 새로운 연구주제에 대한 통찰력을 제공해준다.

탐색연구가 가진 가장 큰 단점은 대부분의 경우 연구 질문에 대해 만족할 만한 답을 주지는 못한다는 점이다. 탐색적 연구는 시행착오적으로 연구가 진행되므로 일반화가 불가능하다. 탐색연구는 대부분 답에 대한 힌트를 제시하거나 보다 구체적이고 만족할만한 답을 얻기 위해서 필요한 연구방법이 무엇인지를 제시해준다. 탐색연구가 완성적이지 못한 이유는 표본의 대표성 때문이라고 할 수 있다. 앞으로 표본추출방법과 대표성에 대해서 이해하게 되면 본인의 탐색연구가 연구문제에

대한 만족할만한 답을 줄 수 있는 연구인지 아니면 단지 방향 제시를 할 수 있는 연구인지를 판단할 수 있게 될 것이다. 일반적으로 탐색적 연구를 통해 연구문제에 대한 개념을 명확하게 한 후에 보다 정교한 연구인 기술적 연구나 설명적 연구를 진행하게 된다.

기술적 연구

기술적 descriptive 연구는 무엇이 어떻다는 것을 단지 기술하고 묘사하는 것이다. 많은 사회과학 연구들의 주된 목적 중의 하나가 사건이나 상황을 기술하는 것이다. 연구자는 연구를 통해 관찰하고 관찰한 내용을 기술하게 된다. 기술연구는 탐색적 연구보다는 한 단계 위의 지식을 개발하는 것으로 적어도 무엇을 조사할지에 대해서는 미리 알고 연구를 시작하는 것이다. 이런 연구에서는 개별 변수들에 대한 묘사나 기술이 주된 연구내용을 형성하게 된다.

기술적 사회과학연구의 대표적인 예로는 인구센서스 조사를 들 수 있다. 인구조사의 목적은 지역주민, 전 국민들의 대략적인 특성을 정확하게 파악하고 기술하는데 있다. 또한 사회복지 분야에서 대표적이라 할 수 있는 기술연구는 몇 년에 한 번씩 사회복지대학교육협의회, 한국대학교육협의회에서 전국의 사회복지학/사회사업학과를 대상으로 실시하는 조사를 들 수 있다. 이 조사는 각 대학의 각 학과의 교수와 학생에 대한 여러 가지 특성을 파악하는 목적을 가지고 있다.

가장 복잡한 기술적 연구는 둘 또는 그 이상의 변수간에 경험적 관계가 있음을 밝히는 것이다. 이것은 관련된 변수의 빈도나 비율과 같은 통계적 방법으로 관련성의 정도만을 나타낸다. 예를 든다면 어떤 지역에서 남성 사회복지사의 10% 그리고 여성 사회복지사의 60%가 그룹홈협의회의 적극적인 회원으로 밝혀졌다. 이때 사회복지사의 성별이 협의회 활동의 정도를 구분하는데 활용된 변수가 되었다. 그러나 유의해야 할 점은 이러한 관계의 발견이 인과관계의 연구를 자극하는 것이지만 기술적 연구의 기능은 요인간에 관계가 있다는 정보를 제공하는데 국한한다는 사실이다. 이것은 인과관계를 결정하는 것이 아니다.

설명적 연구

설명적 explanatory 연구는 어떤 현상에 대한 단순한 기술에서 더 나아가 이를 설명하고 변수들간의 관계에 대한 설명을 시도하고자 하는 것이다. 설명이란 "왜"라는 질문에서 출발하여 이에 대한 해답을 주고자 하는 것이다. 인과관계를 증명하는 방법은 원인적 요인, 실험변수, 독립변수를 조작하여 실시하는 실험적 방법이 있는 반면 독립변수가 되는 요인들을 자연적 현상에서 발견하는 비실험적 방법이 있다.

기술적 연구의 한 기능은 어떻게 요인들이 관련되고 또는 함께 일어나는가를 보여주는 것이다. 설명적 연구는 이 기능을 한 수준 높여서 요인들이 인과관계를 가지고 있음을 보여주는 것이다. 예를 들어 유권자의 정당 지지성향을 보고하는 것은 기술연구라고 할 수 있으나 왜 어떤 사람이 사회복지서비스의 확대를 위하여 세금을 더 걷자는 의견에 찬성하고 반대하는지를 조사하는 것은 설명연구이다. 또 다른 예로서 왜 어떤 도시들은 다른 도시들보다 아동학대율이 높은지를 알아보는 것은 설명연구인 반면 도시별 아동학대율을 조사한다면 기술연구이다.

개별변수간의 인과관계에 대한 설명은 과학적 이론의 최종적인 목적이다. 설명적 연구는 가장 고급의 목적을 갖는 연구이며 앞의 두 가지 탐색적, 기술적 목적이 충족된 후에야 가능하게 되는 연구목적이다. 따라서 설명목적의 연구를 위해서는 탐색과 기술조사 연구에 의해 알려진 선행되는 지식이 존재해야 한다. 모든 조사연구는 선행단계의 목적들이 충족된 후에야 다음 단계의 목적들로 진행될 수 있다. 어떤 연구목적이 타당한지는 전적으로 연구문제의 성격에 의해서 결정된다. 주어진 연구문제에 대한 선행적 지식수준이 어느 정도인가의 여부를 두고 연구목적이 결정되는 것이다. 경우에 따라서는 한 조사연구에서 두 가지 이상의 연구목적들이 동시에 나타날 수 있다. 하지만 그 경우에도 단계별로 연구목적이 실현되어야 하는 것은 마찬가지이다. 또한 설명적 연구는 독립변수와 종속변수를 구분할 수 있지만, 탐색적 연구와 기술적 연구에는 변수는 있을 수 있지만 독립변수와 종속변수를 정확하게 구분할 수 없다.

물론 설명적 연구가 가장 높은 단계의 연구이긴 하지만 각각이 그 나름대로의 가치를 가지고 있다. 탐색적 연구가 있어야 기술적 연구가 가능하고, 기술적 연구가 있어야 설명적 연구가 가능한 것이다. 이 구분은 현존하는 자료의 수준에 따라 구분하는 것이지 연구의 중요성이나 질적 수준에 기반하는 것이 아니다. 자료가 많으면 많을수록 설명적 연구를 진행하는 것일 뿐이다.

"왜"라는 말에 방점을 찍어 연구의 목적을 구분한다면 이는 탐색적 연구도, 설명적 연구도 될 수 있다. 기존 지식이 많이 있다면 설명적 연구이지만 필요한 지식수준이 낮다면 탐색적 연구이기 때문이다. 그러나 어떤 연구가 한 현상에 대한 기초적인 이해를 목적으로 하는 연구라면, 설사 그 연구에서 연구대상들에게 "왜"라는 질문을 던진다고 하더라도 그 연구는 설명적 연구라기보다는 탐색적 연구로 보아야 할 것이다. 반면 어떤 연구가 한 현상에 대한 이전까지의 연구를 통해서 얻어진 설명을 바탕으로 하는, 아직은 확실치 않은 가설에 대해서 진위여부를 엄밀히 가리고자 하는 연구라고 한다면 그 연구는 설명적 연구로 보아야 할 것이다. 예를 들어 '왜 미혼모가 생기는가'는 탐색적 연구로 미혼모에 대한 전반적인 것을 알아보고자 하는 것이고, 설명적 연구는 '입양특례법의 변화가 미혼모의 증가를 가져오는가'라는 가설을 가지고 미혼모가 생기는 구체적인 원인에 대해서 파악하고자 하는 것이다. 비슷한 질문에서 시작하지만 연구의 목적이 판이하게 다를 수 있다.

또한 탐색적 조사와 기술적 조사는 가설을 설정할 수 없거나 설정할 필요가 없는 경우가 많다. 반면 양적연구의 설명적 조사는 변수간의 관계를 규명하는 것이기 때문에 반드시 가설을 설정해야 한다. 하지만 질적연구에서는 설명적 조사

● 탐색적, 기술적, 설명적 연구의 예 ●

주제: 인터넷 광고의 도입과 판매로 인하여 생겨난 변화
탐색적 연구 - 초기 인터넷 광고와 판매를 처음 시작했을 때의 업무변화, 구매절차 변화
기술적 연구 - 연령별, 지역별, 시간대별, 성별 인터넷 광고 클릭횟수
설명적 연구 - 인터넷 광고의 클릭횟수와 구매량과의 인과관계

주제: 정신장애인의 사회참여도
탐색적 연구 - 정신장애인의 사회참여는 이루어지고 있는가?
기술적 연구 - 정신장애인의 사회참여방법에 대한 실태조사
설명적 연구 - 우리나라에서 정신장애인의 사회참여가 왜 어려운가?

탐색적 연구의 좋은 예: 전쟁피해를 입은 이라크 아동이 전쟁이 끝난 후 잘 성장할 수 있을까? 경제위기 때문에 별거해있던 사람들이 다시 모여 살기 시작했을 때 가족체계에 변화가 있을 것인가? 계모에 대한 인식이 왜 나쁠까? 특수학교를 다니던 아동들이 일반학교 내 특수학급으로 전학을 하면 적응을 잘 할까? 동성결혼을 인정하면 가족체계가 어떻게 변화할 것인가? 등

기술적 연구의 좋은 예: ~의 비율, 현황, 정도, 빈도, 실태는 어떠한가? 청소년의 휴대폰 사용실태는 어떠한가? 장애아동의 일반학교 진학률과 사회적응력과는 관계가 있는가? 남자와 여자가 결혼 전 교제한 횟수와 이혼율과는 관계가 있을까? 부부간의 애정과 아동학대는 관련이 있는가? 지역사회 발달정도와 선천적 장애아 출산은 관련이 있는가? 동거경험과 결혼만족도간에는 관계가 있는가?

설명적 연구의 좋은 예: (~영향을 미친다. 그것 자체만으로는 인과관계는 아니다. 하지만 종속변수와 독립변수가 존재하고 독립변수의 증감에 따라 종속변수의 증감으로 표시될 수 있을 때는 설명적 연구) 통합교육을 하면 발달장애인이 사회적응을 잘 할 수 있는가? 장애인 고용 증가는 사회통합 증진을 가져올 것인가? 왕따를 당하면 자아존중감이 낮아지는가? 아침식사를 하는 것이 학생들의 학업능률 향상에 영향을 주는가? 양질의 TV 프로그램 시청은 친사회적 행동의 증가를 가져오는가?

라고 하더라도 가설을 반드시 설정할 필요는 없고 자료수집 과정에서 잠정적 가설을 설정하고 그 가설을 검토하고 수정할 수도 있으며, 연구과정이 매우 유연하기 때문에 경우에 따라서는 그 잠정적 가설을 수정하거나 다른 가설을 설정할 수도 있다. 질적연구에서 가설이 설정되는 경우 그 가설은 양적연구의 가설과 같이 변수간의 관계를 나타내는 계량적인 것이 아니라 단지 개념간의 관계나 개념에 대한 이해를 설명하는 단순한 형태의 진술일 수 있다. 질적연구에서 귀납적 방법을 활용하기 때문에 양적연구의 연역법에서 중요한 가설설정 단계가 주요 단계로 포함되지 않는다. 양적연구에 비해 질적연구의 조사단계는 표준화되어 있지 않고 융통적이기 때문에 매우 다양한 모습으로 조사가 진행된다.

시간차원에 따른 분류

다양한 연구목적들은 연구의 다른 측면들과 밀접하게 관련된다. 그 가운데 중요한 하나가 시간적 차원이다. 연구에서 조사는 단 한 번에 이루어지기도 하고 경우에 따라서는 상당 기간 동안 여러 번 이루어지기도 한다. 예를 들어서 소년원에서 갓 퇴소한 비행청소년의 비행여부를 알아보기 위해서는 연구자는 퇴소 후 특정한 시점을 정하여 그 시점에서의 비행여부를 조사할 수 있다. 그러나 만일 연구목적이 비행청소년의 비행유형이 시간에 따라 어떻게 변하는지를 알아보는 것이라면 비행청소년의 행동양태에 대한 조사가 당연히 일정 기간에 걸쳐 반복적으로 이루어져야 할 것이다.

횡단연구

어떤 특정 현상의 연구에서 어느 한 시점에서 나타난 그 현상의 단면을 분석하는 연구를 횡단cross-sectional 연구라 한다. 횡단연구는 탐색, 기술, 또는 설명적 목적을 가질 수 있다. 어떤 아동보호전문기관에서 일찍 원가정에 복귀한 모든 아동들을 면접조사를 했다면 이러한 연구는 탐색적 목적을 가진 횡단연구이다. 만일 동일한 연구에서 일찍 원가정에 복귀한 아동뿐만 아니라 미리 세워진 계획에 따라 모든 치료서비스를 다 받고 원가정에 복귀한 아동들에 대해서도 면접조사를 실시하여 치료목표를 정하는데 있어 전문가와 부모간에 의견의 불일치가 있었는지 여부가 치료를 계획에 따라 완료했는지 여부에 영향을 미쳤는지를 알아보고자 했다면 그 경우는 설명적 목적을 가진 횡단연구가 될 것이다.

모든 설명적 목적의 횡단연구에는 한 가지 문제점을 내포하고 있다. 일반적으로 설명적 횡단연구는 일정 기간에 걸쳐 발생한 인과관계에 대한 이해를 주된 목적으로 하고 있으나 횡단연구의 특성상 조사는 단 한 번만 이루어진다는 것이다. 따라서 시간적 우선성의 조건을 충족시키기 어렵다. 물론 회고적 질문을 통해 과거를 회상하게 함으로써 시간적 우선성을 증명할 수 있지만 회고적 질문은 일반적으로 기억의 망각이나 왜곡 때문에 신뢰성 있는 응답을 얻어내기 어렵다. 예를 들어서 병원에서 퇴원하여 지역사회에 살고 있는 정신장애인들 가운데 가족과 함께 살고 있는 환자들이 가족과 함께 살고 있지 않은 환자들에 비해 생활적인 면에서 더 기능적이고 정신과적 증상의 정도가 덜 하다는 것을 발견했다고 할 때, 그러한 두 집단의 차이가 과연 그들이 현재와 같은 거주형태를 시작하기 전부터 있어 왔던 차이인지 아니면 그 이후 나타난 것인지 횡단연구로는 알 수 없다. 다시 말하자면 거주형태의 차이가 정신질환자의 기능 및 증상상에서의 차이를 가져온 것인지 아니면 기능 및 증상의 차이가 정신질환자로 하여금 서로 다른 거주형태를 가능하도록 만들었는지 알 수 없다. 횡단적 자료 사용으로 인해 시간적 차이에 따른 인과관계가 분명치 않다면 거꾸로 된 연구결과를 얻을 수 있다. 물론 횡단연구를 통해서 그러한 관계가 존재하는 것을 발견한 것만으로도 매우 가치있는 일이다. 하지만 그러한 관계에 내재해 있는 인과관계를 보다 정확하게 이해하기 위해서는 종단연구나 실험설계 등 더 특별한 연구방법들이 요구된다.

종단연구

종단longitudinal 연구는 시간의 흐름에 따라 조사대상이나 상황의 변화를 측정하는 것으로 일반적으로 수주일, 수개월, 수년 동안 장기간에 걸쳐 일정한 시간 간격을 두고 반복적으로 여러 차례 측정함으로써 조사가 이루어지는 연구를 말한다. 종단연구는 시간적 우선성의 확보 때문에 인과관계를 증명할 가능성이 높아지는 것이지 인과관계의 추론을 보증하는 것은 아니다. 종단연구에는 크게 세 가지가 있다.

첫째 **경향연구**trend studies 이다. 이는 시간의 흐름에 따라 나타나는 일반적인 대상집단의 변화를 관찰하는 연구를 말한다. 예를 들면 일정기간 동안의 인구조사 결과를 토대로 전체 인구나 특정 지역의 인구가 어떻게 변화했는지를 조사하는 연구가 있다. 우리가 일반적으로 잘 알고 있는 인구센서스 조사는 기술을 목적으로 하는 경향연구의 대표적인 예라 할 수 있다.

둘째 **동년배집단연구**cohort studies 이다. 이는 시간의 변화에 따른 특정 동년배의 변화를 조사하는 연구이다. 일반적으로 동년배집단은 2차 세계대전 후 베이비붐세대45-64년 사이에 태어난 세대 와 같은 동일한 연령집단을 말하지만 경우에 따라서는 연령 이외에 다른 속성이 기준이 될 수도 있다. 예를 들어서 일정기간 동안에 조현병 증세가 처음 나타난 사람들을 하나의 동연배라고 할 수 있다예: 386세대, X세대(70-80년 사이에 출생한 세대). 동년배연구의 예를 들면 1980년에 어떤 연구자가 조현병

환자들 가운데에서 연령이 20~25세에 해당하는 표본을 추출하여 그들의 사회적응에 대한 연구를 한 뒤, 1990년에 들어서는 30~35세에 해당하는 표본을 대상으로, 그리고 2000년에는 40~45세에 해당하는 표본을 대상으로 동일한 연구를 했다고 가정해보자. 물론 이 세 개의 표본이 동일한 표본은 아니지만 각각의 표본은 1980년에 20~25세에 해당하면서 조현병을 가졌던 동년배집단 가운데 살아남은 사람들을 대표한다고 볼 수 있다.

셋째 **패널연구**panel studies 이다. 이는 경향연구나 동년배연구와 매우 유사하나 조사 때마다 동일한 집단을 조사한다는 점에서 차이가 있다. 패널연구는 동일한 응답자에게 반복적으로 응답을 얻는 방법으로서 응답의 변화와 관련된 역동성을 알아보기에 적합하다. 예를 들면, 특정 연도에 사회복지학 학사를 받고 졸업한 학생들을 대상으로 추적조사하는 경우를 생각해볼 수 있다. 그들이 학생이었을 때 필수적으로 들었던 조사방법론 과목에 대해 그들이 부여했던 가치가 시간에 따라 어떻게 변화하는지 알아보고자 한다. 처음에는 가치를 낮게 평가했으나 몇 년의 시간이 흘러 점차 슈퍼바이저나 관장급 등으로 지위가 높아짐에 따라 과거 학생 때 들었던 조사방법론 과목에 대한 가치를 놀랄 만큼 높게 평가하는 현상이 나타날 수도 있다.

패널조사는 동일한 표본을 계속적으로 조사하므로 변화요인이 되는 독립변수에의 노출 전후 상태를 관찰할 수 있어서 독립변수와 종속변수의 시간순서를 확립할 수 있고 전반적인 변화 정도를 알 수 있는 장점이 있다. 또한 특정 기간효과period specific effect, 특정 연령효과age specific effect, 그리고 동년배효과cohort effect 등을 파악할 수 있게 한다금재호, 1998. 패널자료는 시점간 동태 정보와 개별대상에 대한 정태 정보를 동시에 지니고 있기 때문에 결과에 영향을 미치는 측정되지 않은 변수를 통제한 상태에서 처치효과만을 분리할 수 있다. 유사하게 패널자료는 미관측 이질성unobserved heterogeneity 을 통제함으로써 시간의 경과에 따른 동태적 변화 및 상태간 변이과정을 추적할 수 있을 뿐 아니라 관찰 불가능한 변수들을 효과적으로 통제함으로써 보다 엄격한 자연과학의 실험과 유사한 상황에서 특정 독립변수의 효과를 측정할 수 있다이상호, 2006; 이희길, 2008.

패널조사가 지닌 이러한 장점에도 불구하고, 과거에 패널조사가 많이 진행되지 못한 것은 무엇보다도 비용과 시간 측면에서의 현실적인 제약 때문이다. 우선 표본선정 후 한 번의 조사만을 실시하는 횡단조사와 달리, 패널조사는 동일 대상을

반복해서 조사해야 하는 까닭에 패널의 추적과 관리를 위해 엄청난 비용이 소요된다. 시간적으로도 패널조사는 자료축적에 상당시간을 요하며, 때로 관심 있는 현상에 대한 의미 있는 분석을 위해서는 장시간을 기다려야 하는 문제가 있다. 종단 연구는 횡단연구와 비교해 볼 때 장기간에 걸쳐 나타나는 과정을 설명하는 정보를 제공해줄 수 있다는 장점을 가지고 있다. 그러나 이러한 장점을 살리기 위하여 상당한 시간과 비용이라는 대가를 치러야 한다.

또한 동일 대상에 대해 반복적 조사를 하게 되면 패널조건화panel conditioning가 일어날 수 있다Frankfort-Nachmias and Nachmias, 2000. 이전 조사를 기억하고 의식적으로 일관된 응답을 하려 하기도 하고 반대로 의식적으로 변화를 보이는 방향으로 응답할 수 있어 실질적 변화를 명확하게 알 수 없게 될 가능성도 있다. 게다가 조사 때마다 매번 문제행동에 대한 질문을 받으면서 대상자들이 문제행동을 하지 말아야겠다는 각성이 일어날 수도 있다.

마지막으로 패널조사에서 가장 크게 부각되는 문제점 중 하나는 패널유실panel attrition 문제이다. 회기wave가 반복될수록 이사, 응답거부, 행방불명, 사망 등의 사유로 1차년도 원표본에 대해 계속 조사하기가 어렵다. 특히, 표본유실이 체계적으로 발생한 경우 남아 있는 패널의 대표성을 유지하기 어렵다. 예를 들어, 문제성향이 높은 개인은 패널조사에서 빨리 탈락하기 때문에 모집단에서 이러한 성향을 가진 집단이 과소 대표under-representation 되는 문제가 발생할 수 있다. 그리고 이러한 성향과 결측이 체계적으로 관계가 있을 경우 편의된biased 추정이 발생할 수 있다김세원, 정익중, 2012.

사람에 따라서는 경향연구, 동년배연구, 그리고 패널연구를 구분하는데 어려움을 느낄 수 있다. 아동학대라는 하나의 변수를 가지고 비교해보도록 하자. 먼저 경향연구는 매 5년 혹은 10년을 주기로 전국 인구를 대상으로 표본을 추출하여 이들을 조사하여 아동학대의 정도를 파악한다. 동년배집단의 연구는 특정 시기에 태어난 사람들, 예를 들어 1975년에서 1979년에 태어난 사람들을 대상으로 1996년에 처음으로, 1999년에, 2002년에 또다시 연구한다고 하면 매번 연구할 때마다 1975년에서 1979년에 태어난 사람들 가운데에서 새로운 표본을 추출하여 학대에 대한 연구를 하게 된다. 패널연구는 동년배집단연구와 동일한 표본을 가지고 연구를 시작할 수 있다. 그러나 첫번째 조사 이후 모든 조사에서 새로운 표본을 추출하는 것이 아니라 첫번째 조사의 표본을 그대로 계속 사용해야만 한다. 패널연구만이 동일한 대상을 반복적으로 조사하기 때문에 일정기간에 걸쳐 나타나는 변화에 대한 가장 포괄적인 자료를 제공할 수 있으며 따라서 세 가지 종류의 종단연구 중에 가장 신뢰할만한 연구라고 알려져 있다. 그러나 패널연구를 하기 위해서는 상당기간에 걸쳐 표본의 거처에 대한 지속적인 파악이 필수적이기 때문에 종단연구 중에서 가장 하기 어려운 연구이기도 하다.

3

양적연구의 기초

개념적 정의와 조작적 정의

조사연구 문제들을 정확하게 서술하기 위해서는 그 문제에 포함된 개념과 변수들에 대한 구체적인 정의들이 이루어져야 한다. 연구에 사용되는 개념들에 대한 정의는 개념적 정의와 조작적 정의로 나뉜다.

먼저 개념적 정의conceptual definition는 연구에서 사용되는 주요 용어에 대해 개념적으로 정의하는 것, 이미 알고 있는 다른 개념을 통해 사전에서와 같이 정의하는 것이다. 예를 들어 공격성은 타인에게 신체적 피해를 끼치는 제반 행동으로 정의했을 때와 타인에게 신체적, 정신적 피해를 끼치는 제반 행동과 언어적 표현으로 정의했을 때는 매우 다른 의미이다. 개념적 정의는 측정하고자 하는 속성을 명확히 한 것으로 측정을 위해 사전에 정확한 개념적 정의를 하지 않으면, 측정하려고 하는 개념을 측정하지 못하고 잘못된 개념을 측정하게 되는 오류를 범하게 된다. 예를 들면, 이기심을 측정하고자 할 때 이기심에 대한 개념적 정의를 잘못 내려서 성취욕구를 이기심으로 잘못 측정하는 경우가 있다고 하자. 이럴 경우 연구 결과의 해석상 큰 혼란이 야기될 수 있다. 동일한 용어라고 할지라도 사용되는 분야와 맥락에 따라 각기 다양하게 정의될 수 있다. 개념적 정의는 다음에 설명하는 조작적 정의를 위한 전 단계이다. 개념적 정의를 통해 개념에 대한 대략적인 윤곽이나 틀이 없이는 조작적 정의는 실현되기 어렵다.

다음은 조작적 정의operational definition인데, 이는 개념들에 대한 경험적인 지표로 사용될 특정한 조작작업을 구체화하는 것이다. 추상적 세계와 경험적 세계를 연결하는 중간다리 역할을 한다. 예를 들어 사람들의 어떤 행동이나 심리상태를 구체적으로 나타내면 그것을 사랑과 증오라고 판단할 것인가에 대한 기준을 만드는 것이다. 추상적 개념이나 변수들로부터 조작적 정의를 만들어 내는 것은 일종의 창조적인 과정이다. 따라서 정확한 조작적 정의는 보통 존재하지 않는다. 연구자마다 다양한 조작적 정의를 내릴 수 있다. 따라서 연구에서 각 변수가 어떻게 조작화되었는지는 연구결과를 해석함에 있어 매우 중요하다. 연구자마다 다양한 조작적 정의를 가질 수 있기 때문에 많은 연구자들이 수용할 수 있는 조작적 정의가 되기 위해서는 최소한 다음의 두 가지 조건을 충족시켜야 한다.

첫째 **신뢰도**가 있어야 한다. 신뢰도 있다는 것은 동일한 조작적 정의를 익힌 두 사람이 동일한 현상을 측정하게 되면 동일한 값이 추출될 수 있어야 한다.

둘째 **타당도**가 있어야 한다. 이는 조작적 정의에 의해 측정된 결과가 실제로 측정하려고 했던 원래의 개념을 측정한 것인지에 대한 물음이다. 이러한 척도의 신뢰도와 타당도 개념은 굉장히 중요하기 때문에 측정에 대해서 공부할 때 좀 더 자세히 살펴보도록 할 것이다.

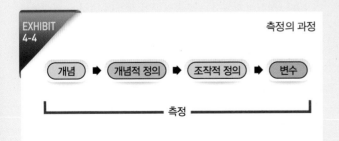

EXHIBIT
4-4
측정의 과정

개념 ➡ 개념적 정의 ➡ 조작적 정의 ➡ 변수
└─────────── 측정 ───────────┘

가설

다음은 연구문제도 마련되었고 개념에 대한 개념적 정의와 조작적 정의가 마련되었다면 이제 가설을 만들어야 한다.

조사연구를 위한 문제들은 가설의 형태로 축소되지 않는다면 과학적으로 검증되지 않는다. 연구문제들은 폭넓은 의문의 형태를 띠므로 직접적으로 검증될 수 없다. 연구문제는 가설이 될 수도 있고 그냥 질문의 형태로 남을 수도 있다. 가설이냐 질문이냐는 기존의 지식이나 선행연구에 있다. 활용할 선행지식 조사결과가 많으면 질문보다는 가설이 사용된다. 이 때의 가설은 연구문제에 기반한 것이다. 가설이란 연구문제에서 언급한 둘 이상의 변수들간의 관계에 대한 일종의 추측이다. 문헌연구나 연구자의 견해에 따르면 변수들간에 어떻게 관계가 설정되어 있을 것이라는 가정이다. 좋은 가설은 좋은 연구문제가 갖고 있는 속성들의 일부를 가지고 있다. 가설이 좋은 가설이 되기 위해서는 다음의 조건들이 충족되어야 한다.

첫째 가설은 이론적 체계와 연결되어 있어야 한다. 가설은 이론을 발전시키거나 이를 검증하기 위해 설정되는 것이다. 따라서 가설은 이론적 배경이 있어야 하고 가설검정이 기존 이론과 어떤 관계를 가질 것인지를 검토하여야 한다. 가설이 검증되거나 부정되는 것은 관련 이론을 지지하거나 반증하는 결과가 되므로 가설은 이론을 계속적으로 재검토하고 수정하고 축적시키는데 기여하게 된다. 하지만 연구의 독창성을 추구하다보면 많은 경우 이론적 배경을 무시하거나 이론과의 연계가 불분명하게 되기 쉽다.

둘째 변수간의 관계를 진술하는데 동원된 변수들은 측정가능해야 한다. 따라서 가설자체는 검증이 가능해야 한다. 검증가능한 가설이 되기 위해서는 변수들은 조작적으로 정의되어야 하며, 이들 변수들은 직접적으로 관찰되거나 측정될 수 있어야 한다. 또한 진술이 구체적이고 명확해야 변수들이 측정가능하기 때문에 타인에 의해서도 쉽게 반복적으로 연구가 가능해야 한다. 둘 혹은 그 이상의 변수들간의 관계에 대한 진술이 좀 더 구체적이고 명확하게 서술되어야 한다. 일반적으로 가설은 '만일 ~하면 ~할 것이다. If A then B'라는 형식을 취하거나 '~할수록 ~하다. The more, the less'라는 형식을 취한다. 예를 들어 아동학대를 많이 경험할수록 청소년비행이 높을 것이다. 또한 가설을 통해서 수집되는 정보의 양이 많아야 한다. 이를 위해서는 가설이 구체적으로 진술되어야 한다. 예를 들면 (X와 Y가 관련이 있다) < (Y는 X에 따라 결정된다)

< (X가 증가함에 따라 Y가 감소한다) 순으로 제공하는 정보의 양이 더 많다. 장애인 시설에서 자원봉사하는 횟수와 장애인에 대한 거부감 정도간의 관계, 좀 더 명확한 가설이 되기 위해서는 관계에 대한 진술은 예를 들어 서울지역 대학생처럼 모집단, 시간, 그리고 공간적인 면에서 특정화되어 있어야 한다. 또한 가설은 가치중립적이어야 한다. 도덕적, 윤리적 문제 등은 경험적으로 확인될 수 없는 가치판단의 문제를 담고 있기 때문에 가설로서는 부적절하다.

셋째 서로 배타적인 상태의 가설이 동시에 존재할 수 없다. 예를 들어 아동학대를 받으면 자아존중감이 높아진다. 아동학대를 받으면 자아존중감이 낮아진다. 이 두 가지가 동시에 가설일 수는 없다. 가설은 이 둘 중 하나여야 한다. 통계분석에서는 주로 영null가설을 사용하고 독립변수가 종속변수에 영향을 미치지 않거나 효과나 관계가 없다고 설정하고 이를 반증하는 형태를 취한다. .05, .01 등 유의수준significance level에 비교해 영가설이 참일 확률이 낮으면 영가설을 기각하고 상호배타적인 연구가설이 입증된 것으로 본다. 즉, 독립변수가 종속변수에 영향을 미친 것으로 결론짓는다.

넷째 연구문제는 의문문이고 가설은 평서문이다. 그리고 변수는 개념을 바탕으로 두기 때문에 명사이다. 연구문제를 알아보기 위해 잠정적인 결론을 내린 가설을 정해서 여러 조사를 거친 후 분석해서 가설의 옳고 그름을 결론 짓는다. 그러므로 연구문제와 가설의 내용은 같아야 하는 것이지 연구문제를 좀 더 넓은 범위로 하고 가설은 좁은 범위로 잡아서 하는 것은 아니다. 연구문제에 기반하여 가설이 나온다. 연구문제는 경험적 입증을 목적으로 하지만 개념을 중심으로 서술된 의문문이고, 가설은 개념에 대한 조작적 정의가 끝난 변수들에 대한 어떤 가정을 명제화한 것이다. 개념과 변수가 같을 수도 있고 다를 수도 있었던 것처럼 연구문제와 가설은 같을 수도 있고 다를 수도 있다. 요약하면, 가설은 변수와 변수간의 관계를 잠정적으로 나타내는 것으로 가설을 검증함으로써 특정 현상에 대한 설명을 가능하게 해주어 연구자가 제기한 연구문제의 해답을 내려주게 된다.

변수의 종류

척도수준에 따른 변수 종류

연속continuous 변수란 연령이나 체중 등과 같이 계량적으로 나타낼 수 있는 변수로서 계량metric 변수 또는 정량적quantitative 변수라고도 한다. 예를 들면, 어떤 변수의 척도가 1~9일 때, 1과 2의 사이의 차이나 7과 8 사이의 차이는 항상 같다. 이러한 척도등간척도나 비율척도로 측정한 변수를 연속변수라 한다.

비연속discontinuous 변수, 유목categorical 변수란 성별, 종교 등과 같이 특성만을 구분이나 분류할 수 있도록 하는 변수로서 비계량적·비연속적 변수라고 할 수 있다. 척도 중 명목척도와 서열척도로 측정된 값을 갖는 변수를 말한다. 연구에 따라 서열변수는 연속변수가 될 수도 있고 비연속변수가 될 수도 있다. 하지만 사회과학연구에서는 서열변수도 연속변수로 활용되어 분석되는 경우가 많다.

상호영향 관계에 따른 변수 종류

두 변수 X, Y가 있을 때 한 변수 X가 다른 변수 Y보다 실제로 발생시간적으로나 이론적으로 선행하면서 X의 변화가 Y의 변화에 영향을 미친다고 하자. 이 경우 영향을 미치는 변수 X를 독립independent 변수라 하고 영향받는 변수 Y를 종속dependent 변수라 한다. 다른 변수를 설명하는 것으로 가정하는 변수를 독립변수로, 설명되어지는 변수를 종속변수라 한다. 독립변수와 종속변수의 관계를 가정하는 문장이 가설이다. 예를 들면 소득에 따라 결혼생활만족도가 달라진다는 가설에서 소득은 독립변수가 되고 결혼생활만족도는 종속변수가 된다. 실험설계에서는 종속변수의 체계적 변량을 최대화하기 위해 실험처치인 독립변수가 조작manipulation 되는 것이다. 독립변수와 종속변수를 원인cause 변수와 결과effect 변수, 설명explaining 변수와 피설명explained 변수, 예측predictor 변수와 기준criterion 변수 등으로 부르기도 한다.

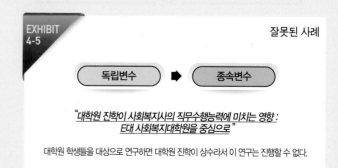

EXHIBIT 4-5

잘못된 사례

독립변수 ▶ 종속변수

"대학원 진학이 사회복지사의 직무수행능력에 미치는 영향 : 타대 사회복지대학원을 중심으로"

대학원 학생들을 대상으로 연구하면 대학원 진학이 상수라서 이 연구는 진행할 수 없다.

다음 연구에서 독립변수와 종속변수는 무엇인가?

Q 아스피린이 심장마비를 막을 수 있을까?

A 22,000명을 대상으로 하는 대규모 의학 실험에서는 이 질문에 대한 답을 구하기 원했다. 11,000명으로 이루어진 한 집단은 하루 걸러 아스피린을 복용했고, 다른 집단은 위약(가짜약)을 복용했다. 몇 년 후 아스피린 집단에 있는 실험대상이 위약 집단에 있는 실험대상보다 상당히 적은 심장마비를 보였다.

Q 초기 단계에 발견된 유방암 치료를 위해 선호되는 방법은 무엇인가?

A 한때 가장 많이 사용했던 방법은 유방 절제였다. 요즘은 흔히 종양과 임파선 근처를 절제하고 방사선 치료를 받는다. 이 치료방법이 예전 방법과 효과가 다른지 알아보기 위해 25개 대형 병원 기록을 조사한 후 두 방법 중 한 가지로 치료 받은 후 생존기간을 비교하였다.

조사연구라는 것이 단순하게 독립변수와 종속변수로만 이루어지는 경우는 드물다. 매우 복잡한 현상을 설명하기 위해서는 다양한 변수들이 개입하기 마련이다. 이를 설명하기 위해 도입된 변수들은 다음과 같은 것들이 있다.

독립변수가 매개변수를 통해 종속변수에 간접적으로 영향을 미친다. 매개mediating 변수는 독립변수와 종속변수의 중간 다리 역할을 하며, 독립변수의 결과종속변수인 동시에 종속변수의 원인독립변수이 되는 변수이다. 예를 들어 장애인근로자와 동료와의 관계가 장애인근로자의 장기근속에 직접 영향을 미치는 것이 아니라 장애인근로자와 동료와의 관계가 직장에 대한 만족을 가져오도록 하고 이러한 직장만족이 이직을 방지하여 장기근속을 가져온다면, 직장에 대한 만족이 매개변수인 것이다. 매개변수는 단계별 분석독립변수 → 매개변수, 매개변수 → 종속변수을 통해 진행되기도 하고 구조방정식모형의 검정을 통해 동시적으로 진행되기도 한다. 매개변수와 조절변수의 차이점은 매개변수가 독립변수 및 종속변수와 직접적인 영향을 주고받는 것이다. 조절변수는 독립변수가 종속변수에 미치는 영향력의 강도에 영향을 미치는 반면, 매개변수는 독립변수의 영향을 종속변수에게 전달하는 역할을 한다.

- 발달장애인에게 종이접기교육을 실시하면 성격을 적극적이게 하고 지능발달에 도움이 된다(매개변수 X).
- 발달장애인에게 종이접기교육을 실시하면 소근육을 발달시켜서 지능발달에 도움이 된다(매개변수 소근육 발달정도).

조절moderating 변수는 독립변수와 종속변수간 관계의 강도를 조절해주는 역할을 한다. 독립변수와 종속변수간의 관계가 조절변수의 수준에 따라 달라지는 경우를 의미한다. 예를 들어 자아존중감이 높은 집단에서는 아동학대와 비행간의 관계가 없었지만, 자아존중감이 낮은 집단에서는 아동학대와 비행간의 강한 정적 관계가 나타났다. 즉, 아동학대와 비행간의 관계가 자아존중감의 수준에 따라 달라지는 경우, 이때 자아존중감을 조절변수라고 한다. 조절변수는 분석단계에서 상호작용항으로 변환하여 분석되거나 다집단분석 multiple group analysis으로 분석된다.

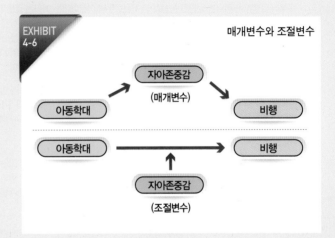

EXHIBIT 4-6 매개변수와 조절변수

네 번째 범주의 변수는 외생extraneous 변수이다. 두 변수 X, Y가 관계가 있는 것으로 보이는 것은 사실상 제3의 변수 때문일 경우가 있다. 제3의 변수인 외생변수가 X에도 관련이 있고 Y에도 관련을 갖고 있어 표면상으로는 마치 X와 Y가 관련이 있는 것처럼 보이는 경우이다. 이러한 경우의 X와 Y의 관계를 가식적 관계spurious relationship라고 한다. 예를 들어 한 연구에서 병원의 환자가 의료서비스를 더 많이 받을수록 수명이 짧아진다는 것을 발견했다고 가정하자. 그 관계는 가장 심각한 말기 질환인 경우에 더 많은 서비스를 받을 필요가 있다. 따라서 환자가 가진 질환의 심각성은 의료서비스의 양과 수명간의 관계를 설명하는 외생변수로 생각될 수 있다. 이 경우는 환자가 가진 질환의 심각성의 영향을 배제한 후 의료서비스의 양과 수명간의 실질적 관계를 규명할 필요가 있다.

독립변수와 종속변수의 가식적 관계에 영향을 미치는 외부에 있는 변수들을 외생변수

example !

예 직업훈련기간이 장애인의 취업에 부정적인 영향을 미치는 것으로 나타났으며, 임금에도 유의미한 영향을 미치지 못하는 것으로 나타났다. 이는 장애정도가 심하면 심할수록 직업훈련기간이 길어질 수 있고 이러한 중증장애의 경우 직업훈련기간이 아무리 길어져도 취업이 되지 않는 경우가 많을 수 있다.

예 노인의 자원봉사활동이 삶의 만족도를 높이는데 영향을 주는 것으로 나타났다. 이는 자원봉사활동이 삶의 만족도를 증진시켰을 수도 있지만 자원봉사가 가능하려면 기본적으로 신체적으로 정신적으로 건강해야 한다. 이러한 신체적·정신적 건강이 삶의 만족도에 영향을 미치는 것일 수도 있다. 건강이 나쁜 사람은 자원봉사활동을 할 수 없을 것이고 그러면 삶의 만족도가 떨어질 것이기 때문이다. 자원봉사활동이 아니라 건강이 삶의 만족도를 증진시켰을 수 있다.

예 영국에서 사과가 많이 수입 되던 때에 이혼이 많이 일어나서 두 변수 사이에 매우 높은 상관관계가 있음이 관찰되었다. 여기서 상관관계가 높다는 것은 사과수입량이 많을 때 이혼건수도 잦고 사과수입량이 적을 때는 이혼건수도 적게 관찰된다는 것을 의미한다. 이러한 자료를 잘못 분석하면 마치 이혼건수를 줄이려면 사과수입량을 줄여야 한다는 식의 엉터리 주장을 펼 수도 있게 된다.

예 흡연과 건강의 관계를 조사하였는데 당연히 흡연을 한 적이 없는 사람들의 건강상태가 가장 좋게 나타났지만 그 다음으로 건강상태가 좋았던 것은 현재 흡연 중인 사람들이었고 흡연을 중단한 사람들의 건강상태가 가장 나쁘게 나타났다. 이와 같은 연구에서 주의하여야 할 점은 자료로부터 명백히 드러나는 엄연한 사실과 이 사실로부터 이끌어내는 비약된 결론과의 차이를 구별하는 것이다. 흡연한 적이 없는 사람들의 건강상태가 가장 좋고 현재 피고 있는 사람의 건강상태가 그 다음, 그리고 끊은 사람들의 건강상태가 가장 안 좋은 것은 자료로부터 밝혀진 사실이다. 그러나 이를 바탕으로 흡연은 아예 시작하지 않는게 제일 좋지만 기왕 시작했으면 끊지 말라는 것은 지나치게 비약된 결론이다. 그럼 어쩌다가, 담배를 끊은 사람들의 건강상태가 현재 피고 있는 사람들의 건강상태만도 못하게 되었을까? 이에 대한 가장 그럴듯한 답은 '오죽하면 끊었을까' 이다. 즉, 건강상태가 몹시 나빠졌기 때문에 담배를 끊을 수밖에 없었던 것이다.

예 동물원 내의 동물의 수와 범죄율간의 상관관계를 발견한다면 동물의 수가 범죄의 주된 원인이라고 결론내릴 수 있을까? 가장 현실적인 결론은 아직 조사되지 않은 어떠한 제3의 요인이 동물원의 동물의 수와 범죄율과 밀접히 상호관련되어 있고 그 때문에 독립변수인 동물의 수와 종속변수인 범죄율이 서로 관련있는 것처럼 보인다. 독립변수와 종속변수의 인과관계는 단지 도시 크기라는 제3의 변수로 말미암아 생긴 것일 가능성이 크다.

이와 같이 두 변수간의 관계가 가식적 관계가 되는데 영향을 미칠 가능성이 있는 변수들을 미리 발견하여 이들의 영향을 통제하려고 할 때 이러한 통제의 대상이 되는 변수들을 더 이상 외생변수라 하지 않고 통제변수라 한다. 따라서 가식적 관계를 형성하는데 영향을 줄 수 있는 변수를 미리 발견하여 통제하는 것이 나중에 배울 조사설계에서 주요한 과제이다. 통제변수 값의 동질화, 배합(matching), 난선화(randomization), 통계적 통제(statistical control) 등이 주로 활용된다.

라고 한다. 연구대상이 되는 현상과 관련된 독립변수와 종속변수 이외의 기타변수이다. 종속변수에 영향을 미치는 독립변수 이외의 모든 변수를 말한다. 이러한 무수한 외생변수들 중에 독립변수와 종속변수와의 순수한 관계를 보기 위해 중요한 외생변수의 영향을 통제할 때 이 외생변수를 통제control변수라고 한다. 외생변수가 통제변수보다 더 큰 개념이다. 통제변수는 일종의 통제된 외생변수이다. 외생변수는 통계분석에서 사용될 수 없고 통계분석에서 사용되는 것은 더 이상 외생변수라 하지 않고 통제변수라고 한다.

매개변수는 반드시 가설 속에 포함되어야 하고 통제변수는 가설 속에 포함될 수도 안 될 수도 있다. 예를 들어 표본의 대상을 여성으로만 한정하거나 중학교 3학년으로만 한정하는 것은 성별이나 학년이 독립변수와 종속변수간의 관계에 영향을 미칠 수 있다고 생각하여 통제하는 것이다. 또한 어떤 변수는 꼭 독립변수여야 하고 어떤 변수는 꼭 종속변수여야 하는 그런 기준은 존재하지 않는다. 이는 연구문제나 가설에 따라 달라진다. 예를 들어 '자아존중감이 높으면 생활만족도가 높다'라고 가설을 수립했다면 자아존중감은 독립변수이고 생활만족도는 종속변수이다. 그러나 또 다른 연구에서 가설을 반대로 하여 '생활만족도가 높으면 자아존중감이 높다'라고 한다면 생활만족도가 독립변수이고 자아존중감이 종속변수가 된다. 따라서 변수가 어떤 역할을 하는지 이론과 논리에 근거하는 것이고, 이론과 논리가 중요한 이유가 여기에 있다.

변수간의 관계의 유형

긍정적 관계와 부정적 관계

가설은 크게 변수간의 긍정적positive 관계와 부정적negative 관계가 있다. 긍정적 관계, 양의 관계, 정(+)의 관계에서는 종속변수는 독립변수가 증가하면서 증가하고 독립변수가 감소하면 감소한다. 두 변수가 같은 방향으로 움직인다. 예를 들어 클라이언트와 전문가 사이의 목표가 일치하면 일치할수록 클라이언트의 만족은 커진다.

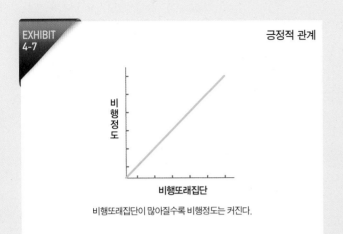

EXHIBIT 4-7

긍정적 관계

비행또래집단이 많아질수록 비행정도는 커진다.

부정적 관계, 음의 관계, 부(−)의 관계는 두 변수가 정반대로 움직이는 것을 말한다. 한 변수가 증가하면 다른 변수는 감소한다. 예를 들어 담당 과목수가 너무 많으면 교수가 시간부족으로 양질의 교육을 제공하기 힘들 것으로 예상되기 때문에 담당과목수와 교수능력의 효과성간에는 부정적인 관계가 있다는 가설을 세울 수 있다. 또한 가족의 소득이 낮을수록 가족의 스트레스의 수준은 더 높다라고 부정적 관계를 가설로 세울 수 있다.

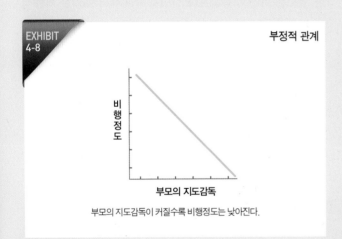

EXHIBIT 4-8

부정적 관계

부모의 지도감독이 커질수록 비행정도는 낮아진다.

선형관계와 비선형관계

선형관계 linear relationship 는 두 변수가 일정한 비율로 변하는 것을 말하며, 비선형관계 nonlinear 또는 curvilinear relationship 는 두 변수의 변화비율이 다른 것을 말한다. 곡선관계는 관계의 속성이 변수의 수준에 따라 변하는 관계를 말한다. 예를 들어 비가 많이 오면 올수록 곡물은 더 잘 자라고 따라서 수확량도 늘어날 것이다. 그러나 너무 많은 비는 곡물에 피해를 입히고 잘못하면 농사를 망치게 할 수도 있다. 양의 상관관계가 어느 한계에 다다르면 음의 상관관계로 돌변한다. 즉 어느 일정한 양 이상의 비가 더 오면 수확량은 오히려 감소하게 된다. 또한 약물을 사용한 시간과 약물사용의 양과 관계이다. 사람들이 어떤 지점까지는 약물사용이 점점 증가하지만 어떤 일정지점 이후에는 약물사용이 점점 감소하게 된다. 양의 관계로 시작하여 음의 관계로 끝나는 것도 있고 또 음의 관계로 시작하여 양의 관계로 끝나는 것도 있다. 사회조사에서의 의문이 조사와 관련된 과목을 들을수록 감소하지만 어떤 일정지점을 통과한 후에는 훨씬 더 고차원적인 의문들이 증가하게 된다. 음의 관계로 시작하여 양의 관계로 가는 것이다.

상관관계와 인과관계

일반적으로 상관관계 correlation 란 두 변수가 서로 영향을 주

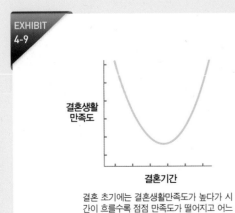

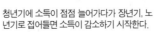
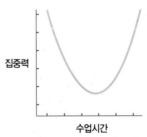

EXHIBIT 4-9

비선형 관계(곡선적 관계)

결혼생활 만족도 / 결혼기간

결혼 초기에는 결혼생활만족도가 높다가 시간이 흐를수록 점점 만족도가 떨어지고 어느 순간부터 만족도가 상승하기 시작한다.

소득 / 연령

청년기에 소득이 점점 늘어가다가 장년기, 노년기로 접어들면 소득이 감소하기 시작한다.

집중력 / 수업시간

수업시간 초기에는 집중도가 높다가 점점 집중도가 떨어지다가 어느 순간부터 집중도가 높아지기 시작한다.

고발받는 것을 말한다. 반면 인과관계causality는 원인이 되는 한 변수가 다른 결과변수에 일방적으로 영향을 주는 것을 말한다. 상관관계는 키와 가슴둘레의 관계를 예로 들 수 있고 인과관계는 두 변수x, Y가 변화할 때 어느 한 변수x가 원인이 되어 다른 변수Y를 변화시키는 관계를 말하며 다음과 같은 성립조건을 가진다.

첫째 변수 X원인와 Y결과는 항상 같이 일어나야 한다. 이를 공변성의 조건병발조건이라 한다.

둘째 원인이 결과보다 시간적으로 앞서서 일어나야 한다. 이를 시간적 우선성의 조건이라 한다.

셋째 원인은 결과를 일으켰지만 결과는 원인변수 이외의 제3의 요인에 의해서 설명되어서는 안 된다. 이를 외생변수의 통제 조건이라 한다. 이러한 인과관계의 성립요건 중 어느 하나라도 맞지 않는다면 올바른 인과관계는 성립할 수 없다. 따라서 인과관계를 추정할 때에는 반드시 풍부한 연구경험과 이론이 필요하다는 사실을 명심해야 한다.

분석단위

분석단위unit of analysis는 연구대상으로서, 누구who 또는 무엇what을 대상으로 하는 연구인가의 문제이다. "누구를 또는 무엇을 연구하느냐"라는 것은 연구대상이지 연구주제와는 전혀 다른 개념이다. 분석단위란 연구자들이 관찰, 기술, 또는 설명하고자 하는 속성을 가진 사람 혹은 사물을 말한다. 누구

또는 무엇을 표본추출해서 누구 또는 무엇에 일반화하는가에서 "누구"나 "무엇"에 해당하는 것이 분석단위이다. 연구문제를 해결하기 위하여 무엇을 또는 누구를 조사할지 명확하게 제시하지 않으면 연구의 지향점이 명확해지지 않을 수 있다. 예를 들어 죽음에 관한 연구에서 사람들이 어떻게 죽음에 적응하는가에 대한 연구의 분석단위는 개인이지만 국가별 국민들의 사망률을 비교한다면 분석단위는 국가이다. 사회조사에서 분석단위는 일반적으로 개인, 집단, 사회적 가공물 등으로 구분된다김기원, 2001.

개인

일반적으로 대부분의 사회과학조사연구는 개인을 분석단위로 하고 있다. 분석단위인 개인은 자신이 속한 어떤 사회적 집단의 구성원으로 표현되기도 한다. 예를 들어 우리는 어떤 사람을 부잣집 혹은 가난한 집 사람으로 묘사하기도 하고 고등학교를 졸업한 부모를 가진 사람과 고등학교를 졸업하지 못한 부모를 가진 사람으로 묘사하기도 한다. 예를 들어 고등학교를 졸업하지 못한 부모를 가진 사람이 고등학교를 졸업한 부모를 가진 사람들보다 학업을 중도에서 포기할 가능성이 높은지, 부유한 가정의 학생들이 빈곤한 가정의 학생보다 정서장애를 갖기 쉬운지의 여부를 연구한다고 가정해보자. 두 경우 모두 분석단위는 부모나 가정이 아니라 개인임을 알 수 있다.

과학적 연구의 결과는 그것이 모든 개인들에게 적용될 수 있을 때 가장 가치있다고 생각한다. 그러나 실제로 사회과학에서 모든 개인을 연구하는 경우는 매우 드물다. 사회과학 특

히 사회복지 분야에서의 연구는 특정 개인 또는 특정 상황하에 있는 개인에 한정시키고 있다. 만일 어떤 연구가 아주 제한된 사람들을 연구대상으로 하고 있다면 그 연구를 통해 얻어진 결과는 바로 그 제한된 사람들에게만 일반화시켜야 한다. 예를 들어 어떤 연구가 아시아인 남자만을 대상으로 하였다면 그 연구의 결과는 여성 혹은 아시아인이 아닌 사람들 백인, 흑인에게까지 일반화시켜서는 안 된다. 또 다른 예를 든다면 부모와 아동간의 관계의 질이 아동이 행동장애를 갖게 될지 여부에 영향을 미치는 가장 중요한 요인 중의 하나라는 연구결과를 발견하는데 만일 연구자가 아버지들을 이 연구에 참여시키지 못했다면 이 연구결과는 부모와 아동간의 관계가 아니라 어머니와 아동간의 관계에만 일반화시켜야 한다. 대표성이 확보된 표집이 이루어져야 하고 이 결과를 제한되게 일반화해야 한다는 이 원칙은 과학적 연구에서 매우 중요하고, 그 중요성에도 불구하고 이 원칙이 연구자에게 무시되는 경우가 많다. 이는 표집에서 다시 한 번 중요하게 다루게 될 것이다.

집단

집단 그 자체가 하나의 분석단위가 될 수 있다. 여기서 중요한 점은 집단을 분석단위로 한다는 것과 어떤 집단의 구성원인 개인을 연구한다는 것은 다르다는 점이다. 예를 들어서 조폭조직의 구성원에 대해 연구하기 위해 조폭조직에 속한 사람들을 연구하고자 한다면 분석단위는 개인이 될 것이다. 반면에 어떤 도시에 존재하는 모든 조폭을 대상으로 조폭조직칠성파, 양은이파, 칠공주파 등 간의 차이점을 연구하고자 한다면 이때는 조폭조직이라는 집단이 분석단위가 될 것이다.

가족 역시 하나의 분석단위가 될 수 있다. 각각의 가족에 대해 그 가족의 연간총소득이나 정신질환자가 있는지 여부 등을 가지고 기술할 수 있으며 각각의 가족에 대한 기술내용을 종합하여 전반적인 소득수준이나 가족구성원 내의 정신질환자의 비율 등을 알아볼 수 있다. 더 나아가서 소득수준이 높은 가족과 낮은 가족들 가운데 어느 쪽에 정신질환자가 많은지를 비교해볼 수도 있다. 이러한 모든 경우에 분석단위는 개별가족이다. 집단차원에서 분석단위가 될 수 있는 그 밖의 사회적 집단으로는 친구집단, 기혼자집단, 부모자식으로 이루어진 짝, 혹은 공식적 사회조직 또한 연구의 분석단위가 될 수 있다. 읍, 면, 동, 시, 도, 국가, 시설, 사회복지기관, 법인, 회사, 교회, 대학, 군대, 학회, 시민단체, 정당 등까지도 좋은 예가 될 수 있다. 경우에 따라서는 공식적 사회조직을 집단과 구분하

기도 한다.

집단이 분석단위가 되는 경우, 집단의 개별 구성원의 특징이 그 집단의 특성으로 대변되기도 한다. 예를 들어 가장의 연령이나 교육수준을 가지고 그 가족을 특징지을 수 있다. 따라서 대졸자 가장이 있는 가족이 모든 가족에서 차지하는 비율을 알아보기 위해 기술적 연구를 할 수도 있고, 대졸자 가장이 있는 가족이 그렇지 않은 가족보다 자녀의 수가 더 적은지 여부를 알아보는 설명적 연구를 해볼 수도 있다. 이 두 경우 모두에서 분석단위는 가족이다. 그러나 만일 대학을 졸업한 사람들이 대학을 졸업하지 못한 사람들에 비해 자녀의 수가 적은지 여부를 알고자 한다면 이때의 분석단위는 가족이 아니라 개인이다.

EXHIBIT 4-10
분석단위의 예

친구 개인(분석단위) / 또래친구집단 집단(분석단위) / 친구교제 사회적 가공물 (분석단위)

비행기 납치범 개인(분석단위) / 납치테러단체 집단(분석단위) / 비행기납치 사회적 가공물 (분석단위)

신랑, 신부 개인(분석단위) / 기혼자 집단 집단(분석단위) / 결혼식 사회적 가공물 (분석단위)

사회적 가공물

다음 분석단위로는 사회적 가공물 또는 사회적 산물이 있다. 사회적 가공물은 인간행위의 산물예: 책, 시, 그림, 자동차, 건물, 노래, 도자기, 농담, 과학적 발명품 등과 사회적 상호작용예: 결혼식, 친구 사귐, 이혼, 교통사고 등이 포함된다. 예를 들어 인간행위의 산물인 책의 경우 각각은 크기, 무게, 길이, 가격, 내용, 그림의 수, 판매부수 등으로 분석할 수 있다. 그림을 분석단위로 하여 모든 그림을 화가의 국적에 따라 특징지어 분류할 수 있다. 더 나아가서 어떤 연구자는 한국, 미국, 러시아, 중국의 그림들 중에 어느 나라의 그림이 근로자계층의 의식을 가장 잘 반영하고 있는지를 분석해볼 수도 있다. 한 포털사이트의 댓글을 골라 그 내용을 분석함으로써 한 이슈에 대한 여론의 변화과정을

분석할 수도 있다. 이때 댓글이 분석단위가 된다.

또한 사회적 상호작용도 사회적 가공물의 한 형태가 된다. 결혼식이 그 좋은 예가 될 수 있다. 배우자간의 종교가 다른 경우의 결혼식은 배우자 두 사람의 종교가 동일한 경우 보다 비종교적 인사의 주례로 집행되는 비율이 높다고 가정할 때, 이때 분석단위는 결혼식이다. 만약에 개개인의 종교기독교, 천주교, 불교 등가 무엇인지가 중요한 것이라면 개인이 분석단위이지만 이 연구는 개개인의 종교가 무엇인지는 중요한 것이 아니라 결혼식에서 배우자간의 종교의 일치여부일치 1, 불일치 2가 중요하다. 따라서 분석단위는 결혼식인 것이다. 사회적 상호작용의 또 다른 예로는 이혼, 폭력, 범죄, 판례, 교통사고, 비행기납치, 인종폭동, 인사청문회 등이 있다.

분석단위를 개인, 집단, 사회적 가공물 가운데 어떤 것으로 분류하더라도 실제로 아무 상관은 없다. 그러나 자신이 하고자 하는 연구의 분석단위가 무엇인지는 반드시 이해할 수 있어야 한다. 다시 말해 연구자는 자신이 연구하려는 것이 결혼인지 결혼하는 사람인지, 범죄인지 범죄자인지, 또는 기관인지 기관의 책임자인지를 반드시 구별할 수 있어야 한다. 이러한 점을 항상 염두에 두지 못하는 경우 연구자는 자칫 어떤 하나의 분석단위에 대한 관찰을 바탕으로 전혀 다른 분석단위에 대한 결론을 내리는 오류를 범하기 쉽다.

생태학적 오류, 개인주의적 오류

분석단위와 관련된 중요한 개념인 생태학적 오류, 개인주의적 오류에 대해 살펴보도록 하자. 생태학적 오류ecological fallacy 란 실제 분석단위가 개인이 아니라 집단 또는 그 밖의 사회적 가공물임에도 불구하고 개인에 대해서 어떤 결론을 내리거나 주장하는 것을 말한다. 예를 들어 주민들의 평균연령이 높은 선거구는 평균연령이 낮은 선거구에 비해 새로운 노인복지 프로그램의 재원을 마련하기 위해 내놓은 세금안에 더 지지적으로 나타났다고 가정해보자. 이러한 결과를 보고 연구자는 나이가 많은 사람들이 젊은 사람들에 비해서 노인복지 프로그램에 더 지지적이고 따라서 투표자의 연령이 투표결과에 영향을 줄 수 있다는 결론을 내리게 될 수도 있다. 그러나 이러한 결론을 내림으로써 연구자는 자칫 생태학적 오류를 범하게 될지 모르는데 그 이유는 정작 투표에서 지지를 보인 사람들은 나이가 많은 투표자가 아니라 오히려 주민들의 평균연령이 높은 선거구에 거주하는 젊은 투표자들이었을 수도 있기 때문이다. 이러한 문제는 선거구를 분석단위로 관찰하였음에도 불구하고 투표자 개인에 대한 결론을 내리려고 한 것에서 비롯된다. 이는 선거구라는 집단을 분석단위로 한 결과에 근거해서 개인을 분석단위로 한 결론에 도달하였기 때문에 생태학적 오류를 범하는 것이다. 조사연구들에서 분석단위를 명확하게 규정해야 하는 이유는 이러한 생태학적 오류를 범하지 않기 위함이다. 앞에서 살펴본 것과 같이 많은 연구에서 나타나는 이러한 식의 오류들은 분석단위에 대한

TABLE 4-2

➕ 인과관계 연구분석 결과도출에 있어 발생 가능한 오류들

자료분석 결과의 단위		자료수집의 단위	
		집단	개인
	집단	✓	✋STOP 개인주의적 오류
	개인	✋STOP 생태학적 오류	✓

정확한 인식만 갖춘다면 사전에 예방될 수 있다.

분석단위와 관련된 두번째 중요한 개념은 개인주의적 오류 individualistic fallacy이다. 이는 개인을 분석단위로 한 조사결과에 근거해서 집단에 대해서도 똑같을 것이라고 가정할 때 발생하는 오류이다. 즉 개인적 특성에 관한 정보를 가지고 집단의 특성을 파악하려 할 때 발생하는 오류이다. 예를 들면, 노인들이 노인복지 프로그램에 더 지지했던 조사결과를 가지고 노령화 비율이 높은 시군구들이 낮은 시군구와 비교할 때 노인복지 프로그램에 찬성비율이 더 클 것이라고 가정할 때 발생하는 오류, 즉 노인이라는 개인을 분석단위로 한 조사결과를 가지고 시군구라는 집단을 분석단위로 한 상황에까지 적용하려 할 때 발생하는 오류가 개인주의적 오류이다.

REVIEW exercises
복/습/문/제

1   빈곤과 집단따돌림간의 가능한 관계를 연역적 방법과 귀납적 방법을 통해 어떻게 연구조사될 수 있는지를 설명해 보시오.

2   도서관에 직접 방문하여 사회복지 분야의 대표적인 정기간행물(한국사회복지학, 사회복지연구, 한국아동복지학 등)을 찾아 서로 다른 분석단위를 사용한 적어도 2개의 논문들을 선택한다. 자신이 찾은 논문에서 분석단위가 나와 있는 부분을 짧게 인용하고, 각각의 연구에서 분석단위가 무엇인지, 연구의 목적(탐색적, 기술적, 설명적)이 무엇인지를 설명해 보시오.

3   본인의 관심주제에서 연구문제와 가설을 하나씩 도출해 보시오. 단 가설은 독립변수, 종속변수, 매개변수, 통제변수 등 변수의 다양한 유형이 포함되도록 설정한다.

4   본인이 관심있는 사회복지 분야의 한 주제를 선택하여(일관된 한 주제하에서) 탐색적, 기술적, 설명적 연구를 위한 연구문제를 각각 하나씩 만들어 보시오.

5   동일한 연구주제로 분석단위(개인, 집단, 사회적 구성물)가 서로 다른 연구문제를 하나씩 만들어 보시오.

6   사회복지와 관련된 3개의 개념, 변수, 변수값을 만들어 보시오.

7   다음 가설에서 독립변수, 종속변수, 매개변수, 조절변수, 통제변수를 찾아 보시오.
   • 비만청소년은 대인관계상의 곤란을 가져와서 자아존중감이 낮을 것이다.
   • 실습시설이 잘 되어 있을수록 학업성취도가 높아져 학교에 대한 만족도가 높아진다.
   • 퇴직 전 고소득은 노년생활의 안정을 가져와 퇴직 후 직업을 갖지 않도록 한다.
   • 자원봉사활동의 경험이 많을수록 이타심이 높아져서 삶의 만족도가 높아질 것이다.
   • 신용불량자 문제는 경기회복을 통해 채무자의 상환능력을 높여야 근본적인 해결이 가능하다.
   • 비자발적 봉사활동을 하게 될 경우 봉사심이나 책임감이 향상되지 않아 고등학교 졸업 이후 지속적인 봉사활동이 이루어지지 않는다.
   • 스킨십은 정서적 안정에 도움을 주어 우울증 치료에 도움이 될 것이다.
   • 학기 중 장시간 아르바이트는 배움에 대한 에너지와 시간을 감소시켜 학업성적의 하락을 가져올 것이다.
   • 조부모와의 생활경험이 있는 사람은 노인에 대한 편견이 적어 노인부양의식이 높을 것이다.
   • 세금이 높을수록 복지혜택이 늘어나 범죄율이 낮다.
   • 인상이 좋으면 사람들의 호감도가 높아지고 거리감이 줄어들어 취직이 잘된다.
   • 신체만족도가 떨어지면 자아존중감도 떨어지고 그에 따라 자살충동이 늘어나게 된다.
   • 아버지와 성이 다른 재혼가정 아동은 부모 재혼에 대한 불만을 가지며, 이런 불만이 또 다른 이혼의 원인이 된다.
   • 복지 프로그램들은 청소년 스스로 참여기보다는 강압이나 권유 때문에 비자발적으로 참여하기 때문에 정신적 발달에 도움이 되지 못할 것이다.
   • 웹툰을 보는 청소년은 그렇지 않은 청소년에 비해 성적이 낮다.
   • 사회에서 무기력한 남성들이 가정에서 폭력을 행사한다.
   • 발달장애인에게 종이접기교육을 실시하면 성격을 적극적이게 하고 지능발달에 도움이 된다.
   • 비수도권 거주 학생들이 수도권 거주 학생보다 가정적인 이유로 더 많이 가출할 것이다.
   • SNS에서 이모티콘을 적게 사용하면 감정표현이 제대로 전달되지 않아 상대에게 부정적인 느낌으로 다가와 연락이 줄어들게 되어 대인관계의 폭이 줄어들 것이다.

summary **연역적 방법**

선행연구 · 이론 ➡ 가설 설정 ➡ 조사설계 ➡ 조사(자료수집) ➡ 자료해석 ➡ 결론도출(가설입증이나 기각)

아동학대를 당한 아동은 자아존중감이 낮을 것이다.
A, B, C 는 아동학대를 당했다.
그러므로 A, B, C 는 자아존중감이 낮을 것이다.

귀납적 방법

가설설정의 단계는 없음
관찰주제의 선정 ➡ 조사설계 ➡ 관찰 ➡ 관찰결과의 해석 ➡ 결론도출(일반화)

A, B, C 는 낮은 자아존중감을 보였다.
A는 아동학대를 당했다. B는 아동학대를 당했다. C는 아동학대를 당했다.
아동학대를 당한 아동은 자아존중감이 낮다.

summary **양적연구, 질적연구**

양적연구는 실증주의에 기반하여 숫자를 가지고 접근하며 주로 변수간의 관계가 설명적 조사를 통해 입증된다. 질적 연구는 주관적인 내면세계를 심층적으로 파악하기 위해서 해석주의적 접근을 강조하며 근거이론, 참여관찰, 생애사 연구, 민속방법론을 통해 이루어진다.

탐색적, 기술적, 설명적 조사

탐색적 조사는 기존 지식의 수준이 가장 떨어지고 필요한 지식의 수준이 가장 낮은 경우 사용하는 조사방법으로 말 그대로 미개척 분야를 탐색하고 기본적인 자료를 제공하려는 목적을 가지고 있다. 기술적 조사는 조사문제에 영향을 주는 관련변수를 구체화하고 묘사하는 것을 말한다. 설명적 조사는 가장 높은 단계의 조사방법으로 변수간의 인과관계를 설명하는 것이다. 이전 단계가 충족되어야 다음 단계 연구가 진행될 수 있고, 각 단계는 그 나름대로의 가치를 가지고 있다.

금재호. 1998. 노동관련 패널조사의 의의와 필요성. 서울: 한국노동연구원.

김기원. 2001. 사회복지조사론. 서울: 나눔의 집.

김세원 · 정익중. 2012. 아동청소년패널조사의 항목무응답과 단위무응답에 영향을 미치는 요인. 『한국청소년연구』, 23(5), 27-50.

김영종. 2007. 사회복지조사방법론. 서울: 학지사.

유태균 역. D. K. Padget 저. 1998. 사회복지질적연구방법론. 서울: 나남출판.

이상호. 2006. 패널연구: 서구 주요 패널의 조사전략 변화와 시사점. 『노동리뷰』, 16, 63-78.

이훈영. 2008. 연구조사방법론. 서울: 청람.

이희길. 2008. 국내 패널조사의 현황 분석. 이희길 외 (편), 통계조사의 정확성과 효율성 제고방안: 현장조사 및 표본추출을 중심으로. 대전: 통계개발원.

최성재. 2005. 사회복지조사방법론. 서울: 나남출판.

Frankfort-Nachmias, C., & Nachmias, D. 2000. *Research methods in the social sciences*, 6th ed., New York: Worth Publishers.

Rubin, A., & Babbie, E. R. 2011. *Essentials of research methods for social work*. 유태균 역. 사회복지조사방법론, 제2판. 서울: 박학사.

5

조사연구의
과정

Social
Research
Methods

이 장은 전반적인 사회조사과정의 절차를 크게
5단계, 즉 연구문제 설정→조사설계→자료수집→
자료분석→보고서 작성으로 구분하여 소개한다.
육하원칙의 논리를 생각해본다면
사회조사를 어떻게 진행할 것인가에 대한
전반적인 윤곽을 이해하는 데 도움이 된다.
즉 간단히 말해 조사방법 절차란

· 누가: Who – 연구자
· 왜: Why – 연구의 필요성과 연구목적
· 무엇을: What – 연구주제, 연구질문, 연구가설
· 어떻게: How – 조사설계, 측정과 척도
· 누구로 부터: By whom – 연구대상자
· 언제: When – 자료수집 시점과 기간
· 어디에서: Where – 자료수집 현장 등을 계획하고
실행하는 과정을 말한다.

사회조사과정에서 어떤 과업들이
이루어져야 하는 지에 대해서는 이견이 없다.
그러나 그 과업들을 어떻게 분류하여 설명할 것이가에
대해서는 조사방법론 집필자에 따라 의견을 달리한다.
각 과정에서의 세부적인 배경지식과 과업들에 대해서는
다음에 이어지는 후속 장들에서 참고하기 바란다.

Social
Research
Methods

Learning Objectives

01 사회조사 방법절차에 대해 전반적으로 이해
한다.

02 질적연구와 양적연구 및 복합연구방법절차를
개괄적으로 이해한다.

03 연구의 과학성 뿐만이 아니라 윤리성이 강조
된 조사가 계획되고 진행될 수 있도록 연구
윤리심의위원회가 담당하는 역할을 이해한다.

5

연구문제 설정

조사과정은 무슨 필요성에 의해 무엇을 연구하고자 하는지에 대한 의문제기에서부터 시작한다. 사회복지 현장을 고려해볼 때 연구는 현실적feasibility of implementation 이고 연구가치meaningful and relevant 가 있는 구체적specific 인 연구문제research questions 로 서술되어야 한다Rubbin and Babbie, 2014: 87 . 이 과정에서 문헌고찰literature review 이 많은 도움이 되는데 지나간 신문, 전문잡지 또는 연구논문 등을 통해 선행연구들과 사례들을 검토하는 과정에서 연구문제들은 구체화되고 연구의 목적에 따라 연구가설로 상세화된다.

연구필요성

조사방법의 절차는 기존에 비슷한 연구가 많이 있음에도 불구하고 왜 새로운 연구가 필요한지에 대한 당위성을 정의하는 것에서 시작된다. 예를 들어, Sheena는 사회복지학과 학생으로 학교사회복지사로 현장실습을 하고 있다고 가정하자. Sheena와 학교관계자들은 지난 수년간 학교 학생들의 비행행동이 급진적으로 증가하고 있다는 의견을 교환하였다. 그러나 얼마나 많은 학생들이 어떠한 비행행동에 가담하고 있으며 그 원인이 무엇인지에 대한 사전연구가 없음을 인지하였다. Sheena의 사회조사방법론 수업 학기말 과제를 기회로 삼아 학교 내 학생들의 비행행동의 실태와 원인 파악을 위한 연

구논문을 쓰기로 하였다. Sheena의 경우처럼 사회복지 현장의 관찰, 동료들과의 토론을 통해 연구의 아이디어가 제시되기도 하지만, 개인의 경험, 사회적 요청, 또는 문제에 관련된 문헌을 읽다가 연구 아이디어가 생기기도 한다.

연구주제

무엇을 연구할 것인가에 대한 연구의 주제를 광범위하게 설정하여야 구체적인 연구질문 설정이 이어진다. Sheena의 경우라면 청소년 비행행동이 연구주제이다.

연구목적

연구의 필요성과 연구주제가 정립되고 나면 연구의 목적을 검토한다. 연구목적은 다음과 같이 5가지로 분류된다.

첫째 **기술적 연구**Descriptive Study 이다. 사회복지 상황 또는 주제, 연구 대상자의 특성에 대한 정확한 정보 제공을 목표로 한다. 정보의 정확성을 최대화하기 위해 표본의 크기와 대표성이 중요시되며 수집된 정보의 일반화가 매우 중요하다. 전국의 중고등학교를 대상으로 비행 청소년 유형 및 실태 조사가 예이다.

둘째 **탐색적 연구**Exploratory Study 이다. 새로운 현상 또는 주제에 대한 배경지식을 마련

하고자 한다. 사전지식이 없이 실행되는 연구들이므로 연구가 제공하는 새로운 시각과 정보의 제공이 중시된다. 예를 들어 최근 대중매체에서 언급되고 있는 마약사용에 대해 청소년들 속에서의 실태를 파악하고자 연구를 계획하였다.

셋째 **설명적 연구** Explanatory Study 이다. 기존 이론에 근거하여 연구가설을 설정하고 이에 따른 인과관계 검증을 목표로 한다. 예를 들어 부모의 이혼이 청소년들의 사회적 정서 발달에 미치는 영향을 알아보고 이러한 관계가 비행까지 연결되는 이론을 검증하고 연구를 계획하였다.

넷째 **평가 연구** Evaluation Study 이다. 청소년기에 role model이 주는 긍정적 역할에 대해서는 많은 연구가 되어 있다. 이를 바탕으로 멘토쉽 프로그램이 중고등학교 내에 만들어졌고 그 효과성을 검증하고자 한다. 멘토쉽에 참여한 학생들이 참가하지 않았던 학생들에 비해 비행행동 참여도가 낮다는 비교 분석을 하고자 한다. 또는 멘토쉽에 참여한 학생들의 비행 참여도가 줄어드는 경향성을 통해 멘토쉽 프로그램 참여와 비행행동 간의 인과 관계를 보이고자 한다. 사회복지 예산과 사회복지사의 책무성 accountability 이 강조되면서 실천 평가 연구를 통해 프로그램의 효과성과 효율성을 증명하고 관리자들에게 프로그램의 지속과 예산 편성 및 사회복지사의 근무 실적 평가 등을 위한 기초자료로 사용되고 있다.

다섯째 **척도 개발 연구** Measurement Development 이다. 사회과학적 개념을 측정하기 위한 척도 개발을 목표로 한다. 예를 들어, 연구자는 청소년의 비행행동 측정을 위한 척도를 개발하는 연구를 생각해 볼 수 있다. 이때 청소년이라는 인간발달단계와 사회정서 및 법률적 환경을 고려해 청소년들이 나타낼 수 있는 비행행동들을 정의한 후 이들을 측정하기 위한 복합적인 질문들을 만든다. 척도의 과학성을 검증하기 위해 신뢰도와 타당도를 검토한다.

연구질문

좋은 연구조사란 연구의 사회적인 가치와 더불어 연구자에게 있어서도 의미가 있으며 현실적으로도 수행 가능성이 있어야 한다. 이때 연구의 필요성과 연구주제, 연구의 목적이 연구질문을 통해 구체화된다.

예를 들어 Sheena와 학교관계자들이 "A고등학교 학생들의 비행행동의 유형과 심각성은 어떠한가?"라는 연구질문을 설정하였다고 하자. 만일 A고등학교 전교생을 대상으로 실태조사를 실행한다면 이는 기술적 연구의 특성을 지니며, 사전에 없는 정보를 제공해 준다는 면에서는 탐색연구의 특성 또한 나타낸다. A고등학교 학생들의 비행행동의 원인 분석을 위해 "비행행동의 원인은 무엇인가?"라는 광범위한 연구질문을 설정할 수도 있는데 한 걸음 더 나아가 다음과 같은 질문들로 구체화될 수 있다.

- ◐ 부모와의 애착정도에 준하여 학생들의 비행행동을 예측할 수 있는가?
- ◐ 학생들의 자아정체감과 비행행동이 연관성이 있는가?
- ◐ 학업성취도와 비행행동과의 상관관계는 어떠한가?
- ◐ 부모의 이혼이 청소년 비행행동의 원인으로 설명력이 있는가?

이러한 예들은 연구가설을 통해 검증이 가능한 설명적 연구의 특성을 지닌다. 만일 A고등학교 학생들을 대상으로 비행행동 예방교육을 제공하고자 한다면 "비행행동 예방교육 프로그램이 효과가 있는가?"라는 질문을 설정할 수 있으며 이는 평가적 연구로 진행할 수도 있다.

> **연구질문이 갖추어야 할 요건(Williman, 2006)**
> - **Limited:** 연구주제의 범위를 벗어나지 않고,
> - **Significant:** 연구조사를 수행해 볼 만한 가치가 있으며,
> - **Novel:** 새로운 지식에 대한 도전과 기존 사실의 보강을 위해,
> - **Clearly defined:** 구체적으로 서술된 연구질문으로서,
> - **Interesting:** 연구자에게도 의미있는 연구, 그래서 동기부여가 충분히 제공되는 질문을 말한다.

연구가설

연구가설은 인과관계causal relationship가 구체적으로 표현된 연구질문으로 **독립변수**independent variable와 **종속변수**dependent variable를 포함한다EXHIBIT 5-1 참조. 독립변수는 인과관계 정립에서 원인을 제공하는 주체로 사건이나 상황의 발생요인으로 작용한다. 종속변수는 원인으로 인해 발생되는 사건이나 상황을 말한다. 예를 들어 청소년의 가정환경과 비행행동간의 연관성을 연구하고자 청소년의 비행 참여 횟수, 심각성, 형태 등을 종속변수로 고려하였다.

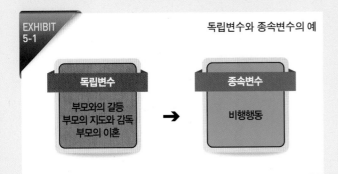

EXHIBIT 5-1

독립변수와 종속변수의 예

독립변수

부모와의 갈등
부모의 지도와 감독
부모의 이혼

→

종속변수

비행행동

- 부모와의 갈등이 청소년의 비행행동을 부추기는 요인으로 작용한다는 연구가설을 설정하여 연구자는 부모와의 갈등의 유무 또는 심각성, 유형 등을 독립변수로 고려하였다.
- 부모의 지도와 감독의 부족이 청소년의 비행행동을 부추기는 요인으로 작용한다는 연구가설을 설정하여 연구자는 부모의 지도 및 감독의 정도 또는 유형 및 청소년이 부모의 지도 및 감독에 대해 보이는 반응 등을 독립변수로 고려하였다.
- 비이혼 가정 청소년과 비교하여 이혼가정의 청소년들에게서 비행행동이 많이 발견된다는 가설을 설정하여 연구자는 부모의 이혼 여부를 독립변수로 고려하였다.

이러한 인과관계가 정립되기 위해서는 독립변수의 영향력이 검증이 되어야 한다. 이때 독립변수와 종속변수간의 인과관계에 영향을 미치는 제3의 변수confounding variable가 있을 수 있으며 이를 어떻게 통제할 것인가는 반드시 고려해야 할 상황으로 조사설계를 설명하는 제6장에서 중점적으로 설명한다.

> **독립변수** 어떤 효과를 관찰하기 위해 조작·통제된 변수
>
> **종속변수** 조작·통제된 독립변수의 효과를 측정하는 대상으로 그 효과는 종속변수의 변화에 의해 나타난다.

Process of the Survey Research

2

조사설계

연역법적인 vs. 귀납법적인 사고방법

연역적deductive 사고방법은 일반적인the general 상황에 근거하여 구체적인the particular 상황을 추론해가는 것을 말한다. 이와 반대로 귀납적inductive 사고방법은 구체적인 상황들을 통해 일반적인 것을 추론해가는 것을 말한다EXHIBIT 5-2 참조.

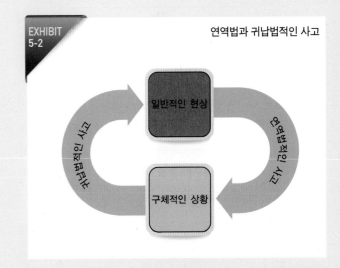

EXHIBIT 5-2

연역법과 귀납법적인 사고

일반적인 현상

귀납법적인 사고

연역법적인 사고

구체적인 상황

연역법과 귀납법에 근거한 조사방법 설계

연역적 접근방법은 기존 이론theory을 바탕으로 하여 연구 가설research hypothesis을 설정한 후 관찰observation을 통해 검증하고 이렇게 검증된 연구가설은 기존 이론의 확인과 수정 또는 새로운 이론 형성을 위해 반영된다. 귀납적 접근방법은 관찰을 시작으로 유형pattern을 찾아간다. 그 유형은 기존 이론의 확인 및 수정 또는 새로운 이론 형성을 위해 반영된다. 이렇듯 이론에서 출발하여 관찰로 연결되는 연역법과 관찰에서 시작하여 이론으로 마쳐지는 귀납법의 특성을 고려하여 연역법을 top-down approach라 하고 귀납법을 bottom-up approach라고 명칭하기도 한다EXHIBIT 5-3 참조. 접근방법들이 가지는 특성을 고려할 때 많은 양적연구들에 있어서 연역법이 사용이 되고 있으며 대다수의 질적연구자들은 귀납법에 근거하여 연구를 하고 있다.

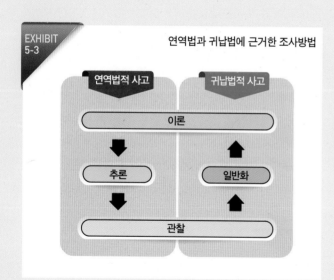

EXHIBIT 5-3

연역법과 귀납법에 근거한 조사방법

연역법적 사고 / 귀납법적 사고

이론 → 추론 → 관찰
관찰 → 일반화 → 이론

Sheena의 연구를 예로 들어 연역법에 근거한 양적연구방법과 귀납법에 근거한 질적연구방법 절차를 설명한다. 설명을 읽으며 주의할 점은 Sheena의 연구는 한 가지의 예에 불가하며 연구자의 특성과 연구환경 요소들에 따라 다양한 연구방법이 가능함을 이해하기 바란다.

> 연역법적 접근방법은 많은 경우 양적연구(quantitative research methods)에서 사용되며 연구질문을 세분화한 연구가설을 설정 후 이에 따른 개념과 변수를 구체화하는 과정으로 조사절차가 진행된다.

연역법적 접근방법에 근거한 양적연구방법

Sheena가 재직하고 있는 A고등학교 교장선생님에게 있어서 청소년들의 비행을 설명해주는 가장 설득력이 있는 이론이 Primary Socialization Theory에 근거한 Peer Cluster Theory(PCT; Oetting and Lynch, 2003)이다. PCT에 의하면 가정환경과 더불어 어울려 다니는 또래집단의 영향들이 청소년들의 비행을 부추기는 요인들로 설명되고 있다. 교장선생님은 PCT 이론에 근거하여 다음과 같은 연구가설을 설정하였고 포틀랜드 주립대학의 청소년발달과 행동에 연구경험이 많은 교수의 도움을 받아 설문지를 작성하기로 하였다. 비교적 적은 비용과 노력으로 짧은 기간에 걸쳐 다수의 의견을 수렴할 수 있는 좋은 기회가 되리라고 판단되어 설문조사는 전교생을 대상으로 하기로 하였다.

> 귀납법적 접근방법은 많은 경우 질적연구(qualitative research methods)에서 도용되며 연구가설을 연구시작단계에서 설정하기보다는 연구자료 분석을 통해 도출되는 방식을 취한다.

귀납법적 접근방법에 근거한 질적연구방법

Sheena는 교장선생님과는 다른 의견을 제시하였다. Sheena는 기존의 이론에 근거하여 연구가설을 설정하고 연구자에 의해 준비되는 설문지가 연구자의 가치관과 성향에 영향을 받을 수 있음을 지적하였다. 또한 설문지에 거론되어 있는 질문들에 한정되어 학생들이 답변하는 형식으로는 학생들이 실제로 경험하는 비행의 실태와 원인들과는 거리가 있는 자료가 수집될 수 있음을 우려하였다. 학교가 중심이 되어 설문조사를 실행할 경우 학생들로부터 비행행동에 대한 정직한 답변을 받기 어렵다는 우려도 제기하였다. 그래서 Sheena는 전교생을 상대로 하는 설문조사보다는 대변성을 가질 수 있는 소수의 학생들과의 심의 있는 그룹 또는 개인면담이 바람직하다는 의견을 제시하였다. 면담을 통해 수집된 질적데이터들은 비행의 실태와 원인의 유형(pattern)을 파악하는데에 사용되어 PCT가 설명하는 부분들과 비교되어야 한다고 강조하였다.

연역법과 귀납법적 접근방법을 함께 사용한 조사 1

Sheena의 의견을 귀담아 들은 교장선생님은 연역법과 귀납법 연구방법이 가지는 장단점을 고려하여 설문조사와 학생면담을 함께 병행하기로 하였다. 학생들의 가정환경을 알아보기 위해 설문지 항목들을 준비하였다. 학생들의 관점에서 바라보는 비행행동이란 어떤 모습인지 그리고 언제 그러한 행동에 대한 유혹을 느끼는지 등에 대해 의견을 적어달라는 개방형질문 항목 open-ended questions들도 추가하기로 하였다. 이러한 개방형 질문들은 연구자의 관여없이 연구 참여자(학생들)의 주관적인 경험을 직접 수집하게 해주어 계량적 질문을 통해서는 불가능한 측면을 살펴볼 수 있게 한다. 학생들로부터 신뢰도 높은 의견을 수렴하기 위해 설문에 참여하는 학생들의 신분이 드러나지 않도록 이름 등을 물어보지 않았으며 설문조사 진행자도 학교 외부에서 고용하였다. 추가로 학생들의 자발적 참여를 통해 그룹면담도 진행하였다. 참여자의 신분 보장을 위해 면담진행자 역시 학교 외부에서 고용하였다. 계량적 및 질적 데이터가 수집되는 설문조사와 더불어 그룹면담까지 사용한 복합연구 mixed methods의 예이다. 수집된 계량적 데이터는 양적분석을 통해서, 질적 데이터는 질적분석을 통해 분석이 될 것이다.

연구개념과 변수화

연구가설의 검증을 위해서는 연구하고자 하는 개념의 구체화가 선행되어야 한다 EXHIBIT 5-4 참조. 예를 들어 부모와의 갈등이 청소년의 비행을 부추기는 요인으로 작용한다는 가설을 설정하였다고 하자. 청소년 비행행동을 어떻게 측정 가능하도록 구체화 할 것인지 고려해보자. 비행이라는 단어는 ❶ 학교 수업 또는 학원 수업을 빼먹고 노래방에서 시간을 보내는 것 ❷ 또래집단과 어울려 누군가를 왕따시키는 행동 ❸ 성행위 또는 마약사용 등 많은 부적합한 행동을 의미한다. 이때 비행을 어떻게 정의하느냐에 따라 무엇을 관찰 조사할지가 다양해진다. 예를 들어 지난 학기에 몇 번이나 수업을 빼먹고 노래방에서 시간을 보냈는지 행동의 횟수를 물어볼 수 있다.

연역법과 귀납법적 접근방법을 함께 사용한 조사 2

오레곤 주에 소재한 민간 입주 시설 기관에서는 청소년 교도청과 협력을 맺어 13-18세의 범법 비행청소년들에게 교도프로그램을 제공해왔다. 교도프로그램의 성공 사례들을 알리는 문헌들은 많지만 비성공적 사례의 원인들을 분석한 연구들은 미흡한 것에 기인하여 시설 관계자는 비행청소년들이 교도프로그램을 비성공적으로 마치게되는 원인들은 무엇인지 알아보고 프로그램의 개선 방안은 어떠하여야 하는지를 구상하고자 하였다. 성공적으로 프로그램을 마친다 함은 시설을 졸업하고 가족을 품으로 돌아가거나 교도 계획 안에 따라 다음 단계의 주거 시설로 이송되는 것이라고 규정하였다. 반면 비성공적인 마침은 임의로 또는 예상치 못했던 응급상황의 발생으로 인해 시설에서 이탈하는 것으로 정의하였다.

비행청소년의 인적 사항과 범법 및 처벌 내용 등은 시설에 입소할 때 인테이크 과정에서 수집된다. 지역사회의 가족들을 방문하는 경우 또는 시설 안에서 교도프로그램에 참여한 횟수 등의 정보는 매일 수집되고 있다. 이러한 루틴의 데이터 수집과정에서 누락되는 부분들, 즉 해당청소년이 교도프로그램에 적극적으로 참여하고 있는지 그렇지 않다면 그 원인은 무엇인지, 가족들 방문시 발생하는 문제들은 어떠한지 등의 정보들은 수집이 되지 않고 있다는 것을 파악하였다. 교도프로그램을 성공적으로 마치지 못한 원인을 비행청소년 개인의 문제를 벗어나 프로그램이 제공되는 시설 환경이 복합적으로 작용하는 것이라고 이해하는 시설장은 포틀랜드 주립대학교 연구진과 함께 복합적 연구를 통해 비행청소년들의 심리 상태와 교도프로그램이 진행되는 주변 환경들을 보다 구체적으로 그리고 심도있게 파악하기로 하였다.

즉 양적 연구를 통해서는 (1) 시설 거주 비행청소년들의 나이, 인종, 범법과 이에 따른 처벌 내용, (2) 해당청소년들에게 요구되는 교도프로그램의 내용과 참여 횟수 및 기간, 그리고 (3) 가족들을 방문한 횟수들이 프로그램의 비성공적인 마침에 영향을 미치는지를 알고자 하였다.

양적연구에서 알게 된 내용을 바탕으로 질적 연구를 통해 시설관계자들이 바라 본 교도프로그램이 실행되는 시설 환경과 프로그램 담당자와 해당 청소년과의 상호관계를 이해하고자 하였다.
(Lott, 2018)

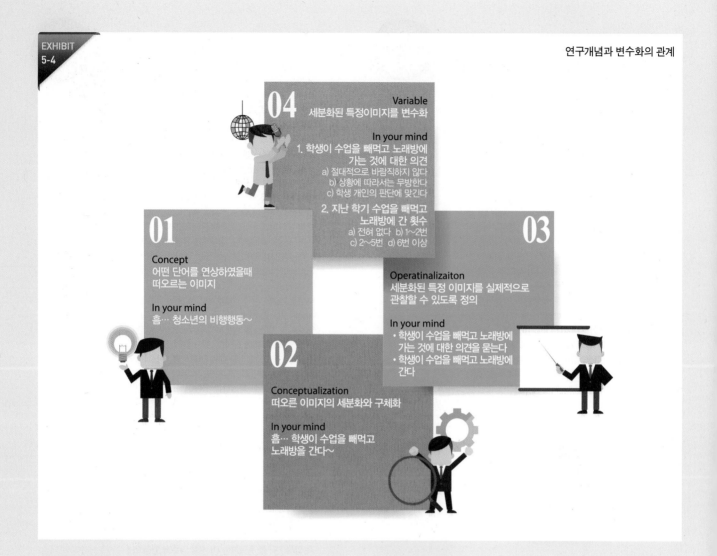

그 질문의 뒷배경에는 횟수가 비행과 상관관계가 있다는 전제로 양적자료를 통해 연구가설의 신뢰도를 검진한다. 만약 수업을 빼먹고 노래방에서 시간을 보내는 것이 바람직한지의 여부를 설문한다면 학생의 가치관을 물어보는 것으로 수업을 빼먹고 노래방에서 시간을 보내는 것에 대해 부정적으로 생각하는 학생이라면 비행행동을 할 가능성이 적을 것이라는 가설을 세울 수 있을 것이다. 이 역시 계량적 자료를 통해 가치관과 비행의 연관성을 검증하게 될 것이다.

횡단적 연구 각 연령대별로 특성을 측정한 후 대표값을 구해 서로 연결시키는 방법

종단적 연구 같은 집단·개인의 특성을 일정기간 반복 관찰하고 조사하는 방법

양적연구 숫자로 계량화될 수 있는 자료들로 이루어진 연구

질적연구 양적연구 이외의 방법으로 이루어진 연구

조사설계

연구주제와 질문, 연구목적과 연구가설의 여부 등에 따라 다양한 조사설계가 가능하다.

연구시점과 기간을 기준으로 분류

연구시점과 기간을 고려하여 **횡단적 연구** cross-sectional study 와 **종단적 연구** longitudinal study 로 구분한다. 횡단연구는 연구 관찰 즉 자료의 수집을 한 번으로 마친다. 종단연구는 사회복지 현상 또는 변화의 추이를 요약하거나 인과관계를 정립하기 위해 연구 관찰 등, 즉 자료의 수집이 다수에 걸쳐 이루어지며 시계열분석이라고도 한다. 장간에 걸쳐 동일집단을 관찰하는 동년배집단연구 cohort study, 동일인을 여러번에 걸쳐 관찰하는 패널연구 panel study, 연구집단에 관여하지 않고 연구주제에 초점을 맞춰 여러번에 걸쳐 관찰하는 경향연구 trend study가 있다.

연구자료의 특성에 따른 분류

연구자의 정서와 가치관 또는 연구주제와 특성에 따라 계량적 또는 질적데이터를 수집하고 이에 맞는 분석방법을 통해 의미있는 결과를 도출하는 **양적연구**quantitative method와 **질적연구**qualitative method가 있다. 각각의 연구방법이 가진 장단점을 고려하여 두 가지를 병행하는 복합연구mixed method가 증가하고 있다Tashakkori and Teddlie, 2003.

연구방법에 따른 분류

인과관계를 검증하는 과정에서 연구자가 독립변수를 조작하였는지의 여부에 따라 실험연구experimental design와 비실험연구non-experimental design로 구분한다. 인과관계 검증을 위한 평가연구가 실험연구의 대표적인 예이다. 종단연구를 통한 단일사례연구single study design, 유사실험조사설계quasi-experimental design, 순수실험조사설계experimental design 등이 있다. 비실험연구를 통해 횡단적 특성을 가진 자료이지만 기존 이론의 설명력에 근거하여 가설의 검증절차를 거쳐 인과관계를 밝히는 많은 연구들이 있다.

연구대상

연구조사대상자는 연구질문에 답변을 할 수 있는 자료가 수집되는 대상자이다. 개인 또는 집단, 기관이나 학교 등과 같은 조직, 도시와 같은 행정단위, 사회적인 생성물artificial facts: 이혼, 출산, 실직 등 등의 예를 볼 수 있다. 연구대상자가 구체화되고 나면 모집단 또는 표본집단을 대상으로 자료가 수집될 것인지의 결정이 요구된다. 연구결과의 정확성을 위해서는 대상자 전부를 통해 자료가 수집되는 것이 가장 바람직하겠으나 연구환경에서의 제한점비용, 시간, 인적자원 등 등을 고려하여 대상자 집단을 대표할 수 있는 표본을 추출하여 조사하는 경우가 대부분이다. 이때 표본추출방법에 따라 확률표집probability based sampling과 비확률표집non-probability based sampling으로 구분되는데 확률표집의 여부는 자료분석방법 선택에 영향을 준다.

자료수집

자료data란 조사진행과정에서 수집되어 아직 분석되지 않은 정보information를 말하며 계량적 또는 질적 형태를 가진다. 또한 자료수집자와 연구자와의 관계를 고려하여 1차적 자료primary data, 즉 연구자에 의해 직접 수집된 자료와 2차적 자료secondary data, 즉 다른 연구자로 인해 이미 수집된 자료로 구분한다. 1차적 자료수집방법에는 설문지, 전화, 인터넷, 또는 이메일 등을 이용한 설문조사, 집단 또는 개인과의 면담, 관찰, photo voice 등이 대표적이다. 2차적 자료수집방법에는 신문 또는 미디어 자료수집, 학교생활기록부 자료수집, 정부기관에서 수집한 자료의 이용예: 범죄기록, 생활보장비지급, 센서스 자료 등 등의 다양한 예를 볼 수 있다.

1차적 자료수집

설문을 통한 계량적 자료수집의 사례

"청소년 비행행동"의 심각성을 파악하기 위해 15~18세의 청소년을 대상으로 전화설문법을 통해 일정기간 동안에 걸친 비행행동 가담 횟수를 물어보았다. 이때 연구자와 연구대상자 모두 "청소년"과 "비행행동"이 가지는 의미를 비슷하게 파악한다는 전제로 **설문**이 진행된다. 이 과정에서 연구자는 집전화번호부를 이용하여 무작위로 전화번호를 추출한 후 청소년과의 전화설문조사를 요청하였다. 연구자의 근무시간을 준하여 전화설문조사는 아침 9시부터 오후 5시 사이에 이루어졌다. 이 경우 대부분의 청소년들이 학교에서 보내는 시간과 겹치게 되어 자료수집이 곤란하였다는 점이 지적되었다.

> **설문** 통계자료를 얻기 위해 어떤 주제에 대해 조사하거나 의견을 묻는 것

면담을 통한 질적자료 수집의 사례

청소년 비행행동의 심각성을 파악하기 위해 비행청소년들과 집단면담을 하였고 면담내용을 녹음한 후 문서화시켰다. 면담 참가자의 대표성이 문제가 된다. **면담**의 비

> **면담** 정보를 수집하거나 상담 및 설득하는 것으로 일상 대화와 달리 공식적인 성격을 가진다.

밀성이 보장되어야 한다. 면담자와 참가자, 그리고 참가자들 간의 신뢰도와 심적인 편안함이 면담내용의 질적 향상에 영향을 미친다.

관찰을 통한 질적자료 수집의 사례

관찰 어떤 대상에 대해 어떤 과정으로 인해 어떻게 생기는가의 사실을 있는 그대로 확인하는 것

비행청소년들이 자주 모인다는 장소에서 청소년 비행행동의 유형을 **관찰**하기로 하였다. 관찰시간대 선정에 주의하여야 한다. 관찰자의 신분을 노출할 것인가 하는 문제가 고려되어야 한다. 관찰자의 신분과 연구의 배경을 연구대상자에게 제공한 후 관찰을 시작한다면 연구대상자, 즉 비행청소년들의 행동에 변화가 예상되어 일상적으로 행하던 비행행동 관찰이 어려울 수 있다. 관찰자의 신분을 감추고 관찰을 하게 되면 연구윤리를 벗어나는 행위이다. 관찰자의 편향성bias으로 인해 관찰의 정확도에 저해가 있을 수 있음을 사전에 고려하여야 한다.

2차적 자료수집

양적자료 수집의 사례

연구자는 실직률의 비교 분석을 위해 지난 50년 동안의 국가통계자료를 수집하기로 하였다.

질적자료 수집의 사례

연구자는 사회복지관 복지사들의 사례보고를 근거로 아동의 방임과 학대실태를 파악하기로 하였다. 대표성 있는 자료수집을 위해 전국에 걸쳐 자료를 수집하되 연구자의 현실적 상황 연구비, 연구요원, 연구기간 등을 고려하여 표본조사를 하기로 결정하였다. 총 25개의 복지관에 근무하고 있는 아동담당복지사로부터 사례보고서들이 수집되었으며 자료의 분석을 통해 아동방임과 학대의 추이 및 도시간 비교 분석을 하기로 하였다. 연구자는 사례보고서를 비교 분석하기에 앞서 자료의 타당도validity를 고려해 보아야 한다. 복지사의 관점에 따라 아동의 방임과 학대를 규정하는데 차이가 있을 수 있음에 주의하여야 한다. 또한 아동의 방임과 학대를 바라보

는 관점이 시대와 지역문화에 따라 차이가 있을 수 있음도 고려하여야 한다.

연구윤리심의위원회(Institutional Review Board: IRB)

세계의학협회The World Medical Association는 헬싱키 선언The Declaration of Helsinki을 통해 인간 또는 신체의 일부분, 더 나아가 인간으로부터 수집된 자료를 이용한 조사를 하는 연구자들이 지켜야 할 윤리지침서를 마련하였다Rickham, 1964. 한국의 경우 1980년 중반 이후 임상시험이 급격히 증가하면서 연구의 과학성뿐만이 아니라 윤리적 측면의 검토를 위한 공식적인 절차가 필요하다는 의견이 모아져 Korean Good Clinical Practice CommitteeKGCP가 창립되었다. 1995년에는 임상시험을 실행하는 기관들이라면 자체 내의 윤리심의기구Institutional Research Board: IRB를 설립하여 연구의 사전 심의를 의무화하였다. 그러나 비일관적인 심의기준들로 인한 문제점들이 부각되면서 대한기관윤리심의기구협의회The Korean Association of Institutional Review Boards가 창립되어 국제적 기준에 적합한 과학적이고 윤리성이 강조된 연구가 이루어지도록 IRB들을 지원하고 있다Kim, park, Sohn, Lee and Shin, 2003.

연구조사를 위한 절차가 계획되고 나면 책임연구자는 연구를 시작하기에 앞서 연구의 과학적인 면과 더불어 윤리적 측면을 면밀히 검토한다. 인간을 대상으로 하는 자료가 수집되는 연구임상시험라면 자체적인 검토에 더해서 책임연구자가 재직하고 있는 병원 또는 학교의 연구윤리심의위원회Institutional Review Board로부터 승인을 받아야 한다. 이때 인간을 대상으로 수집되는 자료라 함은 살아있는 인간으로부터 뿐만이 아니라, 누구로부터 수집되었는지 확인이 가능한 자료를 말하는데 다음과 같은 예를 살펴볼 수 있다.

○ 연구대상자로부터 참여 동의 없이 수집된 사적인 자료: 예 학생생활기록부, 전과자기록 또는 진료기록 등에서 수집된 사적 자료를 연구에 사용하는 경우 "Tearoom trade" conducted by Laud Humphrey, 1970; "Living with the dying" conducted by Robert Buckingham and his colleagues, 1976.

◯ 특정 연구에 동의하여 수집된 자료가 다른 연구에 사용되는 경우: 예 하바수파이 인디안 부족의 당뇨병 실태를 위해 수집된 혈액이 연구대상자혈액제공자들의 동의 없이 다른 연구자들에 의해 DNA 연구에 사용된 경우Santos, 2008.

책임연구자는 실행하고자 하는 연구에 대해 다음과 같은 문서를 준비하여 IRB에 제출하여 심사 통과를 받아야 한다KGCP 제7조 제2항.

◯ 임상시험변경 계획서
◯ 피험자 서면동의서 서식
◯ 피험자에게 제공되는 서면정보피험자설명서를 포함
◯ 임상시험자 자료집
◯ 안전성 정보
◯ 피험자에게 제공되는 보상에 대한 정보
◯ 시험책임자의 최근 이력 또는 기타 경력에 관한 문서
◯ 표준작업지침서 등 IRB 임무수행에 필요한 서류

KGCP 제8조 제1항에서는 IRB의 구성요건을 다음과 같이 정의하고 있다.

> "IRB는 임상시험의 윤리적, 과학적, 의학적 측면을 검토, 평가할 수 있는 경험과 자격을 갖춘 5인 이상의 위원으로 구성되되, 의학, 치의학, 한의학, 약학 또는 간호학을 전공하지 않은 자로서 변호사 또는 종교인과 같은 1인 이상과 해당 시험기관과 관련이 없는 자 1인 이상을 포함하여야 한다."

즉 IRB를 최소 5인 이상으로 구성하되, 최소 1인의 비과학계위원과 더불어 연구진행기관 외부로부터 최소 1인의 위원을 배정하도록 규정하였다. 이는 연구기관과의 이해관계로부터 독립성을 가지고 연구대상자의 권익보호를 최대화하기 위한 연구윤리심사의 공정성을 높이기 위함이다. 또한 심사대상인 연구과제와 이해상충관계Conflict of Interest에 있는 자는 해당 과제의 심사위원으로 선정될 수 없음을 명시하고 있다.

자료분석

4

자료분석과정

과학적이고 윤리적으로 준비된 조사방법과 자료수집과정을 거쳐 신뢰성과 타당도 높은 자료가 준비되었다고 가정하자. 설문조사를 통해 수집된 여러 장의 설문지가 모아졌다면 설문참가자의 응답을 계량화하는 단계를 거친 후 모든 설문자의 응답을 한 곳에 모아야 연구질문에 대답할 수 있는 정보로 처리될 수 있다. 면담을 통한 자료가 수집되었다면 문서화transcript를 거친 후 수십 장에 적힌 글texts들이 준비되어 있을 것이다. 이 글들을 분석하여 연구질문에 대답할 수 있는 정보로 처리하여야 한다. 관찰을 통한 자료가 수집되어 있다면 시간대와 장소에 맞게 video clips으로 정리하여 연구질문에 대답할 수 있는 정보로 처리되어야 한다. 이렇듯 수집된 연구자료가 적합한 준비단계를 거쳐 연구질문에 대답할 수 있는 정보로 처리되는 과정을 자료분석이라 한다.

질적 또는 양적자료 분석의 가장 중요한 차이점의 한 가지가 연구자와 연구대상자 중 누구를 중심으로 자료를 분석할 것인가라는 것이다. 질적자료 분석가는 연구가설에 근거하지 않고, 분석가의 가치관에 영향을 받지 않으며, 연구대상자들의 의견과 표출행동을 있는 그대로 연구대상자의 입장에서 이해하고자 노력한다. 즉 연구대상자의 관점을 중심으로 자료를 분석하는데 중점을 둔다. 양적자료를 분석하는 연구자는 자료수집 이전에 연구자에 의해 설정된 변수와 연구가설에 근거하여 자료를 분석한다.

질적자료가 정리되어 체계화되고 나면 자료분석에 들어가게 되는데 일반적으로는 다음과 같이 5단계로 수행된다Engel and Schutt, 2010: 244.

◯ 자료수집과정에서 보고 듣고 느낀 점들을 기록한 메모들을 정리하여 체계화한다.
◯ 자료를 조직화하고 정리하는 과정에서 발견되는 개념들에 맞춰 분류한다.

◗ 개념들간의 관계성을 찾는다.

◗ 도출된 연구결과가 달리 설명 가능한지 또는 반증자료
나 예외적인 사례들이 있는지 살펴본다.

◗ 보고서를 작성한다.

질적자료 분석은 연구팀을 구성해 분석결과의 신뢰도를 높
이기 위해 노력하며 최근에는 질적자료 분석을 위한 컴퓨터
프로그램이 발달되어 많은 연구가들에게 편의를 제공하고
있다.

설문조사를 통해 수집된 양적자료는 코딩단계를 거쳐 계량
화된다. 이후 자료의 정리 및 편집과정을 거쳐 자료분석을 위
해 컴퓨터에 입력하게 된다. 이때 마이크로 소프트웨어 엑셀
또는 통계분석 전문 소프트웨어을 이용해 양적자료 분석이
비교적 쉽게 이루어진다.

5

조사보고서 작성

조사과정을 마친 후 연구결과가 도출되었다면 보고서를 통
해 관심이 있는 대상자들과 결과를 공유한다. 이때 대상자가
누구인가에 따라 보고서의 깊이와 형식에 차이가 있을 수 있
다. 그러나 일반적인 연구보고서라면 다음과 같은 형식을 따
른다.

◗ 문제의 제기 및 연구의 필요성 연구질문과 가설의 소개

◗ 조사방법에 대한 설명 조사설계, 측정도구, 자료의 수집방법, 표본수
집 등

◗ 연구결과 연구대상자의 특성, 연구로 밝혀진 사항, 연구가설의 검증 등

◗ 결과에 대한 논의, 연구의 제한점, 후속 연구에 대한 제
안 등

사회조사과정 절차는 하나의 큰 시스템을 거쳐나가는 것과 같다. 선행절차가 어떻게 구성되고 진행되었는가는 다음에 따르는 단계에 영향을 미친다. 또한 조사과정시스템은 그 시스템 운영자(연구자)에 의해 많은 영향을 받는다. 다시 말해 시스템 운영자의 가치관과 정서에 영향을 받은 시스템이 과학적이고 윤리적으로 계획되고 수행되었을 때 그 시스템은 성공적인 연구결과를 가져올 수 있다.

REVIEW exercises
복/습/문/제

1 사회조사방법 절차를 5단계로 구분하여 설명해 보시오.

2 조사방법절차면에서 나타나는 질적연구와 양적연구의 차이점을 설명해 보시오.

3 연구윤리심의위원회의 역할을 설명해 보시오.

4 인과관계 연구분석 결과도출에서 생길 수 있는 오류들에 대해 논해 보시오.

요점
정리

summary 사회조사방법은 연구문제 설정 → 조사설계 → 자료수집 → 자료분석 → 보고서 작성과정을 따른다.

좋은 연구란 사회복지 현장과 개인의 연구동기를 고려해볼 때 연구가치가 있으며 구체적이어서 실행가능성이 있어야 한다.

summary 연역적인 연구방법은 일반적인 것들에 대한 관찰에서 시작하여 구체적인 상황을 추론해간다.

귀납적인 연구방법은 구체적인 상황들을 통해 일반적인 것을 추론해간다.

summary 연역적이며 양적인 연구는 연구가설을 설정한 후 수집된 자료에 근거하여 가설의 당위성을 검증해나가는 과정을 거친다. 귀납적이며 질적인 연구는 수집된 자료의 분석을 통해 연구가설이 설정되는 예가 많다.

연구윤리심의위원회의 심사를 거쳐야 하는 임상시험은 직접 인간을 대상으로 하는 시험뿐만이 아니라, 연구대상자로부터 참여 동의 없이 수집된 사적인 자료가 사용되는 연구, 특정 연구에 동의하여 수집된 자료가 연구자의 동의 없이 다른 연구에 사용되는 경우까지를 포함한다.

summary 임상시험의 책임연구자는 연구조사 실행 이전에 연구윤리심의위원회의 심사를 거쳐 연구의 과학성과 윤리성이 검토되어야 한다.

조사방법절차의 마지막 단계로 보고서 작성을 하며 문제제기 및 연구의 필요성, 조사방법에 대한 설명, 연구결과, 결과에 대한 논의, 연구의 제한점, 후속연구에 대한 제안 등이 서술되어야 한다.

Buckingham, R. W. 1976. Living with the dying: use of the technique of participant observation. *Canadian Medical Association Journal*, 115(12), 1211-1215.

Engel, R. J., & Schutt, R. K. 2010. *Fundamentals of social work research*, 2nd Ed. Thousand Oaks, CA: Sage.

Humphreys, L. 1970. Tearoom trade. *Society*, 7(3), 10-25.

Kim, O. J., Park, B. J., Sohn, D. R., Lee, S. M., & Shin, S. G. 2003. Current status of the institutional review boards in Korea: constitution, operation, and policy for protection of human research participants. *Journal of Korean medical science*, 18(1), 3.

Lott, E. (2018). Investigating time during residential program until transition for adjudicated youth: a mixed methods study using event history analysis with follow-up interviews (Publication No. 4636) [Doctoral dissertation, Portland State University]. ProQuest Dissertations Publishing. https://doi.org/10.15760/etd.6520

Oetting, E. R., & Lynch, R. S. 2003. *Peers and the prevention of adolescent drug use*. In W. J. Burkowski & Z. Sloboda, Eds. Handbook of drug abuse prevention theory and practice (pp. 101-127). New York: Plenum.

Rickham, P. P. 1964. Human experimentation. Code of Ethics of the World Medical Association. Declaration of Helsinki. *British Medical Journal*, 2(5402), 177.

Rubin, A., & Babbie, E. 2014. *Research Methods for Social Work*, 8th Ed. Brooks/Cole Cengage Learning.

Santos, L. 2008. Genetic research in native communities. *Progress in Community Health Partnerships: Research, Education, and Action*, 2(4), 321-327.

Tashakkori, A., & Teddlie, C. 2003. *Handbook of mixed methods in social and behavioral science*. Thousand Oaks, CA: Sage.

Walliman, N. 2006. *Social research methods*. Thousand Oaks, CA: Sage.

6

조사설계

Social
Research
Methods

이 장은 인과관계를 다루는 조사설계를 소개한다.
인과관계 설계에서는 원인과 결과의 관계에 대한
확신을 세우는 일이 가장 중요하기 때문에
이에 관한 내용을 특히 강조하였다.
이 장은 조사설계를 집단수준 조사설계와
개인수준 조사설계로 구분하였다.
집단수준 조사설계는 무작위 할당, 통제집단
또는 다중측정의 유무에 따라 실험설계,
유사실험설계, 비실험설계로 구분하였다.
개인수준 조사설계에서는 AB 설계, ABAB 설계,
다중기초선 설계를 다루었다.
이 장에 소개된 다양한 조사설계 유형에 관한
이해를 도모하기 위하여
각 유형을 활용한 실제 연구를 소개하였고
각 유형을 내적타당도와 관련하여 평가하였다.

Social
Research
Methods

Learning Objectives

01 인과관계 성립을 위한 요건을 설명한다.

02 내적타당도의 정의와 내적타당도 저해요인
   을 이해하고 설명한다.

03 집단수준 조사설계의 유형을 밝히고 각각의
   장단점을 분석한다.

04 개인수준 조사설계의 유형을 밝히고 각각의
   장단점을 분석한다.

05 각 설계와 내적타당도와의 관계를 설명한다.

6

조사설계

1
조사설계

연구자는 연구문제또는 가설를 설정한 다음 조사설계를 선택하게 된다. 조사설계research design 는 연구문제에 대한 답을 제공하기 위하여 또는 가설을 검증하기 위하여 사용하는 전반적 계획과 전략이다Fortune and Reid, 1999. 모든 조사설계가 기본적으로 다루는 이슈들은 다음과 같다Grinnell et al., 2009: 121.

- 조사는 언제 얼마동안 수행할 것인가?
- 어떤 변수들을 측정해야 하는가?
- 변수들은 어떻게 측정할 것인가?
- 통제할 변수들은 무엇인가?
- 데이터는 누구로부터 수집할 것인가?
- 데이터는 어떻게 수집할 것인가?
- 데이터를 어떻게 분석할 것인가?
- 연구결과를 어떻게 홍보할 것인가?

조사설계의 종류는 조사목적에 따라 다양하다. 조사목적에 따라 횡단설계, 종단설계, 탐색설계, 기술설계, 설명설계 등으로 구분할 수 있으며 각 설계는 더욱 세분화 된다Yegidis et al., 1999. 조사설계의 종류가 다양하여 이 장에서 모든 종류의 설계를 다루는데 한계가 있다. 앞 장에서 연구의 종류를 소개하면서 조사설계의 일부 내용탐색, 기술, 설명조사 이 다루어졌고 후속 장들에서 설문조사와 질적조사가 다루어질 것이다. 이 장은 변수들 사이의 인과관계 성립에 목적을 두는 조사설계를 다루기로 한다.

2
인과관계

변수들 사이에 인과관계를 성립시키기 위해서 다음의 **3가지 요건**을 충족시켜야 한다 Monette et al., 2011: 42.

> **인과관계 성립요건** 상관(association), 시간순서(time order), 비허위성(nonspuriousness)

첫째 독립변수와 종속변수 사이에 통계적 관계가 존재해야 한다. 예를 들어, 목표달성척도goal attainment scaling를 학생의 수업참여를 촉진시키고 자기평가를 위한 유용한 도구로 인식하고 사회복지 교육현장에서 목표달성척도를 적용하여 그 유용성을 탐색하였다고 가정해보자. 연구에 참여한 학생들은 모두 지난 학기 학사경고를 받은 학생들이었고 학생들에게 목표달성척도의 활용방법을 설명하였으며 목표달성척도를 활용하여 자신의 학습목표를 설정하고 목표의 달성 정도를 주기적으로 평가하도록 하였다. 목표달성척도의 유용성은 성적향상으로 평가하였다고 가정하자. **TABLE 6-1**은 목표달성척도의 활용과 성적향상 사이의 관계를 분석한 가설적 결과이다. **TABLE 6-1**에 따르면, 목표달성척도를 활용한 학생들의 50%가 성적향상을 이루었고 목표달성척도를 활용하지 않은 학생들 중 성적이 향상된 비율은 28%였다. 목

Research Design

표달성척도의 활용 유무에 관한 정보는 성적향상에 관한 정보를 예측하는데 유용하다. 두 변수간 관계가 TABLE 6-1과 같을 때 인과적 관계의 첫번째 기준이 만족되는 것이다.

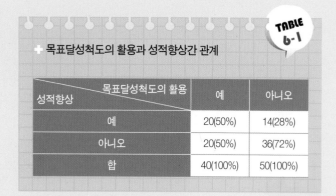

TABLE 6-1

+ 목표달성척도의 활용과 성적향상간 관계

성적향상 \ 목표달성척도의 활용	예	아니오
예	20(50%)	14(28%)
아니오	20(50%)	36(72%)
합	40(100%)	50(100%)

둘째 독립변수가 종속변수보다 시간적으로 먼저 발생해야 한다. 두 변수 사이에 통계적 관계가 존재한다면, 다음 단계는 두 변수 사이의 시간적 우선성을 확립하는 것이다. 측정대상을 시점을 달리하여 두 차례 측정했을 때, 1차 측정 때 A만 존재하고 B는 존재하지 않고 2차 측정 때 A와 B가 모두 존재한다면, A는 B를 시간적으로 선행하는 것이다. 이를 목표달성척도의 활용과 성적향상에 관한 가설적 예에 적용해보자. 만약 성적이 저조한 학생들에게 목표달성척도의 활용방법을 제공한 후 목표달성척도의 활용만 존재 이들의 성적이 향상 목표달성척도의 활용과 성적향상 모두 존재 되었다면, 목표달성척도의 활용이 성적향상보다 먼저 발생하였다고 주장할 수 있다.

셋째 다른 변수를 동시에 고려할 때 기존의 독립변수와 종속변수 사이의 관계가 허위관계 spurious relationship가 되어서는 안 된다. 비허위성 nonspuriousness이란 기존의 두 변수 사이의 관계가 제3변수의 영향에 기인해서는 안 된다는 의미이다 Bachman and Schutt, 2014. EXHIBIT 6-1에서 X와 Y의 관계가 제3변수(Z)를 고려했을 때 기존의 관계는 사라지고 제3변수(Z)가 X와 Y에 영향을 미칠 때 X와 Y의 관계는 허위관계가 된다. 즉 기존에 존재하는 두 변수 사이의 관계가 다른 변수의 영향을 고려했을 때 사라져서는 안 된다.

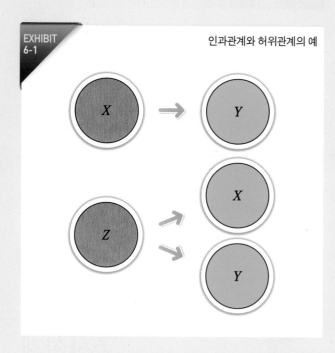

EXHIBIT 6-1 인과관계와 허위관계의 예

목표달성척도의 활용과 성적향상에 관한 사례로 돌아가보자. 두 변수는 인과관계의 3가지 요건 중 2가지를 충족시켰다고 가정하자. 이제 두 변수가 인과관계의 3번째 요건을 충족시키는지를 확인하기 위하여 두 변수의 관계를 허위관계로 만들 수 있는 제3의 변수를 고려하기로 하였다. 가능한 제3의 변수로 수강과목에 대한 흥미를 들 수 있겠다. 수강과목에 흥미를 느끼는 학생들은 흥미를 덜 느끼는 학생들보다 수업에 대한 관심도가 높아 목표달성척도를 적극적으로 활용하고 상대적으로 좋은 성적을 거둘 것으로 예상되기 때문이다. 이를 그림으로 표현하면 EXHIBIT 6-2와 같다.

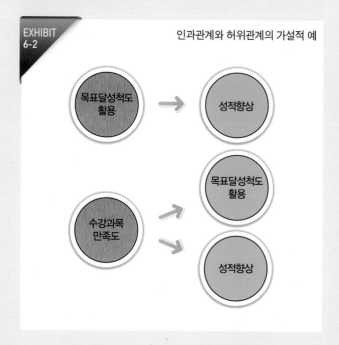

EXHIBIT 6-2 인과관계와 허위관계의 가설적 예

TABLE 6-2는 목표달성척도의 활용과 성적향상의 관계를 수강과목에 대한 만족도에 따라 분석한 가설적 결과이다. TABLE 6-2에서 수강과목에 대한 만족도가 낮은 집단을 대상으로 분석한 결과가 위에 있고 아래는 수강과목에 대한 만족도가 높은 집단에 대한 결과이다.

TABLE 6-2

+ 수강과목에 대한 만족도가 낮은 집단

성적향상 \ 목표달성척도의 활용	예	아니오	합
예	2(20%)	8(20%)	10(20%)
아니오	8(80%)	32(80%)	40(80%)
합	10(100%)	40(100%)	50(100%)

+ 수강과목에 대한 만족도가 높은 집단

성적향상 \ 목표달성척도의 활용	예	아니오	합
예	18(60%)	6(60%)	24(60%)
아니오	12(40%)	4(40%)	16(40%)
합	30(100%)	10(100%)	40(100%)

첫째 각 표에서 첫번째 행의 합을 보면, 수강과목에 대한 만족도가 낮은 집단에서 성적이 향상된 비율은 20%인 반면, 만족도가 높은 집단에서 그 비율은 60%였다. 이러한 결과를 토대로 하여 수강과목에 대한 만족도와 성적향상은 서로 관련이 있음을 알 수 있다.

둘째 각 표에서 첫번째 열의 합을 보면, 만족도가 낮은 집단에서 그 합은 10명이고 만족도가 높은 집단에서 그 합은 30명이었다. 즉 목표달성척도를 활용한 학생 40명 중 30명의 만족도가 높게 나타났다. 이는 수강과목에 대한 만족도가 목표달성척도의 활용과 관련이 있다는 결과이다.

셋째 각 표에서 목표달성척도를 활용한 집단과 활용하지 않은 집단에서 성적향상을 보인 학생들의 비율이 동일하다. 만족도가 낮은 집단에서는 그 비율이 20%로 동일하고 만족도가 높은 집단에서는 그 비율이 60%로 동일하였다.

앞의 TABLE 6-1 수강과목에 대한 만족도를 고려하지 않았을 때에는 성적향상을 이룬 학생들의 비율은 목표달성척도를 활용한 집단에서 높게 나타났었다. 이상의 결과를 종합하면, 수

강과목에 대한 만족도를 고려하였을 때 기존의 목표달성척도의 활용과 성적향상 사이의 유의미한 관계는 허위관계가 되고 만족도가 목표달성척도의 활용과 성적향상에 영향을 미치는 요인이 된다. 결론적으로 목표달성척도의 활용과 성적향상 사이의 관계는 인과관계라고 할 수 없게 된다.

3 내적타당도

정의

내적타당도란 종속변수의 변화가 독립변수에 의해서 발생되었다고 확신하는 정도를 뜻한다. 인과관계를 다루는 설계에서 원인과 결과와의 관계에 대한 확신을 세우는 일이 가장 중요하기 때문에 내적타당도는 핵심적인 개념이다.

> **내적타당도** 특정 척도가 측정하고자 하는 개념을 제대로 측정하는지의 여부를 다루는 반면, 내적타당도는 결과가 과연 원인에 의해서 발생했는지의 여부를 다루는 것

예를 들어, 사회복지사가 정신장애인의 사회적응 향상을 위한 프로그램을 운영하고 그 효과성을 평가한다고 가정해보자. 이 사례에서 프로그램이 독립변수, 즉 원인이 되는 변수이며 사회적응의 변화가 종속변수, 즉 결과가 되는 변수가 된다. 더 나아가 프로그램이 정신장애인의 사회적응력을 향상시킨 결과를 만들어냈다고 가정하자. 그렇다면 과연 프로그램 때문에 정신장애인의 사회적응력이 향상되었는지 아니면 프로그램 이외의 요인 때문에 그러한 결과가 나타났는지 궁금해 할 것이다. 이를 그림으로 표현하면 EXHIBIT 6-3과 같다. 그림에서 프로그램은 사회복지사의 사회적응훈련 프로그램을, 관찰은 정신장애인의 사회적응력 변화를, 대안적 원인은

프로그램 이외의 원인을 의미한다. 이 사례에서 사회적응력 변화가 대안적 원인이 아닌 프로그램에 의해서 발생하였다는 점을 명확하게 제시한다면 사회복지사는 연구결과의 내적타당도를 확보하게 되는 것이다.

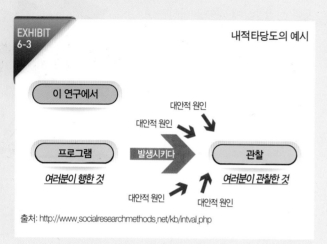

EXHIBIT 6-3

내적타당도의 예시

출처: http://www.socialresearchmethods.net/kb/intval.php

내적타당도 저해요인

내적타당도 저해요인 조사대상자와 관련 있는 요인과 측정과 관련 있는 요인으로 구분

내적타당도를 위협하는 다양한 요인이 존재한다. 여기서는 사회조사에서 흔히 접하게 되는 7가지 **내적타당도 저해요인**을 소개한다. 7가지 저해요인은 EXHIBIT 6-4 와 같이 크게 두 가지 유형으로 구분된다. 첫번째 유형의 저해요인은 연구참여자와 관련 있는 요인들로 선정, 성숙, 상실, 우연한 사건이 포함된다. 두번째 유형은 측정과 관련 있는 요인들로 통계적 회귀, 도구화, 시험효과가 있다.

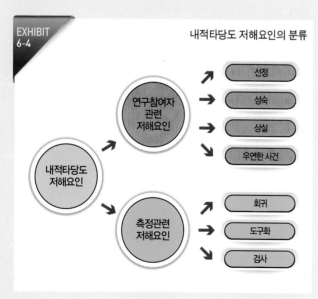

EXHIBIT 6-4

내적타당도 저해요인의 분류

우연한 사건 또는 역사 history

우연한 사건이란 독립변수는 아니나 연구가 진행되는 동안 예기치 않게 발생하여 종속변수에 영향을 미칠 수 있는 외부 사건이다.

예를 들어 청소년을 위한 금연 프로그램을 개발하여 운영한다고 가정하자. 프로그램은 한 학기 동안 실시되었고 프로그램 전과 후의 흡연에 관한 태도를 비교한 결과 프로그램에 참여한 청소년의 태도가 부정적으로 변하여 긍정적인 결과를 얻었다고 가정하자. 그런데 금연 프로그램이 진행되는 동안 청소년 흡연 예방을 목적으로 하는 TV 금연 캠페인이 여러 차례 방영되었다고 가정하자. 이와 같은 경우 금연 프로그램이 흡연에 대한 청소년의 태도를 변화시켰다고 확신할 수 있을까? 아마도 그렇지 못할 것이다. 여러분의 연구결과를 평가하는 심사위원들은 내적타당도에 대한 의문을 가질 수도 있을 것이다. 왜냐하면 TV 금연 캠페인이 청소년의 태도를 변화시킨 요인으로 볼 수도 있기 때문이다. 이런 경우 TV 금연 캠페인을 우연한 사건이라고 부르며 원인금연 프로그램 이 아닌 제3의 요인TV 금연 캠페인 이 결과흡연에 대한 태도 에 미치는 영향을 제거해야 한다.

성숙 또는 시간적 경과 maturation or passage of time

성숙은 시간이 흐르면서 자연스럽게 나타나는 연구참여자의 변화를 말한다. 마치 우리가 나이가 들면서 더 성숙해지고, 더 많은 경험을 하게 되는 것과 같다.

인과관계 성립요건을 설명할 때 사용했던 사례로 잠시 돌아가 보자. 사례는 목표달성척도의 활용이 성적향상에 미치는 영향에 관한 연구였다. 연구자는 연구 참여를 학생들의 자발적 선택에 맡기고 두 집단을 구성했다고 가정하자. 이때 연구 참여 집단은 연구 비참여 집단보다 성적향상을 위한 동기가 더 강한 학생들로 구성될 수 있기 때문에 두 집단은 연구 시작 전부터 성적향상을 위한 동기에 차이를 보이게 되며 이러한 차이는 연구결과에 영향을 미칠 수도 있다.

선정편향이 발생하는 경우는 두 가지로 구분된다. 첫번째 경우는 위의 사례처럼 연구참여자들이 집단을 스스로 선택하는 경우이며 이를 자기선정편향self-selection bias 이라고 한다. 두번째 경우는 연구자가 연구참여자들을 두 집단으로 분류하는 경우이며 이를 실험자 선정편향experimenter selection bias 이라고 하며 실제 연구에서는 연구자가 연구참여자를 두 집단으로 분류하는 경우가 더 많다.

검사효과testing effect

검사효과는 초기측정효과initial measurement effect로 불리기도 한다Grinnell et al., 2009. 동일인 또는 동일 집단을 대상으로 연구 시작 전과 후에 각각 측정을 할 때, 사전검사가 사후검사 결과에 영향을 미치는 경우를 검사효과라고 한다.

일반적으로 1차 지능검사 결과보다 2차 지능검사 결과가 더 좋으며 심지어 지능검사지 유형을 달리 했을 경우에도 2차 검사 결과가 더 양호하다고 한다Frankfort-Nachmias and Nachmias, 2000; 재인용 Monette et al., 2011: 267. 왜냐하면 동일한 검사를 두 번째 치를 때는 검사내용을 기억하기도 하고 검사점수를 높이기 위한 전략을 세우기 때문이다. 마찬가지로 사회조사에서도 동일한 조사대상자나 집단을 대상으로 동일한 도구를 사용하여 두 차례 측정할 때 1차 측정은 2차 측정 결과에 영향을 미칠 수 있다.

도구화instrumentation

도구화는 측정도구의 오류instrumentation error로 측정도구 자체로 인한 종속변수의 개선 또는 악화를 말한다.

도구화는 관찰을 통한 측정에서 자주 발생한다. 예를 들어, 사회복지사가 클라이언트와 면접을 하면서 사용한 공감적 반응의 빈도를 측정한다고 가정하자. 만약 관찰자가 1차 측정에서 몇 가지 공감적 반응을 놓쳤다고 생각한다면, 2차 측정에서는 더욱 집중하면서 관찰하여 1차 측정결과보다 양호한 측정결과를 얻을 수 있다. 이러한 개선이 실제 변화사회복지사의 공

여러분이 친구와 다투고 난 후 친구에 대해 갖는 증오심을 고려해보자. 친구와 다투고 난 직후에는 친구를 많이 미워하지만 시간이 흐르면서 친구에 대한 증오심은 어떻게 변하는가? 아마도 여러분의 증오심은 시간이 흐르면서 점차 약해질 것이다. 그 이유는 시간이 흐르면서 여러분이 친구를 이해하게 되고 자신의 잘못도 깨닫게 되는 것도 증오심을 점차 낮추는 요인이 될 수 있다. 이와 같이 클라이언트의 상태가 개입 프로그램을 실시하기 전보다 후에 개선되었다 하더라도 그 개선이 독립변수인 프로그램 때문일 수도 있지만 연구참여자가 연구가 진행되는 동안 성숙해진 결과라는 주장에도 설득력이 있다.

상실attrition

상실은 연구참여자가 연구가 종료될 때까지 남아있지 않고 어떤 이유로 연구 참여를 조기에 종료하는 경우를 말한다.

10명으로 구성된 집단에게 프로그램을 제공한 다음 프로그램의 효과성을 평가한다고 가정하자. 프로그램이 종결된 후 집단을 평가하였더니 프로그램 시작 전보다 종결 후에 집단이 개선을 보였다고 가정하자. 그런데 10명의 연구참여자 중 3명이 연구종료시까지 남아 있지 않고 조기에 탈락하였다고 한다면, 이들의 탈락이 연구결과에 영향을 미칠 수도 있다. 탈락한 연구참여자는 프로그램을 완수한 연구참여자보다 개선에 대한 동기부여가 약할 수 있기 때문이다.

선정편향selection bias

연구를 위해 두 집단을 비교하는 경우가 있는데 선정편향은 연구 시작 전에 존재하는 두 집단의 차이이다.

감적 반응의 증가 일수도 있지만 관찰자의 측정오류에 기인하는 변화일 수도 있다.

회귀 regression

회귀의 사전적 정의가 본래의 자리로 돌아감이듯이 회귀는 1차 측정 때 상당히 높거나 낮은 점수가 2차 측정 때 본래의 점수로 돌아가는 경향이다.

1차 우울검사에서 우울점수가 매우 높은 매우 심한 우울증상을 가진 클라이언트 5명을 선별하여 이들에게 우울감소를 목적으로 하는 인지행동 프로그램을 적용하였다고 가정하자. 프로그램이 종결된 직후 실시한 2차 우울검사에서 우울점수가 낮아졌다고 가정하자. 이러한 차이가 인지행동 프로그램의 효과라고 해석할 수도 있으나, 1차 우울검사에서 매우 높았던 클라이언트의 우울점수가 2차 우울검사에서 본래의 점수로 회귀하였다는 해석 또한 가능할 수 있다.

용하기 때문에 내적타당도를 확보하는데 무리가 없다. 프로그램을 제공받은 실험집단이 프로그램을 제공받지 않은 통제집단보다 사회적응수준이 향상되어 긍정적 결과를 얻었다고 가정하자. 그렇다면 사회복지사는 자신의 결과를 얼마나 일반화할 수 있을까? 연구에 참여하지 않은 모든 정신장애인에게 일반화할 수 있을까? 연구참여자와 유사하며 특정 지역에 거주하는 정신장애인에게만 일반화할 수 있을까? 거주 지역에 상관없지만 연구참여자와 유사한 정신장애인에게만 일반화할 수 있을까?

위의 질문처럼 외적타당도는 연구결과를 연구참여자의 모집단 또는 연구가 수행된 세팅 밖의 세팅에 일반화시킬 수 있는 정도를 말한다. EXHIBIT 6-5처럼 내적타당도가 연구의 내적인 면을 다루는 개념이라면 외적타당도는 연구결과를 연구 밖의 대상 또는 세팅과 관련시키는 개념이다.

EXHIBIT 6-5

외적타당도와 내적타당도 비교

연구 외부: 외적타당도
동일한 연구결과가 다른 대상 또는 다른 세팅에서도 발생하는가?

연구 내부: 내적타당도
연구가 제대로 수행되었나?

외적타당도

정의

이 장에서 가장 비중 있게 다루어진 주제는 내적타당도였다. 집단수준 조사설계 또는 개인수준 조사설계 모두 인과관계를 다루는 설계이기 때문에 내적타당도의 중요성이 강조되었다. 내적타당도의 개념을 설명하면서 사용했던 정신장애인의 사회적응 향상 프로그램으로 잠시 돌아가보자. 이 프로그램을 담당한 사회복지사가 프로그램의 효과성 평가를 위해 통제집단 사전사후검사 설계를 활용하였다고 가정하자. 이 설계는 무작위 할당과 통제집단을 사

외적타당도 주요 요인

외적타당도에 영향을 미치는 주요 요인을 4가지로 정리하면 다음과 같다 Monette et al., 2011.

검사 반응성 reactive effect of testing

사전검사를 실시하는 설계에서는 검사의 영향이 항상 존재한다. 프로그램을 제공받기 전에 사전검사에 참여한 연구참여자는 독립변수예: 프로그램에 다소 민감하게 반응할 수 있다. 연구결과는 사전검사를 실시하는 않은 집단에게 적용되지 않을 수도 있다. 이 장에서 다룬 거의 모든 조사설계에서 사전검사를 실시하지만, 우리가 연구결과를 일반화하고자 하는 모집단은 사전검사를 받지 않는다.

대표성 없는 표본 unrepresentative sample

연구참여자들은 자원봉사자이거나, 어떤 방식으로든 연구 참여를 권유받았거나, 또는 우연히 연구에 참여하게 된 사람들이다. 실제로 모집단을 대표할만한 표본을 추출하는 경우는 흔치 않다. 더욱이 개인수준 조사설계를 사용할 경우 1명의 연구참여자를 대상으로 연구를 수행한다. 대표성이 결여된 한 소수의 연구참여자를 통해서 나온 연구결과를 모집단에 적용하는데 무리가 있다.

반응적 세팅 reactive settings

연구 참여에 대한 연구참여자의 인식은 자신의 행동과 프로그램에 반응하는 방식에 영향을 준다. 자신이 연구에 참여하고 있다고 인식하는 연구참여자는 연구자에게 상당히 협력적이고 반응적인 태도를 보이는 성향이 있다. 즉 연구 참여에 대한 인식이 행동을 촉진할 수 있으며 이를 연구 밖의 세팅에 일반화하기 어렵다.

다중-개입 간섭 multiple-treatment interference

연구참여자에게 2가지 이상의 요소로 구성된 프로그램을 연속해서 제공할 때 개입결과의 원인을 밝혀내기 어렵다. 예를 들어, 연구참여자에게 4가지 요소로 구성된 개입을 순차적으로 제공하였는데 4번째 요소를 제공할 때 긍정적 결과가 나타났다고 가정하자. 4번째 요소만이 효과적인지 앞에서 제공받은 요소들의 효과 때문인지, 또 4가지 요소가 제공된 순서의 효과인지 분별하기 어렵기 때문에 연구결과의 일반화 역시 문제시 된다.

외적타당도를 높이는 방법은 여러 가지가 있다. 확률표본 추출방법을 사용하여 표본연구참여자 의 대표성을 갖추는 방법도 고려할 수 있고 연구참여자의 수를 증가시키는 방법도 고려할 수 있다. 그러나 실제에서 연구참여자를 모집단에서 추출하거나 동일한 문제나 욕구를 가진 다수의 연구참여자를 확보하는 방법도 결코 쉬운 일이 아니다. 외적타당도를 높이는 가장 중요한 전략은 반복 replication 이다 Fortune and Reid, 1999; Rubin and Babbie, 2011; Monette et al., 2011. 연구를 반복적으로 실시하여 결과를 축적해 나가는 것이다. 먼저 연구를 유사한 특성을 가진 클라이언트를 대상으로 유사한 세팅에서 반복 실시하여 연구결과가 우연히 발생한 결과가 아니라는 점을 제시한 다음이를 직접적 반복(direct replication)이라 한다 연구를 다른 대상과 세팅에서 실시하고 동일한 결과를 축적함으로써 이를 체계적 반복(systematic replication)이라 한다 연구결과의 외적타당도를

확보할 수 있다. 사회복지실천모델 중 하나인 과제중심모델 task-centered model 은 오늘날 사회복지 분야에서 인정받는 모델로 자리 잡고 있는데 그 이유는 이 모델이 개발된 이래로 다양한 클라이언트를 대상으로 다양한 세팅에서 반복적으로 긍정적 평가를 받아왔기 때문이다 Reid, 1997.

집단수준 조사설계

EXHIBIT 6-6은 **집단수준 조사설계**의 유형을 분류하는데 유용하다. EXHIBIT 6-6에는 두 가지 질문이 있다. 첫번째 질문은 무작위 할당 random assignment 의 사용에 관한 내용이고 두번째 질문은 통제집단 control group 또는 다중측정 multiple measures 에 관한 내용이다. 무작위 할당을 사용하는 설계는 실험설계 experimental design 라 하고, 무작위 할당을 사용하지 않지만 통제집단을 가지고 있거나 측정을 여러 차례 하는 설계는 유사실험설계 quasi-experimental design 라고 하며, 무작위 할당, 통제집단 또는 다중측정을 모두 사용하지 않는 설계를 비실험설계 non-experimental design 라고 한다. EXHIBIT 6-6에서 보듯이 실험설계가 최상위 수준의 설계이고 비실험설계가 최하위 수준의 설계이다.

> **집단수준 조사설계 유형** 무작위 할당, 통제집단 또는 다중측정의 유무에 따라 실험설계, 유사실험설계, 비실험설계로 구분

> **실험설계 필수요소** 사전·사후검사 실시, 실험집단과 통제집단 구성, 독립변수 투입, 무작위 할당

> **무작위 할당** 실험집단과 통제집단을 동등하게 만드는 방법으로 내적타당도를 높이는 가장 중요한 요소

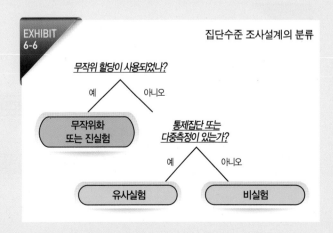

EXHIBIT 6-6 집단수준 조사설계의 분류

무작위 할당이 사용되었나?

예 — 아니오

무작위화 또는 진실험

통제집단 또는 다중측정이 있는가?

예 — 아니오

유사실험 — 비실험

실험설계

실험설계의 필수요소

EXHIBIT **6-7**은 **실험설계**가 갖추어야 할 **필수요소**를 보여주고 있다. 필수요소는 사전검사와 사후검사 실시, 실험집단과 통제집단 구성, 독립변수 투입, 무작위 할당이다Rubin and Babbie, 2014; Yegidis et al., 1999.

첫째 사전조사와 사후조사를 실시한다. 평가대상 프로그램을 실시하기 전과 종료 후 실험집단과 통제집단의 수준을 측정한다. 예를 들어, 종속변수가 자아존중감이라면 실험집단과 통제집단의 자아존중감 수준을 프로그램 실행 전과 후에 측정한다. 사전조사와 사후조사의 실시는 프로그램의 인과적 효과를 확보하는 방법 중 하나이다.

둘째 실험집단과 통제집단을 구성한다. 실험집단experimental group은 평가대상 프로그램을 제공받는 집단을 말하며 통제집단control group은 프로그램을 제공받지 않는 집단을 말한다. 실험집단 이외에 통제집단을 구성하게 되면 프로그램 이외의 요인이 사전조사 결과와 사후조사 결과의 차이를 발생시킨 원인이라는 주장을 통제하는 장점을 갖는다.

셋째 독립변수를 실험집단에 투입한다. 일반적으로 실험설계에서 독립변수는 평가대상 프로그램 또는 개입이 된다. 연

구자는 독립변수를 실험집단에 투입하고 통제집단에는 투입하지 않는다.

넷째 연구참여자를 무작위로 실험집단과 통제집단에 할당한다. **무작위 할당**random assignment은 연구자의 편견 없이 연구참여자를 두 집단으로 할당한다는 의미이다. 협조적인 참여자를 실험집단으로 비협조적인 참여자를 통제집단으로 분류하는 것은 연구자의 편견이 개입되었기 때문에 무작위 할당이라고 할 수 없다. 무작위 할당에서는 모든 연구참여자가 각 집단으로 할당되는 확률이 동일해야 한다Cournoyer and Klein, 2000. 동전던지기를 하여 앞면이 나온 연구참여자는 실험집단으로, 뒷면이 나온 연구참여자는 통제집단으로 할당하는 것이 무작위 할당의 예이다. 또는 연구참여자에게 번호를 자유롭게 선택하게 하고 선택한 번호가 홀수이면 실험집단으로 짝수이면 통제집단으로 분류하는 것도 무작위 할당이다. 실험집단과 통제집단을 완전히 똑같이 구성하는 것은 불가능하지만 두 집단을 가능한 한 동등하게 만드는 가장 좋은 방법이 무작위 할당이다.

무작위 할당이 왜 중요한가? 무작위 할당은 실험집단과 통제집단을 동등하게 equivalent 만드는 방법이다. 여기서 '동등'이라는 용어는 연구결과에 영향을 줄 수 있는 특성들예: 연구참여자의 연구 참여 의지, 연구참여자 문제의 심각성 등과 관련하여 두 집단의 동등성을 의미한다. 만약 이들 변수와 관련하여 두 집단이 동등하

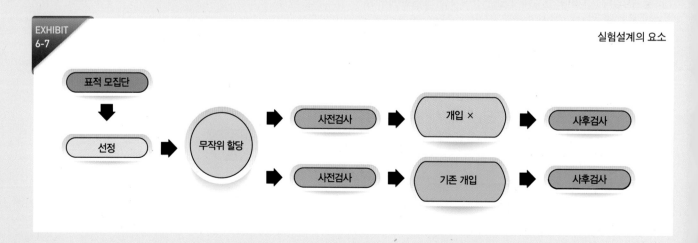

EXHIBIT
6-7

실험설계의 요소

표적 모집단 → 선정 → 무작위 할당 → 사전검사 → 개입 × → 사후검사

사전검사 → 기존 개입 → 사후검사

지 않다면 두 집단의 비교는 무의미하다. 연구참여자를 실험집단과 통제집단으로 무작위로 할당할 때 이들 특성이 실험집단과 통제집단에 동등하게 분포되는 확률이 높아지게 되어 Fortune and Reid, 1999 두 집단의 비교가 가능해진다.

무작위 할당이 제대로 작동하기 위해서는 연구참여자를 충분히 확보해야 한다. 다수의 연구참여자를 실험집단과 통제집단으로 무작위로 할당하면 두 집단이 동등해지는 가능성이 커지나 그 수가 적으면 두 집단의 동등성 또한 감소한다 Fortune and Reid, 1999. 동전던지기를 100번 했을 경우와 10번 했을 경우에 앞면이 나올 횟수와 뒷면이 나올 횟수를 비교하면 소수의 연구참여자를 두 집단으로 무작위 할당해도 두 집단의 동등성에 문제가 발생한다는 점을 이해할 수 있을 것이다. 다수의 연구참여자를 확보하기 어려울 때 무작위 할당과 짝짓기matching를 병행하기도 한다. 무작위 할당을 사용하기 전에 종속변수에 영향을 미칠 수 있는 특성에 따라 연구참여자를 2명씩 짝짓는다. 예를 들어, 연구참여자의 성이 종속변수에 영향을 미치는 변수라면 연구참여자를 동성으로 2명씩 짝을 짓고 첫번째 짝에서 한 명을 실험집단 나머지 한 명을 통제집단으로 무작위 할당한다. 이렇게 하면 두 집단의 성별 분포는 동일해진다.

실험설계의 종류

통제집단 사전사후검사 설계 pretest-posttest control group design

고전적 실험설계classical experimental design라고 불리기도 한다. 이 설계의 표기는 다음과 같다. 표기에서 *X*는 평가대상 프로그램으로 독립변수이며 O_1과 O_2는 각각 사전검사와 사후검사를 의미하며 종속변수이다. 종속변수는 프로그램 실행 전과 후 두 차례 측정된다. *R*은 무작위 할당이다. 이 설계에서는 ❶ 먼저 연구참여자를 실험집단과 통제집단으로 무작위 할당하고, ❷ 종속변수와 관련하여 두 집단의 수준을 측정하며, ❸ 실험집단에 프로그램을 제공하고, ❹ 마지막으로 종속변수와 관련하여 두 집단의 수준을 다시 측정한다.

$$R \quad O_1 \quad X \quad O_2$$
$$R \quad O_3 \quad \quad O_4$$

통제집단 사전사후검사 설계

통제집단 사전사후검사 설계가 내적타당도 저해요인의 영향을 통제하는 능력은 다음과 같다.

○ **선정편향**: 연구참여자를 두 집단으로 무작위 할당하였기 때문에 선정편향을 통제한다. 무작위 할당은 종속변수와 관련하여 두 집단이 동등하다는 확신을 제공한다.

○ **우연한 사건, 성숙, 회귀**: 실험집단의 사전검사와 사후검사의 차이(O_1-O_2)가 통제집단의 사전검사와 사후검사의 차이(O_3-O_4)보다 컸을 때 이를 우연한 사건, 성숙, 회귀의 결과라는 주장은 설득력이 약하다. 왜냐하면 이러한 주장이 맞는다면 실험집단과 통제집단은 이들 요인의 영향을 동등하게 받아야 한다. 통제집단이 있기 때문에 실험집단이 통제집단보다 더 호전되었다는 것을 우연한 사건, 성숙, 회귀의 영향이라고 해석하기 어렵게 된다.

○ **도구화**: 사전검사와 사후검사에서 동일한 측정도구를 사용한다면 크게 문제되지 않는다.

○ **검사**: 검사의 효과에 취약할 수 있다. 동일한 조사도구를 가지고 두 번 조사를 실시하기 때문에 검사의 영향을 배제할 수는 없다. 그러나 검사의 영향이 이 설계의 우수성을 크게 손상하지는 않는다.

○ **상실**: 연구참여자 탈락률이 5% 이하이거나 두 집단의 탈락률이 비슷하면 상실의 영향은 문제시 되지 않는다 Grinnell et al., 2009. 그러나 실험집단과 통제집단의 탈락률 차이가 심할 경우에는 집단 비교는 불가능하다.

고전적 실험설계 이 설계는 거의 모든 내적타당도 저해요인의 영향을 통제

예 암환자 배우자와 암환자를 위한 단기 개별상담 프로그램의 효과성을 평가한 연구(Toseland et al., 1995)는 연구에 참여하기로 동의한 배우자들을 지역 보건소에서 섭외한 다음 이들을 실험집단에 44명, 통제집단에 42명을 무작위로 할당하였다. 실험집단에 할당된 배우자들은 숙련된 사회복지사와 개별상담을 6차례 받았으며 통제집단은 개별상담을 제공받지 않았다. 개별상담이 제공되기 전과 후에 두 집단의 우울, 불안, 부부관계, 사회적 지지, 보호부담이 측정되었다.

예 Fraser와 동료들(2004)은 행동문제와 또래관계 문제가 있는 아동들에게 사회기술과 또래관계 향상을 목적으로 하는 프로그램을 제공하고 그 효과성을 평가하면서 통제집단 사후검사 설계를 사용하였다. 총 115명의 아동이 아동의 담임교사들에 의해서 연구자에게 의뢰되었다. 연구자는 의뢰된 아동들 중 62명을 실험집단으로 나머지 아동을 대기·통제집단(연구 종료 후 실험집단에게 제공된 동일한 프로그램을 제공받았음)으로 무작위 할당하였다.

통제집단 사후검사 설계 posttest-only control group design

통제집단 사후검사 설계는 연구참여자를 실험집단과 통제집단에 무작위로 할당하나 통제집단 사전사후검사 설계와는 달리 사전검사를 실시하지 않는다. 비록 이 설계가 사전검사를 실시하지는 않지만 무작위 할당을 사용하기 때문에 프로그램 실행 전 실험집단과 통제집단의 종속변수의 수준은 동등하다고 가정한다. 또한 이 설계는 사전조사의 실시가 가능하지 않거나 비현실적일 때 사용되기도 한다Rubin and Babbie, 2014. 프로그램 종결 후 실시되는 실험집단의 사후검사 결과(O_1)와 통제집단의 사후검사 결과(O_2)를 비교하여 프로그램의 효과성을 평가한다.

> **통제집단 사후검사 설계** 사전검사를 실시하지 않기 때문에 시험의 영향을 통제할 수 있다.

$$R \quad X \quad O_1$$
$$R \qquad\quad O_2$$

통제집단 사후검사 설계

통제집단 사후검사 설계가 내적타당도 저해요인의 영향을 통제하는 능력은 다음과 같다.

- 우연한 사건, 성숙, 회귀: 이 설계는 통제집단을 가지고 있고 연구참여자를 실험집단과 통제집단으로 무작위 할당하기 때문에 대부분의 내적타당도 저해요인의 영향을 통제한다. O_1와 O_2 사이에 나타난 차이를 우연한 사건, 성숙, 회귀의 영향이라고 주장하는 것은 설득력이 약하다. 왜냐하면 사전조사를 실시하지 않았지만 무작위 할당을 사용하였기 때문에 프로그램 실행 전에 두 집단은 종속변수의 수준과 관련하여 동등하다고 가정한다. 따라서 O_1와 O_2 사이에 나타난 차이는 프로그램의 영향으로 해석하는 것이 타당하다.
- 선정편향: 연구참여자를 두 집단으로 무작위 할당하였기 때문에 선정편향을 통제한다.
- 검사: 사전검사를 실시하지 않기 때문에 검사의 영향을 통제한다. 다만 사전검사를 하지 않기 때문에 사전검사 결과와 사후검사 결과의 차이를 파악하지 못하는 한계가 있다.
- 도구화: 사전검사와 사후검사에서 동일한 측정도구를 사용한다면 크게 문제되지 않는다.

- 상실: 연구참여자 탈락률이 5% 이하이거나 두 집단의 탈락률이 비슷하면 상실의 영향은 문제시 되지 않는다 Grinnell et al., 2009. 그러나 실험집단과 통제집단의 탈락률 차이가 심할 경우엔 집단 비교는 불가능하다.

example!

Schilling 외(2002)는 알코올 해독치료 후 자조모임 참여를 독려하는데 초점을 둔 동기강화면접을 병원에 입원 중인 알코올중독자에게 제공하고 그 효과를 평가하면서 통제집단 사후검사 설계를 사용하였다. 연구자는 연구참여자를 실험집단(3회기 동기강화면접 제공받음)과 통제집단(기존 프로그램 제공받음)으로 무작위 할당하였다. 종속변수는 자조모임에 참여한 횟수였고 연구참여자들이 병원에서 퇴원한지 2개월 후에 측정되었다. 종속변수는 사전검사에서 측정할 수 없기 때문에 사후검사에서만 측정되었다.

솔로몬 4집단 설계 Solomon four-group design

솔로몬 4집단 설계의 표기를 보면 이 설계는 앞서 다루었던 두 가지 실험설계를 합친 설계라는 것을 알 수 있다. 솔로몬 4집단 설계는 총 4집단으로 구성되어 있으며 실험집단과 통제집단이 각각 2개씩이다. 이 설계는 가장 완벽한 실험설계로 불리고 있으며 모든 내적타당도 저해요인을 통제한다. 아무리 완벽한 설계라 할지라도 문제점이 있기 마련이다. 이 설계의 문제점으로는 집단을 4개 구성해야 한다는 점인데 특히 우리의 현실을 보면 4집단을 구성할만큼 클라이언트를 확보하기가 용이하지 않다는 점이다. 일반적으로 사회복지실천현장에서 또는 집단과 관련된 이론서를 보면 집단을 효과적으로 운영하기 위해서는 집단을 7~8명 정도로 구성하고 있다. 그렇다면 4집단을 구성하기 위해서는 약 30명의 클라이언트가 있어야 한다. 여러분도 알겠지만, 현재 사회복지시설에 이처럼 다수의 클라이언트를 확보하는 것이 불가능하지는 않으나 용이하게 구할 수 있는 수는 아니다. 이러한 점이 이 설계의 문제점이며 또한 집단이 4개인 관계로 집단을 운영할 사회복지사의 수도 4명은 되어야 하며 집단을 운영하는 비용도 상당할 것이다.

$$
\begin{array}{llll}
R & O_1 & X & O_2 \\
R & O_3 & & O_4 \\
R & & X & O_5 \\
R & & & O_6
\end{array}
$$

솔로몬 4집단 설계

솔로몬 4집단 설계가 내적타당도 저해요인의 영향을 통제하는 능력은 다음과 같다.

- 우연한 사건, 성숙, 회귀: 이 설계는 통제집단을 가지고 있고 연구참여자를 실험집단과 통제집단으로 무작위 할당하기 때문에 대부분의 내적타당도 저해요인의 영향을 통제한다. 이 설계에서도 연구참여자를 4개 집단으로 무작위 할당하기 때문에 프로그램 실행 전 4개 집단은 종속변수의 수준과 관련하여 동등하다. 따라서 O_2와 O_5가 O_4와 O_6보다 큰 결과가 나타났을 때(값이 클수록 양호함을 의미한다고 가정) 이 결과를 프로그램의 영향으로 해석하는 것이 타당하다.

- 선정편향: 연구참여자를 두 집단으로 무작위 할당하였기 때문에 선정편향을 통제한다.

- 검사: 앞서 다룬 두 가지 실험설계는 검사와 관련된 문제점들을 가지고 있었다. 통제집단 사전사후검사 설계에서 검사의 효과를 통제하지 못하는 점과 통제집단 사후검사 설계에서 사전조사와 사후조사간의 변화량을 파악할 수 없는 문제가 있었다. 이 설계에서는 첫번째 실험집단에는 사전조사를 실시하고 두번째 실험집단에는 사전조사를 실시하지 않기 때문에 두 실험집단의 비교를 통해 검사의 효과가 어느 정도인지 파악할 수 있으며 사전검사를 실시하는 실험집단이 있기 때문에 사전검사 결과와 사후검사 결과의 차이도 파악할 수 있다.

- 도구화: 사전검사와 사후검사에서 동일한 측정도구를 사용한다면 크게 문제되지 않는다.

- 상실: 연구참여자 탈락률이 5% 이하이거나 두 집단의 탈락률이 비슷하면 상실의 영향은 문제시 되지 않는다(Grinnell et al., 2009). 그러나 실험집단과 통제집단의 탈락률 차이가 심할 경우엔 집단 비교는 불가능하다.

D.A.R.E.(Drug Abuse Resistance Education Program)는 약물남용 예방 프로그램으로 주로 초등학생들을 대상으로 경찰관에 의해서 제공되는 교육 프로그램이다. Dukes et al.(1995)는 D.A.R.E.의 효과성을 평가하면서 솔로몬 4집단 설계를 사용하였다. 이 연구에서 분석단위는 개별 학생이 아니라 학급이기 때문에 학급들을 4집단으로 다음과 같이 무작위 할당하였다.

집단 1	집단 2	집단 3	집단 4
사전검사	사전검사	-	-
D.A.R.E.	-	D.A.R.E.	-
사후검사	사후검사	사후검사	사후검사

유사실험설계

유사실험설계의 필요성

유사실험설계는 영어로 quasi-experimental design이라고 부른다. 'quasi'라는 용어가 '~과 같은', '비슷한'을 뜻하듯이 유사실험설계는 실험설계와 유사한 설계이나 실험설계에서처럼 무작위 할당을 사용하지 않는다. 실험설계를 설명하면서 무작위 할당이 내적타당도와 밀접한 관련이 있음을 강조하였다. 연구결과의 내적타당도 확보를 위해 가능하면 무작위 할당을 사용해야 하겠지만, 무작위 할당의 사용이 비윤리적이거나 비현실적인 경우가 있다. 특히 사회복지연구에서는 더욱 그렇기 때문에 유사실험설계는 사회복지 프로그램과 정책을 평가하는데 가장 널리 사용되는 설계이다. 무작위 할당이 불가능하거나 문제시 되는 경우를 나열하면 다음과 같다.

- 실험집단과 통제집단으로 무작위 할당할 만큼 동일한 욕구나 문제를 지닌 다수의 연구참여자를 확보하기 어렵다.

- 실험집단에만 프로그램을 제공하고 통제집단에는 프로그램을 보류한다는 점이 윤리적으로 문제가 될 수 있다. 특히 프로그램이 연구참여자의 삶의 질 향상을 보장하는 경우 더욱 문제시 될 수 있다.

- 시간과 예산의 제약으로 인해 실험집단과

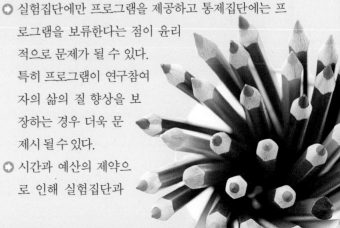

통제집단을 구성하지 못하고 기존 집단을 사용해야 하는 경우도 적지 않다.

위와 같은 상황에서는 실험설계의 대안으로 유사실험설계를 생각해 볼 수 있다. 비록 무작위 할당을 사용하지 않아 독립변수와 종속변수의 관계를 성립시키는데 어려움이 있지만, 종속변수에 영향을 줄 수 있는 연구참여자의 특성과 관련하여 두 집단을 가능한 한 동등하게 구성하는 노력을 기울이고 내적타당도 저해요인의 영향을 적절히 통제한다면 유사실험설계도 연구결과의 내적타당도를 확보할 수 있는 설계가 될 수 있다. 유사실험설계에서는 무작위 할당을 하지 않기 때문에 통제집단 대신 비교집단comparison group이라는 용어를 사용하기도 한다.

유사실험설계의 종류

비동일 통제집단 설계nonequivalent control groups design

비동일 통제집단 설계는 사회조사에서 가장 빈번하게 사용되는 설계이다. '비동일nonequivalent'이라는 용어에는 무작위 할당을 사용하지 않았다는 의미가 담겨 있다. 이 설계는 통제집단 사전사후검사 설계처럼 실험집단과 통제집단으로 구성되어 있고 프로그램 실행 전과 후에 사전검사와 사후검사를 실시하나 두 집단을 구성하기 위해서 무작위 할당을 사용하지 않는다. 이 설계를 사용하는 연구자는 기존 집단intact groups을 활용한다. 예를 들면, 동일 학교 내에서 두 학급을 선정하거나 여러 면에서 비슷한 특성을 지닌 기관을 선정하여 비교할 수 있다.

> **비동일 통제집단 설계** 무작위 할당을 사용하지 않지만 실제 사회조사에서 가장 빈번하게 사용되는 설계

$$O_1 \quad X \quad O_2$$
$$O_3 \qquad \quad O_4$$

비동일 통제집단 설계

비동일 통제집단 설계가 내적타당도 저해요인의 영향을 통제하는 능력은 다음과 같다.

○ 우연한 사건, 성숙, 회귀, 선정편향: 비록 무작위 할당을

사용하지 않지만 사전검사에서 두 집단의 동등성을 확보한다면 거의 모든 내적타당도 저해요인을 통제할 수 있다Grinnell et al., 2009.

○ 검사: 검사의 효과에 취약할 수 있다. 동일한 조사도구를 가지고 두 번 조사를 실시하기 때문에 검사의 영향을 배제할 수는 없다.

○ 도구화: 사전검사와 사후검사에서 동일한 측정도구를 사용한다면 크게 문제되지 않는다.

○ 상실: 연구참여자 탈락률이 5% 이하이거나 두 집단의 탈락률이 비슷하면 상실의 영향은 문제시 되지 않는다Grinnell et al., 2009. 그러나 실험집단과 통제집단의 탈락률 차이가 심할 경우엔 집단 비교는 불가능하다.

사회복지교육현장에서 목표달성척도의 적용에 관한 연구(김용석, 2013)는 목표달성척도를 학생의 수업 참여를 촉진시키고 자기평가를 위한 도구로 인식하고 목표달성척도의 유용성을 평가하였으며 조사설계로 비동일 통제집단 설계를 사용하였다. 연구참여자는 ○○ 대학교에서 장애인복지론 수업을 수강한 사회복지학과 학생들이었고 이 수업은 두 반(A반, B반)으로 분반되어 운영되었다. 학교현장에서 연구를 위해 무작위 할당을 사용하기 어렵기 때문에 연구자는 A반을 실험집단, B반을 통제집단으로 설정하였다. 사전검사는 첫번째 강의시간에 실시한 후 실험집단에는 목표달성척도를 적용하였고 통제집단에는 적용하지 않았다. 사후검사는 마지막 강의시간에 실시되었다. 이 연구는 비동일 통제집단 설계의 한계를 인식하고 연구결과의 내적타당도 확보를 위해서 두 집단의 동등성을 통계적 방법을 사용하여 제시하였다.

시계열 설계time-series design

시계열 설계는 이후에 소개된 단일체계설계와 다르다. 시계열 설계에서는 분석단위가 집단이지만, 단일체계설계에서는 분석단위가 개인이다Martella et al., 2013.

단순시계열 설계

단순시계열 설계는 한 집단을 대상으로 반복적 측정을 사

용하는 설계이다. 이 설계의 표기가 보여주듯이 프로그램을 제공하기 전에 종속변수를 4차례 그리고 프로그램을 제공한 후, 4차례 측정한다측정횟수는 연구마다 다름. 반복 측정 중간에 프로그램을 제공한다고 해서 단절적 또는 틈입 시계열 설계 interrupted time-series design 라고 불리기도 한다. 이 설계는 프로그램 제공 전과 후에 종속변수를 여러 차례 측정하기 때문에 단 한차례씩 측정하는 설계에 비해서 종속변수의 수준을 다소 정교하고 정확하게 측정하는 장점을 갖는다. 이 설계는 프로그램 제공 전 종속변수의 평균과 제공 후 종속변수의 평균을 비교할 수 있으며, O_4와 O_5와 O_5와 O_6을 비교하여 변화의 지속성도 파악할 수 있다.

O_1	O_2	O_3	O_4	X	O_5	O_6	O_7	O_8
				시계열 설계				

단순 시계열 설계가 내적타당도 저해요인의 영향을 통제하는 능력은 다음과 같다.

- 우연한 사건, 성숙, 회귀, 선정편향: 무작위 할당을 사용하지 않고 실험집단과 비교할 수 있는 통제집단이 없기 때문에 이들 저해요인의 영향을 적절히 통제하기는 어렵다. 그러나 여러 차례 측정하기 때문에 우연한 사건과 성숙의 영향을 어느 정도 통제할 수 있다.
- 선정편향: 이 설계는 단일 집단을 대상으로 반복 관찰을 하므로 선정편향의 문제로부터 자유롭다Bernal et al., 2018.
- 검사: 이 설계는 특히 검사의 효과에 취약하다. 동일 측정도구에 반복적인 노출은 측정에 대한 불안감 감소와 측정도구와의 친숙성을 증가시키기 때문에 반복 측정이 더 나은 측정결과를 가져올 수 있다.
  - 도구화: 동일한 측정도구를 사용한다면 크게 문제되지 않는다.
  - 상실: 연구참여자의 탈락률이 5% 이하이거나 두 집단의 탈락률이 비슷하면 상실의 영향은 문제시되지 않는다Grinnell et al., 2009.

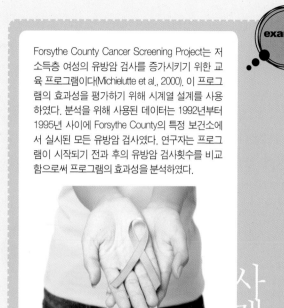

Forsythe County Cancer Screening Project는 저소득층 여성의 유방암 검사를 증가시키기 위한 교육 프로그램이다(Michielutte et al., 2000). 이 프로그램의 효과성을 평가하기 위해 시계열 설계를 사용하였다. 분석을 위해 사용된 데이터는 1992년부터 1995년 사이에 Forsythe County의 특정 보건소에서 실시된 모든 유방암 검사였다. 연구자는 프로그램이 시작되기 전과 후의 유방암 검사횟수를 비교함으로써 프로그램의 효과성을 분석하였다.

다중시계열 설계 multiple time-series design

앞서 소개한 단순 시계열 설계는 한 개의 집단을 대상으로 반복 측정을 사용하는 설계라고 하였다. 다중시계열 설계는 두 개 이상의 집단을 대상으로 반복 측정을 사용하는 설계다. 이 설계는 비동일 통제집단 설계에 반복 측정을 추가한 설계라고 할 수 있다. 다중시계열 설계는 프로그램을 받지 않은 통제집단을 가지고 있어서 비교 집단이 없는 단순 시계열 설계보다 내적 타당도가 높은 더 강력한 설계이다.

O_1	O_2	O_3	O_4	X	O_5	O_6	O_7	O_8
O_1	O_2	O_3	O_4		O_5	O_6	O_7	O_8
				다중시계열 설계				

다중시계열 설계가 내적타당도 저해요인의 영향을 통제하는 능력은 다음과 같다.

- 우연한 사건, 성숙, 회귀, 선정편향: 이 설계는 실험집단과 비교할 수 있는 집단을 가지고 있어서 단순 시계열 설계와 비교할 때 이들 저해 요인의 영향을 더 잘 통제할 수 있다. 비록 무작위 할당을 사용하지 않지만, 여러 변수와 관련하여 실험집단 유사한 통제집단을 선정하여 두 집단의 동등성을 확보한다면 이들 저해 요인의 영향을 어느 정도 통제할 수 있다Bernal et al., 2018.

- 검사: 단순 시계열 설계와 마찬가지로 검사의 효과에 취약하다. 그러나 이 설계는 비교할 수 있는 집단을 가지고 있어서 단순 시계열 설계보다 시험효과를 더 잘 통제할 수 있다.
- 도구화: 동일한 측정 도구를 사용한다면 크게 문제가 되지 않는다.
- 상실: 연구참여자의 탈락률이 5% 이하이거나 두 집단의 탈락률이 비슷하면 상실의 영향은 문제시되지 않는다.

캐나다에서 수행된 연구(Dennis et al., 2013)는 안전모 착용 의무화법의 효과를 평가하기 위해 다중 시계열 설계를 사용하였다. 자전거 운전자들이 머리 부상으로 병원에 입원하는 비율이 증가하여 그 비율을 줄이기 위해 캐나다 일부 주는 안전모 착용 의무화법을 시행하였다. 의무화법은 1994년부터 2003년 사이에 6개 주에 도입되었다. 평가를 위해 안전모 착용 의무화법이 시행된 주들과 이 법이 시행되지 않은 주들의 1994년부터 2003년까지 입원율을 비교하였다.

전실험설계

전실험설계 pre-experimental design 는 비실험설계와 마찬가지로 무작위할당, 통제집단 등을 사용하지 않아 내적타당도를 위한 조건들을 전혀 갖추지 못하거나 미미하게 갖추고 있는 설계이다. 따라서 이 설계의 내적 타당도는 낮다. 전실험설계로 분류되는 설계도 다양하지만 여기서는 단일집단 사전사후검사 설계와 단일집단 사후검사 설계만을 다루기로 한다.

단일집단 사전사후검사 설계 one-group pretest-posttest design

단일집단 사전사후검사 설계는 단일집단을 대상으로 프로그램을 제공하기 전에 사전검사를 실시하고 프로그램이 종결된 후 사후검사를 실시하는 설계이다.

$$O_1 \quad X \quad O_2$$

단일집단 사전사후검사 설계

단일집단 사전사후검사 설계가 내적타당도 저해요인의 영향을 통제하는 능력은 다음과 같다.

- 우연한 사건, 성숙, 회귀, 시험, 선정편향: 무작위 할당을 사용하지 않고 실험집단과 비교할 수 있는 통제집단이 없기 때문에 이들 저해요인의 영향을 적절히 통제하기는 어렵다.
- 도구화: 동일한 측정도구를 사용한다면 크게 문제되지 않는다.
- 상실: 연구참여자 탈락률이 5% 이하이면 문제시 되지 않는다 Grinnell et al., 2009.

청소년 음주 및 비행 예방 프로그램 개발을 목적으로 한 연구(김용석, 2007)는 단일집단 사전사후검사 설계를 사용하여 프로그램의 효과성을 평가하였다. 프로그램은 청소년 문제행동에 관한 정보 제공, 또래압력 다루기, 또래 및 부모와의 관계 다루기를 주요 내용으로 하였다. 연구자는 서울시 소재 중학교 2학년 1개 학급에서 프로그램을 운영하였으며 프로그램 운영 전과 후에 연구참여자의 음주, 음주에 대한 태도, 비행(종속변수)을 측정하였다. 프로그램 종료 후 종속변수는 개선되었으나 이 설계가 갖는 한계 때문에 내적타당도는 낮았다.

단일집단 사후검사 설계 one-group posttest only design

단일집단 사후검사 설계는 일회 사례연구 one shot case study 로 불리기도 한다. 이 설계는 단일집단에 프로그램을 제공하고 프로그램 종료 후 사후검사를 실시하는 설계로 집단수준 조사설계 중에서 가장 단순한 설계이다. 사전검사를 실시하지 않기 때문에 사전검사와 사후검사의 비교를 할 수 없어 변화가 발생했는지 알 수 없다.

$$X \quad O_1$$
단일집단 사후검사 설계

단일집단 사후검사 설계가 내적타당도 저해요인의 영향을 통제하는 능력은 다음과 같다.

- ⊙ 우연한 사건, 성숙, 회귀, 상실: 무작위 할당을 사용하지 않고 실험집단과 비교할 수 있는 통제집단이 없기 때문에 이들 저해요인의 영향을 적절히 통제하기 어렵다.
- ⊙ 시험, 선정편향, 도구화: 사후검사만 실시하고 단일집단을 사용하기 때문에 시험과 선정편향의 영향을 고려할 필요가 없다.

단일집단 사후검사 설계는 내적타당도 저해요인에 취약하고 프로그램으로 인한 변화가 발생했는지를 파악하기 어렵기 때문에 이 설계를 활용한 실제 연구를 찾기 어렵다. 이 설계는 프로그램 실행 전에 종속변수를 측정하기 불가능한 경우에 사용될 수 있다. 특정 프로그램을 실시하고 프로그램에 대한 만족도 평가를 예로 들 수 있다. 프로그램 참여자의 만족도는 프로그램 실행 전에 측정할 수 없기 때문에 이 경우 단일집단 사후검사 설계가 적절하다.

5

개인수준 조사설계

집단수준 조사설계와 비교

개인수준 조사설계는 단일사례설계single-subject design, 단일체계설계single-system design, 단일사례평가설계single-case evaluation design로 불린다. 용어상 개인수준 조사설계는 개별 클라이언트만을 대상으로 하는 설계로 받아들여질 수 있으나 집단 또는 지역사회도 대상이 될 수 있다. 그러나 개별 클라이언트를 상대로 이 설계를 적용하는 경우가 많아 이 장에서는 개인수준 조사설계를 개별 클라이언트에게 제공되는 개입의 효과성을 평가하기 위한 설계로 소개한다.

집단수준 조사설계는 특히 실험설계는 대표성 있는 표본추출, 무작위 할당, 통제집단의 확보를 강조하기 때문에 내적타당도 저해요인을 적절히 통제하여 독립변수와 종속변수 사이의 인과관계를 확립하고 연구결과를 일반화하는데 매우 유용한 설계이다. 이런 면에서 집단수준 조사설계는 연구research를 위한 설계라고 한다. 반면, 개인수준 조사설계case-level research design는 집단수준 설계보다 실천 지향적practice oriented 설계로서 사회복지 연구자보다는 사회복지 실천가에 의해서 주로 사용된다Grinnell et al., 2009. 이 설계는 클라이언트의 독특한 욕구와 상황을 충분히 고려하는 클라이언트 중심설계로서 개입이 제공되는 동안 클라이언트의 변화를 모니터링하고 모니터링 결과에 기초하여 개입을 유지 또는 수정할 수 있는 기회를 제공해주는 장점을 갖는다. 이런 면에서 개인수준 조사설계는 평가evaluation를 위한 설계라고 한다.

집단수준 조사설계에서는 프로그램의 효과성 평가를 위해 실험집단과 통제집단을 비교한다고 배웠다. 유사한 원리가 개인수준 조사설계에도 적용되는데 이 설계에서는 개별 클라이언트

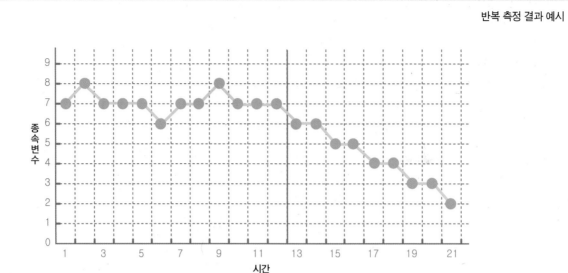

EXHIBIT 6-8

반복 측정 결과 예시

를 대상으로 삼기 때문에 집단간 비교가 아니라 개입또는 프로그램 전 단계와 개입 후 단계를 비교한다. 개입 전 단계를 기초선 단계baseline phase라고 하며 실험설계에서 통제집단의 역할을 한다. 개입 후 단계를 개입단계intervention phase라고 하고 실험설계에서 실험집단의 역할을 한다.

개인수준 조사설계 기초선 단계와 개입단계의 비교를 통해 프로그램(독립변수)의 효과를 평가

측정과 관련하여 집단수준 조사설계에서는 종속변수를 프로그램 전과 후에 각각 한차례씩 측정하나시계열 설계 제외, 개인수준 조사설계에서는 기초선 단계와 개입단계에서 반복적인 측정을 한다. 개인수준 조사설계에서 반복 측정은 필수적이며Bloom et al., 2006. 모니터링을 위해 반드시 요구된다. 반복적으로 측정한 결과는 EXHIBIT **6-8**과 같이 그래프로 제시된다. 그래프에서 X축에는 시간을 그리고 Y축에는 종속변수를 기록한다. 그래프에서 수직선은 기초선 단계와 개입단계를 구분하는 선이며 수직선 왼쪽이 기초선 단계이고 오른쪽이 개입단계이다.

절차: 사회복지실천단계에 맞추어

앞서 개인수준 조사설계를 실천 지향적 설계로 규정하였다. 이 설계의 단계를 사회복지실천의 단계에 맞추어 제시함으로써 이 설계가 실천과 조화를 이루는 설계임을 강조하고자 한다. 사회복지실천단계는 학자마다 다르게 구분되고 있

으나 본 절에서는 Hepworth 외2002가 구분한 3단계를 사용하면서 각 단계에서 개인수준 조사설계가 어떻게 적용되고 이로 인한 긍정적 측면은 무엇인지를 살펴본다.

1단계: 탐색과 사정

사회복지실천에서 사회복지사와 클라이언트 사이의 전문적 관계는 클라이언트의 문제를 탐색하는 단계부터 시작된다. 이 단계에서 사회복지사는 클라이언트와의 면접, 관찰, 척도, 주요 타자와의 면접 등 다양한 방법을 동원하여 클라이언트 문제에 관한 정보를 수집한다. 사정단계에서 사회복지사는 수집한 정보를 면밀하게 검토하고 서로 잇거나 이론과 연결시키면서 하나의 전체로 조립한다김용석 외 역, 2013.

개인수준 조사설계는 클라이언트 문제에 관한 다소 객관적인 정보 수집과 사회복지 사정과정을 원조하는 기능을 수행한다. 앞서 개인수준 조사설계에서는 개입 전부터 클라이언트 문제를 반복적으로 측정하여 기초선 자료를 수집한다고 하였다. 신뢰할 수 있고 타당한 도구나 방법으로 반복 측정해서 얻은 기초선 자료는 클라이언트 문제의 수준을 비교적 정확하게 밝혀주기 때문에 클라이언트의 문제를 사정하는데 유용하다. 비록 기초선 자료의 수집이 사회복지 사정의 전부라고 할 수는 없지만, 사회복지 사정과정에 다소 객관적이고 타당한 측정방법의 적용은 클라이언트 문제에 관한 보다

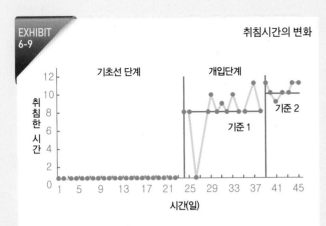

EXHIBIT 6-9

취침시간의 변화

기초선 단계   개입단계

취침한 시간 (세로축: 0, 2, 4, 6, 8, 10, 12)

기준 1

기준 2

시간(일) (가로축: 1, 5, 9, 13, 17, 21, 25, 29, 33, 37, 41, 45)

출처: Brophy, G. 2000. "Social Work Treatment of Sleep Disturbance in a 5-Year-Old Boy: A Single-Case Evaluation." *Research on Social Work Practice*, 10(6): 746-760.

완전한 상像을 만들고 더 나아가 개입의 효과성에 관한 타당한 평가결과를 제시할 수 있게 해주는 장점을 갖는다.

EXHIBIT 6-9는 5세 아동의 수면문제교정을 위한 사회복지사의 개입결과이다 Brophy, 2000. 아동은 자신의 침대에서 취침을 거부하는 행동을 보였고 사회복지사와 아동의 어머니는 이러한 문제행동을 개선하기로 동의하였다. 아동의 문제행동은 자신의 침대에서 취침한 시간으로 측정하기로 결정하고 아동의 어머니가 기초선 단계 동안 아동이 자신의 침대에서 취침한 시간을 반복적으로 측정하였다. 그림을 보면, 아동은 기초선 단계 동안 자신의 방에서 전혀 취침을 하지 않았다. 이와 같이 개인수준 조사설계를 사용하면 클라이언트 문제에 관한 객관적 정보를 수집하고 문제의 수준을 사정하는데 유리하다.

2단계: 개입과 모니터링

탐색과 사정단계를 거친 후 사회복지사와 클라이언트는 구체적 변화를 이루기 위해 개입단계로 들어간다. 탐색과 사정단계에서 사회복지사는 클라이언트의 경험과 준거틀에 초점을 두면서 주로 클라이언트가 자신을 표현하고 인식할 수 있도록 원조하는 반면, 개입단계에서는 클라이언트의 문제를 해결하고 설정된 목표를 달성하기 위하여 사회복지사가 자신의 지식과 기술을 적극적으로 표현한다 김용석 외 역, 2013. 사회복지사는 문제해결과 목표달성을 촉진할 수 있는 실천이론과 모델을 사용하여 클라이언트의 문제해결능력을 향상시키는데 초점을 둔다. 많은 학자들은 Zastrow, 1992; Nugent et al., 2001; Hepworth et al., 2002은 개입단계에서 사회복지사가 수행해야 할 중요한 역할 중의 하나로 모니터링을 들고 있다. Hepworth 외 2002는 사회복지사가 개입단계 동안 모니터링을 해야 하는 4가지 이유를 제시하고 있다.

첫째 개입이 목표달성에 기여하고 있는지를 평가해야 한다. 만약 클라이언트가 진전을 보이지 않는다면 사회복지사는 개입의 수정을 고려해야 한다.

둘째 클라이언트와 함께 모니터링을 함으로써 사회복지사는 효율적인 시간 활용, 변화를 위한 노력의 지속 등과 관련해서 클라이언트를 지도할 수 있게 된다.

셋째 만약 클라이언트 스스로 자신이 진전을 보이고 있지 못하다고 인식할 경우 클라이언트는 자신감을 잃고 원조과정에 참여하는 정도가 낮아질 수 있다. 정기적 모니터링을 함으로써 사회복지사는 개입에 대한 클라이언트의 반응을 파악할 수 있게 된다.

넷째 정기적인 모니터링은 클라이언트에게 문제해결과 목표달성에 초점을 유지해야 하는 동기를 제공한다.

개인수준 조사설계는 클라이언트의 진전을 모니터링하기 위한 도구로 매우 적합하다. 개인수준 조사설계에서는 개입이 진행되는 동안 클라이언트 문제를 정기적으로 측정하고 측정결과를 도식화하기 때문에 사회복지사는 클라이언트의 변화 정도를 쉽게 파악할 수 있다. 모니터링은

사회복지사뿐만 아니라 클라이언트에게도 도움이 된다. 자신이 진전되고 있다는 증거는 클라이언트의 자신감을 높일 수 있고 그 이상의 행동을 취할 클라이언트의 동기를 증가시킬 수 있다김용석 외 역, 2013.

EXHIBIT 6-9는 반복 측정을 통한 정기적 모니터링의 장점을 잘 보여주고 있다. 개입단계에 들어서면서 아동의 행동은 급격한 변화를 보이다가 개입단계 초기에 잠시 기초선 단계의 수준으로 떨어진 후 다시 긍정적 변화를 보이는 패턴을 볼 수 있다. 또한, EXHIBIT 6-9는 당초 설정된 목표가 달성되고 유지되어 목표를 상향 조정한 점도 보여주고 있다. 클라이언트 문제수준의 등락과 목표의 상향조정은 반복 측정을 통한 모니터링이 없다면 얻을 수 없는 결과이다.

3단계: 종결과 평가

사회복지실천의 마지막 단계에서 사회복지사가 수행해야 하는 역할은 두 가지로 정리될 수 있다Zastrow, 1992; Hepworth et al., 2002.

첫째 사회복지사는 클라이언트와의 관계를 종결짓기 위한 준비를 하고 이를 적절하게 수행한다. 중요한 관계의 종결은 힘든 일이며 특히 클라이언트는 사회복지사와의 관계를 종결함으로써 슬픔, 상실감을 경험하기도 한다. 사회복지사는 헤어짐과 관련해서 클라이언트가 경험하는 감정들을 적절히 다루어주고 동시에 종결의 필요성에 대해서도 클라이언트에게 설명해 주어야 한다김용석 외 역, 2013; Nugent et al., 2001.

둘째 사회복지사는 원조과정에 관한 최종 평가를 한다. 평가는 결과에 대한 평가와 과정에 대한 평가로 구분된다 Hepworth et al., 2002. 결과에 대한 평가는 계약단계에서 설정된 목표가 달성된 정도의 평가를 의미하며 과정에 대한 평가는 전반적인 원조과정과 관련해서 클라이언트로부터 피드백을 구하는 것이다. 결과와 과정에 대한 평가를 통해서 사회복지사는 자신의 실천을 검토하고 발전시킬 수 있는 기회를 갖게 된다.

개인수준 조사설계는 사회복지실천의 종결단계에서도 유용하다.

첫째 개인수준 조사설계의 활용은 전문적 관계를 종결해야 하는 시점에 대한 정보를 제공한다Nugent et al., 2001. 클라이언트 문제의 반복 측정은 클라이언트의 진전에 대한 정보뿐만 아니라 더 이상의 개입이 불필요할 정도로 클라이언트가 향상되었다는 정보까지 제공해준다. 사회복지사는 클라이언트와 함께 반복 측정 결과를 검토하면서 클라이언트가 이룬 변화를 설명하면서 자연스럽게 전문적 관계의 종결에 관해서도 논의할 수 있게 된다. 또한 전문적 관계가 조기에 종결된 경우에도 조기종결의 원인을 파악하는데 도움을 준다.

둘째 기초선 단계와 개입단계에서 수집된 자료는 개입의 효과에 대한 명확하고 객관적인 평가를 가능하게 한다. 그래프로 제시된 기초선 단계와 개입단계의 자료의 비교를 통해서 개입 효과에 관한 평가가 가능해진다.

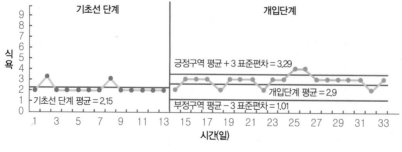

아래 그림은 AB 설계를 사용한 실제 연구결과의 일부이다. 우울증 환자를 대상으로 단기 인지행동 프로그램의 효과를 평가한 이 연구(김용석 · 손동균, 2008)에서 종속변수 중 하나는 식욕이었으며 아래 결과는 식욕에 대한 클라이언트의 자기평가 결과이다. 클라이언트는 인지행동 프로그램이 시작되기 전부터 시작해서 프로그램이 종결될 때까지 자신의 식욕을 개별화된 척도(individuallied rating scale)를 가지고 지속적으로 측정하였다. 그림에서 X축은 시간을 Y축은 식욕수준을 나타낸다. 식욕수준은 점수가 클수록 식욕이 좋음을 의미한다. 기초선 단계와 개입단계의 자료를 비교할 때 개입단계에서 클라이언트의 식욕이 약간 개선되었다.

기초선 단계
개입단계

긍정구역 평균 + 3 표준편차 = 3.29
기초선 단계 평균 = 2.15
개입단계 평균 = 2.9
부정구역 평균 − 3 표준편차 = 1.01

식욕

시간(일)

AB 설계 예시

EXHIBIT 6-9는 개입의 효과성을 명확하게 보여준다. 기초선 단계에서 아동이 자신의 침대에서 취침한 시간은 0시간이었으나 개입단계에서는 취침시간이 8시간으로 증가하였고 개입단계 후반기에는 10시간 이상으로 증가하였다. 긍정적 변화가 개입단계 내내 유지되고 있음을 볼 수 있다. 즉 EXHIBIT 6-9는 개입의 효과를 명확하고 객관적으로 제시해주는 장점을 갖는다.

유형

AB 설계

A는 기초선 단계를, B는 개입단계를 의미한다. **AB 설계**는 가장 기본적인 유형으로 기초선 단계 1개와 개입단계 1개로 구성된다. 기초선 단계 자료와 개입단계 자료의 비교를 통해서 개입의 효과를 평가한다.

개인수준 조사설계는 무작위 할당과 통제집단을 사용하지 않기 때문에 집단수준 조사설계특히 실험설계 만큼 내적타당도

저해요인을 통제하는 능력은 뛰어나지 않다. 또한, 개인수준 조사설계에서 내적타당도는 기초선 단계 자료의 패턴과 관련이 있다. 기초선 자료가 안정적 패턴을 보일 경우 내적타당도를 확보하는데 유리하다.

AB 설계가 내적타당도 저해요인의 영향을 통제하는 능력은 다음과 같다.

- 우연한 사건: 가장 문제시되는 내적타당도 저해요인이다Fortune and Reid, 1999. 기초선 단계의 마지막 측정 시점과 개입단계의 첫번째 측정 시점 사이에 발생한 사건의 영향을 통제하기 어렵다. 특히 두 시점이 멀어질수록 우연한 사건이 결과에 미치는 가능성은 증가한다.

- 성숙, 도구화, 회귀, 검사: 반복 측정을 통해서 수집된 기초선 단계의 자료가 안정적 패턴을 보일 경우 이들 저해요인의 영향은 어느 정도 통제된다Engel and Schutt, 2013. 기초선 단계의 자료가 상승 또는 하강하는 패턴을 보인다면 성숙의 영향을 의심해야 한다. 회귀나 검사의 영향은

AB 설계 우연한 사건의 영향을 통제하기 어렵다.

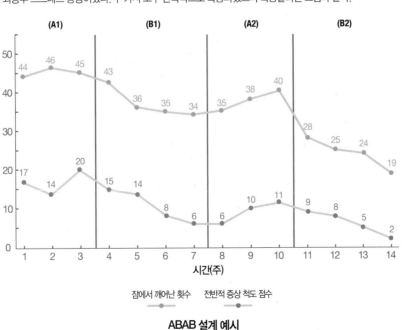

전쟁 경험으로 인한 외상후 스트레스 장애를 겪고 있는 아동의 사회적, 행동적 기능 향상과 긴장 유발 요인의 감소를 위한 인지행동치료의 효과성 연구에서 ABAB 설계를 사용하였다(Soliman, 1999). 첫번째 기초선 단계(A1) 동안 아동과 아동의 부모는 일주일에 1회 사회복지사를 방문하면서 개입계획을 수립하였고, 4주간 진행된 첫번째 개입단계(B1)에서는 개입계획에 따라 개별상담, 집단상담, 가족상담에 참여하였다. 두번째 기초선 단계(A2)는 3주간 진행되었으며 이 기간에 아동과 아동의 가족에게 제공되던 개입이 중단되었다. 그러나 아동과 아동의 부모에게 제공되는 기존 서비스는 계속해서 제공되었다. 3주간의 두번째 기초선 단계가 끝난 후 두번째 개입단계(B2)가 4주간 진행되었으며 이 기간에 아동과 아동의 부모는 첫번째 개입단계에서 제공받은 동일한 개입을 다시 제공받았다. 종속변수는 아동이 악몽 때문에 잠에서 깨어난 횟수와 표준화된 도구로 측정한 아동의 외상후 스트레스 증상이었다. 두 가지 모두 반복적으로 측정되었으며 측정결과는 그림과 같다.

ABAB 설계 예시

기초선 단계의 초기에 발생할 가능성이 높기 때문에 초기단계의 자료 패턴에 주목하도록 한다.

- 선정편향, 상실: 개인수준 조사설계에서는 이슈가 되지 않는다.

ABAB 설계

AB 설계는 변화가 발생한 시점과 종결이 필요한 시점을 제시해 주는 면에서 유용한 설계임은 분명하지만 내적타당도 저해요인을 통제하는 능력에서는 부족하다 Fortune and Reid, 1999. 이러한 문제는 ABAB 설계를 사용하면 어느 정도 해소된다. ABAB 설계는 AB 설계를 확장한 설계로 기초선 단계와 개입 단계가 각각 2개씩 있다. 첫번째 기초선 단계와 첫번째 개입단계 후에 개입을 잠시 보류하는 두번째 기초선 단계가 이어지고 그 다음 다시 개입을 제공하는 두번째 개입단계가 이어진다. 첫번째 개입단계 이후에 개입이 일정기간 보류되기 때문에 이 설계를 중지설계 withdrawal design 라고 부르기도 한다.

> **다중기초선 설계** 다수의 기초선을 설정하여 내적타당도를 높이는 설계이나 개입의 제공이 지연되는 문제를 갖는다.

ABAB 설계의 장점은 개입의 효과를 AB 설계보다 명확하게 제시할 수 있다는 점이다. 사례는 이러한 장점을 잘 설명하고 있다. 사례 그림에서 두 가지 종속변수는 첫번째 기초선 단계에서는 변화를 거의 보이지 않다가 첫번째 개입단계가 시작되면서 변화를 보이기 시작하였다. 만약 AB 설계를 사용하였다면, 첫번째 기초선 단계가 끝나고 첫번째 개입단계가 시작되는 사이에 발생한 우연한 사건이 이러한 변화의 원인이 된다는 주장에 취약할 수 있다. 그러나 두번째 기초선 단계와 개입단계의 자료를 보면, 개입이 잠시 중단된 두번째 기초선 단계에서 두 종속변수의 점수가 상승되어 아동의 문제가 악화되다가 개입이 다시 제공된 두번째 개입단계에서 아동의 문제가 다시 개선되고 있다. 즉 개입이 제공되지 않은 단계에서는 변화가 없거나 문제가 악화되었으나 개입이 제공된 단계에서는 모두 긍정적 변화가 발생하였다. 따라서 변화의 원인이 개입이라는 주장이 설득력을 얻게 된다. 비록 ABAB 설계가 AB 설계에 비해 내적타당도를 확보하는 장점이 있지만, 내적타당도 확보를 위하여 클라이언트에게 제공하는 서비스를 잠시 중단하는 행위는 윤리적 문제가 될 수 있다.

ABAB 설계가 내적타당도 저해요인의 영향을 통제하는 능력은 다음과 같다.

- 우연한 사건: AB 설계에서 가장 문제시되는 내적타당도 저해요인이었으나 ABAB 설계에서는 어느 정도 통제가 가능하다.
- 성숙, 도구화, 회귀, 시험: 반복 측정을 통해서 수집된 기초선 단계의 자료가 안정적 패턴을 보일 경우 이들 저해요인의 영향은 어느 정도 통제된다 Engel and Schutt, 2013.
- 선정편향, 상실: 개인수준 조사설계에서는 이슈가 되지 않는다.

다중기초선 설계 multiple baseline design

다중기초선 설계는 다수의 기초선을 설정하는 설계로서 동일한 문제나 욕구를 가진 2명 이상의 클라이언트나 또는 동일 클라이언트의 여러 행동에 적용되는 설계이다. 예를 들면, 음주문제가 있는 다수의 클라이언트에게 이 설계를 적용할 수도 있고 강박증상이 있는 클라이언트의 여러 가지 강박행동에 적용될 수도 있다. 최소 3개의 기초선 단계 설정이 권장되며 기초선 단계의 개수가 많을수록 내적타당도는 증가한다 Monette et al., 2011.

내적타당도 저해요인을 통제하기 위하여 ABAB 설계가 개입의 중단 interruption 을 사용하였다면, 다중기초선 설계는 반복 replication 을 사용한다. 즉 동일한 개입을 여러 클라이언트 혹은 여러 행동에 제공한 다음 일관적으로 개입 이후에 변화가 발생한다면 개입이 변화의 원인이라는 주장이 힘을 얻게 된다. 이처럼 다수의 기초선 설정은 내적타당도를 확보하는 데 유리하다. 그러나 다수의 기초선 설정은 일부 클라이언트에게 개입의 제공을 지연하는 문제를 발생시킨다. 앞의 사례에서도 기초선 단계 기간을 6개월, 9개월, 12개월로 설정하여 일부 클라이언트는 개입을 제공받기 위해 기초선 단계가 6개월인 클라이언트들에 비해 짧게는 3개월에서 길게는 6개월을 기다려야 했다.

다중기초선 설계가 내적타당도 저해요인의 영향을 통제하는 능력은 다음과 같다.

- 우연한 사건, 성숙, 도구화, 회귀, 시험: 다수의 기초선을 가지고 있기 때문에 이들 저해요인의 영향을 통제하는 데 유리하다 Fortune and Reid, 1999.
- 선정편향, 상실: 개인수준 조사설계에서는 이슈가 되지 않는다.

정신분열병 클라이언트를 대상으로 인지행동치료의 효과성을 평가한 연구(Bradshaw, 2003)가 다중기초선 설계를 사용하였다. 연구자는 평가를 위해 기초선 단계 기간을 6개월, 9개월, 12개월로 설정하였다. 번호에서 클라이언트 1과 2의 기초선 단계 기간은 6개월, 클라이언트 3과 4의 기간은 9개월, 클라이언트 5, 6, 7의 기간은 12개월임을 알 수 있다. 다중기초선 설계에서는 클라이언트마다 개입 제공 시점이 상이하기 때문에 개입이 제공된 후 변화가 나타났는지를 유심히 관찰해야 한다. 클라이언트 5를 제외한 모든 클라이언트의 기초선 단계 자료는 안정적 패턴을 보이다가 개입단계부터 개선을 보이기 시작했다. 클라이언트 5의 자료는 기초선 단계에서는 다른 클라이언트의 자료처럼 안정적 패턴을 보였으나 개입단계 초기에 자료가 약간 하강하였다. 그러나 그 이후 자료는 상승하는 패턴으로 돌아섰다.

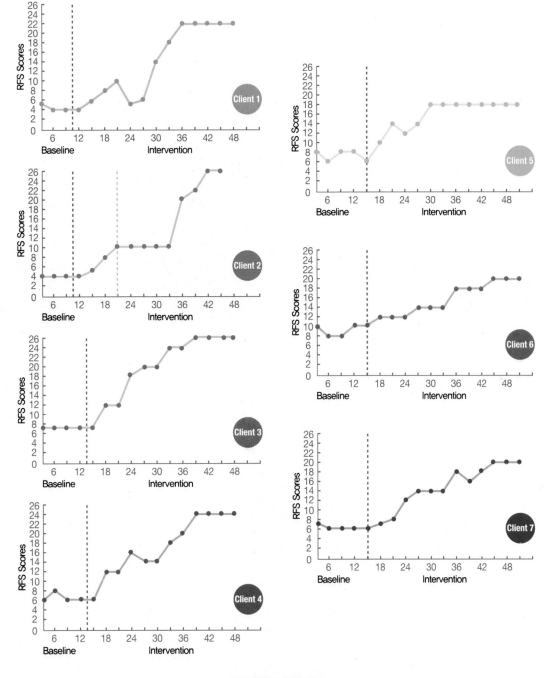

다중기초선 설계 예시

자료분석

시각적 분석

개인수준 조사설계에서는 시각적 분석이 자료를 분석하는 일차적 방법이다. 그러나 시각적 분석은 주관적이며 평가자 간 일치도의 문제가 있다는 비판을 받는다. 이러한 문제를 해소하기 위한 방법으로 시각적 분석을 원조하는 도구들이 사용되며 원조 도구들로 수준, 평균선, 추세선, 추세지수가 있다 Nugent et al., 2001; Bloom et al., 2006.

수준

수준level이란 특정 시점에서 보이는 변수의 크기를 의미 Bloom et al., 2006하는데 간단히 말해서 종속변수의 크기로 이해하면 된다. EXHIBIT 6-10에서 Y축이 수준을 가리키며 기초선 단계의 수준과 개입단계의 수준의 차이가 클수록 개입의 효과가 크다고 해석한다. 수준의 차이를 계산하는 방법은 개입단계의 첫번째 자료점에서 기초선 단계의 마지막 자료점을 빼면 된다 Nugent et al., 2001. 예를 들면, 개입단계의 첫번째 자료점data point이 9이고 기초선 단계의 마지막 자료점이 3이라면 수준은 9-3=6이 된다. 이는 개입단계의 첫번째 자료점이 기초선 단계의 마지막 자료점보다 6점이 높음을 의미하며 점수가 클수록 양호한 상태라면 긍정적 변화를 나타내는 것이다.

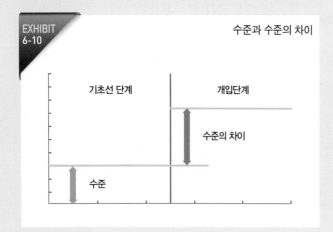

EXHIBIT 6-10

수준과 수준의 차이

평균

많은 점수들을 요약해 주는 기능을 하는 평균은 클라이언트의 상태를 신속하게 파악하고 기초선 단계와 개입단계를 비교하고 해석하는데 도움을 준다. 그러나 기초선 단계와 개입단계의 자료들이 EXHIBIT 6-11과 같을 경우에는 평균을 사용

할 때 주의하여야 한다. EXHIBIT 6-11을 보면 기초선 단계의 자료들은 상승하는 패턴을 보이는 반면, 개입단계의 자료들은 하강하는 패턴을 보이고 있다. 즉 두 단계의 자료들이 서로 다른 패턴을 보이고 있음에도 불구하고 각 단계의 평균이 동일해지는 문제를 갖게 되기 때문에 두 단계의 평균들의 비교가 무의미해진다. 따라서 이러한 경우에는 평균의 사용을 자제해야 한다.

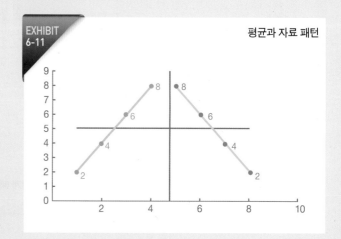

EXHIBIT 6-11

평균과 자료 패턴

둘째 마지막 자료점이 측정된 시간과 첫번째 자료점이 측정된 시간의 차이를 계산한다. 기초선 단계에서 측정시간의 차이는 6(=7−1)이고 개입단계에서의 차이는 6(=14−8)이다.

셋째 마지막 자료점과 첫번째 자료점의 차이를 마지막 자료점이 측정된 시간과 첫번째 자료점이 측정된 시간의 차이로 나누어 비율을 계산한다. 기초선 단계와 개입단계에서의 비율은 각각 1.2(=7/6)와 −1.2(=−7/6)로 계산된다. 이는 기초선 단계 동안 클라이언트의 구타횟수는 하루에 1.2회씩 증가한 반면, 개입단계 동안 클라이언트의 구타횟수는 하루에 1.2회씩 감소한다는 것을 의미한다.

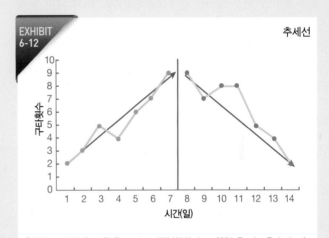

EXHIBIT 6-12 추세선

출처: Nugent, W. R., J. D. Sieppert, and W. W. Hudson. 2001. Practice Evaluation for the 21st Century. Belmont, CA: Brooks/Cole. pp.115.

추세

시각적 분석을 위해 자료의 추세trend를 검토한다. 자료는 상승하는 추세, 하강하는 추세, 변화 없는 추세, 또는 불규칙한 패턴을 보일 수 있다. Nugent2000는 자료의 추세를 분석하기 위해 추세선trend line과 추세 지수의 활용을 제안하고 있다. 추세선이란 자료의 추세를 요약해 주는 선Bloom et al., 2006으로 정의되며 추세선은 자료에 대한 해석을 명확하게 해 주는 기능을 가지고 있을 뿐만 아니라 이후에 다룰 통계적 분석을 위해서도 사용된다. 여러 가지 종류의 추세선들이 있는데 각 단계의 첫번째 자료점과 마지막 자료점을 연결하여 추세선을 만들 수 있다. 추세 지수●를 계산하는 단계는 다음과 같다.

첫째 마지막 자료점과 첫번째 자료점의 차이를 계산한다. EXHIBIT 6-12의 기초선 단계에서 두 자료점의 차이는 7(=9−2)이고 개입단계에서의 차이는 −7(=2−9)이 된다.

통계적 분석

개인 수준 조사설계를 통해 수집된 자료를 통계적인 방법으로도 분석할 수 있다. 그런데 통계적 분석방법은 신중하게 사용되어야 한다. 개인 수준 조사설계를 통해 수집된 자료는 자기상관autocorrelation의 문제를 갖는다. 개인 수준 조사설계에서는 동일한 클라이언트를 대상으로 반복적으로 측정하기 때문에 자료들이 자기 상관적일 경우가 많다. 자기상관은 자료들 사이의 관계와 관련된 개념으로, 자료들이 의존적일 경우, 즉 자기상관이 존재할 때 통계적 검정이 과소추정 또는 과대추정되는 문제를 낳는다Fisher, Kelly, and Lomas, 2003. 자료가 정적 자기상관을 보이면 통계량이 팽창되어 제1종 오류를 범하게 되며, 이와는 대조적으로 자료가 부적 자기상관을 보일 경우, 상대적으로 점수들이 상이하므로 통계량을 과대추

● 추세 지수 $= \dfrac{Y_{final}-Y_{initial}}{T_{final}-T_{initial}}$

$Y_{initial}$ = 각 단계 첫번째 자료점, Y_{final} = 각 단계 마지막 자료점, $T_{initial}$ = 각 단계 첫번째 시간, T_{final} = 각 단계 마지막 시간

정하게 된다.

따라서 개인 수준 조사설계 자료를 통계적으로 분석할 때 자기상관의 가정으로부터 자유로운 분석방법의 사용이 권장된다. 다행히도 3 표준편차 띠 접근Three-Standard Deviation Band Approach은 자료들이 자기상관적일 경우에도 사용할 수 있는 장점이 있다Sideridis et al., 1997; Fisher et al., 2003; Bloom et al., 2006. 3 표준편차 띠 접근을 활용하는 절차를 소개하면 첫째, 기초선 단계의 평균과 표준편차를 계산한다. 둘째, 기초선 단계의 평균±3 표준편차를 계산한 후 EXHIBIT 6-13과 같이 개입단계에 3 표준편차 상한선과 3 표준편차 하한선을 긋는다. 자료점이 두 점선 사이에 떨어질 확률은 99.73%가 되며 두 점선 밖에 떨어질 확률은 0.27%가 된다. 자료점이 상한선 또는 하한선 밖에 위치하게 되는 경우는 매우 드물어서 표준편차 띠 밖에 자료점이 한 개라도 있을 때 이를 통계적으로 유의미

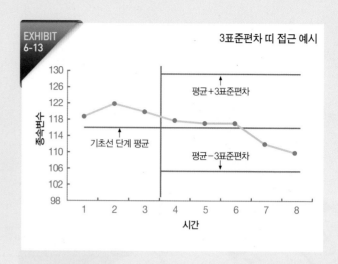

한 결과로 결정한다Wheeler and Chambers, 1992. 이처럼 엄격한 기준을 가지고 있어서 탐지된 변화가 우연에 의해서 발생하지 않았다고 결론 내릴 수 있게 되는 것이다.

REVIEW exercises
복/습/문/제

1 두 변수의 인과관계 성립을 위한 3가지 조건을 설명해 보시오.

2 내적타당도와 외적타당도를 비교하면서 설명해 보시오.

3 집단수준 조사설계를 크게 3가지로 구분하고 각각을 설명해 보시오.

4 인과관계 연구분석 결과도출에서 생길 수 있는 오류들에 대해 논해 보시오.

요점
정리

summary 조사설계(research design)는 연구문제에 대한 답을 제공하기 위하여 또는 가설을 검증하기 위하여 사용하는 전반적 계획 과 전략이다.

summary 두 변수 사이의 인과관계 성립을 위한 요건은 ① 독립변수와 종속변수 사이에 통계적 관계가 존재해야 하고 ② 독립 변수가 종속변수보다 시간적으로 먼저 발생해야 하며 ③ 다른 변수를 동시에 고려할 때 기존의 독립변수와 종속변수 사이의 관계가 허위관계(spurious relationship)가 되어서는 안 된다.

summary 내적타당도는 종속변수의 변화가 다른 변수가 아닌 독립변수에 의해서 발생되었다고 확신하는 정도를 뜻한다. 인과 관계를 다루는 설계에서 원인과 결과와의 관계에 대한 확신을 세우는 일이 가장 중요하기 때문에 이 장에서 내적타당 도는 핵심적 개념이다.

7가지 내적타당도 저해요인은 다음과 같다.

① 우연한 사건이란 독립변수는 아니나 연구가 진행되는 동안 예기치 않게 발생하여 종속변수에 영향을 미칠 수 있는 외부 사건을 뜻한다.
② 성숙은 시간이 흐르면서 자연스럽게 나타나는 조사대상자의 변화를 말한다.
③ 상실은 조사대상자가 연구가 종료될 때까지 남아있지 않고 어떤 이유로 연구 참여를 조기에 종료하는 경우를 말한다.
④ 연구를 위해 두 집단을 비교하는 경우가 있는데 선정편향은 연구 시작 전에 존재하는 두 집단의 차이를 말한다.
⑤ 사전검사가 사후검사 결과에 영향을 미치는 경우를 검사라고 한다.
⑥ 도구화는 측정도구의 오류(instrumentation error)로 측정도구 자체로 인한 종속변수의 개선 또는 악화를 말한다.
⑦ 회귀는 1차 측정 때 상당히 높거나 낮은 점수가 2차 측정 때 본래의 점수로 돌아가는 경향을 말한다.

summary 집단수준 조사설계는 무작위 할당, 통제집단 또는 다중측정의 유무에 따라 실험설계, 유사실험설계, 반실험설계로 구분 된다.

summary 실험설계가 갖추어야 할 필수요소는 사전검사와 사후검사 실시, 실험집단과 통제집단 구성, 독립변수 투입, 무작위 할 당이다.

summary 무작위 할당은 실험집단과 통제집단을 동등하게 만드는 방법으로 내적타당도를 높이는 가장 중요한 요소이다.

summary 통제집단 사전사후검사 설계에서는 ① 먼저 연구참여자를 실험집단과 통제집단으로 무작위 할당하고, ② 종속변수와 관 련하여 두 집단의 수준을 측정하며, ③ 실험집단에 프로그램을 제공하고, ④ 마지막으로 종속변수와 관련하여 두 집단의 수준을 다시 측정한다.

summary 통제집단 사후검사 설계는 연구참여자를 실험집단과 통제집단에 무작위로 할당하나 통제집단 사전사후검사 설계와 는 달리 사전검사를 실시하지 않는다.

솔로몬 4집단 설계의 표기를 보면 통제집단 사전사후검사 설계와 통제집단 사후검사 설계를 합친 설계이다. 솔로몬 4집단 설계는 총 4집단으로 구성되어 있으며 실험집단과 통제집단이 각각 2개씩이다.

비동일 통제집단 설계는 통제집단 사전사후검사 설계처럼 실험집단과 통제집단으로 구성되어 있고 프로그램 실행 전과 후에 사전검사와 사후검사를 실시하나 두 집단을 구성하기 위해서 무작위 할당을 사용하지 않는다. **summary**

단순시계열 설계는 한 집단을 대상으로 반복 측정을 하는 설계이다.
다중시계열 설계는 두 개 이상의 집단을 대상으로 반복 측정을 하는 설계이다.

단일집단 사전사후검사 설계는 단일집단을 대상으로 프로그램을 제공하기 전에 사전검사(pretest)를 실시하고 프로그램이 종결된 후 사후검사를 실시하는 설계이다. **summary**

단일집단 사후검사 설계(one group posttest only design)는 단일집단에 프로그램을 제공하고 프로그램 종료 후 사후검사를 실시하는 설계로 집단수준 조사설계 중에서 가장 단순한 설계이다.

개인수준 조사설계에서는 개입 전 단계를 기초선 단계(baseline phase)라고 하며 실험설계에서 통제집단의 역할을 하고 개입 후 단계를 개입단계(intervention phase)라고 하며 실험설계에서 실험집단의 역할을 한다. **summary**

AB설계는 가장 기본적인 유형으로 기초선 단계 1개와 개입단계 1개로 구성되며 기초선 단계 자료와 개입단계 자료의 비교를 통해서 개입의 효과를 평가한다. 이 설계는 변화가 발생한 시점과 종결이 필요한 시점을 제시해주는 면에서 유용한 설계임은 분명하나 내적타당도 저해요인을 통제하는 능력에서는 다소 부족하다.

ABAB설계는 AB설계를 확장한 설계로 기초선 단계와 개입단계가 각각 2개씩 있다. 첫번째 기초선 단계와 첫번째 개입단계 후에 개입을 잠시 보류하는 두번째 기초선 단계가 이어지고 그 다음 다시 개입을 제공하는 두번째 개입단계가 이어진다. 첫번째 개입단계 이후에 개입이 일정기간 보류되기 때문에 이 설계를 중지설계(withdrawal design)라고 부르기도 한다. **summary**

다중기초선 설계는 다수의 기초선을 설정하는 설계로서 동일한 문제나 욕구를 가진 2명 이상의 클라이언트나 또는 동일 클라이언트의 여러 행동에 적용되는 설계이다. 내적타당도 저해요인을 통제하기 위하여 ABAB설계가 개입의 중단(interruption)을 사용하였다면, 다중기초선 설계는 반복(replication)을 사용한다.

개인수준 조사설계에서는 시각적 분석이 자료를 분석하는 일차적 방법이다. 시각적 분석을 원조하는 도구들이 사용되기도 하며 원조 도구들로 수준, 평균선, 추세선, 추세지수가 있다. **summary**

외적타당도는 연구결과를 연구참여자의 모집단 또는 연구가 수행된 세팅 밖의 세팅에 일반화시킬 수 있는 정도를 말한다. 외적타당도를 높이는 가장 중요한 전략은 반복(replication)이다.

김용석. 2007. 청소년 음주 및 비행 예방 프로그램의 개발을 위한 연구. 『한국사회복지학』, 59(1), 353-379.

김용석. 2013. 사회복지 교육현장에서 목표달성척도의 적용에 관한 연구. 『한국사회복지교육』, 22, 22-49.

김용석. 이석호 · 전종설 역. 2013. 사회복지실천기술. 서울: 박영사.

Bachman, R., & Schutt, R. K. 2014. *The Practice of Research in Criminology and Criminal Justice*. Thousand Oaks, CA: SAGE.

Bernal, J. J., Cummins, S., & Gasparrini, A. 2018. The Use of Controls in Interrupted Time Series Studies of Public Health Interventions. *International Journal of Epidemiology*, 47(6), 2082-2093.

Bloom, M., Fischer, J., & Orme, J. G. 2006. *Evaluating Practice: Guidelines for the Acdountable Professional*, 5th ed. Boston: Allyn and Bacon.

Bradshaw, W. 2003. Use of Single-System Research to Evaluate the Effectiveness of Cognitive-Behavioral Treatment of Schizophrenia. *British Journal of Social Work*, 33, 885-899.

Brophy, G. 2000. Social Work Treatment of Sleep Disturbance in a 5-Year-old Boy: A Single-Case Evaluation. *Research on Social Work Practice*, 10(6), 746-760.

Cournoyer, D. E., & Klein, W. C. 2000. *Research Methods for Social Work*. Boston: Allyn & Bacon.

Dennis, J., Ramsay, T., Turgeon, A. F,, & Zarychanski, R. 2013. Helmet Legislation and Admissions to Hospital for Cycling Related Head Injuries in Canadian Provinces and Territories: Interrupted Time Series Analysis. *BMJ*, 346:f2674. P.121

Dukes, R. L., Ullman, J. B., & Stein, J. A. 1995. An Evaluation of D.A.R.E. (Drug Abuse Resistance Education), Using a Solomon Four-Group Design with Latent Variables. *Evaluation Review*, 19(4), 409-435.

Engel, R. J., & Schutt, R. K., 2013, *The Practice of Research in Social Work*, 3rd ed. Los Angeles, CA: Sage.

Fisher, W. W., M. E. Kelley, and J. E. Lomas. 2003. "Visual Aids and Structured Criteria for Improving Visual Inspection and Interpretation of Single-Case Designs." *Journal of Applied Behavior Analysis*, 36: 387-406.

Fortune, A. E., & Reid, W. J. 1999. *Research in Social Work*, 3rd ed. NY: Columbia University Press.

Fraser, M., Day, S. H., Galinsky, M. J., Hodges, V. G., & Smokowski, P. R. 2004. Conduct Problems and Peer Rejection in Childhood: A Randomized Trial of the Making Choices and Strong Families Program. *Research on Social Work Practice*, 14(5), 313-324.

Grinnell, R. M., Williams, M., & Unrau, Y. A. 2009. *Research Methods for BSW Students*, 7th ed. Kalamazoo, MI: Pair Bond Publications.

Hepworth, D. H., Rooney, R. H., & Larsen, J. A. 2002. *Direct Social Work Practice: Theory and Skills*, 6th ed. Pacific Grove, CA: Brooks/Cole.

Martella, R. C., Nelson, R., Morgan, R., & Marchand-Martella, N. E. 2013. *Understanding and Interpreting Educational Research*. New York: Guilford Publication.

Michielutte, R., Shelton, B., Paskett, E. D., Tatum, C. M., & Velez, R. 2000. Use of an Interrupted Time-Series Design to Evaluate a Cancer Screening Program. *Health Education Research*, 15(5), 615-623.

Monette, D. R., Sullivan, T. J., & DeJong, C. R., 2011, *Applied Social Research: A Tool for Human Services*, Belmont, CA: Brroks/Cole.

Nugent, W. R., Sieppert, J. D., & Hudson, W. W. 2001. *Practice Evaluation for the 21st Century*. Belmont, CA: Brooks/Cole.

Reid, W. J., 1997, Research on Task-Centered Practice, *Social Work Research*, 21(3): 132-137.

Rubin, A., & Babbie, E. R. 2014. *Research Methods for Social Work,* 8th ed. Brooks/Cole.

Schilling, R. F., El-Bassel, N., Finch, J. B., Roman, R. J., & Hanson, M. 2002. Motivational Interviewing to Encourage Self-Help Participants Following Alcohol Detoxification. *Research On Social Work Practice,* 12(6), 711-730.

Sideridis, G. D., and C. R. Greenwoon. 1997. Is Human Behavior Autocorrelated? An Empirical Analysis. *Journal of Behavioral Education*, 7(3): 273-293.

Soliman, H. H. 1999. Post-Traumatic Stress Disorder: Treatment Outcomes for a Kuwaiti Child. *International Social Work*, 4292, 163-175.

Toseland, R. W., Blanchard, C. G., & McCallion, P. 1995. A Problem Solving Intervention for Caregivers of Cancer Patients. *Soc. Sci. Med.,* 40(4), 517-528.

Yegidis, B. L., Weinbach, R. W., & Morrison-Rodriguez, B. 1999. *Reseach Methods for Social Workers,* 3rd ed. Needham Heights, MA: Allyn.

Zastraw, C. H. 1999. *The Practice of Social Work.,* 6th ed. Brooks/Cole Publishing Company.

7

측정

Social
Research
Methods

CONTENTS

이 장은 추상적이고 복잡한 변수의
측정방법을 다루는 장이다.
측정에 관한 구체적인 내용을 다루기에 앞서
측정의 정의, 목적, 수준을 소개하여
측정의 필요성과 중요성을 강조한 후,
추상적 변수를 숫자로 전환하는 방법을 소개한다.
측정에 관한 구체적인 내용으로는
첫째, 측정도구의 선택기준으로
신뢰도와 타당도를 제시하면서
신뢰도와 타당도의 개념과 종류를 소개한 다음
신뢰도와 타당도 평가방법을 제공하고 있다.
둘째, 측정을 하면서 흔히 범하는 측정오류를
체계적 오류와 무작위 오류로 구분하여 설명하고
측정오류를 줄이는 방법을 제공한다.
마지막으로 측정도구 개발방법을 소개한다.

7

측정의 정의와 목적

정의

변수의 개념적 정의와 조작적 정의를 내린 다음 실제로 변수를 측정하게 된다. 우리가 일상생활에서 줄자를 가지고 자신의 키를 재고 체중계를 사용하여 몸무게를 재서 정하듯이 사회조사에서도 측정도구를 사용하여 변수를 측정한다. 물론 사회조사에서의 측정이 일상생활에서의 측정에 비해 복잡한 절차를 필요로 하지만, 두 가지 측정 모두 측정대상또는 속성을 숫자로 축소하는 공통점을 갖는다.

측정은 측정대상에 상징을 부여하는데 필요한 규칙으로 정의되며 이 규칙에 따라 ❶ 속성의 양을 수량적으로 나타내거나 또는 ❷ 특정 속성과 관련하여 측정대상들을 분류하는 방법을 규정한다Nunnally and Bernstein, 1994: 3. 측정의 정의에서 규칙이 강조되고 있는데 규칙은 측정의 핵심적 요소이다. 규칙을 제대로 세우지 않거나 준수하지 않으면 측정결과는 의미 없게 되며 결국 사회조사 결과를 신뢰할 수 없게 만들기 때문이다. 규칙은 측정대상의 측정을 위해 해야 하는 모든 것, 예를 들어 설문문항의 표현, 측정도구의 배포방식 등 자료수집과정 동안 발생하는 모든 것을 포함한다Viswanathan, 2005. 이와 같은 규칙에 관한 내용은 이 장과 자료수집방법을 설명하는 장에서 충분히 설명되어질 것이다.

목적

사회조사에서 변수를 측정하는 목적은 변수를 가능한 한 완전하고 정확하게 묘사하는데 있다. 측정의 목적을 보다 세분화 하면 다음과 같다Viswanathan, 2005: 79-83.

첫째 **대응**correspondence 이다. 대응은 우리가 경험적 현실세계에서 측정한 것과 측정을 위해 사용한 이론을 서로 연결시킨다는 의미이다. 애착이론을 예로 들면, 애착이론은 아동이 엄마와 헤어질 때 보이는 행동을 잘 설명한다. 애착이론에 근거하여 아동의 행동을 측정하는 것은 애착추상적이고 측정 불가능한 개념과 아동의 행동구체적이고 측정 가능한 변수을 서로 대응시키는 것이다.

둘째 **표준화**standardization 이다. 사회조사에서 다루는 개념과 변수의 대부분은 복잡하여 사람들은 동일한 개념과 변수를 각기 다른 방식으로 해석한다. 사회조사에서 자주 등장하는 알코올사용장애를 예로 들더라도 사람들은 이 개념을 동일하게 해석하지 않을 것이다. 그러나 세계보건기구의 알코올사용장애선별도구Alcohol use Disorder Indentification Test를 사용하여 알코올사용장애을 측정한다면 이 척도를 사용하는 모든 사람은 최소한 세계보건기구가 제안한 알코올사용장애의 의미에 동의하는 것이다. 세계보건기구는 알코올사용장애 척도를 개발함으로써 알코올사용장애의 의미를 표준화하였다.

셋째 **수량화**quantification 이다. 수량화는 변수의 수준을 단일 숫자

> **측정** 일정한 규칙에 따라 측정대상의 속성에 대하여 어떤 상징을 부여하는 체계적이고 과학적인 과정

TABLE 7-1

세계보건기구의 알코올사용장애선별도구

1. 얼마나 자주 술을 마십니까?
   ① 전혀 마시지 않는다(9번으로 가시오) ② 한 달에 한 번 이하
   ③ 한 달에 2~4번   ④ 일주일에 2~3번   ⑤ 일주일에 4번 이상

2. 보통 술을 마실 때 몇 잔 정도 마십니까?
   ① 1~2잔   ② 3~4잔   ③ 5~6잔
   ④ 7~9잔   ⑤ 10잔 이상

3. 지난 1년 동안 한 번에 술을 6잔 이상 마시는 경우가 얼마나 자주 됩니까?
   ① 전혀 없다   ② 몇 달에 한 번   ③ 한 달에 한 번 정도
   ④ 일주일에 한두 번 ⑤ 거의 매일

4. 지난 1년 동안 술을 마시기 시작하면 중간에 그만 둘 수 없었던 적은 얼마나 자주 됩니까?
   ① 전혀 없다   ② 몇 달에 한 번   ③ 한 달에 한 번 정도
   ④ 일주일에 한두 번 ⑤ 거의 매일

5. 지난 1년 동안 해야할 일을 술 때문에 하지 못한 적은 얼마나 됩니까?
   ① 전혀 없다   ② 몇 달에 한 번   ③ 한 달에 한 번 정도
   ④ 일주일에 한두 번 ⑤ 거의 매일

6. 지난 1년 동안 과음을 한 다음날 해장술을 마셔야 했던 적은 얼마나 됩니까?
   ① 전혀 없다   ② 몇 달에 한 번   ③ 한 달에 한 번 정도
   ④ 일주일에 한두 번 ⑤ 거의 매일

7. 지난 1년 동안 술을 마신 후에 죄책감을 느끼거나 후회한 적은 얼마나 됩니까?
   ① 전혀 없다   ② 몇 달에 한 번   ③ 한 달에 한 번 정도
   ④ 일주일에 한두 번 ⑤ 거의 매일

8. 지난 1년 동안 술마시고 필름이 끊긴 적이 얼마나 됩니까?
   ① 전혀 없다   ② 몇 달에 한 번   ③ 한 달에 한 번 정도
   ④ 일주일에 한두 번 ⑤ 거의 매일

9. 술로 인해 다치거나 다른 사람을 다치게 한 적이 얼마나 됩니까?
   ① 지금까지 한 번도 없었다
   ② 있지만 지난 1년 동안은 없었다
   ③ 지난 1년 동안 한 번 이상 있었다

10. 친척, 친구나 의사와 같은 주변 사람들이 귀하의 음주를 걱정하거나 술을 줄이도록 권한 적이 얼마나 됩니까?
   ① 지금까지 한 번도 없었다
   ② 있지만 지난 1년 동안은 없었다
   ③ 지난 1년 동안 한 번 이상 있었다

출처: 김용석. 1999. 국내외 알코올사용장애선별도구의 비교를 통한 한국성인의 알코올사용장애에 관한 역학조사, 한국사회복지학, 37, p. 88.

에 대한 통계적 분석을 가능하게 해 주는 장점을 갖는다.

넷째 반복duplication 이다. 사회과학 분야에서 기존 연구를 반복하는 경우는 드물지만, 특정 변수의 측정을 위해 이전 연구에서 사용한 도구를 사용하여 변수를 표준화하고 수량화함으로써 기존 연구를 반복할 수 있다. 연구의 반복은 기존 연구 결과를 확인해주는 기능을 한다.

Measurement

2 측정수준

앞에서 측정은 변수를 숫자로 축소하는 의미를 갖는다고 하였다. 여기서는 변수를 숫자로 전환하는 4가지 방법을 소개한다.

4가지 측정수준

변수는 측정의 정밀도precision 면에서 여러 수준으로 측정될 수 있으며 일반적으로 그 수준은 4가지로 구분된다.

첫째 명목수준nominal level 이다. 명목수준은 측정대상을 단순히 분류만 해주는 수준이며 측정의 정밀도 면에서 가장 낮은 수준이다. 명목수준 변수에서 속성에 부여된 값들은 숫적인 의미를 갖지 않는다. 명목수준 변수의 예로 조사대상자의 성별을 들 수 있다. 설문조사를 수행하는 많은 연구자들이 설문지에 조사대상자의 성별을 묻는 문항을 포함한다. 다음 문항에서 1과 2는 수량적 의미를 가지고 있지 않으며 여성이 남성보다 무엇인가를 2배 더 가지고 있다는 의미도 없다. 1과 2는 성의 속성남성, 여성 에 부여된 이름이다.

귀하의 성별은 무엇입니까?
①남   ②여

점수로 정의하는 것이다. Hudson의 자아존중감 척도을 사용하여 개인의 자아존중감을 측정할 경우 이 척도는 조사대상자의 자아존중감 수준을 단일 숫자로 수량화해준다. 복잡한 변수를 단일 숫자로 축소함으로써 변수가 갖는 의미를 완전하게 묘사하지 못하는 단점을 갖기는 하지만, 변수들간 관계

둘째 서열수준 ordinal level 이다. 서열수준 변수는 측정대상의 속성을 분류할 뿐만 아니라 분류된 속성들간 순위에 대한 정보도 제공해 준다. 설문조사에서 조사대상자의 서비스 만족도를 다음과 같이 측정하였다면 만족도는 서열수준 변수가 된다. 여기서 주의할 점이 있다. 각 속성에 부여된 값들 중 큰 값이 작은 값보다 만족도가 높다는 것을 의미하지만 얼마나 더 많은지에 대한 정보는 제공하지 못한다. 즉 속성들간 거리1과 2의 차이, 2와 3의 차이 등는 아무런 의미를 갖지 않는다.

> 귀하는 저희 사회복지관의 서비스에 대해 어느 정도 만족하십니까?
> ① 전혀 만족하지 않는다 ② 만족하지 않는다 ③ 보통이다
> ④ 만족한다 ⑤ 매우 만족한다

셋째 등간수준 interval level 이다. 명목수준 변수와 서열수준 변수에서 속성들간 거리는 아무런 의미를 갖지 않는다고 배웠다. 등간수준은 명목수준과 서열수준보다 높은 측정수준이며 등간수준 변수의 속성들간 거리는 의미를 가질 뿐 아니라 동일하다. 시험점수를 다음과 같이 측정한다면 시험점수는 등간수준 변수가 된다. 속성들간 거리가 의미를 가지고 동일하기 때문에 덧셈, 뺄셈, 평균 계산이 가능하다. 예를 들어, 온도는 등간수준 변수인데 어제 기온이 15℃이고 오늘 기온이 20℃라면 오늘 기온이 어제 기온보다 5℃(20-15) 높다고 해석할 수 있고 어제 기온과 오늘 기온의 평균은 17.5℃ $\left(=\frac{15+20}{2}\right)$가 된다. 또한 20℃와 15℃의 차이는 10℃와 5℃의 차이와 같다.

> 귀하는 지난 사회조사론 중간시험에서 몇 점을 받았습니까?
> ( )점

넷째 비율수준 ratio level 이다. 최상위 측정수준이다. 등간수준에서 '0'점은 측정 변수의 부재를 의미하지 않는다. 기온 '0'℃는 온도가 전혀 없다는 것을 의미하지 않고 물이 어는 온도를 뜻한다. 비율수준에서는 '0'점이 의미를 갖는다. 자녀수가 비율수준 변수에 해당된다. 특정 조사대상자의 자녀수가 '0'명이라면 자녀가 없다는 것을 의미한다. 또한 비율수준에서 '0'점이 의미를 갖기 때문에 4명의 자녀를 가진 조사대상자가 2명의 자녀를 가진 조사대상자보다 자녀를 2배 더 많이 가졌다고 해석할 수 있다. 그러나 등간수준에서는 이러한 해석이 불가능하다. 즉 비율수준에서는 곱셈과 나눗셈이 가능하다.

다음은 비율수준 변수의 예이다.

> 귀하의 작년 연봉은 얼마였습니까?
> ( )만원

이상에서 설명한 4가지 측정수준의 특징을 요약하면 **TABLE 7-2**와 같다.

TABLE 7-2

➕ 4가지 측정수준의 특징

측정수준	속성의 분류	속성의 순위	속성간 동일한 간격	절대영점
명목수준	○			
서열수준	○	○		
등간수준	○	○	○	
비율수준	○	○	○	○

측정수준이 중요한 이유

첫째 측정결과를 올바르게 해석하는데 유용하다. 명목수준의 측정에서 숫자는 수량적 의미를 갖지 않고 단순히 변수의 속성을 분류하는데 사용되는 점, 등간수준의 측정에서 '0'점이 측정 변수의 부재를 의미하지 않는다는 점 등에 관한 지식을 측정결과를 해석하는데 적용할 수 있게 된다.

둘째 측정수준에 관한 지식은 통계적 분석에도 유용하다. 자료분석을 위해 사용되는 기법은 특정 가정 assumption 들을 만족시켜야 사용할 수 있는데 가정들 중의 하나가 변수의 측정수준과 관련 있다. 예를 들어, 상관관계분석을 위해서는 사용되는 변수 모두 등간 혹은 비율수준이어야 한다. 이러한 가정을 만족시키지 못할 때 상관관계분석을 사용할 수 없게 된다. 측정수준에 대한 지식을 갖춤으로써 분석에 사용되는 변수들의 측정수준을 사전에 결정할 수 있는 능력을 갖게 된다.

측정도구의 선택기준

이제 여러분은 측정의 중요성을 알게 되었을 것이다. 그렇다면 측정을 위해서 사용하는 도구의 선택이 중요하다는데 동의할 것이다. 다양한 측정도구 중에서 사회조사에서는 **TABLE 7-1**에 제시된 알코올사용장애선별도구와 같은 측정도구가 자주 사용된다. 다양한 변수의 측정을 위해서 사용할 수 있는 척도들이 많이 개발되어 있고 특정 변수예: 자아존중감, 우울 등의 측정을 위해 사용할 수 있는 척도들도 다양하다. 관심 있는 변수를 가장 잘 측정하는 도구를 선별할 수 있어야 하는데 이때 도구선별을 위한 기준은 유용하다. 신뢰도와 타당도는 도구선별을 위한 기준이며Grinnell et al., 2009 신뢰도와 타당도가 확보된 척도의 사용이 중요하다.

신뢰도

정의

우리는 일상에서 '신뢰'라는 표현을 흔히 사용한다. 신뢰할 수 있는 사람, 신뢰할만한 정보, 신뢰할 수 있는 웹사이트처럼 '신뢰'라는 용어를 종종 사용한다. 이런 경우 '신뢰'는 믿고 의지할 수 있음을 의미한다. 그런데 사회조사에서 '신뢰'는 조금 다른 의미를 갖는다. 사회조사에서 신뢰도reliability는 측정의 일관성consistency 또는 반복성repeatability과 관련이 있다. 신뢰도란 측정도구가 일관적인 결과를 산출하는 정도와 관련 있는 개념이다Bloom, Fischer, and Orme, 2003. 동일한 조건에서 동일한 사람들을 대상으로 반복적이고 독립적인 측정을 했을 때 나타난 결과가 동일한 경우 측정도구의 신뢰도가 양호하다고 한다. 신뢰도는 동일한 도구로 동일한 개념을 반복적으로 측정하였을 때 동일한 결과를 산출하는 것을 의미하지 측정하고

자 하는 개념을 정확히 측정한다는 것을 의미하지는 않는다. 신뢰도를 그림으로 설명하면 EXHIBIT 7-10과 같다. 여러분이 양궁과녁을 향해 5발의 화살을 쏘았다고 가정하자. 과녁의 정중앙을 측정하고자 하는 개념으로 가정하자. 그림과 같이 비록 과녁의 정중앙을 맞추지는 못했어도 동일한 곳을 계속해서 맞추고 있다. 이럴 경우 측정도구의 신뢰도는 양호하다고 말한다.

신뢰도를 설명하는 좋은 예가 있다. 체중계로 몸무게를 측정하였을 경우를 생각해보자. 그런데 체중계 눈금이 정확하게 맞추어져 있지 않아 체중계에 올라서지 않았음에도 체중계의 바늘이 5kg을 가리키고 있다고 가정해보자. 이때 체중이 60kg인 사람이 자신의 몸무게를 측정하기 위해 체중계에 올라섰을 때 65kg을 가리킬 것이다. 이 사람이 두 번, 세 번 동일한 체중계로 자신의 몸무게를 측정할 때마다 65kg을 가리킬 것이다. 비록 측정할 때마다 정확한 몸무게는 측정하지 못하지만 동일한 몸무게는 측정하고 있다. 이와 같이 신뢰도는 측정도구가 측정할 때마다 동일한 결과를 가져오는 여부와 관련 있는 것이다.

신뢰도에 대한 개념적 이해를 도모하기 위해 진점수이론true score theory을 잠시 소개하고자 한다. 진점수이론은 측정에 관한 이론으로서 모든 관찰점수observed score를 두 가지 요소의 합으로 가정하는데, 한 요소는 진점수true score이고 다른 요소는 무작위오류점수random error score이다. 이를 공식으로 표현하면 다음과 같다.

> 관찰점수 = 진점수 + 무작위오류점수

위의 공식에서 개인의 시험점수, 척도점수예: 자아존중감 척도점수, 체중 등 우리가 일상에서 흔히 사용하는 점수를 관찰점수라고 한다. 진점수는 동일한 도구를 반복적으로 실시하여 얻은 점수들의 평균값을 의미한다Crocker and Algina, 1986. 예를 들어 여러분이 자신의 체중을 정확하게 측정하려면 반복해서 체중계에 오를 것이고 반복 측정한 결과의 평균을 자신의 체중으로 고려할 것이다. 이처럼 진점수는 반복적으로 측정해

서 얻은 관찰점수들의 평균이며 개인의 실제 능력 또는 수준을 말한다. 무작위오류점수는 무작위오류로 인해 발생하는 점수를 말한다. 시험점수를 예로 들면, 어떤 학생이 사회조사론 중간시험에서 85점을 받았다고 가정해보자. 그런데 이 학생은 실제로 90점은 받을 수 있었으나 시험보기 전에 친구와 말다툼을 했다거나 컨디션이 좋지 않아서 또는 시험시간 도중 갑작스러운 소음 때문에 실제보다 낮은 점수를 받았을 수도 있다. 말다툼, 저조한 컨디션, 소음은 무작위오류의 발생요인이 되며 이 학생의 경우 무작위오류점수는 −5점이 된다. 무작위오류는 측정할 때마다 항상 발생하는 오류Springer et al., 2002이며 관찰점수와 진점수간의 격차를 의미한다. 관찰점수 공식을 보면, 무작위오류점수가 작아지면 관찰점수와 진점수간의 차이가 줄어들고 이는 곧 관찰점수가 진점수와 점점 가까워지게 된다는 것이다. 이렇게 되면 측정을 반복적으로 할 때마다 유사한 혹은 동일한 결과를 얻게 된다는 의미이며 측정도구의 신뢰도가 높아지게 된다. 따라서 신뢰도를 이론적으로 공식화하면 다음과 같다.

$$신뢰도 = \frac{진점수\ 변량}{관찰점수(진점수+무작위오류점수)\ 변량}$$

종류

검사-재검사 신뢰도 test-retest method

만약 여러분의 IQ를 오늘 측정하고 일주일 후에 다시 측정한다면 두 차례의 측정결과는 상당히 비슷할 것으로 예상할 것이다. 검사-재검사 신뢰도는 시간적 일관성을 측정하는 방법으로 동일한 측정도구를 사용하여 동일한 대상을 측정시점을 달리하여 두 번 측정한 다음 측정결과를 비교하는 방법이다. 첫번째 측정결과와 두번째 측정결과간 상관관계가 높으면측정결과가 유사하면 측정도구의 신뢰도가 인정된다. 검사-재검사 신뢰도를 평가할 때 주의할 점이 있는데 측정시점과 관련이 있다. 측정시점간 간격이 너무 가까우면 조사대상자가 1차 조사 때의 답을 기억할 수가 있어 1차 조사 때와 같은 형태로 응답할 가능성도 있고 조사대상자가 싫증을 느껴 성실하게 응답하지 않을 수도 있다. 반대로 측정시점간 간격이 멀리 떨어져 있으면 1차 측정을 한 후 2차 측정을 할 때 조사대상자의 행동 또는 태도가 실제로 바뀔 수 있어 측정결과에 영향을 미칠 수 있다.

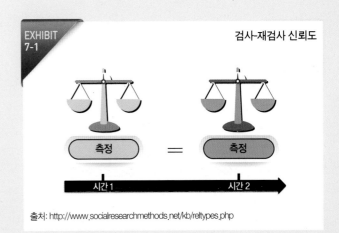

검사-재검사 신뢰도

측정 = 측정

시간 1　　시간 2

출처: http://www.socialresearchmethods.net/kb/reltypes.php

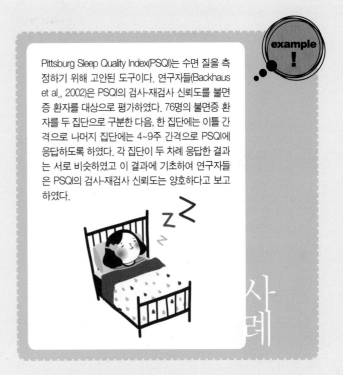

example !

Pittsburg Sleep Quality Index(PSQI)는 수면 질을 측정하기 위해 고안된 도구이다. 연구자들(Backhaus et al., 2002)은 PSQI의 검사-재검사 신뢰도를 불면증 환자를 대상으로 평가하였다. 76명의 불면증 환자를 두 집단으로 구분한 다음, 한 집단에는 이틀 간격으로 나머지 집단에는 4~9주 간격으로 PSQI에 응답하도록 하였다. 각 집단이 두 차례 응답한 결과는 서로 비슷하였고 이 결과에 기초하여 연구자들은 PSQI의 검사-재검사 신뢰도는 양호하다고 보고하였다.

유사양식 신뢰도 parallel-forms reliability

양식form은 특정 도구의 유사 판alternate version을 말하며 유사양식은 동일한 개념을 측정하는 양식을 뜻한다신뢰도. 유사양식 신뢰도를 평가하기 위해서는 유사한 측정도구 2개가 필요하다. 이를 위해 동일한 개념을 측정하는 문항들을 충분히 만든 다음 문항들을 무작위로 분류하여 두 개의 측정도구예: 측정도구 A, 측정도구 B를 만든다. 각 도구를 조사대상자에게 차례로 적용하고 그 결과를 비교함으로써 신뢰도를 평가한다. 유사양식 신뢰도가 갖는 가장 큰 문제점은 동일한 개념을 측정하는 문항들을 충분히 만들어내야 하는 점이다. 1개의 측정도구를 만드는 작업도 어려운데 2개의 측정도구를 만들 수 있을 정도로 다수의 문항을 만들어야 하기 때문에 유사양식 신뢰도를 사용하는 경우는 흔하지 않다.

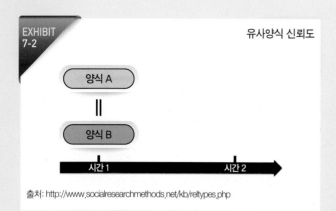

EXHIBIT 7-2

유사양식 신뢰도

양식 A
=
양식 B

시간 1   시간 2

출처: http://www.socialresearchmethods.net/kb/reltypes.php

example !

Willingness to foster scale-Emotional and Behavioral Problems-40(WFS-EBP-40)은 정서적, 행동적 문제를 가진 아동을 위탁양육할 의지가 있는지를 측정하는 도구이다(Cox et al., 2011). 이 측정도구는 모두 40개의 문항으로 구성되어 있으며 각 문항은 각기 다른 정서적, 행동적 문제를 지닌 아동에 관한 내용을 담고 있다. 이 도구의 개발자는 유사양식 신뢰도를 평가하기 위해서 40개 문항을 각 문항의 평균값 크기의 순서로 나열한 다음 연이어 나열된 문항들을 무작위로 양식 A와 양식 B로 할당하였다. 양식 A와 양식 B는 각각 동일한 개념을 측정하는 20개 문항을 갖게 되었고 개발자는 양식 A의 측정결과와 양식 B의 측정결과간 관계를 분석함으로써 유사양식 신뢰도를 평가하였다.

내적 일관성 신뢰도 internal consistency reliability

가장 널리 사용되는 신뢰도로서 척도 내의 문항들이 동일한 개념을 측정하는 정도를 의미한다신뢰도. 내적 일관성 신뢰도의 평가는 척도 내 문항들의 상관관계분석을 통해서 이루어진다. 일반적으로 내적 일관성 신뢰도 평가를 위해 3가지 방법이 사용되고 있는데, 개별문항들간 상관관계분석, 개별문

항과 총점간 상관관계분석, 그리고 Chronbach's alpha의 계산이다Hair et al., 2006. 개별문항들간 상관관계 크기는 .30 이상, 개별문항과 총점간 상관관계의 크기는 .50 이상, Cronbach's alpha는 .70 이상일 때 척도의 내적 일관성 신뢰도가 인정된다Hair et al., 2006.

Chronbach's alpha에 관해서 조금 더 설명하고자 한다. 왜냐하면 내적 일관성 신뢰도를 평가하는 가장 보편적이고 강력한 방법은 Chronbach's alpha를 계산하는 방법이기 때문이다. 이 방법은 EXHIBIT 7-3처럼 측정도구를 임의로 반으로 나누고 반을 가지고 측정한 결과를 나머지 반에 동일한 대상에 적용하여 얻은 결과와 비교하는 방법이다. 이러한 절차를 반복하고 그 결과들의 평균을 계산한다. 여러분이 직접 신뢰도를 계산할 필요는 없으니 큰 걱정은 하지 않아도 된다. SPSS 프로그램이 여러분을 대신해서 신뢰도를 계산해 준다. 논문들을 읽다보면, 연구방법부분에 'α' 기호를 접하게 될 것이다. 'α'가 신뢰도를 나타내는 수치이며 alpha알파라고 읽는다.

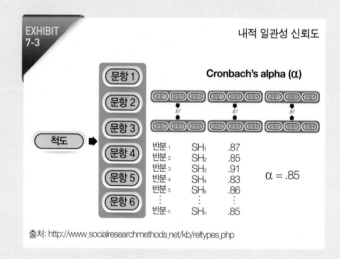

EXHIBIT 7-3

내적 일관성 신뢰도

척도 → 문항 1 / 문항 2 / 문항 3 / 문항 4 / 문항 5 / 문항 6

Cronbach's alpha (α)

반분1	SH1	.87
반분2	SH2	.85
반분3	SH3	.91
반분4	SH4	.83
반분5	SH5	.86
⋮	⋮	
반분n	SHn	.85

$\alpha = .85$

출처: http://www.socialresearchmethods.net/kb/reltypes.php

example !

사회복지실천기술 척도를 개발한 연구(김용석, 2012)는 척도의 내적 일관성 신뢰도를 제시하였다. 이 척도는 사회복지사의 실천기술 활용도를 측정하기 위해 개발된 척도이며 5개의 하위척도(준비 및 사정 기술, 변화촉진 기술, 종결 및 평가 기술, 자원연계 및 활용 기술, 윤리적 실천 기술)로 구성되어 있다. 연구자는 이 척도의 내적 일관성 신뢰도 평가를 위해 개별문항간 상관관계 분석결과, 개별문항과 총점간 상관관계 분석결과, Chronbach's alpha를 제공하였다. 이상의 3가지 방법은 SPSS를 사용하여 분석되었으며 다음은 분석결과의 일부이다.

문항번호	문항간 상관계수				문항-총점간 상관계수	α
	39	50	42	38		
39					.60	
50	.47				.60	
42	.39	.49			.58	.81
38	.54	.47	.46		.64	
40	.44	.42	.46	.46	.57	

관찰자간 신뢰도 interobserver reliability

사회과학연구에서 측정을 위해 표준화된 도구를 사용하는 것이 일반적이지만 행동을 직접 관찰하는 경우도 있다. 예를 들어, 사회복지사가 클라이언트와 면접을 하는 동안 공감적 반응기술을 어느 정도 사용하였는지를 측정할 수 있을 것이다. 이를 위해 연구자는 관찰자 2명을 섭외하고 이들에게 공감적 반응에 관한 교육을 실시한 다음 사회복지사와 클라이언트간 실제 면접을 관찰하면서 사회복지사의 공감적 반응 빈도를 측정하도록 요청할 수 있다. 연구자는 2명의 관찰자가 기록한 사회복지사의 공감적 반응의 빈도가 얼마나 일치하는지를 계산한다. 이들의 기록결과가 일치할수록 관찰자간 신뢰도는 높아지는 것이다. 관찰자간 기록의 상관관계를 계산하는 다양한 방법예: correlation coefficient, kappa statistics 등이 있으나 이 책의 범위를 넘어서는 내용이므로 생략하기로 한다.

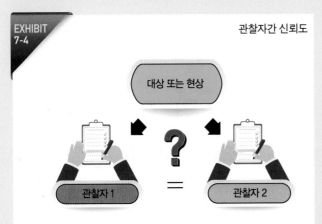

EXHIBIT 7-4

관찰자간 신뢰도

대상 또는 현상

관찰자 1 ? = 관찰자 2

example !

사회복지대학원생을 대상으로 동기강화면접기술의 습득을 평가한 연구(Barsky and Coleman, 2001)에서 학생들은 먼저 동기강화면접에 대한 교육을 제공받은 후 2명의 약물남용 클라이언트와 모의면접을 진행하였다. 각 클라이언트와의 모의면접은 5차례씩 진행되었고 평가를 위해 모의면접은 녹음되었다. 3명의 관찰자는 녹음된 모의면접을 시청하면서 연구자에 의해서 제공된 동기강화면접기술 목록을 가지고 각 학생의 동기강화면접기술을 평가하였다. 동기강화면접기술 목록은 기능적 기술 13개와 역기능적 기술 12개로 구성되어 있으며 각 기술은 5점 척도로 평가되었다. 연구자는 다음 공식을 사용하여 3명의 관찰자 평가결과가 일치하는 정도를 계산하였으며 이는 곧 관찰자간 신뢰도를 의미한다. 연구자는 먼저 목록의 문항별로 일치율을 계산한 다음 전반적 일치율을 계산하였다.

$$\frac{일치횟수}{일치 + 불일치횟수}$$

타당도

정의

대학수학능력시험이 학생의 대학수학능력을 제대로 측정하는가? 이 책을 읽고 있는 여러분 대다수가 치렀던 대학수학능력시험은 그 용어가 보여주듯이 대학에서 공부할 수 있는 능력을 평가하는 시험이다. 실제로 대학수학능력시험이 학생의 대학수학능력을 측정하는지를 책에서 다루지 않겠지만, **타당도** validity 는 위의 질문과 같이 측정도구가 측정하고자 의도하는 개념을 제대로 측정하는 정도로 정의된다 Carole and Ulmut, 2008. 앞에서 신뢰도를 설명할 때 사용했던 체중계로 잠시 돌아가 보자. 여러분이 체중계로 자신의 체중을 측정할 때마다 동일한 측정결과를 제시해준다면 체중계의 신뢰도는 양호하다고 하였다. 그러나 체중계가 동일한 측정결과를 일관성 있게 제시해주지만 측정결과가 여러분의 실제 체중과 다르다면 체중계의 타당도는 문제시 된다. 체중계가 신뢰도와 타당도를 확보하기 위해서는 일관성 있는 측정결과를 제시해주어야 하고 실제 체중을 측정해야 한다. EXHIBIT 7-10을 보면, 세 번째 그림처럼 양궁과녁의 정중앙을 맞출 때 측정도구의 타당도가 양호하다고 말한다. 다시 말해서 타당도는 척도가 의도하는 개념의 실질적인 의미 real meaning 를 충분히 반영하는 정도이다 Bloom et al, 2006.

> **타당도** 척도가 의도하는 개념의 실질적 의미를 충분히 반영하는 정도

종류

액면타당도 face validity

'액면額面'의 사전적 정의는 겉으로 드러난 모습을 비유적으로 이르는 말이다 네이버사전. 액면의 정의처럼 척도의 액면타당도를 확보한다는 것은 척도가 의도한 바를 실제로 측정한다는 것과는 관련이 없고 '겉으로 보기에' 그렇다는 것을 의미한다. 일반적으로 액면타당도에 대한 평가는 척도를 개발 중인 연구자 또는 실제 조사대상자와 동일한 특성을 지닌 외부인에 의해서 수행되며 주로 척도 문항들이 척도가 측정하고자 의도하는 개념을 측정하는지를 주관적으로 평가한다. 타당도를 평가하는 손쉬운 방법이긴 하나, 평가자의 주관적인 평가에 의존한다는 점이 가장 큰 약점이다. 이러한 점 때문에 액면타당도를 타당도의 종류로 고려하지 않는 경우도 있다 Grinnell et al., 2009.

example!

East Asia Acculturation Measure-Chinese version (EAAM-C)은 대만으로 이민 온 아시아 여성들의 문화적응 정도를 측정하는 척도이다(Kuo et al., 2013). 연구자들은 관련 척도분석과 이민여성과의 면접에 기초하여 척도 문항을 개발한 후 액면타당도를 평가하였다. 평가를 위해 연구자들은 5명의 여성이민자를 섭외하였다. 이들은 대만에 이민을 와서 거주한지 6~12년 되었으며 지역보건센터에서 새로 이주해 온 사람들을 위해서 통역을 담당하는 이민자들이었다. 연구자들은 이들에게 개발된 척도 문항에 대한 검토를 요청하는 방식으로 척도의 액면타당도를 평가하였다.

내용타당도content validity

내용타당도는 액면타당도와 마찬가지로 질적 유형의 타당도로서 측정도구가 측정하고자 하는 개념의 영역을 잘 포함하고 있는 정도와 관련이 있다. 마치 학생의 기초 계산 능력을 평가한다고 할 때, 덧셈 능력만이 아니라 뺄셈, 곱셈, 나눗셈 능력을 모두 평가하는 것과 같다. 그런데 사회과학에서 다루는 개념들의 이론적 정의에 대해서 합의를 이뤄내기 어렵기 때문에Bollen, 1989, 재인용 Ellen, 2011: 118 척도를 개발할 때, 척도가 측정하고자 하는 개념에 대한 이론적 정의를 설득력 있게 제공하고 개념의 정의를 충분히 대표할 수 있는 문항들을 만들도록 노력해야 한다.

내용타당도를 평가하는 가장 일반적인 방법은 개발 중인 척도 문항에 대해서 전문가의 판단을 구하는 방법이다Ellen, 2011. 관련 분야 전문가들로 자문위원단을 구성하고 이들에게 척도 문항에 대한 평가를 의뢰하는데 내용타당도 지수content validity index 를 사용하여

전문가의 평가결과를 계량화하기도 한다내용타당도 지수에 관한 추가 설명이 다음의 사례에 제공되어 있다. 연구자는 내용타당도 지수에 기초하여 척도 문항의 유지, 삭제, 수정 등을 결정한다.

example!

호스피스 완화 의료서비스 성과평가도구 개발연구(권소희, 2011)에서 척도의 내용타당도 평가를 위해 내용타당도 지수를 사용하였다. 연구자는 호스피스 완화 의료서비스에 관한 문헌고찰을 토대로 하여 잠정적으로 5개 영역에서 26개의 예비문항을 개발하였다. 개발된 예비문항의 내용타당도 평가는 전문가 집단에게 의뢰하였다. 전문가 집단은 호스피스완화 의료전담 사회복지사 2명, 호스피스완화 의료병동 책임의사 3명, 호스피스완화 의료전문 간호사 3명, 간호대학교수 3명, 종교인 3명, 연구자 1명 등 총 15명으로 구성되었다. 각 전문가는 측정도구의 범주와 개념구성, 도구의 측정기간, 각 문항의 타당성을 4점 척도('매우 타당하다' 4점, '타당하다' 3점, '타당하지 않다' 2점, '전혀 타당하지 않다' 1점)로 평정하였다. 각 문항에 대해서 3점과 4점으로 평정한 전문가 수를 전체 전문가 수로 나누어 내용타당도 지수가 .80 이상인 문항들만을 선별하였다.

기준관계 타당도criterion-related validity

기준관계 타당도는 다음에 소개될 개념구성 타당도와 함께 실제 연구에서 가장 많이 사용되고 있는 실증적 타당도이다. 기준관계 타당도는 평가대상인 척도가 하나 이상의 외부기준과 경험적으로 관련되어 있는 정도Springer et al., 2002; Ellen, 2011로 정의된다. 예를 들어, 여러분이 사회복지기관에 근무하는 사회복지사를 대상으로 설문조사를 실시하면서 사회복지사의 월급을 묻는 문항을 설문지에 포함하였다고 가정하자. 만약 여러분이 사회복지사의 실제 월급 기록에 접근할 수 있다면, 설문조사에서 월급을 묻는 문항에 대한 사회복지사의 응답과 실제 월급 기록간 관계를 분석할 수 있을 것이다. 이때 사회복지사의 실제 월급 기록이 기준관계 타당도 평가를 위한 기준이 되는 것이다.

기준관계 타당도는 두 가지로 구분되는데 외부기준이 현재의 기준이면 동시타당도concurrent validity 라 하고 기준이 미래에 발생하는 기준일 경우 예측타당도predictive validity 라고 한다.

동시타당도

동시타당도를 평가하는 방법은 평가대상인 척도와 기준이 되는 측정도구를 동일 조사대상자에게 동시에 적용한 다음 둘 간의 상관관계를 분석한다. 이때 기준이 되는 도구는 평가대상인 척도와 동일한 개념을 측정하는 도구이며 신뢰도와 타당도가 이미 확보된 도구이어야 한다. 예를 들어, 여러분이 사회복지기관을 이용하는 클라이언트의 만족도 측정을 위해 개발한 척도의 동시타당도를 평가한다고 할 때, 기존에 개발된 만족도 척도들 중 신뢰도와 타당도가 확보된 만족도 척도가 기준이 되는 도구가 될 수 있다.

동시타당도를 평가하는 절차는 다음과 같다.

- 기준이 되는 측정도구 선별
- 대표성 있는 표본 확보
- 동일한 표본을 대상으로 평가대상 척도와 기준이 되는 측정도구 적용
- 평가대상 척도의 결과와 기준이 되는 측정도구의 결과간 상관관계 분석

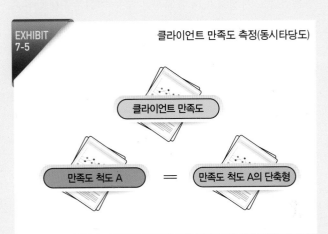

EXHIBIT 7-5

클라이언트 만족도 측정(동시타당도)

Mind Over Mood Depression(MOM-D) Inventory는 우울을 측정하기 위해 고안된 척도이다. 이 척도의 개발자(Beal et al., 2007)는 MOM-D의 동시타당도를 평가하기 위해 Beck Depression Index(BDI)를 기준으로 삼았다. BDI는 잘 알려진 바와 같이 우울을 측정하기 위해 널리 사용되는 척도이며 신뢰도와 타당도가 검증된 척도이다. MOM-D와 BDI간 관계의 분석을 통해 MOM-D의 동시타당도를 평가하였으며 둘 간의 상관관계는 상당히 양호하였다(r=.877). 연구자는 이 분석결과를 동시타당도의 근거로 제시하였다.

동시타당도를 평가하는 방법이 하나 더 있다. 이는 알려진 집단타당도known-groups validity라고 불리며 척도의 측정대상 개념을 소유하고 있는 집단과 그 개념을 소유하지 않는 집단을 제대로 구분하는 정도와 관련이 있다Springer et al., 2002. 우울을 측정하는 척도의 알려진 집단타당도는 평가대상 우울척도를 우울증 환자 집단과 일반인 집단에게 적용하여 두 집단의 평균 점수를 비교하여 평가할 수 있다. 우울증 환자 집단의 척도 점수 평균이 일반인의 척도 점수 평균보다 높게 나오면 이 척도의 알려진 집단타당도를 확보하는 것이다. 왜냐하면 우울척도는 우울증상측정대상 개념을 상대적으로 많이 가지고 있는 우울증 환자 집단과 그 증상을 덜 가지고 있는 일반인 집단을 잘 구분해주기 때문이다.

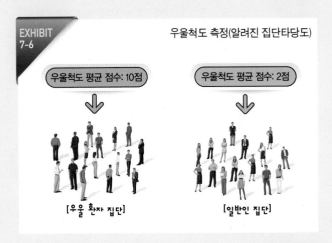

EXHIBIT 7-6

우울척도 측정(알려진 집단타당도)

우울척도 평균 점수: 10점   우울척도 평균 점수: 2점

[우울 환자 집단]   [일반인 집단]

Gregory Research Belief Scale(GRBS)는 사회조사에 대한 태도를 측정하는 척도로서 사회복지학과 대학원생과 학부생을 대상으로 평가되었다. 이 척도의 개발자는 척도의 알려진 집단타당도를 평가하기 위해 대학원생 집단과 학부생 집단의 척도 평균을 비교하는 방법을 사용하였다(Gregory, 2012). 두 집단을 비교하는 이유는 학부생들과 비교할 때 대학원생들이 사회조사에 노출된 정도가 더 많기 때문에 사회조사에 대해 학부생들보다 긍정적인 태도를 가질 것으로 개발자는 기대하였다. 그러나 개발자의 기대와는 달리 대학원생 집단의 GRBS 평균은 학부생 집단의 GRBS 평균과 유의미한 차이를 보이지 않아 GRBS의 알려진 집단타당도는 확보되지 않았다.

예측타당도

예측타당도를 이해하기 위해 타당도 설명을 시작할 때 사용했던 질문으로 잠시 돌아가보자. 대학수학능력시험이 학생의 대학수학능력을 제대로 측정하는가? 이 질문에 대한 답을 구

하는 것이 곧 예측타당도를 평가하는 것이라고 할 수 있다. 질문에서 대학수학능력시험이 평가대상 측정도구이고 대학수학능력이 외부기준이 되며 이 기준은 대학수학능력시험이 실시되는 시점에서 고려할 때 미래에 발생하는 기준이 된다. 기준_학생의 대학수학능력_을 대학에 입학 후 취득한 학점으로 조작적으로 정의한다면, 대학수학능력시험에서 높은 점수를 받은 학생들이 시험점수가 낮은 학생들보다 대학 입학 후 높은 학점을 받았다면 대학수학능력시험의 예측타당도가 확보되는 것이다. 이와 같이 평가대상 척도가 측정하는 개념이 미래에 발생하는 기준과 유의미한 관계를 가질 때 척도의 예측타당도가 확보된다.

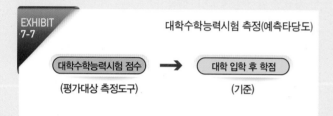

EXHIBIT 7-7

대학수학능력시험 측정(예측타당도)

대학수학능력시험 점수 → 대학 입학 후 학점
(평가대상 측정도구)　　　(기준)

example !

Interviewing Skills Evaluation Tool(ISET)은 사회복지학과 학생의 면접기술을 평가하기 위해 개발된 도구이다(Vourlekis et al., 1996). 사회복지 실습담당 교수 또는 사회복지기관의 실습담당 사회복지사는 이 도구를 사용하여 학생의 사회복지면접기술 수준을 평가할 수 있다. 도구개발자들은 이 도구의 예측타당도를 다음과 같이 평가하였다. 먼저 연구에 참여한 학생들은 학기 초에 자신들이 이전에 직접 수행했던 면접의 기록지를 실습담당 교수들에게 제출하였고 실습담당 교수들은 학생의 면접기록을 보면서 ISET를 사용하여 학생의 면접기술을 평가하였다. 학기말에 실습담당 교수들은 학생들에 대한 최종 평가를 실시하였고 최종 평가의 일부로 면접기술에 대한 평가를 실시하였다. 도구개발자들은 실습담당 교수의 최종 평가를 예측타당도 평가를 위한 기준으로 고려하였다. 평가결과는 긍정적이었다. 학기 초에 실시한 학생에 대한 면접기술 평가결과와 학기말에 실시한 최종 평가결과는 서로 정적 상관관계를 보였다. 도구개발자들은 이 결과를 도구의 예측타당도를 위한 근거로 제시하였다.

개념구성 타당도 construct validity

개념구성 타당도는 이론적 관계 체계 안에서 평가대상 측정도구와 다른 변수간의 관계를 다루는 타당도라는 점에서 앞서 소개한 타당도와 구별된다. 물론 액면타당도, 내용타당도, 기준관계 타당도 모두 이론과 무관하지는 않지만, 개념구성 타당도만큼 이론에 기반을 두지 않는다.

개념구성 타당도는 두 가지 타당화 과정을 통해서 가장 잘 이해될 수 있는데 첫번째 과정은 수렴타당도 convergent validity 를 평가하는 과정이고 두번째 과정은 판별타당도 discriminant validity 를 평가하는 과정이다 Ellen, 2011. 평가대상 측정도구가 이론적으로 관련 있는 변수와 예견된 방향_정적 혹은 부적_의 관계를 보일 때 수렴타당도가 확보되며, 이론적으로 관련 없는 변수와 예견대로 유의미한 관계를 보이지 않을 때 판별타당도가 확보된다.

수렴타당도

EXHIBIT 7-8은 수렴타당도를 설명하는 그림이다. 여러분이 관련 이론에 근거하여 자아존중감을 측정하는 4개 문항을 만들었다고 가정하자. 4개 문항은 모두 자아존중감 이론에 근거하여 만들어진 문항들이기 때문에 문항들이 서로 강한 상관관계를 보일 것으로 예견할 수 있다. 그림의 아래에 있는 숫자들은 문항간 관계의 크기를 보여주는 값들이며 1.0에 가까울수록 문항들 사이에 상관관계가 존재한다고 해석하면 된다. 모든 값은 1.0에 근접하여 문항들 사이에 강한 상관관계

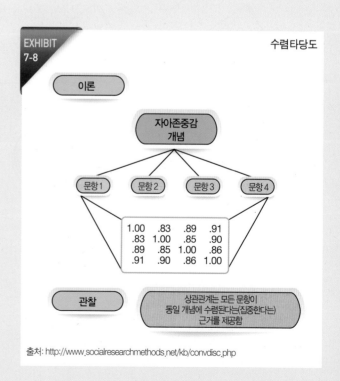

EXHIBIT 7-8

수렴타당도

이론

자아존중감 개념

문항1　문항2　문항3　문항4

1.00	.83	.89	.91
.83	1.00	.85	.90
.89	.85	1.00	.86
.91	.90	.86	1.00

관찰　　　상관관계는 모든 문항이 동일 개념에 수렴된다는(집중한다는) 근거를 제공함

출처: http://www.socialresearchmethods.net/kb/convdisc.php

를 보일 것이라는 이론을 경험적으로 지지하였고 이는 곧 수렴타당도를 평가하는 방법이다.

판별타당도

EXHIBIT 7-9는 판별타당도를 평가하는 방법이다. 여러분이 이론에 근거하여 자아존중감을 측정하는 2개 문항과 통제소재를 측정하는 2개 문항을 개발하였다고 가정하자. 자아존중감과 통제소재는 서로 구별되는 독립된 개념들이기 때문에 자아존중감을 측정하는 문항들과 통제소재를 측정하는 문항들은 서로 약한 상관관계를 보일 것으로 예상된다. 그림의 아래에 있는 값들은 수렴타당도를 설명하는 그림에서 보았던 값들에 비해 매우 작고 0에 가깝다. 상관관계의 크기를 나타내는 이 값들은 0에 가까울수록 관계의 크기가 작음을 의미한다. 그림은 이론적으로 관련 없는 문항들 사이의 관계가 매우 약하거나 거의 없다는 것을 보여주고 있으며 이는 판별타당도를 입증하는 결과이다.

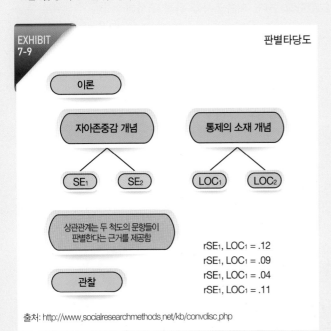

EXHIBIT 7-9 판별타당도

이론 → 자아존중감 개념, 통제의 소재 개념

자아존중감 개념 → SE₁, SE₂

통제의 소재 개념 → LOC₁, LOC₂

상관관계는 두 척도의 문항들이 판별한다는 근거를 제공함

관찰

rSE$_1$, LOC$_1$ = .12
rSE$_1$, LOC$_1$ = .09
rSE$_1$, LOC$_1$ = .04
rSE$_1$, LOC$_1$ = .11

출처: http://www.socialresearchmethods.net/kb/convdisc.php

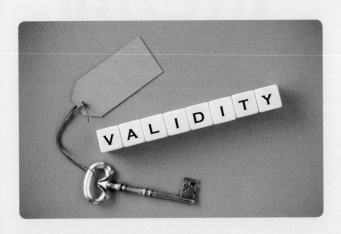

Pike(2002)는 비디오도박중독 척도(Video Gambling Device Inventory)를 개발하면서 수렴타당도와 판별타당도 평가를 위해 관련 이론에 기초하여 두 가지 가설을 설정하였다. 비디오도박중독은 도박횟수, 도박으로 잃은 돈, 시간과는 정적인 관계를 그리고 조사대상자의 연령, 근무기간, 현 거주지 거주기간과는 관계가 없거나 매우 약한 관계를 갖는다는 가설이었다. 가설 검증 결과, 비디오도박중독은 예견대로 이론적으로 관련 있는 변수들과는 유의미한 관계를 보였고 이론적으로 관련 없는 변수들과는 관계가 없거나 약한 관계를 보여 비디오도박중독 척도의 수렴타당도와 판별타당도가 확보되었다.

신뢰도와 타당도의 관계

EXHIBIT 7-10이 신뢰도와 타당도의 관계를 가장 이해하기 쉽게 설명해준다. 여러분이 3개의 양궁과녁을 향해 각각 5발의 화살을 쏘았고 그 결과가 다음과 같다고 가정하자.

⦿ 첫번째 그림은 여러분이 첫 5발을 쏜 결과이다. 여러분이 쏜 5발의 화살은 모두 과녁의 중심에서 벗어났고 과녁의 여러 곳을 맞췄다. 만약 측정도구로 측정한 결과가 첫번째 그림과 같다면 측정도구의 신뢰도와 타당도는 모두 문제시 된다.

⦿ 첫 5발을 쏜 결과가 좋지 않아 여러분은 과녁에 좀 더 집중한 다음 다시 5발의 화살을 쏘았으며 그 결과는 두번째 그림과 같았다. 5발이 한 곳에 집중적으로 꽂혔으나 과녁의 중심에서는 여전히 벗어났다. 이 그림은 측정도구의 신뢰도는 양호하나 타당도는 없는 경우를 보여준다.

⦿ 세 번째 그림은 마지막 5발의 화살을 쏜 결과이다. 5발 모두 과녁의 정중앙에 명중했다. 이 그림은 측정도구의 신뢰도와 타당도 모두 확보된 결과를 보여준다.

⦿ 이를 통해서 신뢰도와 타당도의 관계를 알 수 있다. 즉 측정도구의 신뢰도가 낮으면 타당도 또한 낮고, 신뢰도가 높다고 해서 반드시 타당도가 양호한 것은 아니다.

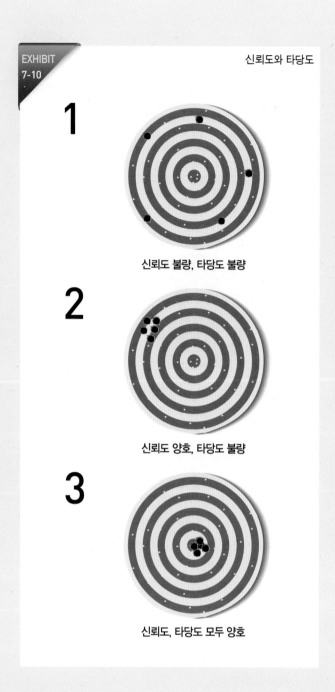

EXHIBIT
7-10

신뢰도와 타당도

1

신뢰도 불량, 타당도 불량

2

신뢰도 양호, 타당도 불량

3

신뢰도, 타당도 모두 양호

4

측정오류

무작위 오류 측정대상은 변하지 않았는데 측정할 때마다 결과가 다른 경우

우리가 변수를 측정할 때, 측정결과가 실제 값에서 벗어났을 때 오류가 발생했다고

말한다. 신뢰도와 타당도가 확보된 측정도구를 사용하여 변수를 측정하더라도 오류를 범하는 것은 필연적이다. 앞에서도 언급하였듯이 사회조사에서는 주로 추상적 개념을 측정하며 추상적 개념을 오류 없이 측정하는 것은 불가능한 일이다. 여러분이 변수를 측정하면서 범하는 오류는 체계적 오류와 무작위 오류로 구분된다.

무작위 오류

무작위 오류는 일정한 패턴을 갖지 않는다. EXHIBIT **7-11**은 신뢰도와 타당도를 설명했을 때 사용했던 그림의 일부이며 무작위 오류를 매우 쉽게 설명해준다. 그림에서 양궁과녁을 향해 발사된 화살이 과녁의 정중앙을 벗어나 여러 곳에 꽂혔다. 반복된 측정의 결과가 그림과 같을 때 무작위 오류가 발생했다고 한다. 여론조사를 위해 조사대상자를 무작위로 추출할 때 누가 추출될지 예측 불가능하듯이 무작위 오류는 일관적 패턴을 가지고 있지 않기 때문에 예측할 수 없다. 마치 여러 가지 색을 가진 구슬 100개를 주머니에 담고 한 번에 5개씩 뽑는 과정을 반복할 때 5개 구슬 중 파란색 구슬의 개수를 예측하기 어렵고 이 과정을 반복할 때마다 결과가 일관적이지 않은 것과 같다.

EXHIBIT
7-11

무작위 오류

사회조사에서 무작위 오류의 주요 발생 원인은 다음과 같다.

◑ 복잡하고 지루한 측정절차: 자기보고식 설문조사를 위해 사용되는 측정절차가 복잡하거나 지루하여 조사대상

자가 설문조사를 빨리 끝내기 위해서 성의 있는 응답을 제공하지 않는다.

- 어려운 질문 내용: 우리가 시험을 치를 때 이해하지 못한 문제에 대해서 답을 무작위로 선택하듯이 사회조사에서도 조사대상자가 질문 내용이 어려워 이해하지 못하였을 때 무작위로 '예' 또는 '아니오'라고 대답한다.
- 관찰자간 불일치: 사회복지사가 클라이언트와 상담하면서 공감적 반응을 얼마나 자주 사용하는지를 두 관찰자가 관찰하고 기록하였을 때 관찰자들 사이에서 불일치가 일어날 수 있다.

체계적 오류

체계적 오류는 무작위 오류와는 달리 측정오류가 일관적 패턴을 보인다. EXHIBIT **7-12**에서 양궁과녁을 향해 여러 차례 쏘아 올린 활은 모두 정중앙에서 왼쪽으로 벗어난 곳을 집중적으로 맞추었다. 과녁을 향해 쏜 화살이 정중앙에서 벗어난 정도와 방향이 일관적이다. 그림과 같이 측정오류의 정도와 방향이 일관적일 때 체계적 오류가 발생했다고 말한다.

EXHIBIT 7-12

체계적 오류

체계적 오류를 이해하기 위하여 다음의 예를 고려해보자. 30명의 학생이 대학수학능력시험 영어듣기시험을 치르고 있는 도중 강의실 내 스피커가 갑자기 오작동을 일으켜 큰 소리의 잡음을 냈다고 가정해보자. 스피커 잡음은 시험을 치르는 모든 학생의 시험점수에 부

정적 영향을 미치는 요인이 되어 학생 개개인의 점수를 낮추는 결과를 초래할 것이다. 학생들의 시험점수는 그림처럼 일관적인 패턴이 사례에서는 잡음으로 인해 학생들의 시험성적을 일관적으로 낮추는 패턴을 보일 때 체계적 오류가 발생했다고 한다.

체계적 오류는 자료수집방법의 문제 또는 자료를 제공하는 사람들에 의해서 발생하는데 주요 발생 원인을 정리하면 다음과 같다.

- 유도성 질문: 자기보고식 설문지에 조사대상자가 특정 방향으로 응답하도록 유도하는 용어나 표현을 사용하거나 면접조사에서 피면접자가 얘기하는 동안 면접자가 세운 가설을 지지하는 발언을 했을 때 비언어적 수단을 이용하여 동의를 표시하는 행위는 조사대상자의 응답의 방향에 영향을 미칠 수 있다.
- 사회적 바람직성 social desirability: 사회조사에서 조사대상자가 실제로 생각하고 느끼는 대로 응답하는 대신 사회적 승인을 높이는 방식으로 응답하려는 성향을 말한다 Rubin and Babbie, 2014. 실제로 일어날 가능성은 적으나 문화적으로 적절하고 옳다고 생각하는 방향으로 반응함으로써 자신을 바람직하게 표현하려는 경향이다.

> **체계적 오류** 측정오류가 일관적인 패턴을 보일 때

- 순응적 반응양식 acquiesence response style: 일부 조사대상자는 문항 내용에 상관없이 모든 문항에 대해 동의하거나 반대하는 응답을 제공하는 경향을 보인다. 이러한 반응양식은 문항내용이 모호할 때, 응답할 시간이 부족할 때, 또는 조사대상자의 인지능력이 낮을 때 발생한다.

측정오류 줄이는 방법

측정오류를 완전히 제거하는 것은 불가능하나 가능하면 측정오류를 줄이도록 노력해야 한다. 측정오류를 줄이는 방법은 다음과 같다.

- 예비조사를 실시해서 측정도구에 대한 조사대상자의 의견을 수집하고 이에 기초하여 측정도구

를 수정하고 보완한다.

 조사대상자가 이해할 수 있고 관심 있어 하는 문항들로 측정도구를 구성한다.

 면접자 또는 관찰자를 철저히 훈련시켜 편견 있는 용어나 표현을 삼가하고 일관성 있는 관찰을 하도록 한다.

 다원 측정 원칙triangulation을 사용한다. 이 원칙은 동일한 개념을 다양한 측정도구를 사용하여 측정하는 것이며 측정오류를 줄이는 가장 확실한 방법이다Rubin and Babbie, 2014. 개별측정도구는 측정오류로부터 완전히 자유로울 수 없기 때문에 다양한 측정도구를 사용함으로써 측정오류를 최소화하도록 한다.

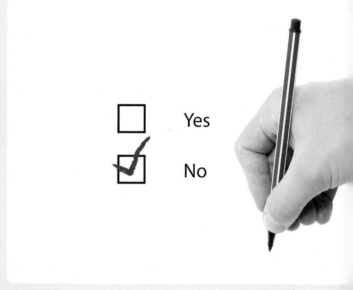

5 측정도구

사회조사에서 변수의 측정을 위해 사용되는 도구의 종류는 다양하나 단일 문항 또는 여러 문항으로 구성된 척도를 사용하여 변수를 측정하는 것이 일반적이다Yegidis et al., 1999. 조사대상자의 성, 학력과 같은 변수는 단일 문항으로 측정하고, 사회적 지지, 자아존중감과 같이 다소 추상적이고 복잡한 변수는 여러 문항들로 구성된 척도를 사용하여 측정한다. 이 절에서는 단일 문항과 척도를 중심으로 다루고 이 절 후반부에서 설문지 제작을 위한 지침을 제시한다.

문항 개발을 위한 지침

문항 개발의 기준

문항 개발을 위해 참고할만한 4가지 기준이 있다Larossi, 2006: 30-44. 4가지 기준을 BOSS로 명명하기로 한다.

첫째 문항은 **간결**해야 한다. 긴 문항은 조사대상자를 혼동스럽게 만들 수 있어 조사대상자가 문항 내용을 잘못 해석할 수도 있다. 문항은 20개 이하의 단어로 구성하는 기준이 적용

되기도 한다Larossi, 2006. 간결성은 단지 문항의 외형에만 적용되는 것이 아니라 문맥에도 적용된다. 다음 문항은 모든 조사대상자의 스마트폰 사용을 암시하는 내용을 포함하고 있다. 스마트폰을 사용하지 않는 조사대상자들도 있기 때문에 "귀하는 스마트폰을 사용하십니까?"와 "어떤 스마트폰을 사용하십니까?"로 구분하여 보다 간결하고 조사대상자가 응답하기 용이하게 만들어야 한다.

"귀하는 어떤 종류의 스마트폰을 사용하고 계십니까?"
① 갤럭시   ② 아이폰   ③ 옵티머스   ④ 기타

> "귀하는 대체로 술을 매일 마시지 않습니까?"
> ① 항상　　　② 때때로　　　③ 결코

모든 조사대상자에게 친숙하고 관련 있는 문항을 개발해야 한다. 예를 들어, 대학생을 대상으로 실시된 사회조사에서 조사대상자에게 "학생은 조부모가 되는 것에 관하여 어떻게 생각하십니까?"라고 질문하였다고 가정하자. 이제 갓 성년기에 접어든 학생들은 수십 년 후에 발생할 일을 묻는 문항을 친숙하게 느끼지 않을 것이다. 문항 내용이 조사대상자와 관련성이 낮거나 어려워 조사대상자가 응답을 무작위로 선택하게 되면 측정오류가 증가하고 상당한 시간과 비용을 들여 수집한 데이터를 적절하게 사용하지 못하는 문제를 낳게 된다. 조사대상자가 가지고 있는 정보와 경험에 부합하는 문항을 제공하여 조사대상자의 성의 있고 솔직한 응답을 이끌어내야 한다.

넷째 문항은 **구체적**이어야 한다. 여기서 '구체적'은 문항을 정교하게 만들어야 한다는 의미이다 Larossi, 2006. 지나치게 일반적이고 복잡하며 모호한 용어, 표현, 또는 내용을 피해야 한다. 조사대상자들은 '일반적으로', '종종', '정상적인'과 같은 용어를 동일하게 해석하지 않는다.

복수응답 유발형 문항을 피하도록 한다. 복수응답 유발형 문항은 하나의 문항에 두 가지 이슈를 포함하는 문항을 말한다. 다음 문항을 질문하였을 때 임금수준에는 만족하나 근무환경에는 만족하지 않는 조사대상자는 어떻게 응답해야 할지 혼돈스러워 할 것이다. 따라서 임금수준의 만족을 측정하는 문항과 근무환경의 만족을 측정하는 문항으로 나누어야 한다.

> "귀하는 현재 근무하는 기관의 임금수준과 근무환경에 대해 만족하고 계십니까?"
> ① 매우 만족한다　　　② 만족한다
> ③ 만족하지 않는다　　　④ 전혀 만족하지 않는다

문항 유형

문항 개발을 위해 고려해야 할 것 중 하나가 문항의 유형이다. 변수의 측정을 위해 개방형 문항과 폐쇄형 문항 모두 사용되는데 각 문항 유형은 장단점을 가지고 있기 때문에 질문내용, 자료분석방법, 조사대상자의 특성 등을 고려하여 적절한 유형의 문항을 선택해야 한다. **TABLE 7-3**에 포함된 예와 같이

둘째 문항은 **객관적**이어야 한다. 문항의 내용과 표현이 특정 방향으로의 응답을 유도하거나 편향되어서는 안 된다. 조사대상자는 정답이 있다고 생각되는 문항을 접하게 되면 자신의 평소 생각과는 무관하게 특정 방향으로 응답하게 된다. 다음 문항은 홍명보 감독의 지도력이 우수하다는 것을 암시하여 조사대상자에게 특정 방향으로 응답하도록 유도한다. 앞에서 유도성 문항은 체계적 오류를 발생시키는 주요 원인 중 하나로 배웠다. 따라서 "귀하는 홍명보 국가대표 축구팀 감독의 지도력을 어떻게 생각하십니까?"와 같이 문항개발자의 의도와 가치가 배제된 문항으로 수정해야 한다.

> "많은 국민들이 홍명보 국가대표 축구팀 감독의 지도력이 우수하다고 생각합니다. 귀하는 동의하십니까?"
> ① 매우 우수하다　　　② 우수하다
> ③ 우수하지 않다　　　④ 전혀 우수하지 않다

셋째 문항은 **응답하기 쉬워야** 한다. 문항을 개발할 때 전문용어의 사용을 피하고 모든 조사대상자에게 친숙하고 쉬운 용어를 사용해서 조사대상자들이 응답하는데 어려움을 겪지 않도록 한다. 또한 속어의 사용을 피해야 하는데, 모든 사람들이 속어를 동일한 의미로 해석하지 않기 때문이다.

부정문의 사용을 피한다. 조사대상자는 다음과 같은 문항에 응답하는데 상당한 어려움을 가질 것이며 조사대상자의 응답을 해석하는 것 또한 쉽지 않다. 따라서 "귀하는 대체로 술을 매일 마십니까?"라고 긍정문으로 수정하여 조사대상자가 쉽게 응답할 수 있도록 해야 한다.

TABLE 7-3

+ 개방형 문항과 폐쇄형 문항의 비교

구분	개방형 문항	폐쇄형 문항
정의	• 조사대상자가 질문에 대하여 자신의 용어로 자유롭게 응답할 수 있는 문항	• 조사대상자가 질문에 대하여 사전에 연구자가 설정해 놓은 응답범주를 선택하여 응답하는 문항
예	• 귀하의 연봉은 얼마입니까? (　　　　)만원	• 귀하의 연봉은 얼마입니까? ① 1,000만원 이하　② 2,000만원 이하　③ 3,000만원 이하 ④ 4,000만원 이하　⑤ 5,000만원 이상
용도	• 폐쇄형 문항의 응답범주 개발 • 질적자료 수집	• 응답범주가 예상될 때 • 통계적 분석
장점	• 연구자가 예상치 못한 응답 발견 • 추가 정보 수집 가능	• 자료 처리와 분석의 용이함 • 높은 응답률
단점	• 높은 무응답률 • 자료 처리와 분석의 어려움	• 응답범주 누락의 위험성 • 질문과 응답항목 구성의 어려움

조사대상자의 연봉을 측정하기 위해 두 가지 유형의 문항 모두 사용할 수 있다. 조사대상자들이 자신의 실제 연봉을 있는 그대로 노출하기 꺼리는 성향 때문에 연봉의 측정은 폐쇄형 문항이 적절하다는 주장이 있다. 반면에, 연봉을 종속변수로 설정하고 개방형 문항으로 측정한다면 폐쇄형 문항으로 측정하는 경우에 비해서 다양한 자료분석방법을 사용할 수 있는 장점이 있다. 일반적으로 통계적 분석을 강조하는 양적조사에서는 폐쇄형 문항을 많이 사용되고 측정대상에 대한 이해의 깊이를 강조하는 질적조사에서는 개방형 문항을 주로 사용된다.

응답항목

폐쇄형 문항을 개발할 때 주의할 점이 있다. 폐쇄형 문항의 보기를 응답항목response categories이라고 하는데 응답항목은 포괄적exhaustive이고 상호배타적mutually exclusive이어야 한다.

응답항목의 포괄성이란 가능한 모든 응답항목을 제공해야 한다는 의미이다. 만 19세 이상 성인을 대상으로 실시된 설문조사에서 조사대상자의 연령을 다음과 같이 측정하였다고 가정하자. 보기에서 70세 이상인 조사대상자는 선택할 수 있는 응답항목이 없다. 즉 문항의 응답항목은 포괄적이지 못하다. 응답항목에 70세 이상을 포함해야 한다.

> 귀하의 연령을 다음 보기에서 선택하여 주십시오.
> ① 19~29세　　② 30~39세　　③ 40~49세
> ④ 50~59세　　⑤ 60~69세

조사대상자가 자신에게 가장 알맞은 응답을 한 개만 선택할 수 있을 때 응답항목이 상호배타적이라고 한다. 다시 말해서 문항의 응답항목들은 서로 중복되어서는 안 된다. 다음 보기에서 복지관을 평균적으로 1회 이용하는 조사대상자들의 응답은 ①과 ②에 해당되기 때문에 응답항목은 상호배타적이지 않다. 응답항목은 0~1회, 2~3회, 4~5회, 6회로 수정되어야 한다.

> 귀하는 평균적으로 복지관을 얼마나 자주 이용하셨습니까?
> ① 0~1회　　② 1~3회　　③ 3~5회　　④ 6회

척도

척도와 지수

변수의 측정을 위해 단일 문항을 사용하기도 하지만, 사회조사에서 주로 다루는 변수는 추상적이고 복잡하기 때문에 단일 문항만으로 측정하기 어렵다. 만족, 우울, 자아존중감 등과 같은 변수는 쉽게 측정될 수 없는 이론적 추상theoretical abstracts이기 때문에 단일 문항보다는 여러 문항으로 측정될 때 보다 정확하게 측정할 수 있다. 이들 변수를 측정하기 위해서는 단일 문항보다는 여러 문항으로 구성된 척도나 지수를 사용하는 것이 일반적이다. 척도scale와 지수index는 동일한 의미로 사용되기도 하고Rubbin and Babbie, 2014 구별되어 사용되기도 한다Yegidis, et al., 1999. 척도와 지수 모두 다수의 문

항들로 구성된 합성측정 도구composite measure 라는 공통점을 갖는다. 반면, 척도는 지수보다 조사대상자에게 정교한 응답을 요구한다. **TABLE 7-4**는 우울을 척도와 지수로 측정하는 방법을 보여준다. 지수는 우울의 6가지 증상 유무를 이항적으로 측정하나 척도는 단순히 우울증상 유무의 측정을 넘어 증상의 정도까지 측정하여 지수보다 조사대상자에게 정교한 응답을 요구한다. 일반적으로 사회조사에서 지수보다 척도가 더 자주 사용되기 때문에 이 책에서는 척도만을 다룬다.

척도의 종류

리커트 척도, 의미차별 척도, 서스톤 척도, 구트만 척도, 사회거리감 척도 등 척도의 종류는 다양하다. 이 책에서는 이 중에서 사회조사에서 자주 사용되는 리커트 척도, 의미차별 척도만을 다루기로 한다.

리커트 척도Likert scale

사회조사에서 가장 빈번하게 사용되는 척도이다. 리커트 척도는 이 척도개발자인 Rennis Likert 이름을 따서 명명되었다. 리커트 척도는 특정 입장에 대한 동의여부와 그 강도를 측정한다. 이 책을 읽는 여러분은 설문지에 응답하면서 응답항목이 '매우 동의한다', '동의한다', '보통이다', '반대한다', '매우 반대한다'로 이루어진 문항을 보았을 것이다. 이와 같은 응답항목을 가진 문항들로 구성된 척도를 리커트 척도라고 한다. 리커트형 문항의 응답항목은 '보통이다'를 중심으로 왼쪽에 동의하는 응답항목과 오른쪽에 반대하는 응답항목이 각각 2개씩 있으며 동의와 반대의 강도 또한 동일하다. 즉 리커트 척도의 응답항목은 각 응답방향동의 또는 반대에서 선택할 수 있는 개수와 강도에 있어서 균형을 이룬다. 리커트형 척도의 응답항목은 내용과 개수의 변형이 가능하다. 측정대상 변수에 따라 동의 대신에 빈도, 만족으로 바꿀 수 있고 '보통이다'를 삭제하고 응답항목의 개수를 짝수로 만들 수도 있다.

리커트 척도는 총괄적 평가 척도summative rating scale 의 한 유형이다Yedigis et al., 1999. 총괄적 평가 척도는 각 문항에 동일한 점수를 부여하고 응답항목간 거리가 동일하다는 가정에 기초한다Cournoyer and Klein, 2000. 따라서 총괄적 평가 척도를

TABLE 7-4

척도와 지수의 비교

척도	지수
다음의 증상을 얼마나 자주 경험하는지 표시해 주십시오. 　　　　　　전혀　　　　　자주 슬픈/처진　0　1　2　3　4 절망적인　0　1　2　3　4 무력한　　0　1　2　3　4 무관심한　0　1　2　3　4 고립된　　0　1　2　3　4 불안한　　0　1　2　3　4	지난주 동안 경험했던 감정을 표시해 주십시오. 슬픔　＿＿＿＿＿ 절망　＿＿＿＿＿ 무력　＿＿＿＿＿ 무관심　＿＿＿＿ 고립　＿＿＿＿＿ 불안　＿＿＿＿＿

TABLE 7-5

리커트 척도의 예

	문항	매우 불만족	불만족	만족	매우 만족
1	복지관의 프로그램서비스가 귀하의 문제를 해결하고 욕구를 충족하는데 도움이 되었다고 생각하십니까?	①	②	③	④
2	귀하가 이용하신 프로그램서비스의 담당직원의 자질과 능력에 대해서 만족하십니까?	①	②	③	④
3	귀하가 이용하신 프로그램서비스의 담당직원의 친절도 · 성실성에 대해서 만족하십니까?	①	②	③	④
4	귀하가 이용하신 복지관 시설과 장비구비 정도에 대해 만족하십니까?	①	②	③	④
5	비슷한 문제나 욕구를 갖고 있는 귀하의 친구에게 이 복지관을 이용하도록 추천하시겠습니까?	①	②	③	④

사용하는 연구자는 척도의 개별 문항에 대한 응답을 모두 더하여 각 조사대상자의 총점을 계산한다. 총점이 높을수록 측정대상 변수의 수준이 더 높고 총점이 낮을수록 변수의 수준이 낮음을 의미한다. **TABLE 7-5**는 사회복지시설평가에서 사용되었던 사회복지시설 이용자 만족도 척도이다. 만족도 척도의 가능한 총점의 범위는 5점부터 20점까지이다. 총점이 5점인 조사대상자의 만족도 수준이 가장 낮고 총점이 20점인 조사대상자의 만족도 수준이 가장 높다고 해석한다.

의미차별화 척도 semantic differential scale

의미차별화 척도는 사물이나 개념의 의미를 측정하기 위한 척도이다. 의미차별화 척도는 측정대상 개념과 관련된 상반된 의미를 가진 단어들을 짝을 지어 조사대상자에게 제시한다. 예를 들면, 깨끗한–더러운, 오래된–새로운, 단순한–복잡한 등과 같이 서로 상반되는 형용사를 수평선 양쪽에 위치시키고 조사대상자에게 자신의 입장을 표시하도록 하는 방식이다. 리커트 척도처럼 의미차별화 척도 또한 응답항목을 다양한 수준으로 구분하기 때문에 예: 긍정에서 부정으로 항목분할 척도 category partition scale로 불리기도 한다 Cournoyer and Klein, 2000. 그러나 리커트 척도에서는 각 응답항목에 명칭이 부여되나 의미차별화 척도에서는 수평선 양쪽의 기준점에만 서로 상반된 형용사가 제공된다.

깨끗한	_____	더러운
오래된	_____	새로운
단순한	_____	복잡한
	1 2 3 4 5 6 7	

다음은 실제 연구 Algeo, 1973 에서 사용된 의미차별화 척도의 일부이다. 이 연구의 목적은 알코올중독자에 대한 태도분석이었으며 연구에 참여한 조사대상자는 경찰관, 간호학과 학생, 임상심리사, 정신과의사였다.

다음 척도는 연구자가 연구를 위해 개발한 척도이다. 알코올 중독자에 관한 태도를 측정하기 위해 연구자는 다음과 같이 4쌍의 단어를 만들고 조사대상자들에게 제공하였다. 연구자는 7점 척도를 사용하여 가장 긍정적인 답변에 +3점을 가장 부정적인 답변에 −3점을 부여하였다.

알코올중독 남성		
비도덕적 ___:___:___:___:___:___:___		도덕적
아픈 ___:___:___:___:___:___:___		건강한
위험한 ___:___:___:___:___:___:___		안전한
의존적인 ___:___:___:___:___:___:___		독립적인

기존 척도의 활용

변수의 측정을 위해서 척도를 개발하는 것은 매우 어려운 일이다. 척도 개발은 상당히 엄격한 절차와 규칙을 따라야 하고 척도 개발 자체가 연구의 주제이기도 하다. 따라서 다수의 연구자들이 변수의 측정을 위해 척도를 직접 개발하기 보다는 기존에 개발된 척도를 사용한다. 과학적으로 검증된 기존 척도를 잘 선별해서 사용한다면 상당한 시간과 노력을 절약할 수 있다.

기존 척도들 중에서 여러분 연구에 적합한 척도의 선별을 위해서 고려해야 할 사항은 다음과 같다.

- 모집단: 여러분 연구의 모집단을 위해서 사용하기에 적절한 척도를 선별한다. 일반적으로 척도 개발 논문이나 보고서는 연구에 참여한 조사대상자의 특성을 기술한다. 주요 특성과 관련하여 여러분 연구의 모집단과 척도 개발 연구의 표본을 비교함으로써 기존 척도의 사용 여부를 결정한다.

- 개념적 정의: 여러분이 측정하고자 하는 변수를 제대로 측정하는 척도를 선별한다. 만약 여러분이 만족이라는 개념을 측정하려고 한다면, 기존의 만족도 척도들 중에서 여러분 연구에서 사용하는 만족의 개념적 정의를 가장 잘 반영하는 척도를 선별하도록 한다.

- 신뢰도와 타당도: 앞에서 신뢰도와 타당도의 중요성을 배웠듯이 신뢰도와 타당도가 확보된 척도를 선택한다. 척도 개발을 목적으로 하는 논문과 보고서는 척도의 신뢰도와 타당도 평가 결과를 항상 보고한다. 척도의 신뢰도와 타당도가 엄격하게 평가된 척도를 선택하여 사용하도록 한다.

여러분 연구에 적합한 기존 척도는 여러 자료에서 찾을 수 있다. 사회조사연구에서 자주 활용되는 척도들을 모아 놓은 척도모음집, 전문학술지, 학위논문, 연구보고서 등을 통해서 찾을 수 있다. 이상의 자료에 다수의 척도가 소개되어 있으며 위기언급한 척도 선별을 위한 지침을 참고하여 적절한 척도를 선택하도록 한다.

척도 개발

척도는 사회조사를 위해 필수적인 측정도구이며 신뢰도와 타당도가 양호한 척도의 개발은 다양한 연구를 가능하게 하는 장점이 있다. 그러나 척도 개발은 이 책의 범위를 넘어서는 주제이기 때문에 여기에서는 척도 개발 단계 DeVellis, 2003 만을 **TABLE** 7-6과 같이 소개한다.

60%   30%   10%

척도 개발 단계 — TABLE 7-6

단계	주제	세부 내용
1단계	측정 변수의 결정	• 관련 이론 검토 • 측정 변수의 구체화 수준 결정 • 척도에 포함될 내용 결정
2단계	예비문항 생성	• 목적에 부합하는 문항 선택 또는 개발
3단계	측정형식 결정	• 척도의 종류와 응답항목 결정
4단계	전문가 검토	• 예비문항에 대한 전문가 검토와 문항의 수정, 보완
5단계	타당화 문항 포함	• 사회적 바람직성 영향 및 개념구성 타당도 평가를 위한 문항 포함
6단계	표본 조사	• 조사 실시
7단계	문항 평가	• 문항분석 • 신뢰도 평가 • 요인분석
8단계	척도길이 최적화	• 최종문항 결정 • 분할표본 검증

측정의 정확성 향상을 위해 고려할 사항

변수의 측정을 위해 측정도구를 개발하고 선택하는 것과 함께 조사대상자가 측정도구에 흥미를 가지고 응답할 수 있도록 고려해야 할 몇 가지 사항이 있다.

첫째 **문항 배치**이다. 문항 배치를 위해 시작 문항, 정보의 종류, 어려운 문항, 순서효과를 고려해야 한다 Malhotra, 2006.

◑ 시작 문항: 응답하기 쉽고, 연구 목적에 중요하며, 조사대상자의 관심을 끌만한 문항들을 설문지 앞쪽에 배치하여 조사대상자의 관심과 참여를 끌어내도록 한다.

◑ 정보의 종류: 설문지를 통해서 수집되는 정보를 3가지로 구분하면 기본 정보, 분류 정보, 신원 정보이다. 기본 정보는 연구 내용과 직접적으로 관련 있는 정보이고, 분류 정보는 인구사회학적 정보이며, 신원 정보에는 이름, 주소, 전화번호가 포함된다. 기본 정보가 가장 중요한 정보이며 분류 정보와 신원 정보는 개인적 정보이다. 개인적 정보를 묻는 문항들로 설문지를 시작하는 것은 조사대상자를 당황스럽게 만들고 응답률을 낮추는 결과를 초래할 수 있다. 기본 정보를 묻는 문항을 설문지 앞쪽에 배치하고 분류 정보와 신원 정보를 묻는 문항을 뒤쪽에 배치한다. 연구에 중요한 문항들을 앞쪽에 배치하면 조사대상자가 설문지를 끝까지 완성하지 않더라도 중요한 문항들에 대한 응답을 확보할 수 있는 장점도 있다 Yedigis et al., 1999.

◑ 어려운 문항: 응답하기 어렵다고 인식되는 문항은 설문지 뒤쪽에 배치하도록 한다. 응답하기 어려운 문항을 설문지 앞쪽에 배치하면 조사대상자는 설문조사에 응하지 않을 수 있기 때문이다.

◑ 순서효과: 특정 주제와 관련된 일련의 문항들은 일반적 문항들을 먼저 배치하고 이어서 구체적 문항을 배치한다. 응답을 점점 구체화하는 방식은 마치 깔대기 모양과 같다고 하여 이를 깔대기 접근방식 funnel approach 이라고 한다. 이 방식을 사용함으로써 구체적 문항이 일반적 문항에 대한 응답을 편향되지 않게 만드는 효과가 있다.

둘째 **문항 수**이다. 문항 수가 많으면 조사대상자는 설문지를 끝까지 완성하지 않거나 성의 없는 응답을 제공할 것이다. 문항 수는 응답률 및 측정오류와 관련 있기 때문에 필요한 문항들만 설문지에 담고 불필요한 문항들은 포함시키지 말아야 한다. 문항 수를 줄이는 방법 중 하나는 연구 내용과 관련 없는 인구사회학적 문항들을 제거하는 것이다Yedigis et al., 1999.

셋째 **예비조사**이다. 사회조사 경험이 많은 연구자들도 설문지에 포함된 문항들을 조사대상자가 어떻게 해석하고 반응하는지를 예상하기 어렵다. 모집단과 유사한 특성을 지닌 개인들을 대상으로 예비조사를 실시한다. 예비조사는 10명 내외를 대상으로 실시하고Rubin and Babbie, 2014 예비조사에서 설문지의 질을 향상시키기 위해 고려할 주요 내용은 다음과 같다Fowler, 1995; Larossi 2006.

- 조사대상자가 조사의 목적을 이해하는가?
- 조사대상자가 문항에 응답하는데 어려움은 없는가?
- 문항의 표현은 명확한가?
- 응답항목이 적절한가?
- 응답하는데 어렵거나 시간이 소요되는 문항은 없는가?
- 조사대상자를 당황스럽게 하거나 불쾌하게 만드는 문항은 없는가?
- 응답편향을 야기하는 문항은 없는가?
- 조사대상자의 응답은 여러분이 원하는 바를 반영하는가?
- 응답이 다양한가?
- 설문시간이 길지 않은가?
- 간과한 이슈는 없는가?

REVIEW
exercises
복/습/문/제

1   4가지 측정수준의 특징을 예를 들어 설명해 보시오.

2   신뢰도와 타당도를 설명해 보시오

3   체계적 오류의 발생 원인을 설명해 보시오.

4   응답항목의 포괄성과 상호배타성을 설명해 보시오.

측정은 측정대상에 상징을 부여하는데 필요한 규칙으로 정의되며 이 규칙에 따라 속성의 양을 수량적으로 나타내거나 또는 특정 속성과 관련하여 측정대상들을 분류하는 방법을 규정한다.

측정의 목적은 대응, 표준화, 수량화, 반복이다.

변수는 측정의 정밀도(precision) 면에서 여러 수준으로 측정될 수 있으며 일반적으로 명목수준, 서열수준, 등간수준, 비율 수준으로 구분된다.

신뢰도란 측정도구가 일관적인 결과를 산출하는 정도와 관련 있는 개념으로서 동일한 조건에서 동일한 사람들을 대상으로 반복적이고 독립적인 측정을 했을 때 나타난 결과가 동일한 경우 측정도구의 신뢰도가 양호하다고 한다.

신뢰도의 종류로는 검사—재검사 신뢰도, 유사양식 신뢰도, 내적 일관성 신뢰도, 관찰자간 신뢰도가 있다.

내적 일관성 신뢰도는 가장 널리 사용되는 신뢰도로서 척도 내의 문항들이 동일한 개념을 측정하는 정도를 의미한다. 내적 일관성 신뢰도의 평가는 척도 내 문항들의 상관관계분석을 통해서 이루어진다. 일반적으로 내적 일관성 신뢰도 평가를 위해 3가지 방법이 사용되고 있는데, 개별문항들간 상관관계분석, 개별문항과 총점간 상관관계분석, Chronbach's alpha의 계산이다.

타당도(validity)는 측정도구가 측정하고자 의도하는 개념을 제대로 측정하는 정도로 정의된다. 타당도의 종류로는 액면타당도, 내용타당도, 기준관계 타당도, 개념구성 타당도가 있다.

기준관계 타당도는 평가대상인 척도가 하나 이상의 외부기준과 경험적으로 관련되어 있는 정도로 정의된다. 기준관계 타당도는 두 가지로 구분되는데 외부기준이 현재의 기준이면 동시타당도(concurrent validity)라 하고 기준이 미래에 발생하는 기준일 경우 예측타당도(predictive validity)라고 한다.

개념구성 타당도는 이론적 관계 체계 안에서 평가대상 측정도구와 다른 변수간의 관계를 다루는 타당도라는 점에서 다른 종류의 타당도와 구별된다. 물론 액면타당도, 내용타당도, 기준관계 타당도 모두 이론과 무관하지는 않지만, 개념구성 타당도만큼 이론에 기반을 두지 않는다. 개념구성 타당도는 두 가지 타당화 과정을 통해서 가장 잘 이해될 수 있는데 첫번째 과정은 수렴타당도(convergent validity)를 평가하는 과정이고 두번째 과정은 판별타당도(discriminant validity)를 평가하는 과정이다.

측정오류는 체계적 오류와 무작위 오류로 구분된다. 측정대상은 변하지 않았는데 측정할 때마다 결과가 다른 경우 무작위 오류가 발생했다고 말한다. 측정오류가 일관적인 패턴을 보일 때 체계적 오류가 발생하였다고 한다.

문항 개발을 위한 4가지 기준은 Brief, Objective, Simple, Specific(BOSS) 이다.

응답항목은 포괄적(exhaustive)이고 상호배타적(mutually exclusive)이어야 한다. 응답항목의 포괄성이란 가능한 모든 응답항목을 제공해야 한다는 의미이고, 조사대상자가 자신에게 가장 알맞은 응답을 한 개만 선택할 수 있을 때 응답항목이 상호배타적이라고 한다.

리커트 척도는 사회조사에서 가장 빈번하게 사용되는 척도이며 특정 입장에 대한 동의여부와 그 강도를 측정한다.

문항 배치를 위해 시작 문항, 정보의 종류, 어려운 문항, 순서효과를 고려해야 한다.

참고
문헌

권소희. 2011. 호스피스완화의료서비스 성과평가 도구개발. 『대한간호학회지』, 41(3), 374-381.

김용석. 1999. 국내외 알코올사용장애 선별도구의 비교를 통한 한국성인의 알코올사용장애에 관한 역학 조사. 『한국사회복지학』, 37, 67-88.

Algeo. J. D. 1973. *A Semantic Differential Measurement of Caregivers' Attidudes toward the Alcoholic* (Master's Thesis). Texas Tech University.

Backhaus, J., Junghanns, K., Broocks, A., Riemann, D., & Hohagen, F. 2002. Test-Retest Reliability and Validity of the Pittsburgh Sleep Quality Index in Primary Insomnia. *Journal of Psychosomatic Research,* 53, 737-740.

Barsky, A., & Coleman, H. 2001. Evaluating Skill Acquisition in Motivational Interviewing: The Development of An Instrument to Measure Practice Skills. *Journal of Drug Education*, 31(1), 69-82.

Beal, D., Brittain, S., Brubaker, R., Falkenberg, S., & Cox, T. 2007. *The Concurrent Validity of the Mind Over Mood Depression Inventory.* Retrieved June 22, 2015 from http://www.anxietyanddepressioncenter.com/book-mind-over-mood-depression-orange-county-ca.htm

Bloom, M., Fischer, J., & Orme, J. G. 2006. *Evaluating Practice: Guidelines for the Acdountable Professional,* 5th ed. Boston: Allyn and Bacon.

Carole, L. K., & Winterstein, A. G. 2008. Validity and Reliability of Measurement Instruments Used in Research. *American Society of Health-System Pharma-cists,* 65, 2276-2284.

Cournoyer, D. E., & Klein, W. C. 2000. *Research Methods for Social Work.* Boston: Allyn & Bacon.

Cox, M. E., Cherry, D. J., & Orme, J. G. 2011. Measuring the Willingness to Foster Children with Emotional and Behavioral Problems. *Children and Youth Services Review*, 33, 59-65.

Crocker, L., & Algina, J. 1986. *Introduction to Classical and Modern Test Theory.* New York : Holt, Rinehart, and Winston.

Devellis. R. F. 2003. *Scale Development: Theory and Applications,* SAGE.

Drost. E. A. 2011. Validity and Reliability in Social Science Research. *Education Research and Perspectives,* 38(1), 105-123.

Fowler, F. J. 1995. *Improving Survey Questions : Design and Evaluation.* Thousand Oaks: Sage.

Gregory, V. L. 2012. Gregory Research Beliefs Scale: Discriminant Construct, Concurrent Criterion, and Known-Groups Validity. *Journal of Evidence-Based Social Work,* 9, 465-480.

Grinnell, R. M., Williams, M., & Unrau, Y. A. 2009. *Research Methods for BSW Students,* 7th ed. Kalamazoo, MI: Pair Bond Publications.

Hair, J. F., Black, W. C., Babin, B. J., Anderson, R. E., & Tatham. R. L. 2006. *Multivariate Data Analysis,* 6th ed. Upper Saddle River. NJ: Pearson Education Inc.

Kuo, S., Chan, W., Chang, L., Chou, Y., & Chen, C. 2013. The Development and Psychometric Testing of East Asian Acculturation Scale among Asian Immigrant Women in Taiwan. *Ethnicity & Health,* 18(1), 18-33.

Larossi. G. 2006. *The Power of Survey Design: A User's Guide for Managing Surveys, Interpreting Results, and Influencing*

Respondents. Washington, DC: The World Bank.

Malhotra. N. K. 2006. *The Handbook of Marketing Research*. SAGE.

Nunnally, J. C., & Bernstein, I, H. 1994. *Psychometric Theory,* 3rd ed. New York : McGraw-Hill.

Pike, C. K. 2002. Measuring Vedio Gambling: Instrument Development and Validation. *Research on Social Work Practice*, 12(3), 389-407.

Rubin, A. & Babbie, E. R. 2014. *Research Methods for Social Work,* 8th ed. Belmont, CA: Brooks/Cole.

Springer, D. W., Abell, N., & Hudso, W. W. 2002. Creating and Validating Rapid Assessment Instruments for Practice and Research: Part 1. *Research on Social Work Practice,* 12(3), 408-439.

Viswanathan, R. 2005. *Measurement Error and Research Design.* Los Angeles, CA: Sage.

Vourlekis, B., Bembry, J., Hall, G., & Rosenblum, P. 1996. Testing the Reliability and Validity of an Interviewing Skills Evaluation Tool for Use in Practicum. *Research on Social Work Practice*, 6(4), 492-503.

Yegidis, B. L., Weinbach, R. W., & Morrison-Rodriguez, B. 1999. *Reseach Methods for Social Workers,* 3rd ed. Needham Heights, MA: Allyn.

8

표본추출

8 9 10 11 12

Social
Research
Methods

조사연구의 과정에서 연구 문제를 설정하고
이에 따라 연구 설계가 이루어지면,
연구자는 자료수집에 착수하게 된다.
자료수집은 연구자가 설계에 의해
자료를 수집하는 단계로서,
이 과정의 첫번째 과업인
표본추출을 실시하는 것으로부터 시작된다.
이 장은 모집단으로부터
표본을 추출하는 과정을 살펴보고,
그 유형 및 특징에 대해 파악하는 장이다.
이 장에서는 우선 표본추출의 기본 개념 및
관련 용어에 대해 알아본 후,
표본추출의 과정에 대해 살펴본다.
특히, 표본추출의 각 유형을
보다 구체적으로 살펴보게 된다.
각 표본추출 유형별 특징을
그림과 함께 쉽게 설명하고 있으며
유의해야할 점과 예제를 함께 제공하고 있다.

Social
Research
Methods

8

표본추출

1

표본추출의 개요

표본추출의 개념

연구자는 연구문제에 대한 답을 찾기 위하여 자료를 수집하는데, 자료수집의 첫 과정은 조사에 사용될 표본을 추출하는 것으로부터 시작한다. 표본이란 전체를 대표하기 위하여 추출된 조사대상의 일부를 의미하며, 표본을 추출하는 과정을 표본추출 혹은 표집이라고 한다.

이처럼 표본을 사용하는 연구를 표본조사연구라고 하는데, 이는 전체를 모두 조사하는 전수조사연구와 구분이 된다. 전수조사연구를 실시하는 것보다 표본조사연구를 실시하는 것이 몇 가지 측면에서 장점을 지니는데, 무엇보다도 표본조사연구는 전수조사연구에 비해 효율적이라는 점이 가장 큰 장점이라 할 수 있다. 모집단의 모든 대상을 조사하는 것은 막대한 시간과 비용이 들 수 있으며, 현실적으로 거의 불가능한 경우가 많다. 따라서 일부의 표본만을 대상으로 조사를 하는 것이 훨씬 효율적이라고 할 수 있다. 전수조사연구라 할지라도 수행과정에서 제외되거나 누락되는 대상이 생길 수 있으며, 모집단이 클수록 이들을 모두 조사하는 과정에서 여러 오차들이 발생할 수 있다. 오히려 정교하게 표본을 추출하고 이를 빠짐없이 조사하는 것이 조사의 정확성을 더 높일 수도 있다Sherman and Reid, 1994.

이처럼 조사의 효율성과 정확성을 높여주는 표본추출에 대해 이해하기 위해서는 먼저 주요 용어에 대한 개념을 파악할 필요가 있다. 표본추출에서 사용되어지는 주요 용어는 다음과 같다Rubbin and Babbie, 2013; 김영종, 2007; 손병덕 외, 2010.

요소element 는 모집단을 구성하고 있는 개별대상의 통합적 성격을 나타내는 것으로서, 이는 곧 정보수집 또는 분석단위를 의미한다. 개인이나 가족, 사회모임, 기업 등이 모두 표본추출의 요소가 될 수 있으며, 일반적으로 사회조사연구에서 요소는 사람 또는 일정한 기준을 충족하는 사람이 된다.

모집단population 이란 연구자가 관심을 가지고 파악하고자 하는 연구요소의 전체 집합이다. 예를 들어, 연구대상은 '지역주민'과 같은 모호한 용어가 사용될 수 있지만, 모집단은 지역예: 지리적 경계, 기능적 경계 등과 주민예: 주민등록부 기재자, 1년 이상 거주자 등이라는 요소의 정의를 포함하게 된다. 연구 모집단study population 이란 모집단의 하위개념으로, 표본이 실제로 선정되는 요소들의 집합이다. 특정 지역의 전화번호부를 통한 표본추출은 그 지역의 전체 주민이 모집단인 것처럼 보이지만, 실제로는 전화번호부에 등록되지 않아 표본으로 선정될 기회 자체를 얻지 못하는 주민들도 있다. 이처럼 모집단의 모든 요소가 실제 표본으로 선정되는 것은 현실적으로 어려우므로 연구 모집단은 모집단의 일부분인 경우가 많다. 여러 현실적인 문제들로 인하여 연구 모집단과 모집단의 차이가 발생하기 쉬우나 연구의 궁극적 대상은 모

> **모집단** 연구하고자 하는 대상들의 전체 집합

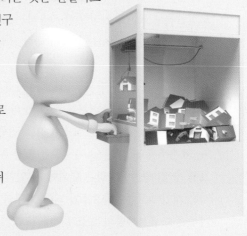

집단이므로, 연구자들은 연구 모집단과 모집단의 차이를 줄이려는 노력을 하는 것이 필요하다.

표본sample 은 모집단을 대표하기 위하여 추출과정에 의해 선택된 부분이다. 동일한 특성을 가진 모집단에서 표본을 선정하게 될 경우, 전체 모집단의 특성을 대표하는 표본을 선택할 가능성이 높다. 반면, 이질적인 특성을 가진 모집단에서 표본을 선정할 경우에는 전체 모집단의 특성을 대표하는 표본의 선정이 어려울 수 있다Rubin and Babbie, 2013.

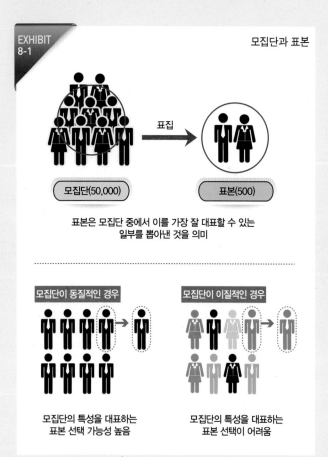

EXHIBIT 8-1

모집단과 표본

모집단(50,000) → 표집 → 표본(500)

표본은 모집단 중에서 이를 가장 잘 대표할 수 있는 일부를 뽑아낸 것을 의미

모집단이 동질적인 경우	모집단이 이질적인 경우
모집단의 특성을 대표하는 표본 선택 가능성 높음	모집단의 특성을 대표하는 표본 선택이 어려움

이 밖에도 관찰단위observation unit 란 직접적인 조사대상을 의미하는 것으로 자료수집단위라고도 한다. 연구수행시 모집단 또는 표본에서 관찰을 통한 자료수집이 이루어지는 단위를 의미한다. 분석단위analysis unit 는 연구결과를 분석할 때 활용되는 단위로 개인, 집단, 조직 등과 같은 사회적 산물 등이 분석단위가 될 수 있다.

통계치statistics 는 표본의 특성을 나타내는 수치이며, 모수parameter 는 모집단의 특성을 나타내는 수치로서 특정 변수를 요약 및 기술하는 값을 말한다. 예를 들어 우리나라 전체 가구의 평균 소득은 모수에 해당하며, 연구자는 표본을 추출하여 구한 가구의 평균 소득 통계치를 통해 모수를 추정한다.

표본추출오차sampling error 는 모집단에서 표본추출시 발생하는 오류로 모수와 통계치간의 차이를 말한다. 표본이 모집단을 대표하는 정도가 높을수록 표본추출오차는 작아지며, 표본의 대표성이 낮을수록 오차는 커진다.

다음으로 신뢰수준confidence level 은 표본의 결과로 모수를 추정하고자 할 때, 신뢰할 수 있는 정도를 확률로 나타낸 것을 의미하며, 사회과학에서는 일반적으로 신뢰수준 95%를 사용한다황성동, 2006. 이와 더불어, 신뢰구간confidence interval 은 신뢰수준에서 모수가 추정되는 값의 범위를 의미한다.

표집틀sampling frame 은 표본으로 추출될 요소들의 집합인 모집단에서 표본을 선정할 때 사용하는 요소의 목록 혹은 유사목록을 의미하며, 이는 곧 연구대상 모집단 전체의 목록을 의미한다.

다음으로 **표본추출단위**sampling unit 는 표본추출과정에서 표본으로 선발이 고려되는 표본추출대상의 단위를 지칭하는 것으로서, 선정하고자 하는 요소나 요소 집합의 단위를 지칭한다. 표본추출요소sampling element 는 표본추출 대상에 대한 정보를 수집하는 가장 작은 단위이다. 일반적으로 사회조사에서는 개인이 표본추출요소가 되나, 연구의 성격에 따라 부부, 가족 등도 표본추출의 요소가 된다.

표본추출의 과정

표본추출의 과정은 일반적으로 모집단 확정, 표집틀 선정, 표집방법 결정, 표본크기 결정, 표본추출의 5단계를 통해 이루어진다. 따라서 각 단계에서 이루어지는 일련의 과정을 구체적으로 살펴보고자 한다.

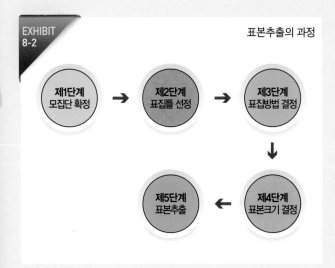

EXHIBIT
8-2

표본추출의 과정

제1단계 모집단 확정 → 제2단계 표집틀 선정 → 제3단계 표집방법 결정 ↓ 제5단계 표본추출 ← 제4단계 표본크기 결정

모집단 확정

우선 표본추출의 과정은 모집단을 확정하는 것으로부터 시작한다. 이는 향후 연구결과를 일반화 시킬 대상을 의미하며, 궁극적인 연구자의 관심대상이다. 연구대상과 표본추출 단위, 연구범위, 기간 등을 명확하게 설정함으로써 모집단을 확정할 수 있다. 예를 들어, 지역 주민들의 삶의 만족도에 대해 조사하고자 한다면, 먼저 연구대상을 전체 주민으로 선정할 것인지, 19세 이상의 성인을 대상으로 선정할 것인지를 결정해야 한다. 또한, 연구의 범위를 A 지역으로 한정할 것인지, A와 B 지역을 포함할 것인지 확정해야 하며, 표본추출의 단위로는 그 지역에 거주하는 개인으로 할 것인지, 혹은 가구 단위로 할 것인지에 대한 결정도 필요하다. 이와 더불어, 연구 기간도 1월부터 3월까지와 같이 설정함을 통해 모집단을 명확히 할 수 있다.

하지만 모집단을 명확하게 파악하기 어려운 주제도 존재한다. 예를 들어 가출청소년이나 성폭력 피해자, 노숙자, 아동학대 피해자, 불법이민자 등이 연구대상인 경우 모집단을 정확하게 파악하는 것은 쉽지 않다. 모집단을 정확하게 파악하기 어려운 경우에는 모집단을 대표할 수 있는 여러 특성들의 기준을 마련하고, 이에 맞는 표본들을 연구자의 판단 등을 통해 결정할 수 있다. 또한 연구주제와 결과분석에 필요한 변수를 우선 선정한 뒤 일정한 비율로 각 변수의 속성에 맞는 표본을 추출할 수도 있다 유영준, 2014.

표집틀 선정

두번째 단계는 표집틀을 선정하는 단계이다. 표집틀은 모집단의 특성을 대표할 수 있는 모든 표본단위들의 총 집합체를 의미하며 모집단에서 표본을 선정할 때 사용하는 요소의 목록 혹은 유사목록을 말한다. 즉 표본틀에 기반하여 최종적인 표본추출이 이루어지게 된다. 표집틀은 모집단을 구성하고 있는 모든 요소를 포함하고 있어야 하며, 각각의 요소를 중복으로 포함하지 않는 것이 좋다. 또한 모집단의 요소에 관해 정확한 정보를 포함하고 있어야 한다.

표집틀은 **확률 표본추출**과 **비확률 표본추출**을 결정할 수 있는 중요한 기준이 된다. 표집틀을 확보한 경우에만 모든 요소가 표본으로 추출될 확률을 계산할 수 있는 확률 표본추출을 실시할 수 있기 때문이다. 그러나 실제로 사회과학 분야의 연구에서는 표집틀을 확보하기가 어려운 경우가 많다. 이는 모집단을

확률 표본추출 개별 표본추출단위가 표본에 포함될 확률을 계산해 낼 수 있는 경우 사용하는 방법

비확률 표본추출 모집단 요소의 추출확률을 모를 경우 사용하는 방법

명확히 정하기 어려운 경우에서 설명하였듯이, 특정 지역 전체 노숙자나 불법이민자들의 명단을 구하는 것은 거의 불가능하며, 실제로 그런 명단이 존재하지도 않을 것이다. 따라서 이처럼 표집틀 확보가 불가능한 경우에는 비확률 표본추출을 이용하게 된다.

표집틀의 선정에 대해 보다 잘 이해하기 위해 앞의 내용을 다시 한 번 고려해 보자. 특정 지역의 정치성향을 알고 싶어하는 연구자는 모집단을 특정 지역의 19세 이상 성인으로 한정하였다. 그렇다면 다음 단계에서는 그 지역의 19세 이상 주민에 대한 정보가 정확하고 누락 없이 기록된 명단을 구하는 것이 필요하다. 이 경우 연구자는 그 지역 주민센터의 주민등록명부를 사용할 수도 있고, 그 지역의 전화번호부를 사용할 수도 있다. 연구자는 자신이 접근할 수 있는 명단이 어떤 것이고, 그 명단에서 누락된 사람이 있을 가능성은 없는지를 명확히 파악한 뒤 표집틀을 결정해야 한다.

표집방법 결정

표집틀이 선정되고 난 다음에는 이 목록에서 어떠한 방법으로 표본추출을 할 것인지를 결정하게 된다. 즉 표집방법을 결정해야 한다. 표본추출의 방법으로는 확률 표본추출과 비확률 표본추출이 있으며 연구주제와 모집단의 특성을 고려하여 표집방법을 결정한다. 확률 표본추출의 경우에는 표본추출 확률을 알 수 있고 표본오차 또한 파악할 수 있다는 장점이 있으며, 확률 표본추출이 잘 이루어진 경우에는 표본의 결과를 모집단으로 일반화할 수 있다. 그러나 모집단이나 표집틀의

> **신뢰도** 측정도구가 일관적인 결과를 산출하는 정도

선정이 불가능한 경우나 연구대상 및 주제의 특성 등을 고려하여 비확률 표본추출을 실시할 수도 있다. 비확률 표본추출 방법을 이용할 경우에는 연구결과의 일반화가 어렵다. 일반적으로 양적연구를 시행하는 경우에는 확률 표본추출방법을 이용하는 경우가 많고, 대상자를 구하기 힘든 경우가 많은 질적연구를 시행하는 경우에는 비확률 표본추출을 이용한다 Rubin and Babbie, 2013. 확률 표본추출과 비확률 표본추출의 특징 및 유형에 관해서는 다음 절에서 보다 자세히 알아보고자 한다.

표본크기 결정

표집방법이 결정되고 난 후에는 표본을 얼마나 추출할지를 결정하는 단계, 즉 표본크기에 대해서 결정하는 단계를 거칠 필요가 있다. 추출할 표본의 수를 정하기 위해서는 여러 가지 요인들을 고려하여야 한다. 첫째, 표본의 크기는 연구자가 선택하는 신뢰수준에 따라 달라진다. 일반적으로 표본의 수가 많아질수록 시간과 비용이 많이 들지만, 조사의 **신뢰도**가 높아진다. 반면, 표본의 수가 적어질수록 비용과 시간은 적게 들지만 조사의 정확도는 줄어드는 경향이 있다. 따라서 소요되는 시간, 비용 및 인력 등의 요소도 고려해야만 한다. 이러한 현실적인 조건들이 실질적으로 조사를 좌우하는 경향이 많기에 표본의 크기를 정할 때 반드시 고려해야만 한다. 둘째, 모집단의 특성도 표본의 크기를 결정하는데 고려되어야만 한다. 비교적 동질적인 모집단이라면 적은 수의 표본으로도 추정이 가능하며, 일반적으로 모집단이 이질적일수록 더 많은 표본을 추출하게 된다. 셋째, 분석범주나 변수가 많을수록 표

표본의 크기 결정하기

표본의 크기는 시간, 비용, 모집단의 특성, 변수의 수 등 여러 조건들을 고려하여 결정된다. 그러나 표본오차를 구하는 공식을 활용하면, 최소한의 표본 수를 결정할 수 있다. 표본오차를 구하는 공식은 다음과 같으며 이 공식을 통해 원하는 최소 표본 수를 구하기 위해서는 Z, σ, 표본오차의 세 가지 값을 연구자가 설정해야 한다.

$$\text{표본오차} = z \times \frac{\sigma}{\sqrt{n}} \ (Z = \text{신뢰수준에서의 z값}, \ \sigma = \text{표준편차}, \ n = \text{표본 수})$$

우선 z는 각 신뢰수준에 해당하는 값을 의미한다. 사회과학에서는 95% 신뢰수준을 주로 활용하며, 여기에 해당하는 z값은 1.96이다. 다음으로는 σ를 알아야 한다. 여기서 σ는 모집단의 표준편차를 의미하지만 실제로 모집단의 표준편차는 알려져 있지 않기에 표본의 표준편차를 이용하는 경우가 많으며, 이는 과거의 조사값으로 대체할 수 있다(유영준, 2014). 마지막으로 결정해야 할 사항은 표본오차이다. 일반적으로 표본오차는 표본의 수(n)와 반비례하며, 사회과학에서는 95% 신뢰수준에 ±5% 표본오차가 표준으로 여겨진다(황성동, 2006).

어떤 연구자가 본인의 연구에 필요한 표본의 크기를 결정하려고 하는데, 이 연구는 95% 신뢰수준에서 오차 ±5% 이내로 연구를 하고자 하며, 과거 조사결과에 따르면 모집단의 표준편차는 20인 것으로 알려져 있다. 이 경우 필요한 최소 표본의 수는 얼마일까?

➡ 위 공식에 이를 대입하면 $5 = 1.96 \times \frac{20}{\sqrt{n}}$ 이다. 여기서 표본 수 n을 구하면 약 61.5로 필요한 최소 표본은 62개임을 알 수 있다.

본의 크기는 커지게 되며, 넷째, 연구가 이론에 기반하고 있으며 잘 설계된 경우에는 적은 수의 표본으로도 보다 정확한 정보를 얻을 수 있게 된다 Stake, 1994.

이처럼 네 단계의 과정을 거쳐 표본추출에 필요한 부분들이 모두 결정되면 실제로 표본추출이 시행된다.

표본추출의 유형

2

표본추출의 유형은 크게 확률 표본추출과 비확률 표본추출로 구분할 수 있으며, 각 방법에 해당하는 구체적인 유형에 대해서 살펴보고자 한다.

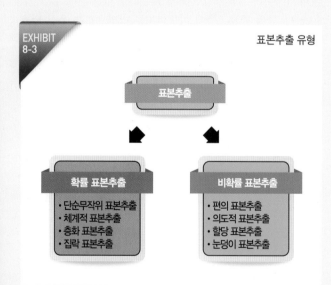

EXHIBIT
8-3

표본추출 유형

확률 표본추출

확률이론과 확률 표본추출

확률 표본추출 probability sampling 이란 모집단에서 표본을 추출하는 과정에 확률이론을 적용한 것이다. 확률이론을 활용

했기에 모집단의 모수를 추정할 수 있을 뿐만 아니라 그 추정 오차의 정도 또한 파악할 수 있다 Rubin and Babbie, 2013. 확률이론을 표본추출에 적용한 것은 아주 간단한 예를 통해서 이해가 가능하다. 예를 들어 동전을 던진다고 가정해보자. 동전을 한 번 던져 뒷면이 나왔을 때, 이 연구자가 '동전을 던질 경우에는 항상 뒷면이 나온다'라는 결론을 내린다면, **모수** 50%와 **통계치** 100%간의 차이는 50%이므로 표본추출 오차는 50%에 해당한다. 동전을 한 번 던져 나온 통계치는 뒷면이 나올 확률, 즉 모수를 추정하는데 전혀 도움이 되지 않음을 알 수 있다. 그렇다면 이번에는 동전을 두 번 던진다고 가정해보자. 이때 나올 수 있는 경우의 수를 생각해보면 앞면만 두 번 나오는 경우, 뒷면만 두 번 나오는 경우, 앞면 한 번과 뒷면 한 번이 나오는 경우 순서는 상관없다고 가정, 총 3가지이다. 만약 운 좋게 앞면 한 번과 뒷면 한 번이 나온다면 모수를 정확하게 추정하는 것이 가능하나 같은 면이 두 번 나올 경우 또한 있다. 그래도 동전을 한 번 던지는 것보다는 모수를 추정할 확률이 훨씬 높아졌다. 그렇다면 이번에는 동전을 10번 던진다고 가정해보자. 어느 한쪽 면만 100% 나오는 것은 아마 거의 불가능할 것이며, 앞면과 뒷면이 비슷하게 나올 확률이 더욱 높아질 것이다. 즉 표본의 크기가 증가할수록 통계치가 모수를 보다 정확하게 추정할 확률이 높아진다.

확률 표본추출은 동일확률 선택방법 Equal Probability of Selection Methods: EPSEM 을 기본 요건으로 삼으며, 이는 모집단의 모든 요소가 표본으로 선정될 확률이 동일함을 의미한다 Rubin and Babbie, 2013. 이를 위하여 주로 활용되는 방법은 무작위 선택, 무작위 표집방법이다. 표본추출과정에서 어떠한 작위도 가하지 않은 채 완전히 무작위로 표본을 선정함으로써 각 요소가 표본으로 선정될 확률을 동일하게 만들 수 있다. 즉 표집과정에서 확률이론을 적용한 것으로 모든 사례가 추출될 확률이

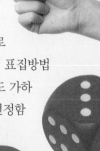

모수 모집단의 특성을 나타내는 수치

통계치 표본의 특성을 나타내는 수치

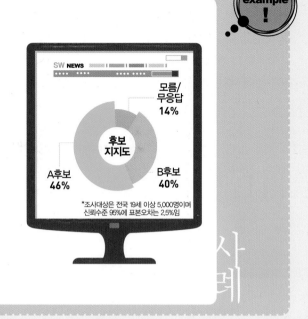

확률 표본추출과 여론조사

선거철이 되면 텔레비전과 신문 등에서는 다양한 여론조사 결과를 발표한다. 여론조사 결과 보고시, A후보와 B후보의 지지율과 함께 신뢰수준, 표본오차를 함께 발표하는 것을 알 수 있다. 예를 들어 어떤 선거기간에 다음과 같은 여론조사 결과가 발표되었다.

여론조사 결과에 따르면, A후보의 지지율은 46%, B후보의 지지율은 40%이다. 이때 표본오차는 ±2.5%이다. 이는 실제 지지율의 모수가 A후보의 경우에는 43.5%에서 48.5%사이이고, B후보의 경우에는 37.5%에서 42.5%사이에 위치하고 있을 가능성이 있다는 것을 의미한다. 이 조사결과의 경우, 신뢰수준이 95%이므로 두 후보의 모수가 저 범위 안에 있을 확률이 95%라고 할 수 있다.

이와 같은 조사결과에서 A후보의 지지율은 B후보의 지지율보다 6% 높고, 오차범위는 ±2.5%이기에 "A후보가 B후보를 오차범위 이상 앞서가고 있다"라고 결론을 내릴 수 있다. 만약 숫자상으로 한 후보가 다른 후보를 앞설 경우에도 두 후보의 모수 추정 범위가 겹치는 부분이 많다면 이는 통계적으로 차이가 없는 것으로 볼 수 있다. 하지만 이 사례의 경우에는 두 후보의 모수범위가 겹치지 않고 있으므로 A후보가 확실히 앞서 있음을 알 수 있다.

이처럼 확률이론은 표본을 통해 얻은 통계치를 통해 모수를 추정하는 것을 도와주며, 그 정확도까지 알 수 있게 해준다.

모름/무응답 14%

후보 지지도

A후보 46%

B후보 40%

*조사대상은 전국 19세 이상 5,000명이며 신뢰수준 95%에 표본오차는 2.5%임

명백한 표집이론이다. 확률 표본추출 방법의 예로는 가위바위보 또는 주사위 던지기, 제비뽑기 등이 있다.

확률 표본추출은 여러 가지 측면에서 양적연구를 위한 대표성 있는 표본을 뽑는 가장 좋은 방법이라고 볼 수 있다. 또한 확률 표본추출은 동일확률 선택방법에 기반하기 때문에 연구자의 편견이나 주관성을 배제할 수 있다. 모집단의 모든 요소가 표본으로 선정될 확률이 동일하며 객관적인 일련의 과정을 통해 표본이 선정된다면 그 표본은 모집단을 잘 대표한다고 할 수 있을 것이다Rubin and Babbie, 2013.

단순무작위 표본추출 simple random sampling

개념

단순무작위 표본추출은 모집단에서 표본으로 추출될 확률이 동일하여 모집단의 특성을 잘 나타내는 방법으로 확률 표본추출 가운데 가장 기본적인 방법이다. 단순무작위 표본추출을 위해서는 우선 모집단의 모든 구성요소에 번호를 부여해야 하며, 그 과정에서 제외되는 것이 없도록 주의를 기울여야 한다. 부여된 번호에 대해 바구니에 전체 번호표를 넣고 뽑거나, **난수표**, 컴퓨터 프로그램 등을 활용하여 무작위로 번호를 뽑아 뽑힌 번호에 해당하는 요소들을 표본으로 삼는 것이다.

단순무작위 표본추출은 표집틀과 표본의 크기, 그리고 난수표 등 최소한의 요소만 준비되면 시간적 제약을 받지 않고 간

난수표 무작위 숫자표

편하게 활용할 수 있다. 특히 모집단 모두에게 일련의 번호를 부여해야 하는 작업을 수행해야 하므로 모집단의 수가 적을 때 효과적으로 사용하기 적합하다.

단순무작위 표본추출이 이루어지는 방법으로는 우선 번호표 뽑기가 있다. 예를 들어, 전체 300명의 학생들을 대상으로 이 학생들의 특성을 조사하기 위해 표본 30명을 뽑으려 한다고 가정해 보자. 연구자가 가장 먼저 해야 할 일은 전체 300명의 학생에게 번호를 부여하는 일이다. 한 명도 빠짐없이 번호를 부여한 다음, 1부터 300까지의 번호가 적힌 쪽지를 바구니에 넣고 무작위로 30개의 쪽지를 뽑는다. 이때 학생들이 표본으로 선정될 확률은 10분의 1로써 모두 동일하다.

또한 난수표를 사용하여 무작위로 표본을 추출하는 방법도 있다. 난수표는 0에서 9까지 숫자가 동일한 비율로 나오도록 무질서하게 배치해놓은 표이다. 난수표를 사용하는 방법은 우선 무작위로 숫자를 하나 선택하고 가로나 세로 혹은 대각선 등 방향을 선택하여 나오는

숫자를 차례로 고르면 된다. 이때 숫자를 고의로 건너 뛰어서는 안 된다. EXHIBIT 8-4는 난수표를 통해 20명의 모집단에서 4명의 표본을 추출한 예이다. 바구니에서 번호를 뽑는 것과 마찬가지로 20명의 사람들에게 우선 1부터 20까지의 번호를 배정한 뒤 난수표에서 첫번째 시작 숫자를 무작위로 선택한 후, 사용자리수를 고르고, 그 아래로 연속되는 4개의 숫자를 선택하여 그 숫자에 해당하는 사람을 표본으로 추출하였다.

이외에도 무작위 숫자들을 산출해주는 컴퓨터 프로그램을 이용하는 방법 등이 있다. 최근에는 무작위 추출 컴퓨터 프로그램들이 인터넷상에서 무료로 제공되는 경우가 많고 손쉽게 사용할 수 있으므로 많이 사용된다.

특징

단순무작위 표본추출은 모집단의 각 요소가 표본으로 뽑힐 확률이 동일하여 편견이 개입될 확률이 적어 이론적으로 모집단의 특성을 가장 잘 반영해주는 표본추출방법이다. 모집단에 대한 사전지식을 필요로 하지 않기 때문에 무작위 추출에 필요한 도구만 있으면 편리하게 표집할 수 있다. 무엇보다 모집단의 수가 적을 때 편리하게 사용될 수 있으며 표본오차의 계산도 용이하다는 장점을 가진다.

그러나 모집단에 일련번호를 부여하여 무작위로 추출을 해야 하는 만큼 모집단의 규모가 큰 경우에는 적용하기 힘들며 실제 사용할 경우 많은 노력이 필요하다. 또한 조사자가 모집단에 대해서 가지고 있는 지식을 활용할 기회가 없이 단순무작위로 추출한다는 점 역시 단점이 될 수 있다.

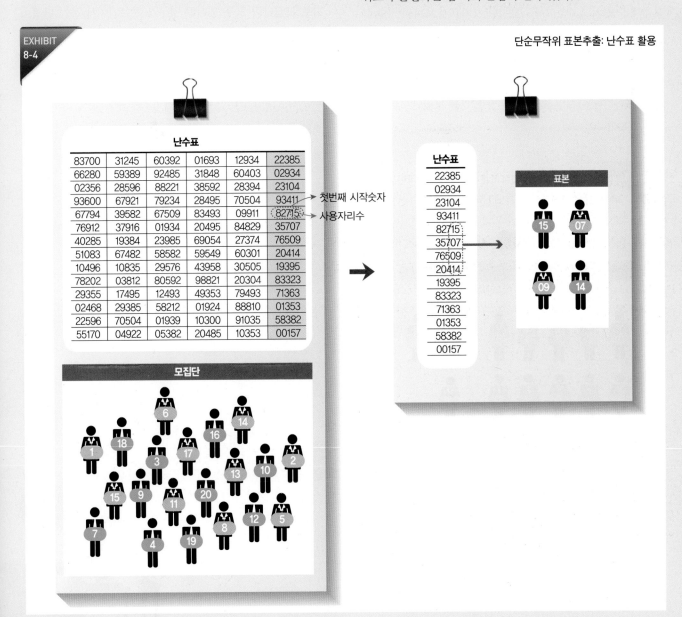

EXHIBIT 8-4

단순무작위 표본추출: 난수표 활용

체계적 표본추출 systematic sampling

개념

체계적 표본추출은 일정한 순서에 따라 전체 목록에서 매 k번째의 사례를 표본으로 추출하는 방법이다. 보다 구체적으로 살펴보면 최초의 첫번째 사례만 무작위로 추출하고 다음 표본은 매번 그 순서에 해당하는 요소를 표본으로 추출하는 것으로서 일정한 체계를 기준으로 표본을 추출하는 방법이다. 이와 같은 표본추출방법은 무작위 표본추출방법의 특징을 활용하지만 시간과 노력을 효과적으로 처리하기 위하여 일정한 순서에 맞추어 표본을 추출하는 고유한 특성을 가진 방법이다.

체계적 표본추출에서 추출된 표본간의 간격을 의미하는 표본추출간격 sampling interval 은 모집단 크기를 표본의 크기로 나누어 구한다. 예를 들어 전체 1,000개의 요소 중 100개를 표본으로 뽑을 경우 표본추출 간격은 10이라고 할 수 있다. 또한 전체 모집단의 요소 중 표본으로 추출된 요소의 비율을 의미하는 표본추출 비율 sampling ratio 은 표본의 크기를 모집단으로 나눈 값인 1/10이다.

무작위 시작번호를 활용하여 체계적으로 표본을 추출한 경우는 EXHIBIT 8-5와 같다. EXHIBIT 8-5에서는 20명의 모집단 중 7명의 표본을 추출하고자 하였으며, 이를 위하여 무작위로 하나의 요소를 뽑고 매 3번째 요소를 표본으로 추출하였다.

체계적 표본추출은 표본을 추출하기에 모집단의 크기가 큰 경우 그에 필요한 시간과 노력을 줄여 효과적으로 사용하기 위한 방법으로 사용된다.

특징

체계적 표본추출의 경우 표본추출이 용이하며 모집단 전체에 걸쳐서 보다 공평하게 표본이 추출될 수 있어 모집단을 잘 대표할 수 있다는 장점이 있다.

그러나 체계적 표본추출도 단순무작위 표본추출과 마찬가지로 모집단이 모두 등재된 명부가 확보되어야 하는 단점이 존재한다. 또한 체계적 표본추출에서 주의해야할 점은 무엇보다 모집단의 배열이 일정한 특성을 가지고 모여 있는 주기성이나 순환성을 가진 경우, 일정한 번호에 해당되는 표본만 뽑을 가능성이 있으며 그로 인해 표본의 대표성이 떨어진다는 것이다.

EXHIBIT 8-5

체계적 표본추출: 무작위 시작번호 활용

모집단					표본	
무작위 시작번호						
1	2	3	4	5	2	5
6	7	8	9	10	8	
11	12	13	14	15	11	14
16	17	18	19	20	17	20

※주의※ 주기성, 순환성을 가진 모집단에서의 체계적 표본추출

연구자는 학생들의 건강에 대한 연구를 위해 특정 학교에서 학생들을 대상으로 표본추출을 하고자 한다. 이를 위해 체계적 표본추출방법을 표집방법으로 선택하고, 매 30번째에 해당하는 학생을 표본으로 추출하기로 하였다. 학교에서 건네받은 전체 학생의 명부를 사용하여 표본을 추출하려고 하는데, 연구자가 받은 학생명부에는 학년별, 학급별로 학생들이 배열되어 있었으며, 각 학급의 학생 수는 모두 30명으로, 학급 내에서는 학급 번호 순서대로 배열되어 있었다. 또한 그 번호는 학생들의 키 순서로 배열된 것이었다. 이러한 경우에 매 30번째에 해당하는 학생은 항상 반에서 가장 키가 큰 학생이기 때문에 표본으로 추출된 학생들은 모두 각 학급에서 키가 가장 큰 학생이었다. 이와 같은 경우에 이들만을 대상으로 학생들의 건강에 대해서 조사를 한다면 편향된 결과가 나올 가능성이 매우 높아진다. 따라서 체계적 표본추출방법을 사용할 때에는 전체 명부의 특성을 면밀히 살피고, 요소들의 순서가 결과의 편향을 가져오지 않을지 확인할 필요가 있으며 만약 그렇다면 다른 표본추출방법을 활용하는 등의 조치를 취해야만 정확한 연구결과를 얻을 수 있다.

층화 표본추출 stratified sampling

개념

층화 표본추출이란 모집단의 속성에 대한 이해를 바탕으로 모집단을 보다 동질적인 요소들끼리 묶은 몇 개의 층으로 나눈 후 각 층별로 일정 크기의 표본을 무작위로 표본추출하는 방법이다. 동질적인 특성에 따라 층을 나누기 때문에 각 계층 간에는 이질적이면서 계층 내부는 동질적인 특성을 갖게 된다. 따라서 층화 표본추출은 대표성의 정도를 높이며 표본추출 오차를 줄이는 방법이다Rubin and Babbie, 2013.

EXHIBIT 8-6을 통해 층화 표본추출을 설명하면 먼저, 모집단을 4개의 층으로 구분한 다음 모든 층에 속하는 표본들을 각 층별로 무작위 추출하는 방식이다. 예를 들어, 특정 대학교에서 일부 학생들을 표본으로 추출한다고 가정해보자. 이러한 경우에 우선 학년별로 학생들을 나누고 각 학년에서 각각 표본을 뽑는다면 모든 학년의 학생들이 적절하게 전체 표본에 포함될 수 있을 것이다.

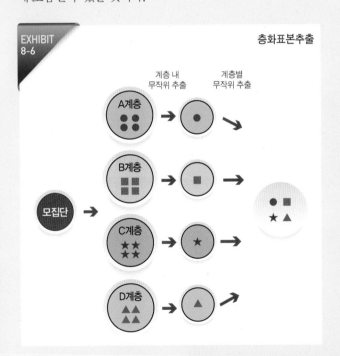

EXHIBIT 8-6 층화표본추출

특징

층화 표본추출은 각 층에서 골고루 표본을 추출하므로 단순 무작위 표본보다 대표성이 높은 표본이 추출될 수 있어 자주 사용되는 방법이다손병덕 외, 2010. 또한 중요한 집단이 표본에 포함되지 않는 것을 막을 수 있기 때문에 표본추출의 정확성을 높일 수 있고 표본오차도 적으며 비용 절감에도 도움을 줄 수 있다김영종, 2007.

그러나 층화시 모집단에 대한 지식과 각 층에 대한 명부가 필요하고 무엇에 초점을 두어 층화하는가 하는 문제가 제기될 수 있기 때문에 결과를 해석하거나 이 자료를 바탕으로 하여 모집단의 특성을 추정할 때 연구자의 세심한 주의가 요구된다.

유형

○ 비례 층화 표본추출 proportionate stratified sampling : 일반적으로 비례 층화 표본추출에서는 나누어진 계층 내의 표본크기가 모집단에서 차지하는 비율을 정확하게 반영할 수 있도록 선발될 요소의 수를 미리 할당하여서 각 하위집단에서 동일한 비율로 표본단위를 추출한다. 따라서 단순무작위 표본추출이나 체계적 표본추출보다 대표성 있는 표본을 얻을 수 있다.

○ 비비례 층화 표본추출 disproportionate stratified sampling : 비비례 층화 표본추출은 각 층에 해당하는 부분집단의 특성에 맞추어 차등 비율로 표본을 추출하는 방법이다. 만약 특정 하위집단의 수가 다른 하위집단에 비해 매우 적다면 위에서 설명한 비례 층화 표본추출로는 분석에 적합한 숫자가 추출되지 않을 수도 있다. 만약 연구를 통해 전체 모집단의 특성을 보기 보다는 하위집단의 특성을 보거나 각 하위집단별로 비교를 하고자 한다면 한 집단의 사례 수가 적은 경우는 문제가 될 수 있다Rubin and Babbie, 2013. 이러한 경우에는 그 수가 적은 집단에서는 좀 더 높은 비율로 표본을 선정할 수 있다. 즉 각 층에서 다른 비율로 표본을 추출하기에 계층 내의 표본크기가 모집단의 비율을 정확하게 반영하지 않는다.

비례 및 비비례 층화 표본추출을 사용하여 표본 추출하기

Q 연구자는 다양한 국가의 사람들을 대상으로 연구를 실시하고자 한다. 이 연구의 모집단은 1,000명이며, 그 중에 한국인이 500명, 일본인이 200명, 중국인, 미국인, 독일인이 각각 100명이다. 만약 이 연구자가 국적을 하위집단으로 하는 비례 층화 표본 추출방법을 사용하여 표본 100명 뽑고자 한다면 그 중에 한국인, 일본인, 중국인, 미국인, 독일인은 각각 몇 명을 추출할까?

A 위 문제에서 표본추출 비율은 1/100이다. 따라서 연구자가 선택한 하위집단인 국가별로 10%씩을 표본으로 뽑으면 된다. 따라서 한국인 50명, 일본인 20명, 중국인, 미국인, 독일인 각 10명을 표본으로 선정하게 된다. 이처럼 각 하위집단에서 모집단과 동일한 비율로 표본을 추출하는 것을 비례 층화 표본추출이라고 한다.

Q 연구자가 표본을 추출하고자 하는 1,200명 모집단에 600명의 학사, 400명의 석사, 200명의 박사가 포함되었다고 가정해보자. 만약 학력별 모든 집단의 의견이 충분히 연구에 반영될 수 있도록 하려면 어떻게 표본추출을 해야 할까?

A 학사, 석사, 박사의 표본추출 비율은 상이하지만 각 집단별로 동일한 숫자의 표본이 뽑힐 수 있도록 해야 한다. 예를 들어, 학사 10%, 석사 15%, 박사 30%로 상이한 비율을 적용하여 표본을 추출하면, 학사 60명, 석사 60명, 박사 60명으로 동일한 숫자가 표본으로 추출되는 것이다.

집락 표본추출 cluster sampling

개념

단순무작위 표본추출, 체계적 표본추출, 층화 표본추출은 대표적인 확률 표본추출방법이지만 대규모 조사연구에서는 시행되기 어렵다 김영종, 2007. 이러한 추출을 실시하기 위해서는 전체 모집단 명부와 같은 표집틀이 갖추어져 있어야 하기 때문에 대규모 조사에서는 이러한 틀을 확보하는 데 엄청난 시간과 비용이 들 뿐 아니라 실질적으로 표집틀을 확보하는 것이 불가능할 수도 있다. 이러한 경우에는 종종 집락 표본추출을 대안으로 사용한다.

집락 표본추출은 군집 표본추출이라고 불리기도 한다. 먼저, 모집단을 개인이 아닌 다수의 집락으로 나누어 그 집락들 가운데서 표본추출의 대상이 될 집락을 무작위로 몇 개 추출한 후, 추출된 각 집락에서 연구자가 관심을 가지고 있는 궁극적인 개별요소들을 무작위로 추출하는 방법이다. EXHIBIT 8-7을 통해 집락 표본추출을 설명하면, 모집단을 4개의 집락

으로 구분한 다음, 집락 중 일부를 무작위 추출하여 선택된 집락에 속하는 표본들을 각 집락별로 무작위 추출하는 방식이다.

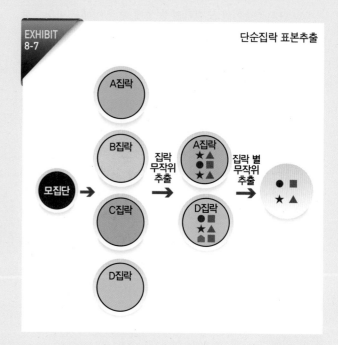

EXHIBIT 8-7 단순집락 표본추출

이는 비교적 크기가 큰 모집단이 상대적으로 넓은 지역에 분포한 경우, 즉 도시와 같은 모집단 지역에서 표본을 추출할 경우에 유용하게 사용할 수 있다. 선택될 집락들은 서로 동질적인 성격을 갖지만 각 집락들의 개별요소들은 이질성이 강할 때 집락추출은 바람직한 방법이다.

예를 들면 서울특별시의 초등학생에 대해 연구를 실시한다고 가정하자. 표본을 추출하기 위해 서울특별시 초등학교에 재학 중인 학생의 전체 명부를 만드는 것은 막대한 비용과 시간이 들 것이며 현실적으로 상당한 어려움이 있을 것이다. 따라서 학생의 전체 명부를 만들기보다는 학교단위의 전체 명부를 만들고, 그 명부를 대상으로 표본이 될 학교를 추출한 뒤, 표본으로 추출된 학교들만을 대상으로 학생의 명부를 만들어 표본을 무작위로 추출할 수 있다. 또는 지역구별로 1차 표집을 한 뒤, 선정된 구에 대해서만 학교 명부를 만드는 등의 단계를 거칠 수도 있다.

특징

집락 표본추출은 전체 모집단의 명단을 작성할 필요가 없으며 뽑힌 집락의 명단만 작성하면 된다는 점에서 시간과 비용을 절약할 수 있는 장점이 있다. 모집단의 요소들이 지리적으로 널리 분산된 상황에서 효율은 배가 될 것이다. 또한 집락에 관한 정보도 자료수집에 자연스럽게 감안되도록 하는 장점이

있다손병덕 외, 2010.

　하지만 주의해야 할 점도 존재하는데, 우선 집락 표본추출을 사용하여 대표성이 높은 표본을 추출하기 위해서 집락간은 매우 동질적이고 집락 내의 요소들은 서로 매우 이질적이어야 한다. 집락들끼리는 서로 이질적이면서 각 집락들의 개별 요소들 간에는 동질적인 성격을 띤 상황에서는 오차의 개입 가능성이 높기 때문이다. 또한 단순무작위 표본추출보다 특정 집단의 특성을 과대 또는 과소하게 나타낼 위험성이 높다.

유형

　단순집락 표본추출과 다단계 집락 표본추출이 있는데, 일반적으로는 여러 단계를 거쳐서 집락들을 추출하는 다단계 추출법을 많이 사용하고 층화 표본추출과 무작위 추출과 같은 다른 방법과 병행하여 이용되는 사례도 많다.

- 단순집락 표본추출: 한 번 추출된 집락을 근거로 무작위 표본추출방식으로 표본을 선정하거나 모든 사례를 그대로 표본으로 삼는 방법을 단순집락 표본추출 혹은 1단계 집락 표본추출이라 한다.
- 다단계 집락 표본추출: 다단계 집락 표본추출은 2회 이상의 여러 단계로 표본추출을 거쳐서 집락을 무작위 표

본추출 한 다음 최종 표본추출 단위에서 개별요소를 무작위로 추출하는 것이다.

　EXHIBIT 8-8에서 집락 표본추출의 방법을 살펴보면 먼저 서울시를 구별 집락으로 구분한 다음 선택된 일부 구별 집락들을 다시 동별 집락으로 구분한다. 그런 다음 선택된 동별 집락에서 대표적인 표본을 추출하는 방법이다.

TABLE 8-1

＋ 층화 표본추출과 집락 표본추출

	층화 표본추출	집락 표본추출
공통점	• 모집단에서 직접 표본을 추출하는 것이 아니라 층이라는 몇 개의 하위 그룹으로 모집단을 구분하여 표본을 추출	
차이점	• 모든 층으로부터 표본이 추출되고 그 표본은 각 층의 일정한 사례를 대표함 • '집단 내 동질적', '집단 간 이질적' 특성 • 표본의 대표성을 향상시키고자 하는 목적으로 계층 구분	• 추출된 집락의 사례만 표본으로 도출되므로 각 집락이 모두 다 대표되지는 않음 • '집단 내 이질적', '집단 간 동질적' 특성 • 표집과정의 편의성을 목적으로 집락 중 일부만을 표집

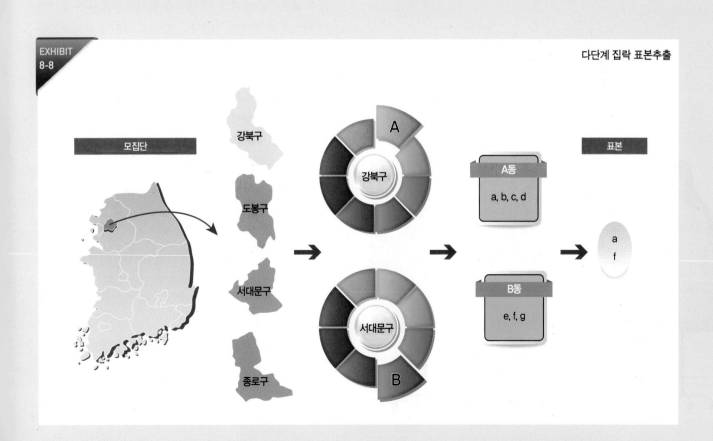

EXHIBIT 8-8　다단계 집락 표본추출

비확률 표본추출

확률 표본추출은 표본추출을 위한 좋은 방법이지만 실제로 적용이 어려운 상황이 종종 발생한다. 예를 들어 서울특별시의 성폭력 피해자에 대한 연구를 실시하고자 할 때, 서울특별시 전체의 성폭력 피해자 명부를 만드는 것은 절대적으로 불가능한 일이며, 표본을 뽑을 수 있는 집락 또한 없기에 확률 표본추출을 할 수 없다. 이처럼 모집단 전체의 파악이 불가능해 확률이론에 근거한 확률 표본추출이 불가능하거나 현실적으로 확률 표본추출을 활용하기 어려운 경우에는 비확률 표본추출 nonprobability sampling 을 이용한다. 즉 동일 확률의 선택방법 기준을 적용하지 않는 표집방법을 사용하는 것이다. 이 경우, 모집단 각각의 사례가 표본으로 추출될 확률을 알지 못하며 조사자의 가치판단이 개입되기 쉽고, 표본오차도 미리 파악할 수 없다는 특징을 가진다. 또한 표본의 대표성이 확보되지 않기에 연구결과를 일반화시키는 데에는 한계가 있다. 비확률 표본추출은 상대적으로 **양적연구**보다는 **질적연구**에 빈번히 활용되는 경향이 있다 Rubin and Babbie, 2013.

> **양적연구** 연역적 조사연구로 개념간의 관계에 대한 체계적인 조사가 용이하다.
>
> **질적연구** 귀납적·해석적 조사방법을 강조하는 연구로, 조사대상에 대한 깊이 있는 관여를 통해 수집된 자료를 종합한다.

편의 표본추출 convenient sampling

개념

편의 표본추출은 편의 표집, 임의 표집, 우발적 표집이라고도 불리며, 이름에서 알 수 있듯이 편의를 위하여 이용 가능한 대상에 의존하여 표본을 추출하는 방법이다. 이는 비확률 표집 가운데에서도 가장 대표성이 낮은 표집방법이다. 편의 표집에서 추출된 표본은 연구자에 의하여 계획적으로 수집된 것이 아니라 표집이 이루어지는 정해진 시간과 장소에서 조사자가 임의로 우연히 접근 가능하였기 때문에 표본으로 추출된 것에 불과하다. 따라서 임의추출법이라고도 한다. 이는 편의성을 강조하는 표집방법으로 다른 방법에 비해 비용이 적게 들고 연구자가 간편하게 획득할 수 있는 표본추출단위를 활용하여 표본을 만들 수 있기 때문에, 특정 대상이나 연구 주제에 다른 방법이 가능하지 않은 경우에 특히 많이 사용된다 Rubin and Babbie, 2013. 대체로 연구 초기단계에서 아이디어 수집이나 선도 연구 등이 목적인 경우 활용된다 김영종, 2007. 예를 들면 텔레비전 인터뷰, 긴급한 사건 등에 대한 견해를 조사할 때 많이 이용된다.

특징

편의 표본추출의 가장 큰 장점은 편의성이며 다른 방법에 비해 시간과 비용이 적게 든다는 것이다. 그러나 편의 표본추출은 표본의 임의성 때문에 모집단을 대표할 수 없어 비확률 표본추출 중 가장 대표성이 낮은 표집방법이다. 김영종, 2007.

예를 들어, A대학교 학생들을 대상으로 대학생들의 빈곤에 대한 인식을 연구한다고 가정해보자. 그 연구자는 조사를 위해 A대학교를 방문하였으며, 정문에서 가장 가까운 한 건물 앞에서 임의로 만난 4명을 표본으로 추출하였다. 그러나 그 건물은 공대건물이고 추출된 4명의 학생은 모두 남학생이었다. EXHIBIT 8-9에서 보듯이 전체 대학교 학생은 남자와 여자가 모두 포함되어 있음에도 불구하고 조사자가 편의 표집을 통해 선정한 표본에서는 남자만이 선정되어 있다. 또한 공대생들만을 추출했을 확률이 매우 높다. 따라서 이 연구자가 편의 표본추출을 통해 추출한 표본은 모집단을 제대로 대표하지 못한다는 것을 알 수 있다.

즉 편의 표본추출은 일반화 가능성의 제약과 많은 편견이 개입되며 객관성, 정확성, 신뢰성을 모두 상실한 방법이기에 가설 검증을 위한 엄격한 연구에는 부적절하며 단독으로 사용하지 않는 것이 좋다.

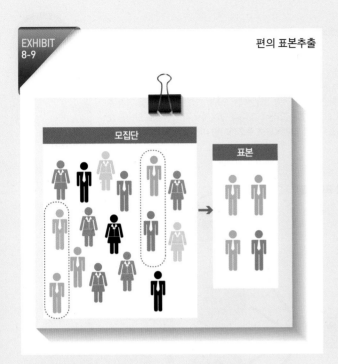

EXHIBIT
8-9

편의 표본추출

모집단

표본

특징

의도적 표본추출은 다른 방법에 비해 표본추출이 편리하고 비용이 적게 드는 것이 장점이다. 또한 할당 표본추출이나 임의 표본추출보다 조사목적을 충족시키는 요소를 정밀하게 고려할 수 있기에 연구자가 모집단에 대해 지식이 많은 경우 유용한 표본추출방법일 수 있다.

그러나 의도적 표본추출은 연구자의 의도에 따라 이루어지므로 대표성이 현저히 낮고, 연구자의 주관적인 판단 여부가 타당했는지의 여부에 따라 표본추출의 질이 좌우된다. 또한 확률적 표집 절차를 따르지 않아 표본의 결과를 두고 모집단을 추정하기도 어렵다황성동, 2006.

할당 표본추출quota sampling

개념

할당 표본추출은 연구자가 이미 모집단의 특성에 영향을 미치는 변수에 대한 정보를 가지고 있다고 간주하고 이를 표본에 반영될 수 있도록 임의로 할당틀을 만들어 표본을 선정하는 방법이다. 다시 말해, 모집단을 몇 개의 집단으로 구분하고 각 범주에 해당하는 표본을 모집단과 비슷한 비율로 할당한다. 그리고 각 범주에 해당하는 요소들 중 연구자의 의도에 따라 할당된 표본 수를 추출하는 방법이다.

할당 표본추출은 연구자가 모집단의 특성에 영향을 미치는 변수에 대한 정보를 가지고 있어야 활용할 수 있으며, 모집단이 가진 각 특성들과 동일한 특성을 가진 표본을 얻고자 할 때 주로 사용하는 방법이다.

특징

연구주제와 관련된 변수의 사전정보를 활용하여 특정변수에 대한 표본의 구성 비율을 미리 할당하기 때문에 표본의 대표성이 높다. 또한 무작위 표본추출방법에 비해 적은 비용으로 표본을 추출할 수 있으며 신속하게 표집할 수 있어 실용적인 방법이라고 볼 수 있다. 객관성을 유지하기 위한 엄격한 방식의 표집방법이 아니지만 융통적으로 사용할 수 있는 것이 장점이다.

하지만 할당 표본추출방법은 확률 표본추출방식과 달리 무작위성을 보장하지 않아 일반화가 어려우며, 연구자의 편의

의도적 표본추출purposive sampling

개념

의도적 표본추출은 판단 표집, 유의 표집 등으로도 불리며 주로 특정 분야에 관해 전문지식이나 풍부한 경험을 가진 연구자가 모집단과 그 요소에 대한 자신의 지식, 연구목적의 특성에 기초하여 모집단의 특성을 잘 반영해 줄 수 있다고 생각되는 요소단위를 표본으로 선정하는 방법이다.

예를 들어, 연구자는 가정폭력 피해자 지원 서비스 이용 경험에 대해 조사하려고 한다. 이를 위해 연구자는 관련 서비스를 이용한 경험이 있는 피해자만을 대상으로 조사하고자 할 것이다. 이와 같이, 의도적 표본추출의 경우 조사자의 판단이나 연구의 목적에 의존해서 표본을 선정한다는 특징을 가진다.

의도적 표본추출방법은 연구자가 자신이 개발한 척도나 설문지를 사전 검사하고자 하는 경우에 활용되며, 연구의 목적이 분석, 설명적이라기보다는 탐색적인 경우에 많이 사용되는 경향이 있다.

의도적 표본추출에는 극단적이거나 특이한 사례를 의도적으로 추출하는 극단적 사례 표본추출deviant case sampling과 가장 전형적인 사례를 의도적으로 추출하는 전형적 사례 표본추출typical case sampling 등이 있다. 또한 이런 유형의 표본추출은 특정 관심 사안을 의도적으로 선택해서 깊이 접근해 들어가는 사례연구와 같은 질적 조사방법 등에도 유용하게 쓰인다.

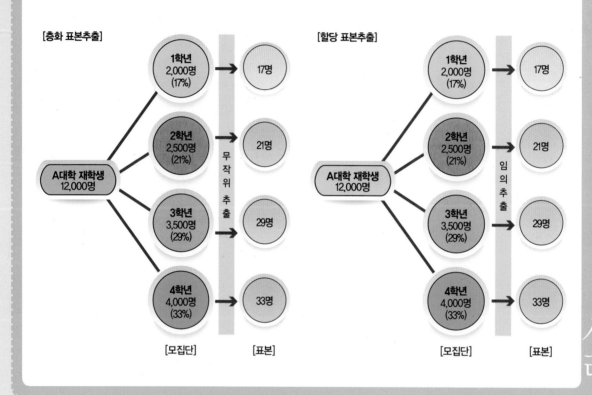

층화 표본추출과 할당 표본추출

할당 표본추출은 층화 표본추출과 유사한 부분이 있지만, 층화 표본추출의 경우 무작위 추출을 이용하는데 반해, 할당 표본추출은 임의적이라는 큰 차이점이 있다. 예를 들어 A대학교 재학생 12,000명을 대상으로 표본 100명 추출을 실시할 때, 학년별로 나누어서 표본추출을 하는 것으로 가정해보자. 총 100명 중, 각 학년별 학생 수의 비율에 따라 1학년에서는 17명, 2학년에서 21명, 3학년에서 29명, 4학년에서 33명을 각각 추출하기로 하였다. 여기까지는 층화 표본추출과 할당 표본추출방법이 동일하다고 할 수 있다. 그러나 그 다음 단계에서 각 학년별로 할당된 숫자를 무작위 표본추출방법을 사용해 추출한다면 층화 표본추출에 해당하고, 그 숫자만큼 임의적으로 추출한다면 이는 할당 표본추출에 해당한다.

[층화 표본추출]

A대학 재학생 12,000명

1학년 2,000명 (17%) → 17명
2학년 2,500명 (21%) → 21명
3학년 3,500명 (29%) → 29명
4학년 4,000명 (33%) → 33명

무작위 추출

[모집단] [표본]

[할당 표본추출]

A대학 재학생 12,000명

1학년 2,000명 (17%) → 17명
2학년 2,500명 (21%) → 21명
3학년 3,500명 (29%) → 29명
4학년 4,000명 (33%) → 33명

임의 추출

[모집단] [표본]

에 따라 조사를 진행할 가능성이 있어 표본오차가 커질 수 있다. 무엇보다 할당 비율을 모집단과 유사하게 예측하는 과정이 까다로우며 정확하게 할당이 이루어지더라도 각 항의 표본 요소를 선정하면서 편향이 생길 수 있어 확률이론을 적용한 모집단 추정이 어렵게 된다 Rubin and Babbie, 2013. 또한 연구 주제와 관련된 수많은 변수들에 대한 많은 정보를 연구자가 모두 알기란 현실적으로 어려운 일이며, 변수가 많아질수록 표본추출에 관련 정보를 모두 고려하는 것도 어려워진다.

눈덩이 표본추출 snowball sampling

개념

눈덩이 표본추출은 특정 모집단의 구성원을 찾기가 어려운 경우에 주로 활용되는 방법으로, 최초의 소수 표본에서 시작하여 조사를 실시한 다음 이들을 통해 다음 표본을 제공받는 방법이다. 즉 최초의 표본에서부터 시작하여 이와 관련한 관계망 또는 연결망을 통해 점점 표본의 수를 늘려가는 것을 의미한다. 이 표본추출방법은 표본 수를 점차 늘려가는 방식이 작은 눈덩이를 굴려 점점 큰 눈덩이를 만들어 가는 과정과 유사하다고 해서 이름 붙여졌다 김영종, 2007; Rubin and Babbie, 2013.

눈덩이 표본추출은 양적 조사연구보다는 질적연구에서 많이 사용하는데 탐색적 연구, 그리고 소외 집단이나 소수 집단을 대상으로 하는 연구에서 매우 유용한 방법이다. 특히 모집단에 대한 사전 정보가 거의 없어 특정 모집단의 구성원을 찾기가 어려울 때, 표본을 구하기 매우 어려운 경우, 한 요소가 다른 요소를 연결해 줄 수 있는 경우에 눈덩이 표집방법이 적당하다. 예를 들면 조사대상의 위치나 소재지를 정확하게 파악하기 힘든 노숙자, 불법 이민자, 불법 도박자 등의 표본을 구하고자 할 때 적절하게 사용될 수 있다 Rubin and Babbie, 2013.

특징

눈덩이 표본추출의 경우 연구목적에 적합한 대상을 찾기 어려운 경우에 편리하게 표본을 추출할 수 있으며, 무엇보다 대상자가 가진 네트워크를 활용하여 비슷한 대상을 찾을 때 적절히 사용할 수 있는 방법이다. 그러나 모집단의 규모를 파악할 수 없으며 표본추출과정에서 편견이 개입될 가능성이 높고, 무엇보다 표본이 모집단을 대표한다고 보기 어려워 일반화의 한계가 존재한다.

확률표본추출과 비확률표본추출의 비교

확률표본추출과 비확률표본추출은 연구대상이 표본으로 추출될 확률, 표본의 대표성, 표집틀, 모수치 추정, 오차 추정, 시간과 비용 등의 측면에서 차이가 있다. 확률표본추출은 표집틀을 사용한 무작위 추출을 전제로 한다. 따라서 모집단을 구성하고 있는 각 표집단위가 표본으로 추출될 확률이 동일한 방법으로 표본의 대표성이 높으며, 모수치와 오차의 추정이 가능하다. 반면, 비확률표본추출은 모집단의 표집단위가 표본으로 추출될 확률이 동일하지 않거나 모집단을 명확히 알지 못해 표집틀을 작성하지 못하는 경우에 사용된다. 그로 인해 표본의 대표성이 낮으며, 모수치 추정 및 오차의 측정이 불가능하다. 하지만 편의에 맞추어 표본을 추출하는 방법을 주로 선택하기 때문에 확률표본추출과 비교하여 시간과 비용이 적게 소요되는 편이다 홍봉수 외, 2018; 서보준 외, 2018.

TABLE 8·2

확률 표본추출과 비확률 표본추출

구분	확률표본추출	비확률표본추출
표본추출확률	동일	비동일
표집틀(모집단 규모)	명확	불명확 혹은 불가능
표집(표본추출)	무작위 추출	인위적 추출
모집단 추정	가능	불가능
오차 측정	가능	불가능
표본의 모집단 대표성	높음	낮음
시간과 비용	많이 소요	상대적으로 적게 소요
종류	단순무작위 표본추출 체계적 표본추출 층화 표본추출 집락 표본추출	편의 표본추출 의도적 표본추출 할당 표본추출 눈덩이 표본추출

REVIEW exercises
복/습/문/제

1. 확률 표본추출과 비확률 표본추출의 장단점을 구분하여 설명해 보시오.

2. 층화 표본추출과 할당 표본추출의 차이점을 설명해 보시오.

3. 눈덩이 표본추출에 적합한 연구대상은 누구인지 설명해 보시오.

요점정리

summary 표본은 전체를 대표하기 위해 모집단에서 추출된 일부를 의미하며, 표본을 선정하는 과정을 표본추출 혹은 표집이라고 한다.

표본을 사용하는 연구를 표본조사연구라고 하며, 전수조사연구보다 효율성을 높일 수 있다.

summary 표본추출과 관련하여 꼭 알아 두어야 할 용어로는 요소, 모집단, 연구모집단, 표본, 표집틀, 표본추출단위, 표본추출요소, 관찰단위, 분석단위, 모수, 통계치, 표본추출오차, 신뢰수준, 신뢰구간이 있다.

표본추출의 과정은 모집단 확정, 표집틀 선정, 표집방법 결정, 표본크기 결정, 표본추출의 5단계를 거친다.

summary 확률 표본추출은 표본추출에 확률이론을 적용한 것으로 동일확률 선택방법에 의거해 표본을 추출하며, 이를 통해 표본을 추출할 경우 표본추출 오차의 측정이 가능하다.

확률 표본추출은 모집단을 잘 대표하는 표본을 선정하는 좋은 방법이다.

summary 확률 표본추출에는 단순무작위 표본추출, 체계적 표본추출, 층화 표본추출, 집락 표본추출이 포함된다.

단순무작위 표본추출은 확률 표본추출 중 가장 기본적인 방법으로 바구니에서 번호 뽑기, 난수표, 무작위 숫자를 산출하는 컴퓨터 프로그램 등을 활용하는 방법이 있다.

summary 체계적 표본추출은 일정한 순서에 따라 전체 목록에서 매 k번째 사례를 표본으로 추출하는 방법이다.

층화 표본추출은 모집단을 보다 동질적인 몇 개의 층으로 나눈 후 각 층별로 일정크기의 표본을 무작위로 추출하는 방법이다. 층화 표본추출은 나누어진 계층 내의 표본 크기가 모집단에서 차지하는 비율을 정확하게 반영한 비례 층화 표본추출과 차등 비율로 표본을 추출하는 비비례 층화 표본추출로 나뉜다.

summary 집락 표본추출은 모집단을 다수의 집락으로 나누어 그 집락들 가운데서 무작위로 몇 개의 집락을 선정하고, 추출된 집락에서 개별요소를 무작위로 추출하는 방법이다. 집락 표본추출은 하나의 단계를 거치는 단순집락 표본추출과 여러 단계를 거쳐 표본을 추출하는 다단계 집락 표본추출로 나뉜다.

비확률 표본추출은 확률이론에 근거한 표본추출이 불가능할 경우 주로 사용되며, 일반적으로 질적연구에 빈번히 활용된다.

summary 비확률 표본추출의 유형으로는 편의 표본추출, 의도적 표본추출, 할당 표본추출, 눈덩이 표본추출이 있다.

확률표본추출은 표집틀을 사용하고, 모집단의 표집단위가 표본으로 추출될 확률이 동일하므로 표본의 모집단에 대한 대표성이 높으며 모수치 추정 및 오차의 측정이 가능하다. 반면, 비확률표본추출은 모집단을 명확히 알지 못해 표집틀을 작성하지 못하는 경우에 사용되며, 모집단의 표집단위가 표본으로 추출될 확률이 동일하지 않고, 모수치 추정 및 오차의 측정이 불가능하다. 하지만 비용 및 시간적 측면에서 확률표본추출에 비해 경제적이다.

김영종. (2007). 사회복지조사론. 서울: 학지사.

박옥희. (2020). 사회복지조사론. 서울: 학지사.

서보준, 김우호, 송기영. (2018). 사회복지조사론. 파주: 정민사.

서정민, 전동일, 오봉욱, 김병년, 김대건. (2019). 사회복지 조사론. 서울: 동문사.

손병덕, 신연희, 양혜원, 이상무, 장신재, 전미애, 최선경, 황혜원. (2010). 사회복지조사방법론 이해와 실천. 서울: 학지사.

유영준. (2014). 사회복지조사론의 이해. 서울: 학지사.

홍봉수, 배재덕, 임안나, 김덕주, 김영호, 송기철, 강해자, 이순자, 곽정국. (2018). 사회복지조사론. 고양: 공동체.

황성동. (2006). 알기쉬운 사회복지조사방법론. 서울: 학지사.

황인옥. (2019). 사회복지조사론. 서울: 동문사.

Rubin, A., & Babbie, E. R. (2013). *Research methods for social work* (8th ed.). Belmont, CA: Brooks/Cole Cengage Learning.

Sherman, E. A., & Reid, W. J. (1994). *Qualitative research in social work*. NY: Columbia University Press.

Stake, R. E. (1994). Case studies. In N. K. Denzin & Y. S. Lincoln (Eds.), *Handbook of qualitative research*. Thousand Oaks: Sage Publications.

9

자료수집

Social
Research
Methods

이 장은 자료수집방법을 다루는 장이다.
자료수집이란 사회조사설계에서 결정한
표본추출방법에 따라 표본을 선정하고
자료를 수집하는 과정을 의미한다.
이 장에서는 최근 사회조사에서
주로 활용되고 있는
관여적 방법, 비관여적 방법, 질적연구에서의
자료수집방법으로 구분하여 소개하고자 한다.
관여적 방법으로는 일반적으로 가장 많이 활용하는
자료수집방법인 설문조사,
면접, 관찰조사에 대해 소개하고 있으며,
비관여적 자료수집방법으로는
내용분석, 문헌연구, 이차자료를 포함한다.
마지막으로 최근 활발히 사용되고 있는
질적조사의 자료수집에 대해 알아본다.
각각의 자료수집방법에 대한 설명은
개념과 특징, 유형, 과정 등을 중심으로 제시하였다.

Social
Research
Methods

01 사회조사에서 활용할 수 있는 다양한 자료
수집에 대한 개념 및 방법을 이해한다.

02 사회조사에서 연구목적에 적합한 자료 수집
방법을 선정하고 활용할 수 있는 능력을 배
양한다.

9

자료수집

설문조사

1

설문조사의 개념과 특징

설문조사는 사회조사에서 가장 많이 사용되는 자료수집방법으로 어떤 문제나 사물에 대한 정보를 얻기 위해 일련의 문항 등을 체계적으로 조작하여 작성한 설문지를 이용하는 자료수집방법이다. 따라서 설문조사시, 연구자가 필요한 정보를 얻을 수 있도록 설문지를 잘 구성하는 것이 매우 중요하다.

설문조사법이 가지고 있는 특징은 다음과 같다. 우선 면접법에 비해 연구도구 및 숙련된 기술이 필요하지 않고 다수의 인원을 대상으로 조사가 가능하기에 시간과 노력에 대한 비용을 줄일 수 있다. 이와 더불어 조사대상이 직접 익명으로 작성하기에 민감한 설문에 정확한 응답을 받을 수 있으며 과거의 행동이나 사적 행위에 대한 정보를 얻을 수 있다는 장점이 있다. 또한 질문지가 일관성 있게 구성되어 통계처리가 가능하여 자료 분석 및 해석이 용이하다. 그러나 이러한 장점에도 불구하고 설문지법은 질문지에 대한 응답만 가능하여 융통성이 결여되고 익명성이 보장되기에 무응답에 대한 통제가 어렵다. 또한 질문지는 글을 읽고 쓸 수 있는 경우만 가능하기에 조사대상이 제한되는 단점이 있다. 따라서 정확한 설문

조사를 위해 응답자가 성실하게 응답할 수 있고 측정에서의 일관성을 위해 **신뢰도**와 **타당도**를 높일 수 있는 방안이 요구된다.

> **신뢰도** 측정에서의 일관성을 의미
> **타당도** 측정하려고 했던 것을 측정했는지를 의미

설문조사의 유형

우편 설문조사

자료수집의 방법 중 대표적으로 사용되는 방법은 우편 설문조사이다. 즉 조사의 내용을 담은 설문지를 대상자에게 우편으로 전달한 후, 대상자가 작성한 설문지를 회수하는 형태를 말한다. 우편 설문조사는 응답자가 직접 설문지에 기입하는 자기기입식 설문조사방법을 주로 사용하므로 조사자와 응답자가 실제로 대면하지 않고 조사가 이루어진다. 따라서 자기기입식 설문조사방법의 경우, 설문의 참여자가 조사의 목적을 충분히 인지하고 설문내용의 응답방법과 회신절차에 대해서 쉽게 이해할 수 있는 안내서를 설문지와 함께 보내는 것이 중

요하다. 또한 작성한 설문지를 보낼 때, 주소가 기입되고 우표를 붙인 반송봉투를 함께 첨부하는 것이 필요하다. 특히, 회수율이 일반적으로 25~30% 정도에 그치므로 황성동, 2006, 회수율을 높이는 것이 우편 설문조사에서 매우 중요하다. 과거에는 50% 이상의 응답률이 적합하고, 60~70% 이상이면 좋거나 매우 좋은 것으로 간주되었으나 최근에는 수용되는 응답률에 대한 합의는 없다 Rubin and Babbie, 2013.

외적타당도 현재의 연구결과를 다른 집단이나 환경으로 확대 해석하거나 일반화할 수 있는 정도

우편 설문조사는 대인면접을 통한 자료수집방법에 비해 실시하기가 비교적 용이하며, 상대적으로 시간과 비용이 적게 들기 때문에 효율성이 높다는 장점이 있다. 따라서 많은 사람을 대상으로 조사하기에 용이하므로, 표본의 대표성과 **외적 타당도**가 높아진다. 이와 더불어 응답자를 직접 대면하지 않기 때문에 민감한 질문에 대해 솔직한 답변을 얻기가 용이하고 응답자의 익명성이 보장되므로 조사자의 편견에 대한 오류를 감소시킬 수 있다. 또한 응답자가 조사내용에 대해 충분히 생각할 시간을 가질 수 있으므로 깊이 생각해야할 내용의 조사에 사용하기 적절하며, 응답할 시간을 자유로이 선택할 수 있다는 장점을 가진다.

비언어적인 행동 몸짓, 표정 등과 같이 말로 표현될 수 없는 행동

반면, 우편 설문조사는 응답자의 주소가 변경되거나 발송 중에 우편물 분실이 발생할 확률이 있고, 회수율이 낮으며 시간이 많이 걸릴 수도 있다는 단점이 있다. 일단 설문지를 발송한 후에는 통제가 어렵기 때문에 특정 문항에 대해 대답하지 않거나, 조사대상자가 아닌 다른 사람이 응답하는 경우가 발생할 수 있으며, 불성실한 응답이 이루어질 가능성이 있다. 또한 대상자의 **비언어적인 행동** 등 다양한 정보를 얻을 수 없고 응답자가 질문을 잘 이해하지 못하고 응답한 경우에도 확인이 어려우며, 모호하거나 애매한 사항들을 보충하고 설명할 기회가 없다는 단점이 있다.

배포 설문조사

배포 설문조사는 조사자가 응답자가 위치한 곳, 예를 들어, 가정이나 학교, 기관, 회사, 병원 등을 직접 방문하여 개인 및 집단을 대상으로 설문에 대해 직접 설명하고 설문지를 배포한다. 이후 조사자가 없는 상태에서 응답자가 자기기입식 설문지에 응답하도록 하고 일정 시간이 지난 후에 조사자가 설문지를 직접 다시 회수하는 방법이다.

배포 설문조사의 경우, 응답자가 있는 곳으로 조사자가 직접 방문하여 설명하고 설문지를 직접 배포 및 회수하기 때문에 우편 설문조사보다 회수율이 높다. 하지만 개별적으로 설문지를 직접 전달하기 때문에 우편 조사에 비해 비용이 많이 든다. 뿐만 아니라 질문지가 잘못 기입되어도 여전히 수정이 어렵고 설문지 내용에 대해 보충 설명하는 것이 어렵다. 또한 응답자 본인의 응답인지, 혹은 제3자의 영향을 받은 응답인지 아는 것이 불가능하다.

집단 설문조사

조사대상자를 동일한 장소에 모이게 한 후, 동일한 조건하에 간단한 설명과 함께 자기기입식 설문지를 배포한 후 설문지 작성이 끝나면 이를 회수하는 방법으로 주로 학교, 기관, 직장, 단체 등에서 이루어진다. 집단 설문조사의 가장 큰 장점으로는 조사과정이 간편하고 다른 방법에 비하여 시간과 비용이 적게 든다. 즉 동일한 장소에서 단시간 내에 다수로부터 응답을 얻을 수 있다. 또한 조사자와 응답자가 같은 공간에 있기 때문에 응답자의 이해를 돕기 위해 필요한 설명을 추가적

으로 할 수 있고, 응답자의 질문에 대해서도 답할 수 있다. 조사자가 조사 조건을 통제할 수 있으므로 응답에 미치는 제3자의 영향력을 배제하는 것이 가능하다.

반면, 학교나 직장과 같은 특정 기관이 아닌 곳에서 집단을 대상으로 하는 조사는 어려운 것이 현실이며, 심지어 단체 안에서도 대상자들의 참여를 확보하기 위해서는 단체장 및 담당자의 협조를 얻는 등 많은 노력이 요구된다. 또한 이 경우 단체장이나 담당자에 의존하게 되는 가능성이 높아 협조가 용이하거나 혹은 친분이 있는 사람들이 참여하기 쉬우므로 표본추출의 편의가 생길 수 있다. 이밖에도 응답자들 사이에서 상호간의 영향을 받을 수 있고, 조사자가 설문조사 작성 시기에 같은 공간에 있기 때문에 영향을 미칠 수 있는 단점이 있다. 또한 무응답을 통제하기가 어렵다는 단점도 존재한다.

전화 설문조사

전화 설문조사는 조사자가 응답자에게 전화로 조사내용을 묻고 이에 대한 응답을 기록하는 방법으로, 조사자와 응답자 간 일정 수준의 상호작용이 이루어질 수 있는 준대면 조사이

다. 주로 언론, 마케팅, 정치선호도, 시청률 등에 대한 조사에 널리 이용되며 흔히 사용되는 조사방법 중 하나이다. 전화 설문조사에서는 먼저 조사 참여에 대한 동의를 이끌어 내는 것이 중요하다. 이를 위해 조사의 목적 및 중요성을 간단히 설명하고, 조사에 걸리는 시간이 짧음을 강조하며, 참여에 대한 보상물이 있다면 이에 대해 언급하는 것이 필요하다.

전화 설문조사는 조사절차가 간편하고 신속하여 단시간에 필요한 정보를 얻고자 할 때 효과적인 방법이다. 비록 우편 설문조사나 전자 설문조사에 비해서는 비용이 많이 들지만, 대

면 설문조사보다는 여전히 비용이 적게 든다는 이점이 있다. 또한 전화번호부에 의한 무작위 추출이 가능하여 대상자 선정 및 접근이 쉽다는 장점을 지닌다. 특히 전화로 조사자가 직접 설문에 대한 내용을 설명할 수 있고, 대면 설문조사에 비해 상대적인 익명성이 보장되기 때문에 보다 솔직한 대답을 이끌어 낼 수 있으며 민감한 문제에 대한 심층규명도 가능하다는 장점을 지닌다. 이와 더불어, 전화 설문조사는 조사자의 안전이 확보된다는 점에서도 선호되는 방식이기도 하다. 또한 자료의 질과 정확성이 비교적 높으며, 조사자들을 교육 및 관리하여 일관된 면접방식을 수행할 경우 일관된 자료를 얻을 수 있다.

이러한 장점에도 불구하고, 전화로 조사가 이루어지기 때문에 시간적으로 제약을 받게 되는데 일반적으로 설문조사 시간은 15~20분 이내에서 실시하는 것이 적당하다채구묵, 2005; 황성동, 2006. 따라서 조사내용의 분량 및 주제가 한정될 수 있으므로 전화통화로 설명하기 곤란하거나 복잡한 내용은 조사하기 어렵다. 또한 조사대상이 전화번호부에 기재된 사람으로 한정되어 전화번호부에 누락된 사람은 조사대상에서 제외된다는 문제점도 있으며, 응답자가 조사 도중 전화를 끊는 상황 등 응답자 및 응답 상황에 대한 통제가 어렵다는 점도 한계로 작용한다. 더욱이 최근 들어 일반 전화를 사용하는 사람의 수가 급격히 줄어들고, 휴대 전화 및 스마트폰을 사용하는 경향이 많다는 것도 전화 설문조사의 새로운 이슈로 제기되고 있다Rubin and Babbie, 2013.

대면 설문조사

대면 설문조사는 조사자가 응답자를 만나 직접 설문조사하는 것으로, 조사자는 말로 질문하고 응답자의 대답을 기록한다. 응답자에게서 필요한 정보를 수집하고 응답내용을 기록하는 방법이라는 점에서 대인면접 혹은 직접면접법이라고도 한다. 조사자가 구두로 질문한 내용에 대해 응답자가 대답하는 형식이며 일대일로 진행되는 면접방식이 질적 조사와 유사한 점도 있으나, 준비된 설문지의 구조화된 구체적 질문을

통해 조사하고 응답자 수가 많다는 점에서 질적 조사와 차이가 난다.

대면 설문조사를 여러 명의 조사원이 실시할 경우에는 사전에 이들에 대한 철저한 교육을 통해 조사원들은 설문내용을 충분히 이해하고 설명할 수 있는 능력뿐만 아니라 비언어적 정보를 관찰할 수 있는 능력과 면접환경을 통제할 수 있는 능력을 갖추도록 해야 한다. 따라서 대면 설문조사시에는 숙련된 조사원의 역할이 매우 중요하다.

대면 설문조사는 조사자가 직접 응답자를 대면하여 조사를 실시하기 때문에 응답률이 높다는 장점을 지닌다. 응답자가 조사자를 면전에 두고 거절하기가 어렵고, 응답자가 대답을 하지 않을 경우, 부가설명이나 이해를 구함으로 무응답 비율을 줄일 수 있기 때문이다. 또한 응답자가 질문을 잘못 이해하거나 이해하지 못할 경우 조사자는 추가적인 설명이나 응답의 지침을 제공해줌으로써 적절한 응답을 얻을 수 있다. 이뿐 아니라 조사가 다른 사람에게 방해받지 않고 개별적으로 진행될 수 있도록 조사자가 조사환경, 즉 응답에 영향을 미칠 수 있는 다양한 요인들을 통제할 수 있다는 장점이 있다. 무엇보다 대면 설문조사법의 가장 큰 장점은 조사과정의 유연성이 크다는 점이다. 응답자에게 설문내용 외의 부가적인 정보수집이 가능할 뿐 아니라 비언어적 행위나 신체적 언어 등을 통해 조사자가 추가적인 정보를 얻을 수 있다. 또한 글을 읽고 쓰지 못하는 사람도 질문에 대답함으로써 설문에 응할 수 있기에 조사를 실시할 수 있는 대상의 범위가 설문조사보다 넓고, 보다 다양한 표본을 얻을 수 있다.

그러나 일반적으로 대면 설문조사법은 절차가 복잡하며 조사자 훈련 및 면접 진행에 많은 비용과 시간이 소요된다. 대면 설문조사는 여러 명의 조사자에 의해 이루어지는 경우가 일반적이므로 조사자에 의한 편의가 발생할 가능성도 있다. 면접내용에 있어서도 응답에 대한 표준화가 어려울 수 있으며, 즉각적인 답변을 요구하기 때문에 깊은 생각을 필요

로 하는 질문에는 부적절하다. 또한 응답자가 피곤하거나 불편할 때 면접이 이루어지면 피로 및 짜증 등을 유발하여 응답에 부정적인 영향을 미칠 수 있다. 더욱이 조사자와 응답자가 직접적으로 대면하기 때문에 응답자의 익명성이 보장되지 않으며, 사적이거나 민감한 내용에 대해서는 정확한 응답을 얻기 어렵다는 단점이 있다. 경우에 따라서는 면접자의 신변안전을 위협하는 상황이 발생할 수 있으므로 안전 확보 장치에 대한 고려도 반드시 필요하다.

전자 설문조사

전자 설문조사는 인터넷을 활용하여 자료를 수집하는 방법으로 최근 들어 전 세계적으로 급격히 많이 사용되고 있는 방법이다. 특히 수업평가, 여론조사, 만족도 조사 등에 널리 활용되고 있다. 크게 두 가지 방법으로 이용되어지는데, 첫번째 방법은 설문문항을 전자메일을 통해 응답자에게 발송하고 이에 응답자가 자기기입식으로 응답을 한 후 반송하는 형태이다. 두번째 방법으로는 웹사이트를 통한 설문조사가 있으며, 설문문항이 게시된 웹사이트 링크를 보내고, 응답자가 웹사이트를 방문하여 자기기입식 설문지를 작성하도록 하는 방법이다. 최근에는 조사자가 인터넷 웹사이트에서 직접 전자설문지를 작성하고 배포할 수 있는 무료 프로그램들도 많이 제공되고 있어 보다 손쉽게 사용이 가능한 자료수집방법이다.

전자 설문법의 가장 큰 장점은 신속한 설문조사를 통해 빠른 응답을 얻을 수 있으며, 비용이 저렴하여 경제적인 부담이 낮은 방법이라는 점이다. 또한 응답자들이 편리한 시간에 응답할 수 있기 때문에 학교, 기업체, 단체 등 전자 메일, 인터넷 등의 접속이 용이한 구성원들을 대상으로 조사하는 경우 매우 유용하다. 통계처리 프로그램과 연결해서 설문조사를 실시하는 경우에는 회수되는 자료를 추가로 입력할 필요 없이 자동으로 입력되어 자료 입력에 따른 비용과 시간이 들지 않는다는 장점이 있다. 일부 프로그램에서는 조사결과를 다양한 표와 그래픽으로 제공하기도 한다. 게다가 전자 설문조사

의 경우, 인터넷 연결이 가능한 세계 어디에서든 설문에 참여할 수 있어 국제 연구를 쉽게 실시할 수 있다는 장점이 있다. 또한 조사자와 응답자가 개인적으로 직접적인 접촉을 하지 않아 익명성이 보장되기 때문에 민감하거나 개인적인 문제에 대해서도 보다 쉽게 응답을 구할 수 있다.

이러한 장점에도 불구하고 전자 설문조사는 대표성과 연관된 단점을 가지고 있다. 즉 전자 메일 주소를 확보한 대상에 한해서만 설문조사를 실시할 수 있기 때문에 표본에 한계가 있으며, 조사대상층도 인터넷과 전자 메일 사용자로 제한된다. 예를 들어, 청소년들에게는 선호되는 설문조사방법일 수 있으나, 인터넷 접속이 쉽지 않고 전자 메일을 거의 사용하지 않는 노인들에게는 적절하지 않다. 또한 전자 설문조사의 경우 응답률과 회수율을 보장하기 힘들며손병덕 외, 2010 전자 통신의 보호 장치가 미흡한 경우에는 응답자의 사생활이 침해받을 가능성이 높다채구묵, 2005. 한편 설문지가 응답자에게 발송되는 과정에서 스팸메일로 처리되는 등 제대로 전달되지 않을 수도 있다.

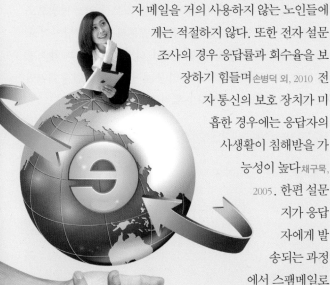

설문조사의 과정

설문지법의 자료수집과정은 EXHIBIT 9-1과 같으며, 질문지 작성의 목적과 범위 확정, 질문내용의 결정, 질문의 형태선정, 질문문항의 작성, 질문문항의 순서 결정, 사전검사, 질문지 편집 및 인쇄, 질문지 배포 및 회수의 총 8단계를 거쳐 이루어진다양정하 외, 2013. 이와 같은 8단계의 설문조사과정을 단계별로 보다 자세히 살펴보면 다음과 같다.

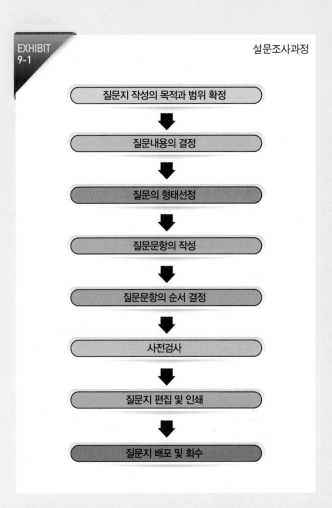

EXHIBIT 9-1   설문조사과정

질문지 작성의 목적과 범위 확정
↓
질문내용의 결정
↓
질문의 형태선정
↓
질문문항의 작성
↓
질문문항의 순서 결정
↓
사전검사
↓
질문지 편집 및 인쇄
↓
질문지 배포 및 회수

첫째 질문지 작성의 **목적**과 **범위**를 확정한다. 질문지를 작성할 경우 먼저 질문지의 목적과 설문대상을 충분히 고려해야 하며 특히 설문대상의 성별, 나이, 교육정도, 경제수준, 가치관 등을 고려하는 것이 필요하다.

둘째 질문의 **내용**을 결정한다. 이를 위해서는 우선 조사항목을 작성하고, 각 항목에 따라 세부사항을 작성한다. 이때에는 조사에 직접 관계되며 평가나 분석에 이용하는 문항을 선정해야 한다. 또한 응답자가 대답하지 않을 내용은 처음부터 포함하지 않으며, 조사항목과 세부사항의 수는 조사목적을 달성할 수 있을 정도 내에서 최소화한다. 마지막으로 질문의 응답에 대한 항목간에는 포괄성과 상호배타성이 있도록 구성해야 한다. 포괄성이란 다항선택형 응답에서 가능한 응답을 모두 제시해주는 것으로, 예비조사pilot test를 통해 응답문항이 빠지지 않았는지 충분히 검토하는 것이 필요하다. 상호배타성은 응답항목 간에 내용 혹은 범위가 중복되지 않는 것으로 응답자가 하나의 항목만을 선택할 수 있도록 한다. 만약 항목 간에 배타적이지 못하면 각 속성에 대한 측정에서 혼란이 일어난다.

example !

문항의 포괄성과 문항간 상호배타성 예시

ㅣ문항의 포괄성ㅣ

설문조사를 하는 과정에서 원하는 응답이 보기에 없어 곤란했던 적이 있는가? 선택 가능한 모든 응답을 보기에 제시해 주지 않는다면 응답자의 혼란을 야기할 뿐만 아니라 부정확한 측정이라는 결과를 낳게 될 것이다. 다음과 같은 예시문항을 살펴보자.

1. 사회조사론 교재를 선택함에 있어 가장 중요하게 고려하는 부분은 무엇입니까?
   ① 가격 ② 디자인 ③ 출판사 ④ 저자 ⑤ 분량

위와 같은 설문조사에 응하는 응답자 중 어떤 응답자는 "그림이 많은 책"을 선호할 수 있다. 그러나 이와 같은 응답에 대한 항목이 없어 무엇을 고를지 고민하던 이 응답자는 아마 무응답 혹은 임의응답을 하게 되거나, "그림의 양"만큼 중요하지 않다고 생각하는 다른 항목을 고르게 될 것이다. 이처럼 응답지가 모든 부분을 포괄하지 못한다면 정확한 측정이 어렵다. 따라서 가능한 모든 응답을 제시하도록 하며 모든 항목을 제시할 수 없는 경우에는 "기타"의 항목을 만들도록 한다. 다만, 기타의 항목을 만들 때에는 "기타"가 가장 많은 측정을 기록하지 않도록 주의를 기울여야 한다.

ㅣ문항간 상호배타성ㅣ

포괄성과 함께 문항간에는 상호배타성이 존재해야 한다. 만약 문항간 중복되는 부분이 있다면 응답자는 어느 문항을 골라야 할지 고민하게 될 것이다. 다음의 문항을 살펴보자.

1. 응답자의 연령대는 다음 중 어디에 해당하나요?
   ① 20세 이하 ② 20세 이상~30세 이하
   ③ 30세 이상~40세 이하 ④ 40세 이상~50세 이하
   ⑤ 50세 이상

위와 같은 질문을 발견한 응답자가 20세라면, 1번을 골라야 할지 2번을 골라야 할지 고민하게 될 것이다. 30세인 응답자, 40세인 응답자, 50세인 응답자도 마찬가지이다. 이처럼 문항간 상호배타성이 없다면 설문을 받아든 응답자를 고민에 빠뜨릴 수 있으며, 결과도 부정확하다.

사례

셋째 질문의 형태를 선정한다. 질문의 형태에는 개방형질문과 폐쇄형질문, 직접질문과 간접질문이 있다. 개방형 질문은 선택할 수 있는 답들을 제시하지 않고 응답자가 질문에 대한 응답의 방향 및 범위를 자유롭게 결정할 수 있는 질문이다. 우선 개방형질문은 응답자의 태도, 의견, 동기 등에 대해 확실하고 정확한 대답을 끌어낼 수 있다는 장점이 있지만, 해석에 편견이 개입될 소지가 있다. 또한 응답자에게 심리적 부담을 줄 수 있으며, 표현능력이 부족한 응답자에게는 적용하기 어렵고, 통계적 처리가 어렵다는 단점도 있다. 따라서 개방형질문은 예비조사 및 탐색조사에 적합하

다. 이에 반하여 폐쇄형 질문은 미리 유형화된 응답 항목들을 제시하는 것이다. 폐쇄형 질문은 선택 가능한 예시의 숫자와 응답의 형태에 따라 선다형과 양자택일형, 서열형, 평정형 등으로 구분된다. 폐쇄형 질문은 응답자가 응답할 수 있는 내용을 미리 선정하여 응답하게 하므로 응답처리가 쉽고, 자료의 분석과 해석이 용이하다는 장점이 있다. 그러나 항목을 연구자가 미리 선정하여 제시함으로써 응답자의 충분한 의견을 반영하기 어렵다는 단점도 있다박옥희, 2020; 서정민 외, 2019; 황인욱, 2019.

또한 직접질문은 사실에 관한 응답자의 태도나 의견을 직접적으로 질문하는 것이다. 간접질문의 경우, 응답자가 응답을 회피할 때 다른 질문을 하여 필요한 정보를 얻는 방법으로 활용된다. 질문의 형태를 선정할 때 질문의 성격, 응답자의 교육수준, 연구의 진행절차, 연구자가 의도하는 분석과 해석방법 등을 고려하여 결정하고 특히 통계처리를 한다면 통계기법에 맞는 질문형태를 선정하도록 한다.

질문의 형태에 따른 예시 질문

- **개방형질문**: 귀하는 사회복지사로 일하는 것에 만족하십니까?
- **폐쇄형질문**: 귀하는 사회복지사로 일하는 것에 만족하십니까?
   ① 예 ② 아니오
- **직접질문**: 귀하는 기관장의 수퍼비전에 만족하십니까?
- **간접질문**: 기관장이 주는 수퍼비전은 항상 나를 (   )하게 만든다.

넷째 질문문항을 작성한다. 질문문항은 보편적인 용어를 사용해야 하며, 질문과 설명간의 명확한 구분이 이루어져야 한다. 또한 편견을 가진 용어나 서술을 배제하고, 간단명료한 문장으로 작성한다. 응답자의 연령이나 학력 등을 고려하여 적절한 언어를 사용하는 것도 필요하다. 또한 이중질문을 피하며 응답자의 심리적 안정과 능력을 고려한 질문문항을 구성한다. 마지막으로 응답 선택 수의 균형을 맞추고 주관식과 객관식 문항 등을 고려한다.

질문지 작성시 피해야 할 질문 유형

- 이중질문: 귀하는 *힘들거나 슬플 때* 담배를 피웁니까?
- 모호한 질문: 귀하는 *지난 선거*에서 *대다수가* 사회복지예산 확대에 찬성하였다고 생각하십니까?
- 전문용어 질문: 귀하는 *증거기반* 복지서비스에 만족하십니까?
- 유도 질문: 어려운 이웃을 위한 성금모금은 사회복지 증진에 기여합니다. *성금모금에 참여하시겠습니까?*
- 부정적인 질문: 귀하는 아동수당을 도입하는 것에 *동의하지 않으십니까?*

다섯째 **질문의 순서**를 결정한다. 질문지의 구성 순서에 따라 설문조사의 효율성과 응답률은 다르게 나타날 수 있다. 따라서 질문의 순서를 결정할 때 세심한 고려가 필요하다. 우선 첫 질문은 간단하고 응답자의 경험이나 지식의 범위 안에서 쉽게 대답할 수 있도록 하고 민감한 문제나 주관식 질문은 설문지 뒤에 배치하며, 구체적이고 친숙한 것에서 추상적이고 특수한 질문 순으로 배치한다. 또한 개연성 있는 질문은 그에 적합한 순서대로 정리하고, 질문문항은 길이와 유형을 다양하게 해서 응답시 지루하지 않도록 하며, 신뢰도를 측정하기 위해 짝으로 구성된 질문은 분리해서 배치한다손병덕 외, 2010; 채구묵, 2005; Rubin and Babbie, 2013.

여섯째 **예비조사**pilot-test를 실시한다. 예비조사는 본조사에 들어가기 전 초안 설문지를 본조사와 똑같은 절차와 방법으로 시행해 봄으로써 질문의 내용, 질문 형태, 문항 작성, 질문 순서 중에 있을 수 있는 오류를 찾아내는 과정이다. 예비조사의 목적은 설문지 수정과 조사 집행에 필요한 정보수집이다.

일곱째 질문지를 **완성**하고 **인쇄** 또는 온라인 상으로 **배포**를 준비한다. 질문지는 응답자에게 참여의 동기를 부여하고 전문적이라는 인상을 줄 수 있도록 용지, 활자, 크기 등 디자인의 모든 면을 고려한 후 제작해야 한다.

여덟째 질문지를 **배포**하고 **회수**한다. 질문지 작성도 중요하지만 질문지의 배포와 회수는 매우 중요한 작업이다. 질문지 회수율이 낮을 경우 연구대상을 다시 모집하거나 추가로 설문지를 배포 및 회수하는 어려움이 발생할 수 있다.

2 면접조사

면접조사의 개념과 특징

면접조사는 연구의 목적 달성에 필요한 자료를 얻기 위해 면접원과 응답자간 질문과 응답 등 언어적 상호작용을 통해 자료를 수집하는 방법이다. 응답자로부터 직접 개인적이고 심층적인 자료를 얻는데 그 목적을 두며 이는 언어적 진술내용조사대상의 경험, 생활사, 조사항목에 대한 응답 등과 비언어적 특성표정, 태도, 감정, 어투 등을 통해 얻을 수 있다. 면접의 방법은 대면 외에도 전화, 화상 등과 같은 방법을 취하기도 한다. 또한 면접은 연구목적을 달성하기 위한 자료수집의 주된 도구로서의 역할과, 때로는 변수를 확인하고 가설을 도출하기 위한 탐색적 조사로서 사용되기도 하며 관찰이나 설문지 등 다른 자료수집방법의 타당성 여부를 검토하거나 미리 예견하지 못한 결과를 추적하는데 활용하기도 한다.

면접법은 면접원과 응답자가 직접 대면해야 하고 면접에 일정한 시간이 소요되기 때문에 질문지법에 비해 어려운 점이

있지만 사회조사방법에서 자주 활용되고 있는 자료수집방법이다. 응답자와 원활한 의사소통만 가능하면 조사가 가능하고 응답자를 직접 대면하기 때문에 응답의 회수율이 높고 면접의 환경을 면접원이 통제할 수 있기 때문에 응답자가 편한 상태에서 심층적인 자료에 대한 조사가 가능하다. 그러나 면접조사의 경우, 설문지를 활용한 조사보다 비용과 시간이 많이 들고 응답자의 익명성 보장이 어려워 응답자가 신분을 밝히기 꺼려하는 경우에는 자료수집이 어려울 수 있으며, 응답자가 심리적 부담을 느낄 경우 정확한 응답을 하지 않을 수 있다. 또한 면접원에 따라 편의_{편견 및 선입견에 따른 응답}, 기록의 오류 등이 발생할 수 있어 주의가 요구된다.

면접조사의 유형

면접조사는 면접원의 자율성을 중심으로 표준화 면접, 비표준화 면접, 반표준화 면접으로 구분할 수 있다_{김영종, 2007}.

우선 표준화 면접은 가장 구조화된 면접조사 방식으로 사전에 질문의 내용과 언어표현, 순서 등 조사표를 작성하여 모든 응답자에게 동일한 순서와 내용으로 면접을 진행한다. 따라서 질문문항에 대한 오류를 최소화할 수 있고 신뢰도가 높으며 응답의 차이를 비교할 수 있기 때문에 통계처리가 가능하다. 그러나 응답자의 지식을 충분히 끌어낼 수 없기 때문에 타당도가 낮아질 수 있으며, 표준화된 질문지에 의해 조사를 수행하기에 융통성 있는 질문을 하기 어려워 응답자의 정확한 의견을 파악하기 어렵다는 단점도 있다.

비표준화 면접은 질문문항이나 질문순서가 정해져 있지 않으며, 면접원이 면접상황에 따라 융통성 있게 자료를 수집하는 것이 가능하다. 따라서 가설설정에 필요한 자료를 확보하는데 용이한 방법이다. 비표준화 면접의 장점은 융통성을 가지고 있기 때문에 보다 정확한 응답을 얻어낼 수 있으며 면접결과의 타당도를 높일 수 있다.

반표준화 면접은 표준화 면접과 비표준화 면접의 장단점을 보완하여 면접 전에 질문목록을 작성하지만 면접지침 내에서 면접원이 어느 정도 융통성을 발휘하여 질문을 추가할 수 있는 면접법이다. 따라서 응답자는 주어질 질문이나 상황에 대해 상당히 자유롭게 표현할 수 있으며 면접원은 응답자의 개별화된 반응과 구체적인 감정까지 관찰할 수 있다.

면접조사의 과정

면접의 과정은 일반적으로 면접원 선정, 면접원 훈련, 면접조사에 대한 협력요청, 면접실시, 프로빙 기술, 면접결과의 기록, 면접의 종결로 이루어진 7단계를 거치는 것으로 알려져 있다_{김갑용 외, 2013; 유영준, 2014}. 면접조사의 과정은 다음과 같다.

첫째 **면접원**을 선정하는 것으로부터 시작한다. 면접은 실시하는 사람에 따라 연구결과가 달라질 수 있다. 따라서 연구의 타당성과 신뢰성을 높이기 위해서는 면접원의 자질이 매우 중요하다. 청취기술 및 언어파악능력, 예리한 관찰력과 판단력을 갖춘 면접원이 적합하다. 또한 면접대상자의 특성, 면접대상자에 대한 접근용이성, 조사목적 및 질문내용 등을 고려하여 결정하고 면접원의 수, 면접원 모집을 위한 자원, 면접원에 대한 비용 지급, 면접원 선발기준 등을 고려한다. 면접원의 수는 연구규모에 따라 다르지만 면접원이 너무 많을 경우 통제가 어렵다_{유영준, 2014}.

둘째 선정된 **면접원**을 훈련할 필요가 있다. 면접원 훈련의 내용은 면접의 연구목적 및 배경을 설명함으로써 연구의 본질과 중요성, 면접의 내용을 충분히 이해시켜야 한다. 또한 면접원으로서 갖추어야 할 기본지식, 질문내용 등을 교육함으로써 성실하게 업무를 수행하도록 한다. 면접원이 범하기 쉬운 오류나, 면접과정에서 발생할 수 있는 돌발적인 상황들에 대해서도 미리 알리고 이에 대처할 수 있도록 충분히 연습을 시켜야 한다. 훈련시간은 면접내용에 따라 상이하나 일반적으로 3~4시간이 바람직하며, 면접내용이 복잡하지 않으면 1~2시간 이내에 훈련을 마치는 것이 적절하다

김갑용 외, 2013. 모든 면접원들은 이전의 조사경험에 관계없이 교육이나 훈련에 의무적으로 참가해야 한다.

셋째 면접조사에 대한 **협조**를 **요청**한다. 면접조사에 대한 협조를 요청하는 과정은 기관이나 단체, 학교 등의 협조를 요청하는 방법과 응답자 개인의 협조를 얻는 방법으로 구분할 수 있다. 예를 들어, 지역사회의 주민을 대상으로 면접하는 경우 연구주제와 관련이 있는 다양한 지역단체의 협조를 구하는 것이 바람직하다. 응답자 개인의 협조를 얻기 위해서는 면접원이 방문시간을 사전에 약속하고 좋은 첫인상을 주기 위해 단정한 용모 및 태도를 유지하며 응답자에게 면접원 소개, 연구목적, 표본선정방식 등의 기본적인 소개를 할 필요가 있다. 또한 응답자가 바쁘거나 부재중일 경우를 대비하여 대안을 검토한다.

넷째 면접조사를 시행한다. 면접원은 응답자에게 자신을 소개하고 면접의 목적 및 내용을 간단하게 설명한 후 면접지침에 따라 면접을 실시한다. 면접원은 자신의 편견이나 선입견을 최대한 배제하고 객관적 입장을 취해야 한다. 또한 면접과정에서 응답자가 알아듣기 쉬운 용어를 사용하고 필요할 경우 다양한 면접기술을 활용할 수 있도록 한다.

다섯째 프로빙 probing 을 **실시**한다. 이는 대답이 불충분하거나 정확하지 못할 때 추가질문을 통하여 보다 정확한 대답을 얻을 수 있도록 하는 질문과정이다김갑용 외, 2013. 유의해야할 점은 프로빙 기술은 항상 중립적이어야 한다는 것이다. 프로빙은 적절하지 않은 응답이나 명확하지 않은 응답에 대해 좀 더 완전한 답을 유추해나가는 과정이며, 이어지는 응답자의 응답방향 등에 영향을 미쳐서는 안 된다.

프로빙(probing)의 사용

프로빙의 일반적 기술은 간단한 찬성적인 응답, 무언의 암시에 의한 자극, 명확한 대답의 요구, 비지시적 질문의 사용, 적절한 곳에서 종결 등이 있다(김갑용 외, 2013; 유영준, 2014).

- 간단한 찬성적인 응답: "예, 그렇군요."
- 무언의 암시에 의한 자극: 고갯짓, 눈짓, 표정 등을 통해 계속해서 이야기를 하라는 암시를 한다.
- 명확한 대답의 요구: "죄송하지만 지금 답변하신 내용을 좀 더 자세히 말씀해주세요."
- 비지시적 질문의 사용: "더 자세한 견해를 듣고 싶습니다."

여섯째 면접결과를 **기록**한다. 면접결과를 기록하는 방법에는 현장에서 모두 상세히 기록하는 방법과 현장에서 주요 내용만을 기록하고 추후에 자세하게 기록하는 방법이 있다김갑용 외, 2013. 또한 면접시 녹취를 할 경우에는 반드시 응답자에게 양해와 동의를 구해야 한다. 자료를 처리하는 과정 이전에는 응답이 어떠한 방식으로 코딩될지 면접원은 알 수 없기에 응답자의 응답을 그대로, 정확하게 기술하는 것이 매우 중요하다.

일곱째 면접을 **종결**한다. 면접원은 면접의 종결에 필요한 사항을 숙지하도록 훈련되어야 한다. 면접 후 응답자의 협조로

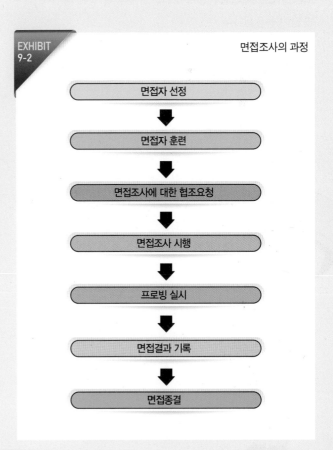

EXHIBIT 9-2

면접조사의 과정

면접자 선정
↓
면접자 훈련
↓
면접조사에 대한 협조요청
↓
면접조사 시행
↓
프로빙 실시
↓
면접결과 기록
↓
면접종결

인해 면접이 성공적으로 진행되었다는 점과 응답해준 내용이 지역사회의 문제해결에 많은 도움이 될 것이라는 점을 알리고 응답자가 면접과정에서 궁금한 질문이나 의심을 해결해주어야 한다.

관찰조사

관찰조사의 개념과 특징

관찰조사는 관찰자가 조사대상을 구체적 목적을 가지고 관찰자의 감각시각, 청각 등을 이용하여 관찰한 후 관찰내용을 사전에 정해진 방법에 따라 계량화하는 자료수집방법을 말한다. 즉 조사대상의 특성, 언어적 또는 비언어적 행동 등을 지켜보는 방법으로 실천현장에서 인간의 행동과 같은 외면적 조사에 많이 활용된다.

관찰조사는 설문조사나 면접조사와 비교하여 의사표현능력이 없는 대상과 조사에 비협조적인 대상에도 가능한 자료수집방법이다. 관찰조사는 일상생활에서 벌어지는 다양한 내용을 수집할 수 있고 관찰대상자의 행동이 발생하는 즉시 자료의 수집이 가능하다는 장점을 가지고 있다. 그러나 외적 행동만 관찰이 가능하기에 내면의 의식상태를 파악하는 데에 한계가 있으며 자료수집과정에서 통제가 어렵고, 대상자가 관찰기간 동안에 평소와 다른 특정 행위를 할 경우 오류가 발생할 수 있다. 또한 자료수집과정에 관찰자의 선입견과 편견이 개입될 수 있으며, 관찰자와 피관찰자간의 신분 노출로 익명성 보장이 어려울 수 있다. 뿐만 아니라 자료의 수량화가 어려워 조사결과의 분석과 해석이 어려운 한계가 있다.

관찰조사의 유형

관찰조사의 과정

관찰조사의 과정은 목표설정, 관찰설계, 관찰기록, 관찰결과의 정리 순으로 진행된다. 첫째, 목표 설정단계에서 구체적인 연구문제와 가설에 따른 관찰의 목표를 설정한다. 둘째, 관찰설계 단계에서는 관찰대상자, 관찰대상자의 관찰단위개인/집단, 단편적 행동/연속적인 일련의 과정 행동, 관찰시간 등, 관찰방법참여/비참여/준참여, 조직적/비조직적 등, 관찰의 초점을 분명히 하기 위한 기준들을 확정한다. 셋째 관찰기록 단계에서는 관찰 상황에서 발견된 피관찰자의 행동을 발생시키는 자극요인, 행동양식, 행동의 목적, 발생시간, 지속시간 등을 기록하게 된다. 마지막으로 관찰결과의 정리단계에서는 관찰이 종료된 후 관찰과정 중 기록된 기록물을 분석 및 검토한다서정민 외, 2019; 박옥희, 2020; 서보준 외, 2018.

조직적 관찰과 비조직적 관찰

조직적 관찰은 관찰의 내용이나 대상, 빈도, 방향, 범위, 절차 등을 사전에 정하고 체계적으로 관찰하기 때문에 계량화가 가능하며, 가설검정 연구에 활용할 수 있기 때문에 조사결과의 일반화가 용이하다. 그러나 행동이 일어나는 시점까지 기다려야 하는 단점이 있다이상철 외, 2019; 서보준 외, 2018.

비조직적 관찰은 관찰의 내용이나 대상, 빈도, 방향, 범위, 절차 등을 규정하지 않는 상태에서 진행되기 때문에 현상을 탐색하는 연구에 적합하다. 따라서 융통성을 가지고 대상을 관찰할 수 있으며, 시간이 절약될 수 있다는 장점이 있다. 그러나 관찰을 조직적으로 진행하는 것이 아니므로 표준화나 일반화의 어려움이 있다이상철 외, 2019; 서보준 외, 2018.

참여 관찰 · 비참여 관찰 · 준참여 관찰

참여 관찰은 관찰자가 관찰대상 집단 내부로 들어가 구성원의 일부가 되어 생활을 하며 자료를 수집하는 경우를 의미한다. 이 경우 관찰자의 신분을 알리지 않고 관찰대상 집단의 구성원이 된다는 것이 특징이다. 특정 집단의 행위 동기나 미묘한 감정 등을 직접 관찰할 수 있다는 장점을 가지나 관찰자의 활동이 제한되고 객관성을 확보하는데 어려움이 있을 수 있다.

비참여 관찰은 관찰자가 제3자의 입장에서 관찰대상과 일정 정도 거리를 두고 관찰이 이루어지는 경우이다. 관찰자의 신분이 노출되지 않으며, 연구대상이나 집단과의 접촉도 거의 일어나지 않는다. 따라서 관찰자는 관찰대상에서 개입정도가 가장 낮고 연구결과에 영향력을 미치지 않는다. 또한 관찰대상이 자신이 관찰되고 있다는 것을 아는 것은 자연스러운 행동을 보여 주지 못하는 결과로 이어질 수 있는데, 비참여 관찰은 이를 배제할 수 있다는 장점이 있다. 그러나 단순 관찰만으로 심층적 자료를 얻는 것에 한계가 있다는 단점도 존재한다.

준참여 관찰은 관찰자가 관찰대상의 생활에 일부에만 참여하는 경우라고 볼 수 있다.

통제관찰·비통제관찰

통제관찰은 관찰조건을 실험실과 같은 공간에서 인위적으로 통제하거나 행동을 유발시키기 때문에 기계 등을 이용한 관찰이 가능하다 이상철 외, 2019; 서보준 외, 2018.

반면, 비통제관찰은 관찰조건에 제한을 두지 않고 일상적 환경에서 일어나는 자연적 행동을 관찰한다. 하지만 통제가 없는 조건은 방대한 내용으로 이어질 수 있으므로 대상이나 범위를 연구목적에 맞게 설정하여야 한다 이상철 외, 2019; 서보준 외, 2018.

4
Data Collection

비관여적 자료수집

비관여적 자료수집의 개념과 특징

비관여적 자료수집이란 연구자가 조사대상자들의 **반응성 오류**를 피하기 위해 연구대상과 상호작용을 하지 않고 기존 문헌이나 기록 및 자료를 분석하는 등 관여적 연구조사의 문제점을 보완하는 2차적 자료수집방법이다. 따라서 이미 존재하는 기존 문헌, 기록물이나 역사자료, 통계자료 등을 분석하거나 간접적

인 관찰을 함으로써 자료를 수집한다.

비관여적 방법은 연구조사원이나 연구도구를 사용하는 관여적 방법과는 달리 2차적 자료를 이용하기에 방대한 연구자료를 이용할 수 있고 시간과 비용이 절감되는 연구방법이다.

특히 관여적 방법인 설문조사 및 실험의 경우 자료 분실의 위험이 있으나 비관여적 자료의 경우에는 언제든지 자료를 보완할 수 있어 안정성이 보장된다. 연구대상자의 반응성 및 왜곡된 응답의 가능성이 있고 현실적으로 연구를 실시하는 것이 불가능할 때 대안적 연구방법으로서 이용 가능하다. 하지만, 비관여적 방법의 경우 문헌기록이 현실을 그대로 반영할 수 없기에 타당도를 확보하는 데 어려움이 있으며, 분석절차가 정해진 기준이 없어 객관성 확보가 어렵고 연구자의 주관성에 많은 영향을 받는다. 또한 기록물 분석시, 다양한 분석방법을 사용할 수 없기에 해석상 한계가 있다 Rubbin and Babbie, 2013.

비관여적 자료수집의 유형

문헌연구

문헌연구는 과거의 사건이나 현상을 조사할 때 주로 사용된다. 이미 지나가 버린 사건이나 현상을 기억하는 사람조차 없는 경우에 문헌이나 보관 매체 등에 남겨진 기록을 활용하여 조사를 실시한다. 따라서 역사적 연구방법에서는 대개 문헌연구를 기본으로 삼고 있다. 또한 문헌연구는 연구대상자의 반응성 문제가 예상되는 경우에 문헌자료에 대한 접근 가능성만 있다면 적절히 사용할 수 있는 자료수집방법이다 김영종, 2007.

반응성 오류 자료수집의 대상이 되고 있음을 인지하고 왜곡된 행동을 보이는 것

내용분석

　내용분석은 직접 자료를 수집하는 방법이 아닌 이미 존재하는 자료를 이용하는 간접적인 자료수집방법으로 문헌연구에서 자료도출과정을 체계화하는 기법이다. 내용분석은 개인이나 사회의 의사소통 기록물인 신문, 책, 편지, 일기, 자서전, 상담 및 진료 기록이나 인쇄물을 비롯하여 보고서 및 논문과 같은 각종 연구 결과물, 개인과 집단 면접자료 등을 분석해서 의미를 찾아내고, 이를 양적 자료화 하는 자료수집방법이다. 내용분석은 조사대상자의 접근이 어렵거나 자료수집이 어려운 경우, 혹은 기존 자료에 대한 부가 및 보완적 연구가 필요한 경우에 이용될 수 있다. 특히, 사회복지정책에 대한 여론 분석이나 사회문제 분석 등에 유용하다. 내용분석과정은 연구문제 선정, 문헌자료의 모집단 규정, 표본추출, 분석내용의 범주 설정, 분석단위 결정, 수량화체계 설정, 분석 및 결론 도출로 이루어진다김갑용 외, 2013.

　내용분석의 구체적인 방법은 다음과 같다. 먼저 문헌자료의 모집단 규정 단계에서는 신문, 문헌, 일지 등 조사 대상이 되는 기록물의 종류와 범주를 확정하고, 연구주제와 관련한 모집단을 선정한다. 그 다음, 구체적으로 어떤 기록물을 선정할 것인지, 기록물 내용 중 어떤 내용을 선정할 것인지, 어느 날짜에 발행된 기록물을 선정할 것인지를 결정하고 그 기준으로 표본을 추출한다. 표본 추출된 자료를 분석하기 위해 분류 기준 혹은 분류 항목을 연구 목적에 따라 설정하고, 이를 기반으로 집계할 수 있는 분석 단위를 규정한 후, 모아진 자료를 계량화하여 분석한다. 분석 및 결론 도출은 내용분석의 결론을 이끌어내는 것으로 주로 경향 비교, 내용의 상이성 비교, 내용과 기준의 비교를 통해 도출된다서보준 외, 2018; 박옥희, 2020; 황인옥, 2019.

탐색적 연구 연구문제에 대한 선행지식이 거의 없을 때 수행

2차 자료분석

　2차 자료란 기존에 존재하는 통계자료나 연구자료를 의미하며, 이를 활용하여 새로운 연구의 목적에 맞게 분석하는 방법을 2차 자료분석이라고 한다. 2차 자료를 활용하는 경우 직접 조사연구를 실시하는 것에 비해 비용과 시간을 훨씬 절약할 수 있다는 장점이 있다. 또한 충분한 재정지원을 받고, 엄격한 방법론을 통해 만들어진 자료를 활용할 수 있다면 이는 장점으로 작용할 수 있다. 그러나 기존 데이터의 정확성이나 최신성 등의 문제도 우려되며, 연구자가 원하는 자료가 원자료 속에 없을 수도 있다는 단점도 있다.

5
질적연구에서의 자료수집

Data Collection

질적연구의 개념과 특징

　질적연구는 연역적, 계량적 조사를 활용하는 양적방법의 대안으로 귀납적, 해석적 조사방법을 강조하는 연구방법이다Rubin and Babbie, 2013. 이는 질적자료를 수집하여 서술적으로 분석하는 연구이며, 연구대상의 경험과 가치관을 중시하고 그들의 주관적인 의견을 심도 깊게 이해하고 해석하는데 목적을 둔다. 따라서 소외된 사람들의 목소리를 주의 깊게 파악하고 이해하려고 할 때 유용하게 사용될 수 있다. 질적조사방법은 주로 면접, 대화, 관찰, 사진, 그림, 기록물, 메모, 현지조사, 역사적 방법 등 다양한 자료수집방법을 사용하여 자료를 수집한다.

　질적연구는 연구자가 상황을 인위적으로 조작하는 것이 아니라 자연스럽게 탐구하고 이해하는 것으로, 현상을 직접 관찰하고 그것을 통해 가설 확인 및 새로운 개념을 발견하는 귀납적인 분석과정이다. 따라서 연구대상자가 행동하고 생각하는 일상생활의 공간 등 자연스러운 상황에서 조사가 이루어진다. 질적연구는 조사대상이 가진 경험세계와 가치관을 조사대상자의 주관적 시각으로 이해하며 연구하기 때문에 **탐색적 연구**에 적합하다. 또한 미리 정해진 계획에 따르기 보다는 조사진행과정에서 융통성을 발휘하면서 연구를 수행할 수 있다. 하지만 이로 인해 질적조사는 연구결과를 일반화하는데 한계점을 가지기도 한다. 이에 양적인 방법으로 설명할 수 없고 인위적인 상황이 아닌 자연스러운 상황에서 연구주제를 가장 잘 이해하고 파악할 수 있는 경우라면 질적조사방법을 선택하는 것이 적절하다. 질적조사는 자료를 수치화하지 않으며 적은 수의 사례에 대해 포괄적이고 다양한 방법으로 자료를 수집한다. 그리고 연구자들은 수집된 자료에 근거하여 연구대상자들의 문제나 이슈에 부여된 의미를 이해하는데 초점을 두고 총체적 이해를 하는 연구방법이다손병덕 외, 2010; Rubin and Babbie, 2013.

　질적조사의 가장 큰 장점은 심층적이고 풍부한 자료를 수집

할 수 있으며 융통성 있는 연구가 가능하다는 것이다. 또한 작은 표본으로 자료수집이 가능하기에 비용을 절감할 수 있다. 그러나 연구자의 주관이 연구결과에 영향을 많이 미치기에 연구의 일반화가 어렵고 효율성을 입증하기에는 어려운 측면들이 있다.

질적연구에는 여러 가지 유형이 존재하나, 일반적으로 많이 사용되어지는 5가지 방법인 내러티브, 근거이론, 사례연구, 현상학, 문화기술지에 초점을 맞추어 자료수집방법을 설명하고자 한다.

자료수집의 유형

내러티브 연구 narrative study

내러티브 연구는 소수의 연구대상자를 중심으로 연대기적으로 나열하는 형식으로 일련의 사건 및 행동에서 연구자료를 보고하는 형식이다. 즉 연구대상자의 개별적인 경험에 관해 어린 시절부터 현재까지 연결된 사건과 행동에 대하여 음성 또는 문서 텍스트로 정리하는 방식으로 진행된다. 내러티브의 유형으로는 연구자가 다른 사람의 인생 경험에 대해 기록하고 글을 쓰는 연구방식인 전기연구, 연구대상인 개인들이 기록하고 저술하는 자서전, 사적인 경험 이야기가 단일한 또는 복합적인 에피소드나 극적인 상황들, 또는 공동체 속에서 발견되는 개인의 사적 경험에 대한 내러티브 연구인 생애사 연구, 한 사람 혹은 여러 사람으로부터 사건과 그것의 원인 및 영향에 대한 개인적인 반성들을 모으는 구술사 등이 있다. 내러티브는 인간이 하는 의사소통 중 가장 보편적이고 강력한 담화로 인간의 상황과 경험에 최대의 관심이 있으며 경험에 의미를 부여하는 조사방법이다. 자료수집의 방법으로는 주로 면접과 문서 등이 활용되고, 면접시 연구자는 적극적인 청취자의 역할을 하며 연구대상자의 생애이야기는 그의 실제 세계와 긴밀한 연관이 있기에 연구자의 의견이나 이론의 전

출생 어린이 청소년 청년 중장년 노년

제조건들이 연구대상자에게 영향을 미치지 않도록 해야 한다 손병덕 외, 2010; Creswell, 2013.

예를 들어, 오세일 외 2019의 연구에서는 내러티브 연구를 통해 알코올 중독가정에서 성장한 알코올 중독회복자의 삶의 이야기를 재구성했다. 심층면접을 통해 알코올 중독자인 아버지, 심한 우울증을 앓고 있는 어머니와 일생을 살아온 알코올 중독 가정의 피해자인 내러티브 당사자의 이야기를 수집하여 그 삶의 경험을 다루었다. 이 연구는 '시간', '공간', '상호작용'의 맥락에서 삶의 이야기가 어떻게 재구성되는지 살펴보았다. Clandinin과 Connelly 2000의 내러티브 연구단계에 근거하여 수집자료를 분석하였으며, 분석 결과로 알코올 중독가정의 다양한 역동성과 세대 간 전이되는 알코올 중독의 특성이 도출되었다.

근거이론 연구 grounded theory study

근거이론 연구는 Glaser와 Strauss 1967에 의해 개발되었으며, 연구과정을 통해 체계적으로 수집되고 분석된 자료에 근거하여 사람이나 사건, 현상에 대한 이론을 발전시키는 연구방법을 말한다. 이는 귀납적으로 이론을 도출하고자 하는 방식으로 기존 이론이 확립되지 않은 분야에서 주로 사용하는 방식이다. 근거이론 연구는 현실자료를 통해 이론을 도출하는 방식을 강조하기 때문에 현실기반이론 혹은 기초이론이라고도 한다 김태성 외, 2012. 근거이론 연구에 기반을 둔 자료수집을 위해서는 연구자가 직접 현장으로 나가 면접조사나 관찰과 같은 기법을 활용하여 정보를 수집하고 이후 수집된 자료를 분석하며, 다시 현장으로 나가서 더 많은 정보를 수집하는 과정을 반복해야 한다. 면접대상이 되는 참여자의 선정은 연구자가 이론에 따라 가장 적합한 사람을 택하는 방식으로 이루어지며, 현장 방문은 자료가 포화되고 이론형성이 충분할 때까지 진행된다 Strauss and Corbin, 1998; Cresswell, 2013.

예를 들어, 양승연 외 2012의 연구에서는 근거이론을 사용하여 아동양육시설 입소아동의 적응유연성 형성과정에 대한 이론을 구축하고자 하였다. 심층면접을 활용하여 자료를 수집하였으며, 관찰 및 입소카드 등을 통해 수집한 부가적 자료를 포함하여 근거이론의 개방코딩과 축코딩, 선택코딩의 과정 분석을 실시하였다. 연구결과, 아동양육시설 아동들의 적응유연성 형성과정은 "혼란 단계, 수용 단계, 안정 단계, 성장 단계"로 구성되는 것으로 나타났으며, 이를 토대로 이론적 기반을 제시하였다.

사례연구case study

사례연구는 개인, 가족, 집단, 조직, 지역사회, 전체 사회 혹은 현상에 대한 개별사례의 정보를 체계적으로 조직화하는 연구방법으로, 단일한 하나의 사례 혹은 복합적인 사례에 초점을 맞추어 다각적이고 심층적인 분석을 하는 것이다. 따라서 개인이나, 가족, 집단, 지역사회, 조직 등을 개별단위로 깊이 있게 분석할 수 있으며 현상에 대한 깊이 있는 이해를 목적으로 일상생활 속에서 현상을 있는 그대로 관찰하고 전체적으로 묘사하는 연구방법이다. 사회복지 분야에서는 주로 개별적인 사례에 관한 정보를 체계적

으로 조직화하여 임상적인 개입 판단 및 문제를 밝히기 위한 목적으로 활용된다. 자료수집은 기존 문서, 관찰, 면접, 시청각자료, 보고서, 개인력 및 사회력 분석 등 다양한 방법을 통해 이루어진다Creswell, 2013.

예를 들어, 권지성2015은 사회재난 당사자들의 경험을 이해하고자 질적 사례연구방법을 활용하였다. 이 연구에서는 2013년 발생한 가스폭발사고를 사회재난 사례로 규정하고 관련 당사자들과의 개별 심층면접, 관찰, 사건관련 기록 및 기사를 통해 자료를 수집하였다. 이렇게 수집된 자료를 기반으로 맥락 속에서 사례를 시간의 흐름과 공간에 따라 탐색하였으며, 사건 개요, 개별 당사자들의 경험 기술, 이슈 분석, 그리고 이들의 경험을 통합한 주제분석 결과를 도출하였다. 통합분석 결과에 따라 "예방체계, 대응체계, 사회 반응, 수습과 보상"의 네 가지 영역과 영역별 하위주제가 도출되었다.

현상학적 연구phenomenological study

현상학적 연구는 연구대상자가 특정 현상에 대하여 어떻게 이해하는지 탐구하는 것으로, 연구자가 연구대상자의 경험을 어떻게 이해하고 어떠한 의미를 부여하는지 분석하는 연구방법이다. 즉 한 가지 현상에 대해 여러 개인들의 공통된 또는 공유된 경험을 이해하고자 할 때, 혹은 사회복지실천이나 정책을 개발할 경우 현상의 특성에 대해 심도 깊은 이해가 필요할 때 활용될 수 있는 연구방법이다. 연구자는 현상을 경험

한 사람들로부터 심층적인 면접과 다중면접 혹은 관찰, 일지, 예술, 시, 음악, 다른 예술 분야와 같은 다른 형식의 자료들을 활용하여 개인들에게 나타나는 경험의 본질에 대해 복합적인 기술을 전개하게 된다Creswell, 2013.

예를 들어, 박지영2007은 노인자살 생존자의 자살경험을 심층적으로 탐색하고, 그 본질적인 의미구조를 이해하고자 현상학적 연구를 진행하였다. 심층면담을 통해 자료를 수집하였으며, 현상학적 분석방법 중 Van Manen1990의 분석과정에 입각한 "주제 진술분리, 본질적 주제 결정, 글쓰기"를 통해 현상을 이해하고자 하였다. 그 결과, 노인자살 생존자의 자살경험에서 "끝없이 돌아가는 고통의 굴레", "헛걸음 진 세월", "희망을 배워감" 등과 같은 본질적 의미를 도출하였다.

문화기술지 연구ethnography study

문화기술지 연구는 교육학, 인류학, 사회학에서 많이 활용되고 있는 연구방법으로 세상을 관찰하고 사람의 주관적인 경험과 해석을 강조한다. 관찰, 몰입, 비공식적 대화 그리고 참여를 통해 집단의 문화를 이해하고자 하는데 목적이 있으며 연구자가 특정 집단이나 사람에 대하여 장기간 관찰하고 몰입하는 방법을 통해 특정 집단의 가치나 신념, 지식, 그리고 집단의 상호작용을 이해하고자 한다황성동, 2006; Agar, 1996; Harris, 1968. 연구자는 전체 공통된 문화집단에 초점을 두고 집단에 대한 장기적인 참여관찰과 면접을 실시하며 정보를

수집하기 위해 연구현장에 직접 나가 광범위하고 다양한 자료들을 수집한다. 자료수집 유형에는 관찰, 검사와 측정, 서베이, 면접, 내용분석, 네트워크 연구 등 다양한 방법이 활용된다.

문화기술지 연구의 예를 살펴보면, 김소진2009은 종묘공원이라는 노인집단문화지역 속에서 노인들의 상호작용을 파악하며 이들의 집단 문화 형성과정과 그 의미, 집단 문화를 통해 추구하는 것이 무엇인지를 내부자적 관점에서 이해하기 위해 문화기술지 방법을 채택하였다. 연구단계에 따라 참여관찰과 심층면담을 통해 수집된 자료를 분석하였으며, 영역분석, 분류분석, 성분분석을 통해 최종적으로 문화적 주제를 발견하였다. 연구 결과, "잊었거나 혹은 밀어낸 욕망의 발현점", 또는 "죽은 시간 살려내기" 등과 같은 문화적 주제들을 발견하였다.

REVIEW
exercises
복/습/문/제

1   설문조사와 면접조사의 장단점을 구분하여 설명해 보시오.

2   관찰조사법의 장단점에 대해 설명해 보시오.

3   비관여적 자료수집방법의 장단점에 대해 설명해 보시오.

4   질적연구와 양적연구에서 자료수집의 차이점을 설명해 보시오.

summary 설문조사는 질문지를 이용하는 자료수집방법으로 우편 설문조사, 배포 설문조사, 집단 설문조사, 전화 설문조사, 대면 설문조사, 전자설문법 등이 있다.

설문조사의 과정은 질문지 작성의 목적과 범위 확정, 질문내용의 결정, 질문의 형태 선정, 질문문항의 작성, 질문문항의 순서결정, 사전검사, 질문지 편집 및 인쇄, 질문지 배포 및 회수의 순서로 이루어진다.

summary 설문조사는 면접조사에 비해 시간과 노력 비용이 절감되나 융통성이 결여되는 단점이 있다.

면접조사는 언어적 상호작용을 통해 조사대상자 내면에 가지고 있는 자료를 수집하는 방법이다.

면접조사는 면접원의 자율성을 중심으로 표준화 면접, 비표준화 면접, 반표준화 면접 등으로 나눌 수 있다.

면접의 과정은 면접원 선정, 면접원 훈련, 면접 조사에 대한 협조요청, 면접조사 시행, 프로빙, 면접결과 기록, 면접종결로 이루어진다.

면접조사는 응답률이 높고 글을 읽기에 어려움이 있는 대상자도 가능하다는 장점이 있으나 비용과 시간이 많이 들고 조사자의 편견이 포함될 수 있는 단점이 있다.

관찰조사는 관찰자가 조사대상에 대한 목적을 가지고 감각을 이용하여 관찰한 후 계량화하는 자료수집방법이다.

관찰의 절차가 조직적으로 이루어지는 정도에 따라 조직적 관찰, 비조직적 관찰로 구분되며 관찰자의 참여정도에 따라 참여 관찰, 준참여 관찰, 비참여 관찰로 구분된다.

관찰법은 관찰 즉시 자료수집이 가능하고 폭넓은 대상에게 자료수집이 가능하다는 장점이 있지만 내면의 의식을 파악하기 어렵고 관찰자의 편향이 발생할 수 있으며 시간과 비용이 많이 든다는 단점도 존재한다.

비관여적 자료수집은 연구자가 조사대상자들의 반응성 오류를 피해 기존 문헌이나 기록을 분석하거나 간접적인 관찰을 하는 등 이차적인 자료수집방법이다.

비관여적 자료수집에는 간접관찰, 문헌연구, 내용분석, 2차자료 분석 등이 있다.

비관여적 자료수집의 장점은 이차자료의 이용으로 연구조사원 및 연구도구 없이 방대한 자료를 이용하기에 시간과 비용이 절감되는 것이며, 단점으로는 기록자료만 분석이 가능하여 일반화의 오류 및 연구자의 주관성에 영향을 많이 받는다는 것이다. **summary**

질적연구는 질적자료를 수집하여 서술적으로 분석하는 연구이다.

질적연구방법에는 주로 면접, 관찰, 대화, 사진, 그림, 기록물, 메모 등의 자료수집방법을 활용하며, 질적연구의 유형은 내러티브 연구, 근거이론, 사례연구, 현상학적 연구, 문화기술적 연구가 있다. **summary**

질적연구의 장점은 주관적이며 심층적인 자료수집이 가능하다는 점이며 단점으로는 일반화가 어렵고 효율성의 입증이 어렵다는 점이다.

참고
문헌

권지성. (2015). 사회재난 당사자들의 경험에 관한 질적 사례연구: 대도시 폭발 사고를 중심으로. 사회복지 실천과 연구, 12(1), 65-101.

김갑용, 전남련, 이은화, 정현숙, 박순철, 송창국, 나예원. (2013). 사회복지조사론. 파주: 정민사.

김소진. (2009). 노인들의 집단 문화에 대한 문화기술지 연구−종묘공원노인들의 일상생활을 중심으로−. 사회복지연구, 40(3), 349-375.

김영종. (2007). 사회복지조사론. 서울: 학지사.

김태성, 김기덕, 이채원, 홍백의. (2012). 사회복지조사론. 서울: 청목출판사.

박옥희. (2020). 사회복지조사론. 서울: 학지사.

박지영. (2007). 노인자살 생존자의 자살경험에 관한 연구. 정신보건과 사회사업, 27, 295-330.

서보준, 김우호, 송기영. (2018). 사회복지조사론. 파주: 정민사.

서정민, 전동일, 오봉욱, 김병년, 김대건. (2019). 사회복지조사론. 서울: 동문사.

손병덕, 신연희, 양혜원, 이상무, 장신재, 전미애, 최선경, 황혜원. (2010). 사회복지조사론 이해와 실천. 서울: 학지사.

양승연, 오정란, 권지성. (2012). 아동양육시설 아동의 적응유연성 형성과정에 대한 근거이론연구. 한국아동복지학, 39, 93-126.

양정하, 황인옥, 이인숙, 박주현, 김윤배, 이승준. (2013). 사회복지조사론. 파주: 정민사.

오세일, 최윤, 강선경. (2019). 피해자의 단상: 내러티브 연구를 통한 알코올 중독가정 자녀의 삶의 재구성. 피해자학연구, 27(1), 131-162.

유영준. (2014). 사회복지조사론의 이해. 서울: 학지사.

이상철, 이동영, 김나영, 이재완. (2019). 사회복지조사론. 서울: 창지사.

채구묵. (2005). 사회복지조사방법론. 파주: 양서원.

황성동. (2006). 알기쉬운 사회복지조사방법론. 서울: 학지사.

황인옥. (2019). 사회복지조사론. 서울: 동문사.

Agar, M. H. (1996). *The professional stranger: An informal introduction to ethnography.* San Diego: Academic Press.

Clandinin, D. J., & Connelly, F. M. (2007). 내러티브 탐구: 교육에서의 질적 연구 경험과 사례(소경희, 강현석, 조덕주, 박민정 역). 파주: 교육과학사.

Creswell, J.W. (2013). *Qualitative inquiry and research design: Choosing among five approaches* (4th ed.). Thousand Oaks, CA: Sage.

Glaser, B., & Strauss, A. (1967). *The discovery of grounded theory.* Hawthorne. NY: Aldine Publishing Company.

Harris, M. (1968). *The rise of anthropological theory: A history of theories of culture.* NY: T. Y. Crowell.

Rubin, A., & Babbie, E. R. (2013). *Research methods for social work* (8th ed.). Belmont, CA: Brooks/Cole Cengage Learning.

Strauss, A., & Corbin, J. (1998). *Basics of qualitative research.* CA: Sage.

van Manen, M. (1990). *Researching lived experience: Human science for an action sensitive pedagogy.* Ontario: SUNY Press.

10

자료분석

Social
Research
Methods

이 장에서는 자료수집을 거쳐 마련된
데이터들을 분석하여 결과치를
찾아가는 과정에 대해 개괄적인 설명을 한다.
양적자료 분석기법들의 난해도에 압도되고
질적자료 분석기법들의 복잡성을 접하면서
많은 학생들이 "Oh no! Research is not for me!"
라고 외치는 것을 자주 본다.
세부적인 분석기법들을 마스터하는 데에만 집중하면
자료분석과정에서 느낄 수 있는 흥미와
도출된 결과물에 의미있는 해석을 내리면서
가지게 되는 성취감을 경험하지 못하게 된다.
설악산 정상에 빨리 도착하기 위해
한걸음 앞만 쳐다보며 발걸음을 내디면
숲이 주는 아름다움은 경험하지 못한채
피곤함에 지쳐 일정을 마치는 것에 비유하겠다.
이 장은 자료분석이라고 하는 울창한 산의
전체적인 아름다움을 보여주는
한 장의 큰 사진처럼 준비되었다.
산을 오르기 위한 반드시 필요한 튼튼한
한 걸음 한 걸음은 세부적인 분석기법들을
배우는 과정에서 익혀나가기를 바란다.

Social
Research
Methods

Learning Objectives

01 사회조사 자료분석에 대해 전반적으로 이해한다.

02 질적자료와 양적자료 분석이 가지는 특성을 이해한다.

03 질적자료와 양적자료 분석의 차이점을 이해한다.

10

1

양적자료 분석

양적자료 분석이란 설문조사 또는 통계자료를 통해 수집된 계량적 또는 양적자료를 분석하여 의미있는 결과를 도출하는 과정을 말한다.

양적기초자료의 준비

계량적 또는 양적자료란 수집된 기초자료를 숫자화한 상태를 말하며 숫자화하는 과정을 **코딩**coding 이라 한다 **TABLE 10-1** 참조. 코딩과정에서 적용된 규칙들은 코드북codebook 에 상세히 기록하여 차후 숫자화된 자료가 가지는 의미를 정확하게 적용할 수 있도록 한다. 코딩과정에서 주의할 사항 중에 한 가지가 missing data이다. 연구대상자가 설문지 작성 중 어떤 이유에서든 특정 항목에 응답을 하지 않은 경우이다. 부주의로 인해 또는 설문지가 길고 지루하여 설문에 흥미를 잃어 응답을 생략했을 수도 있다. Missing data에서 어떤 패턴이 발견되지 않으면 random error로 처리되어 수집된 자료의 신뢰도에는 영향을 미치지 않는다. 그러나 연구대상자가 의도적으로 응답을 피했을 경우도 고려해 보아

야 한다. 만일 missing data가 발생한 연구대상자들간에 특정한 공통점이 발견된다면 수집된 자료의 편향성이 의문시되어 systematic error를 유발하게 된다. 예를 들어 스마트폰의 이용실태를 파악하는 설문을 하였다고 하자. 다수의 설문참가자가 응답하지 않은 질문 중에 한 가지가 "한 달에 인터넷검색을 위해 데이터 접속에 지출하는 비용이 얼마나 됩니까?"이었다고 가정하자. 설문참가자가 ❶ 스마트폰을 가지고 있고, ❷ 인터넷검색을 위해 스마트폰을 사용하는 경우에만 응답이 가능한 질문이다. 즉 설문참가자가 부주의로 응답을 빠트린 경우, 스마트폰을 가지고 있지 않아서 응답이 불가능한 경우, 스마트폰을 가지고 있다 할 지라도 인터넷검색을 위해 스마트폰을 사용하지 않는 경우, 스마트폰을 가지고 있고 인터넷검색을 위해 스마트폰을 사용하지만 Free Wi-Fi만 이용하는 경우에는 이 질문은 응답이 불가능하다. 이러한 상황을 방지하여 신뢰도 높은 기초자료를 수집하기 위해서는 연구자는 설문참가자들의 특성을 고려하여 질문들을 주의 깊게 마련하여야 한다. 또한 수집된 자료에서 missing data의 패턴과 원인을 항상 살펴 자료분석 결과의 신뢰도를 높이도록 노력한다.

> **코딩** 양적자료 분석과정에서의 코딩은 수집한 자료를 숫자화하는 과정

기초자료가 코딩과정을 거쳐 숫자화되었다고 가정하자. 이제 연구자는 연구가설에 근거하고 변수들의 특성을 고려하여 그래프나 도표를 사용하거나 또는 통계기법을 이용해 자료분석을 하여 결과물을 제시한다. 예를 들어 다음과 같다.

- 분석하고자 하는 변수의 개수에 따라 분석기법을 달리한다. 변수가 1개인 경우에는 단일변량분석, 2개인 경우에는 이원변량분석, 3개 또는 그 이상인 경우에는 다변량분석기법을 적용한다.

- 변수의 속성명목변수, 서열변수, 등간변수, 비율변수 에 따라 분석기법을 달리한다.

코딩 사례

다음의 내용을 읽고 해당되는 곳에 X를 하시오.	코딩과정		코딩결과	변수의 속성
	변수명	척도의 숫자화		
1. 성별은 무엇입니까? [×] 남 [ ] 여	Q1 성별	1 = 남 2 = 여 −99 = missing	1	명목변수
2. 나이는 만으로 몇살입니까? [21]	Q2 나이	−99 = missing	21	등간변수
3. 개인 소유의 스마트폰이 있으십니까? [×] 예 [ ] 아니오	Q3 소유	1 = 예 2 = 아니오 −99 = missing	1	명목변수
4. 만일 개인 소유의 스마트폰이 있다면, 한 달에 인터넷검색을 위해 지출하는 사용료가 얼마나 됩니까? [원]	Q5 비용	−99 = missing	−99	비율변수
5. 만일 개인 소유의 스마트폰이 있다면, 주중 (월~금요일) 하루에 평균 몇시간이나 인터넷검색을 위해 스마트폰을 사용하고 있습니까? [ ] 전혀 사용하지 않는다 [ ] 1~59분 [×] 1~2시간 59분 [ ] 3~4시간 59분 [ ] 5시간 이상	Q4 사용	1 = 전혀 사용하지 않는다 2 = 1~59분 3 = 1~2시간 59분 4 = 3~4시간 59분 5 = 5시간 이상 −99 = missing	3	서열변수

- ○ 분석의 목표에 따라 기술 또는 추리 통계를 적용한다.
- ○ 자료의 분포형태 정규분포와 비정규분포에 따라 적용하는 통계기법이 달라진다.

SPSS, SAS, AMOS, STATA, R
컴퓨터를 사용한 통계분석 소프트웨어 명칭들

분석하고자 하는 변수의 개수가 많지 않고 단순하다면 그래프 또는 도수분포표를 이용한다. 그러나 분석하여야 할 자료가 복잡하다면 컴퓨터를 이용한 프로그램를 사용한다. 이때 마이크로 엑셀 프로그램을 사용하여 처리하기도 하지만 분석자료의 복잡성을 고려하여 통계 전문 소프트웨어를 사용하는 경우가 많다 예: SPSS, SAS, AMOS, STATA, R.

변수의 개수와 속성에 따른 분류

분석하고자 하는 변수가 정해지고 나면 변수의 속성을 살펴본다. 예를 들어, 정신질환에 대해 아동들이 가지는 선입견을 알아보고자 미 전역에 걸쳐 설문조사한 연구가 있다 Lee, Friesen, Walker, Coleman and Donlan, 2014. 설문아동들에게 의사 또는 심리상담가로부터 정신질환이 있다는 진단을 받은 적이

있는지, 진단을 받았다면, 그 원인이 무엇이었는지를 물어보았다. 연구자들은 진단을 받은 여아들 중에는 심리적 질환 우울증이 많은 원인을 차지하고, 남아들에게서는 행동적 질환 주의력결핍 과다행동장애 또는 ADHD이 많았을 것이라는 가설을 설정하였다. 이때 연구자가 관심을 가지는 변수로는 아동의 성별, 정신질환의 진단여부, 정신질환의 속성이다.

단일변량분석

설문에 참여한 총 701명 중 ❶ 350명(49.9%)이 남아들이었으며, ❷ 97명(13.8%)이 정신질환 진단을 받은 적이 있다고 응답하였다. 정신질환 진단을 받았던 아동 중 39명(40.2%)은 우울증으로 인한 경우였고 58명(59.8%)은 ADHD로 인한 경우였다. 단일명목변수의 분석결과는 도수분포 또는 그래프를 사용하여 시각적으로 제시하였다 EXHIBIT **10-1** 참조.

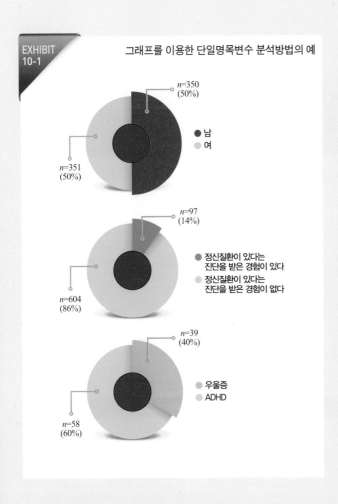

EXHIBIT 10-1 그래프를 이용한 단일명목변수 분석방법의 예

n=350 (50%)
● 남
○ 여
n=351 (50%)

n=97 (14%)
● 정신질환이 있다는 진단을 받은 경험이 있다
○ 정신질환이 있다는 진단을 받은 경험이 없다
n=604 (86%)

n=39 (40%)
● 우울증
○ ADHD
n=58 (60%)

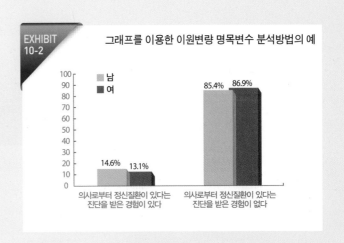

EXHIBIT 10-2 그래프를 이용한 이원변량 명목변수 분석방법의 예

남 / 여
14.6% 13.1% / 85.4% 86.9%
의사로부터 정신질환이 있다는 진단을 받은 경험이 있다 / 의사로부터 정신질환이 있다는 진단을 받은 경험이 없다

다변량분석

　아동의 성별에 따른 정신질환 진단여부와 원인간의 상관관계를 알아보고자 도수분포표 **TABLE 10-3**와 그래프 EXHIBIT **10-3**를 작성하였다. 세개의 명목변수를 조합한 도수분포표를 검토해 볼 때 남아들에게서는 ADHD가 여아들에게서 우울증로 인한 진단이 많았던 것을 볼 수 있다.

TABLE 10-3

✚ 도수분포표를 통한 다변량 명목변수 분석방법의 예

	의사로부터 정신질환이 있다는 진단을 받은 적이 있다			
	예(n, %)		아니오(n, %)	합계(n, %)
	우울증	ADHD		
남자아동	14 (4.0)	37 (10.6)	299 (85.4)	350 (49.9)
여자아동	25 (7.1)	21 (6.0)	305 (86.9)	351 (50.1)
합계	39 (40.2)	58 (59.8)	604 (81.2)	701 (100.0)

이원변량분석

　아동의 성별에 따른 정신질환 진단여부의 차이점을 알아보고자 도수분포표 **TABLE 10-2**와 그래프 EXHIBIT **10-2**를 작성하였다.

TABLE 10-2

✚ 도수분포표를 통한 이원변량 명목변수 분석방법의 예

	의사 또는 심리상담가로부터 정신질환이 있다는 진단을 받은 적이 있다.		
	예(n, %)	아니오(n, %)	합계(n, %)
남자아동	51 (14.6)	299 (85.4)	350 (49.9)
여자아동	46 (13.1)	305 (86.9)	351 (50.1)
합계	97 (13.8)	604 (81.2)	701 (100.0)

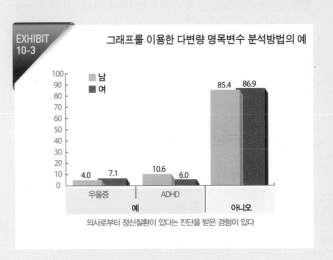

EXHIBIT 10-3 그래프를 이용한 다변량 명목변수 분석방법의 예

남 / 여
4.0 7.1 / 10.6 6.0 / 85.4 86.9
우울증 / ADHD / 아니오
예
의사로부터 정신질환이 있다는 진단을 받은 경험이 있다

＋ 도수분포표를 통한 다변량 복합분석방법의 예

TABLE 10-4

	진단을 받은 경험이 없다	진단을 받았었다		
	전체수	전체수	우울증	ADHD
	(n = 604)	(n = 97)	(n = 39)	(n = 58)
비연속변수(n, %)				
인종				
백인	345 (85.6)	58 (14.4)	24 (12.2)	33 (16.1)
흑인	102 (88.7)	13 (11.3)	2 (3.6)	11 (19.0)
아시안/태평양계	33 (94.3)	2 (5.7)	1 (5.6)	1 (5.9)
남미계	101 (83.5)	20 (16.5)	11 (20.4)	9 (13.2)
성별				
남자 아동	299 (85.4)	51 (14.6)	14 (8.8)	37 (19.5)
여자 아동	305 (86.9)	46 (13.1)	25 (14.5)	21 (11.7)
연속변수 (x, SD)				
나이	14.11 (2.59)	13.85 (2.77)	14.31 (2.56)	13.55 (2.88)
증세가 호전되기 위해 선택할 방법은? (척도의 범위: 1 = 전혀 고려하지 않는다, 4 = 반드시 선택하겠다)				
심리상담가와 정기적인 면담을 갖는다	3.28 (1.01)	3.23 (1.23)	3.29 (1.16)	3.19 (1.28)
약을 복용한다	3.10 (1.08)	3.26 (1.15)	3.09 (1.24)	3.37 (1.08)
시간이 지나 저절로 나아지기를 기다린다	1.27 (0.64)	1.54 (0.92)	1.42 (0.86)	1.62 (0.95)

복합적 변량분석

만일 우울증 또는 ADHD가 있다는 진단을 받는다면 증세의 호전을 위한 선택가능방법들에 대한 선호도를 물어보았다. 아동들이 인지하는 증세호전방법의 선호도 서열변수를 아동의 인종 명목변수, 성별 명목변수, 나이 비율변수 및 진단여부 명목변수와 진단원인 명목변수들과 함께 분석하여 **TABLE** 10-4와 같이 도수분포표로 사용하여 제시하였다. 이처럼 분석하고자 하는 변수들의 개수가 증가할수록 도수분포표의 복잡성이 증가함을 주시하여야 한다.

분석의 목표에 따른 분류

자료분석을 하고자 하는 목표에 따라 **기술통계** descriptive statistics 와 **추리통계** inferential statistics로 구분한다. 기술통계는 변수의 속성을 양적으로 요약하여 기술해 주는 통계기법이다. 사회조사의 대부분이

표본집단의 분석을 통해 모집단의 특성을 추정하는 형태를 취하므로 정확한 모수치를 구하는 것은 불가능하다. 이때 모집단에서 추출된 표본 sample 으로부터 구해진 통계치 statistics 에 근거하여 모집단의 특성 모수치: parameters 을 추정하는 통계기법을 추리통계라 한다 EXHIBIT **10-4** 참조.

기술통계 변수의 속성을 양적으로 요약하여 기술해주는 통계기법

추리통계 모집단에서 추출된 표본으로부터 구해진 통계치에 근거하여 모집단의 특성을 간접적으로 산출하는 방법

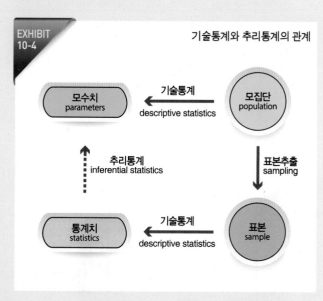

EXHIBIT 10-4 기술통계와 추리통계의 관계

EXHIBIT **10-4**가 보여주듯 표본은 모집단의 특성을 그대로 간 직한 "작은 모집단"이 되어야 표본으로부터 산출된 통계치를 통해 신뢰도 높은 모수치를 추정할 수 있다. 만일 자료수집과 정 중 오류가 발생하여 수집된 기초자료가 부정확하다면 표 본과 모집단간의 특성에 차이가 발생한다. 자료분석과정이 아무리 정확하고 합당하였다 할지라도 부정확한 표본으로부 터 산출된 통계치로부터 신빙성 있는 모수치를 추정할 수 없 다. 즉 좋은 연구결과를 얻고자 한다면 좋은 자료를 수집하는 것에서 시작한다.

자료의 분포 형태에 따른 분류

변수의 속성을 고려하여 명목변수, 서열변수, 등간변수 또 는 비율변수로 구분한다. 명목변수에 적용된 양적화된 자료 는 숫자상의 의미를 가지지 않아서 명목변수의 평균값을 구 하는 것은 의미가 없다.

예를 들어, 표본집단n = 150 중에
❶ 서울에 거주하는 설문참가자의 수가 50명
❷ 부산시 거주자는 30명
❸ 대전시 거주자가 25명
❹ 울산시 거주가가 25명
❺ 목포시 거주자가 20명이었다고 하자.

코딩과정을 통해, 5 = 서울시 거주자, 4 = 부산시 거주자, 3 = 대전시 거주자, 2 = 울산시 거주자, 1 = 목포시 거주자로 계량화 작업을 마쳤고 설문참가자의 거주지에 대한 평균값 3.43을 구했다고 가정하자.

$$3.43 = [(5 \times 50) + (4 \times 30) + (3 \times 25) + (2 \times 25) + (1 \times 20)] / 150$$

산술과정에 오류가 없었음에도 불구하고 이렇게 구해진 평 균값 3.43은 의미가 없다.

서열변수의 예를 들어, 표본집단n = 150 중에,
❶ 20명은 "건강이 매우 안좋다"고 평가하였다
❷ 25명은 "건강이 안좋은 편이다"
❸ 25명은 "잘모르겠다"

❹ 30명은 "건강한 편이다"
❺ 50명의 설문참가자는 본인이 "매우 건강하다"

코딩과정을 통해, 1 = 건강이 매우 안좋다, 2 = 건강이 안좋은 편 이다, 3 = 잘모르겠다, 4 = 건강한 편이다, 5 = 매우 건강하다라고 계량화 작업도 마친 후 표본의 평 균값을 구했다. 이때 얻어진 평균값 3.43은 의미가 있으며 표본집단은 전반 적으로 건강한 편이다라고 해석할 수 있다.

이렇듯 분석하고자 하는 변수가 의미있 는 평균값을 가지고 있느냐 하는 것이 어떤 모수통계기법을 선택할 것인지를 결정하는 중요한 요소가 되므로 자료분석을 위해서는 기초자료를 명목변수, 서열변수, 등간변수 또는 비 율변수로 구분하기보다는 연속변수 또는 비연속변수로 구분 하는 것이 의미가 있다. 명목변수는 비연속변수이며 등간변 수와 비율변수는 연속변수임을 쉽게 인지할 수 있다. 그러나 서열변수는 질문의 의미와 척도간격을 고려하여 연속변수 또 는 비연속변수로 사용된다. 사회과학 분야에서는 일반적으로 척도의 간격이 다섯 또는 그 이상이 되면 연속변수로 간주하 는 경우가 일반적이다. 물론 이때 표본수와 변수가 가지는 의 미와 분포도를 고려하여 결정하여야 함에 주의한다Clason and Dormody, 1994; Cliff, 1996; de Winter and Dodou, 2012.

통계를 이용한 자료분석기법은 평균값 과 표준편차가 가지는 특성에 따라 **모수통 계기법**parametric tests 또는 **비모수통계기법** non-parametric tests 들로 구분한다. 자주 사 용되는 t−검증이나 상관관계분석correlation analysis, 변량분석ANOVA 등 대부분의 모수 통계방법은 종속변수가 연속변수로 계량 화되었을때 적용되는 방법들이다. 카이스퀘어 검증chi-square test은 불연속변수로 계량화되었을 때 적용되는 대표적인 비 모수 통계방법이다. 이 밖에도 종속변수와 독립변수 사이에 영향을 주는 제3변수의 효과를 검증하는 회귀분석regression analysis이 있는데 종속변수가 불연속변수일 경우 적용되는 로 지스틱logistic regression analysis 또는 종속변수가 연속변수일 경 우 적용되는 선형회귀분석linear regression analysis의 예 등을 살 펴볼 수 있다.

모수통계기법 모집단이 가 지는 분포도에 대한 인지가 가능하다는 조건하에 적용되 고 일반적으로 모집단이 정 규분포를 가진다는 전제하에 적용되는 통계분석기법

비모수통계기법 모집단의 분포도에 개의치 않고 비정 규분포를 가진 모집단에 적용

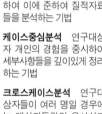

Data Analysis

2

질적자료 분석

질적자료 분석이란 서술적 또는 관찰자료들을 분석하고 얻어진 결과물의 해석과정을 거쳐 질적자료들간의 의미있는 유형을 찾아내는 과정을 말한다.

인지, 연구팀이 가진 시간과 인적자원들에 대한 이해를 바탕으로 분석작업의 범위와 깊이를 결정한다.

질적연구자는 자료수집과정 중에 발생한 사항들과 보고 듣고 느낀 점들을 필드노트로 남겨 자료수집과정에서 발견된 미비점을 개선하도록 한다. 분석과정 각 단계에서는 떠오르는 생각들을 기록분석메모하여 분석결과물의 정확도를 높인다. **필드노트** field notes 와 **분석메모** analytic memos 는 연구팀원들과의 의사소통에도 많은 도움이 될 뿐만이 아니라 질적자료 분석자의 가치관과 선입견이 분석과정에 미칠 수 있는 영향들을 줄일 수 있도록 돕는다 Corbin and Strauss, 2008.

질적자료 분석과정

필드노트 자료수집과정 중에 발생한 사항들과 보고 듣고 느낀 점들을 자료수집 현장에서 기록한 것으로 자료분석결과의 정확성을 높이는데 도움이 된다.

분석메모 자료분석과정 각 단계에서 떠오른 생각들을 기록한 것으로 자료분석결과의 정확성과 연구팀들과의 의사소통의 정확성을 높이는데 도움이 된다.

변수중심분석 분석의 관심이 되는 변수들을 미리 설정하여 이에 준하여 질적자료들을 분석하는 기법

케이스중심분석 연구대상자 개인의 경험을 중시하여 세부사항들을 깊이있게 정리하는 기법

크로스케이스분석 연구대상자들이 여러 명일 경우에는 대상자들간의 유사성과 차이점을 찾아 분류 및 정리하는 기법

근거이론 조사과정을 통해 체계적으로 수집되고 분석된 자료를 상호 비교, 검토함으로써 어떤 이론을 추출하는 방법이다.

질적자료란 면담 interview, 포커스 그룹 focus group, 개방형 질문 open-ended questions 또는 이미 수집되어 있는 기록물 available secondary documentations 등을 통해 얻어진 서술적 자료 narrative data 를 말한다. 사진 photo 또는 관찰 observation 을 통해 수집된 기록물들도 질적자료이며 계량화된 자료를 제외한 대부분의 자료들이 이에 포함된다.

질적자료의 분석과정은 절차상에 많은 융통성을 가진다. 계량적 자료의 분석과정은 시작하여 끝마치는 획일적인 방법을 취하지만 질적분석과정은 전후를 융통성있게 반복적으로 거쳐 moving back and forth between steps 심도있는 결과의 도출에 중점을 둔다. 이렇듯 질적연구는 자료수집과 조직화 및 분석과정간에 구분이 모호하다. 또한 의도적으로 분석과정을 구분하여 진행하는 것이 중요하지도 않아 질적연구에 경험이 많지 않은 연구자의 경우 어디에서부터 분석을 시작하여 무엇을 어떻게 정리하고 언제 분석을 마칠 것인지를 판단하기 어려울 때가 많다. 그래서 연구결과물이 누구를 대상으로 보고될 것

질적기초자료와 분석 및 이론과의 관계

질적자료 수집과정을 통해 모아진 기초자료가 서술자료라고 가정하자. 연구목적에 따라 분석의 초점을 달리 한다. 예를 들어 다문화가정 내 배우자간의 의견 상충으로 인한 갈등을 파악하기 위한 질적연구가 진행되었다고 하자. 연구자는 ❶ 의견 상충의 빈도수 ❷ 의견 상충의 심각도 ❸ 의견 상충을 일으키는 원인들 ❹ 의견 상충이 일어났을 때 벌어지는 상황들 ❺ 의견 상충이 일어나고 난 후의 상황들 등에 관심을 두고 기초자료를 분석하여 패턴을 찾고자 할 것이다. 이렇게 진행하는 분석기법은 **변수중심분석** variable-oriented analysis 이다. 연구대상자 개인의 경험을 중시하여 깊이있는 자료의 수집과 이렇게 수집된 자료의 분류 및 정리에 초점이 맞춰진 **케이스중심분석** case-oriented analysis 기법도 있다. 물론 연구대상자들이 여러 명일 경우에는 대상자들간의 유사성과 차이점을 찾아나가는 **크로스케이스분석** cross-case analysis 기법을 적용하기도 한다 Miles and Huberman, 1994. 다문화가정 내 배우자간의 의견 상충으로 인한 갈등이 심각한 가정의 경우 언어의 장벽으로 인한 의사소통이 절대적 원인을 차지하는가? 남녀 차별의 문제성이 발견되는가? 기초자료의 분석을 통해 연구대상자들간의 유사성과 차이점에 근거하여 이론을 형성해나가는 과정은 귀납법적 사고에 근거한 연구방법으로서 **근거이론** grounded theory 의 토대를 형성한다.

하는 단계이며 보고서 등을 통해 독자들에게 제시된다. 이때 분석자가 가지는 문화적 배경과 선입견 등이 분석결과에 영향을 미치는 것을 방지하고 분석결과의 신뢰도validity를 높이기 위해 자료분석자는 연구팀을 구성하여 편협되지 않은 연구결과물을 도출하도록 노력한다. 이러한 과정을 **동료 전문가와의 면담** peer debriefing 이라 한다. 또한 분석과정 중 또는 분석과정 완료와 동시에 도출된 결과물을 가지고 연구대상자와의 대화를 통해 정확성을 검증하는데 이를 **멤버첵킹** member checking 이라 한다.

질적연구 분석과정은 최근의 컴퓨터의 발달과 분석하고자 하는 질적자료 분량의 증대와 더불어 **NVivo 또는 ATLAS.ti** 등 질적자료 분석 소프트웨어 사용의 증가를 보이고 있다.

동료 전문가와의 면담 질적자료 분석자가 가지는 문화적 배경과 선입견 등이 분석결과에 영향을 미치는 것을 방지하고 분석결과의 신뢰도를 높이기 위해 동료 전문가들과 연구팀을 구성하여 분석결과에 대한 의견을 교환한다.

멤버첵킹 질적자료 분석과정 중이나 분석과정 완료와 동시에 도출된 결과물을 가지고 연구대상자와의 대화를 통해 정확성을 검증하는 방법

NVivo, ATLAS.ti 컴퓨터를 사용한 질적자료 분석 소프트웨어 명칭들

면담과 포커스그룹 등을 통해 수집된 기초자료를 녹취과정을 통해 서술자료로 준비하였다면 기록된 내용을 조심스럽게 꼼꼼히 여러 번 읽어 공통이 되는 의미들이 있는지 찾아나간다. 이때 수집한 자료의 세부적인 의미를 정확히 파악할 수 있도록 현장기록들을 함께 읽는 것이 바람직하다. 기초자료 내용에서 의미가 있는 공통 단위codes들을 발견하여 명칭을 정하고coding 분류 및 결합과 재구성하는 작업을 반복하여 의미있는 범주categories와 주제concepts 및 유형theme을 찾아간다. 주제와 유형들간에 관계성이 명확해지면 연구자는 이를 바탕으로 가설을 형성한다. 분석결과에 대한 해석은 연구자가 발견된 결과에 의미meaning를 부여

학생들 사이에 통계학에 대한 관심의 증가와 컴퓨터를 이용한 통계분석 소프트웨어의 발달과 더불어 고급통계기법을 사용하여 자료분석을 하고자 하는 열의가 많이 증가하였다. 고급통계를 사용하여 얻어진 결과물이 단순한 분석기법을 사용하며 얻어진 결과물을 보다 값지게 생각하는 학생들도 많이 있다. 그러나 연구목적과 가설에 근거하고 기초자료의 특성을 고려하여 적합한 자료분석기법이 선택되어야 함을 기억하여야 한다(Cohen, 1990). 질적 분석과정에서 경험할 수 있는 복잡성과 불분명함에 기인하여 질적조사 분석기법의 사용을 회피하거나 대충 분석과정을 거쳐 결과물을 도출하려고 서두르는 학생들 역시 많이 접하게 된다. 그러나 연구자가 지니는 사회적 책임성을 고려할 때 적합한 분석과정의 선택과 엄격한 분석과정을 거쳐 신뢰성있는 결과물을 찾아나가는 것이 중요함을 항상 기억하여야 한다.

REVIEW exercises
복/습/문/제

1 양적자료 분석과 질적자료 분석에 있어서 코딩의 차이점을 설명해 보시오.

2 양적자료 분석기법을 선택하기 위해 고려해야 하는 사항들을 예로 들고 설명해 보시오.

3 기술통계와 추리통계의 차이점을 설명해 보시오.

4 모수통계기법과 비모수통계기법의 차이점을 설명해 보시오.

5 질적분석 결과의 신뢰도를 높이기 위해 사용할 수 있는 방법들에 대해 설명해 보시오.

6 자료분석과정의 정확성과 편의도를 높이기 위해 사용할 수 있는 양적·질적 자료 분석 컴퓨터 소프트웨어의 예를 들어 보시오.

summary 양적자료 분석과정에서의 코딩(coding)은 수집된 기초자료를 숫자화하는 과정을 말한다. 반면에 질적자료 분석과정에서의 코딩은 기초자료 내용에서 의미가 있는 공통 단위(codes)들을 발견하고 명칭하는 과정을 말한다.

컴퓨터를 사용한 양적자료 통계분석 소프트웨어들에는 SPSS, SAS, AMOS, STATA 등이 있으며 질적자료 분석 소프트웨어로는 NVivo, ATRLAS.ti 등을 예로 들 수 있다.

summary 양적자료 분석기법을 선택하기 위해서는 변수의 개수와 속성, 분석의 목표와 자료의 분포형태를 고려하여야 한다.

기술통계(descriptive statistics)는 변수의 속성을 양적으로 요약하여 기술해주는 통계기법인 반면 추리통계(inferential statistics)는 모집단에서 추출된 표본으로부터 구해진 통계치에 근거하여 모집단의 특성을 간접적으로 산출하는 방법이다.

summary 모수통계기법(parametric statistics)은 모집단이 정규분포(normal distribution)를 가진다는 전제하에 적용되는 통계분석기법들이다. 이와 반대로 비모수통계기법(non-parametric statistics)은 모집단의 분포도에 개의치 않아 비정규분포를 가진 모집단에 적용한다.

필드노트(field notes)와 분석메모(analytic memos)의 사용은 자료분석결과의 신빙성과 연구팀들과의 의사소통의 정확성을 높이는데 많은 도움이 된다.

summary 질적자료 분석단위에 따라 변수중심분석(variable-oriented analysis), 케이스중심분석(case-oriented analysis) 및 크로스케이스분석(cross-case analysis)으로 구분한다.

근거이론(grounded theory)은 질적조사과정을 통해 체계적으로 수집되고 분석된 자료를 상호 비교, 검토함으로써 근거가 되는 이론을 추출 및 형성해가는 질적자료 분석과정을 말한다.

summary 멤버첵킹(member checking)과 동료 전문가와의 면담(peer debriefing)은 질적자료 분석자가 가지는 문화적 배경과 선입견 등이 분석결과에 영향을 미치는 것을 방지하고 분석결과의 신뢰도를 높이기 위해 사용하는 방법이다.

Clason, D., & Dormody, T. 1994. Analyzing data measured by individual Likert-type items. *Journal of Agricultural Education*, 35(4), 31-35.

Cliff, N. 1996. *Ordinal methods for behavioral data analysis*. Mahwah, NJ: Erbaum.

Corbin, J., & Strauss, A. 2008. *Basics of qualitative research*, 3rd ed. Thousands Oaks: Sage.

Cohen, J. 1990. Things I have learned (so far). *American Psychologist*, 45, 1304-1312.

de Winter, J., & Dodou, D. 2012. Five-point Likert items: t test versus Mann-Whitney-Wilcoxon. Practical Assessment, *Research & Evaluation*, 15(11), 1-16.

Lee, J., Friesen, B. J., Walker, J. S., Coleman, D., & Donlan, W. E. 2014. Youth's help-seeking intentions for ADHD and depression: Findings from a national survey. *Journal of Child and Family Studies*, 23, 144-156.

Miles, M., & Huberman, A. 1994. *Qualitative data analysis: An expanded sourcebook*, 2nd ed. Thousand Oaks: Sage.

Part3
조사연구의 활용

11

조사보고서
작성

Social
Research
Methods

조사 및 연구 활동은
연구논문이나 조사보고서를 작성하면서 마무리된다.
논문이나 보고서는 초기 연구문제에 대한
분석과 해석을 체계적이고 논리적으로 정리하여
독자들이 이해할 수 있도록 제시하는 것이다.
즉, 논문이나 보고서는
저자와 독자 간의 의사소통 수단인 것이다.
따라서 독자가 연구문제는 무엇이며
왜 이 연구를 하는지,
연구방법은 구체적으로 어떻게 되며
그 결과는 무엇인지 등에 대해 충분히 알 수 있도록
논문이나 보고서가 작성되어야 한다.
이는 조사연구의 과정을 정리하여 마무리짓는
마지막 단계라고 할 수 있으며
이 장에서는 이러한 논문이나 보고서가 효과적으로
작성될 수 있도록 하는 작성지침이나 작성과정,
주요 내용에 대해 설명하도록 한다.

Learning Objectives

01 조사보고서를 논리적이고 정확하게 작성하기 위한 지침을 파악한다.

02 조사보고서의 작성과정을 이해하고 그 과정을 도식화해본다.

03 조사보고서의 주요 구성요소를 이해하고 각 요소에서 유의해야 할 사항을 이해한다.

11

조사보고서 작성

조사보고서 작성지침

1

모든 연구의 가장 궁극적인 목적은 연구자의 연구결과를 널리 알리는 것이다. 연구결과를 널리 알릴 수 있는 방법은 학회 발표를 하거나 논문을 쓰거나 책, 보고서를 쓰는 것이다. 특히 수준 높은 학술지의 경우, 3인의 전문가가 심사하기 때문에 게재불가의 비율이 높아 게재하기 쉽지 않다. 학술지로부터 게재불가 판정을 받았다 하더라도 심사위원들이 보내준 성의 있는 심사평은 원고를 수정해서 다른 학술지에 제출하는 데 많은 도움을 준다. 처음에는 막연하고 어려울 것으로 생각되지만, 끝까지 포기하지 않고 다시 도전한다면 반드시 좋은 결과가 있을 것이다.

논문이나 보고서를 처음 작성하는 사람들은 막막함과 무력감, 두려움에 눌려 대부분 혼란에 빠진다. 무엇부터 시작해야 할지 모르거나 연구주제와 관련되어 있다고 생각하여 수집한 자료들을 분석하고 보니 그 결과의 상당부분이 쓸모없게 여겨지거나 논리에 맞지 않는 것으로 보이는 경우가 자주 있다. 또한 분석결과가 너무 많아 무엇을 보고하고 무엇을 버려야 할지, 어떻게 정리해야 할지 막막한 경우도 많다. 이 때 가장 큰 실수는 중도에 포기해버리는 것이다. 모든 일에는 힘든 구간이 있듯이 논문이나 보고서 작성에도 힘든 구간이 있지만 끝까지 포기하지 않고 완성하면 논문이나 보고서처럼 성취감이 높은 일은 없다. 학술지에서 본인의 이름이 게재된 논문이나 보고서를 처음 발견하는 기쁨은 그 어떤 것에도 비견할 수 없다. 논문이나 보고서를 처음 시작할 때 다음에 제시된 지침을 따라 시작해보면 도움을 얻을 수 있을 것이다.

방향성

논문이나 보고서를 쓸 때는 글을 쓰는 목적과 대상을 잊지 말라. 글을 쓰는 목적과 글을 읽을 대상을 분명하게 해야 글이 명확해진다. 논문이나 보고서는 저자와 독자 간의 의사소통 수단이라는 점을 잊지 말고 독자에 따라 글의 전반적인 내용과 수준, 형식을 차별화할 수 있어야 한다.

논리성

논문이나 보고서의 전체 구성과 각 문장이나 단락은 논리적 구조를 가지고 논리정연해야 하고 수미일관해야 한다. 논리적인 글은 통일성unity과 일관성coherence을 가져야 한다. 논문이나 보고서는 주제와 그 뒷받침 서술이 내용면에서 하나가 되어야 한다. 곁길로 새어버리는 것은 곧 통일성을 상실하는 것이다. 일관성을 갖도록 문장이나 개념은 긴밀하게 연결되어 있어야 한다. 또한 논리적 구성을 위해서는 연구문제에 대해 충분히 숙지해야 하고 그 문제를 분석하고 해석하는 연구방법론에 대해 숙달되어야 한다. 논리가 없는 논문이나 보고서는 읽기 어려울 뿐만 아니라 저자의 의도를 제대로 전달하기 어렵다. 충분한 정보를 포함하되 논리적 흐름에 맞지 않는 것은 본문에 배치하기보다 각주나 부록으로 옮기는 것이 낫다. 또한 너무 많은 각주는 글의 흐름을 방해하므로 불필요한 것은 생략하거나 가능한 본문 속에 녹여서 서술하는 것이 바람직하다.

간결성

논문이나 보고서에서 전달하고자 하는 내용을 최대한 간결하게 쓰는 것이 좋다. 글에 군더더기가 많고 설명이 복잡하다면 저자의 논지를 정확하게 파악하기 어렵다. 문장도 간결하고 내용의 중복을 최대한 줄이고 내용도 복잡하지 않아야 한다. 연구문제와 연구방법론 등 내용에 대한 저자의 이해가 낮으면 문장과 내용이 복잡해지는 경향이 있으므로 내용에 대한 충분한 숙지가 있어야 한다. 또한 문장보다는 이해를 높이는 간결한 표와 그림을 잘 활용하는 것도 중요하다.

간결성이 너무 지나치면 환원주의reductionism로 흐를 수 있다. 환원주의는 지나친 단순화를 말하는데 다양한 인간의 행동을 설명하는데 원인이라고 생각될 수 있는 개념이나 변수의 종류를 지나치게 한정시키거나 한 가지로 귀착시키려는 것을 말한다. 이론의 목적은 있는 그대로 보는 것이 아니라 나름대로의 시각과 관점을 가지고 현상들에 대한 이해를 시도하는 것이므로 정도의 차이는 있지만 복잡한 현상을 소수의 변수로 축약하는 환원주의적 속성을 가질 수밖에 없다. 방대하고 다양한 변수들을 있는 그대로 설명하기 어렵고, 이론에서는 복잡하고 추상적인 사실들 간의 관계를 단순화하여 설명하는 것이 요구되기 때문이다. 그럼에도 불구하고 그 위험성에 대한 경계의식은 항상 가지고 있어야 하고, 이러한 환원주의적 속성이 연구에 어떤 작용을 하는지를 항상 성찰해야 한다.

독창성

독창성originality은 연구의 가치를 인정받기 위한 기본적인 특성으로 논지, 자료, 연구방법론, 결론 중에 한 가지 이상의 새로운 점이 있어야 한다. 새로운 소재나 새로운 자료를 이용하거나, 새로운 이론이나 사실을 보여주거나, 기존의 이론을 새로운 조사나 실험 연구방법을 통해 재검증하거나, 새로운 결과를 보여주거나, 새로운 관점에서 문제를 접근하거나 기존 자료를 새롭게 해석하는 등 창의적인 요소가 적어도 하나 이상 있어야 한다. 따라서 논문이나 보고서에서는 반드시 기존 연구와의 차별성이나 창의성, 독창성 등이 부각되도록 서술하여야 한다.

객관성

객관성objectivity은 주장을 뒷받침하는 방법, 해석, 주장 등을 제3자 관점에서 기술하고 편견이나 선입견을 배제하여 편파성 없이 공평성에 입각해 서술하는 것을 의미한다. 연구자본인의 의견이지만 주관적인 것만이 아니고, 연구과정에서의 과학적 자료에 의한 증거를 제시하는 것이다. 제3자에 의해서도 재현가능re-verification하도록 자료의 출처, 연구방법, 결론에 도달하는 접근방법과 절차 등을 구체적으로 제시한다.

정확성

상세한 내용이 정확해야 연구 전체에 대한 신뢰성도 높아진다. 정확성accuracy은 조사연구 결과의 해석과 활용에 중요한 영향을 미치므로 정확하지 않은 논문이나 보고서는 쓸모가 없다. 자료수집과정의 타당성, 수집된 자료의 질이나 신뢰도, 타당도, 자료처리 및 분석과정의 적절성 등이 정확성의 판단기준이 된다. 오탈자, 비문, 자료보고의 실수나 누락 등도 정확성을 바로 보여줄 수 있다. 논문이나 보고서 작성시 자료, 인명, 논저명, 각주, 참고문헌 등이 정확한지 확인한다. 특히 제목이나 초록에 오탈자가 있으면 연구의 정확성이 가치절하되기 쉽다. 특히 학술지에 투고하는 경우, 논문작성의 필수요건인 투고규정을 꼼꼼히 읽어보고 준수하는 것이 좋다. 일반적으로 처음에 심사자는 처음에는 논문의 질적 수준보다 투고규정 준수를 먼저 확인한다. 하지만 투고규정만으로 충분하지 않은 경우가 많기 때문에 투고형식을 정확하게 확인하기 위해 그 학술지의 최신 발간논문들을 읽어보는 것이 좋다. 또한 학술지에서 제공하는 체크리스트가 있다면 꼼꼼히 확인하는 것도 좋다.

가독성

독자가 쉽게 읽고 이해 가능하도록 서술해야 한다. 연구자는 명확성clarity을 위해 자기의 생각을 오해나 혼동 없이 잘 설명해야 한다. 연구자는 의미 전달을 위해 독자가 가장 분명하게 이해할 수 있는 단어, 어구, 문장을 선택하고, 가장 적절한 표현 및 논리적 전개를 해야 한다. 명확한 내용을 중복없이 기술하고 복잡하고 어려운 표현보다는 간단하고 쉽게 표현하여 가독성readability을 높여야 한다. 수동태보다는 능동태를 사용하며 전문용어를 적절히 사용하면서도 어려운 용어보다는 쉬운 용어를 사용하고 문장은 이해가 쉽도록 간결하게 쓴다. 단문은 읽기 쉽지만 지나치면 단조롭고 중후감이 결여된다. 반면 장문은 내용의 연관성이 일목요연하지만 지나치면 어렵고 명쾌함이 부족하다. 따라서 장문과 단문을 적절히 섞어 쓰는 것이 좋다. 또한 단어 사용에도 국어사전을 사용하여 정확성을 기하는 것이 좋다. 어려운 용어보다는 쉬운 용어, 외래어보다는 순수 국어, 추상적인 용어보다는 구체적인 용어 등을 선택하는 것이 가독성을 높일 수 있다. 필요하면 자료의 배경 설명을 덧붙이고 독자들은 처음 보는 내용일 수 있으므로 적절한 설명과 예증을 추가하며 특수, 전문용어들은 무슨 의미로 썼는지 정의를 해주어야 한다. 새로운 용어의 경우 한자나 영어 병기를 하여 명확히 이해할 수 있도록 만드는 것이 좋다. 축약어의 경우 일단 처음은 원형을 밝힌 다음에 사용한다.

윤리성

F, F & Pfabrication, falsification, & plagiarism를 피해 결과를 수정하거나 왜곡하거나 표절하지 말아야 한다. 자신이 의도했던 것과 다르게 나타난 사실이나 예기치 못한 발견들이 나타났던 것에 대해서도 솔직하게 밝혀야 한다. 이러한 경우 연구가설을 변경하는 경우를 볼 수 있는데 이는 바람직하지 않다. 심지어 존재하지 않는 결과를 만들어 내거나 결과를 꾸며내는 조작 행위fabrication, 연구방법에서 자료분석까지 연구과정의 여러 측면 중 일부를 의도적으로 조작해 제대로 절차를 거쳤을 때의 결과와 달라지도록 변조하는 행위falsification의 유혹에 빠지기 쉽다. 하지만 이는 연구윤리의 문제이고 언젠가는 밝혀질 수 있으므로 절대 해서는 안된다. 논문이나 보고서의 마지막 부분에 기술적인 부족과 한계를 밝혀서 일반화의 한계와 차후 연구의 과제를 적절하게 제시하여야 한다.

또한 논문이나 보고서를 쓸 때 증거자료와 참고자료를 사용하여 자신의 논지thesis를 진술하되 출처를 밝혀야 한다. 타인의 연구결과나 아이디어를 인용 없이 자신의 것처럼 사용하는 경우가 있는데 이를 표절plagiarism이라 하며, 이는 엄격히 규제되어 있다. 인용 없이 다른 사람의 연구결과를 사용하는 것은 다른 사람의 생각이나 글을 훔치는 것과 마찬가지라고 할 수 있다. 또한 타인의 연구결과를 인용해서 사용하는 경우에도 상당한 부분을 수정 없이 그대로 사용해야 하는 경우에는 연구자나 출판사의 사전허가를 얻어야 한다. 또한 비록 본인이 썼다 할지라도 다른 과목에서 사용했던 보고서를 또 다른 과목에서 사용하는 것도 자기표절로 간주될 수 있다.

여러 참고문헌들을 인용할 때 그것들을 자기의 논지에 적합하도록 걸러서 자신의 입장에서 평가하여 자기 말로 서술해야 한다. 그저 자기와 비슷한 견해를 가진 다른 연구자들의 말을 많이 인용만 한다고 해서 논문이 되는 것은 아니다. 다른 연구자의 말을 가감 없이 그대로 직접 인용하는 경우가 있으나, 논지를 증명하는 자료들을 반드시 연구자 본인의 말로 진술하는 paraphrasing 습관을 들이는 것이 좋다.

논지 글의 취지, 논문이 하고싶은 말

조사보고서 작성법

논문이나 보고서란 어떤 견해나 주장이나 발견을 피력하기 위해 관련 있는 자료들을 사용해 논리적으로 진술하는 글이다. 논문이나 보고서는 어떤 제목에 대한 연구자의 발견과 평가를 종합한 것이며 연구자의 창의력 산물이다. 한 가지 책이나 자료를 적당히 평가 없이 요약한 것, 증거 없고 불충분한 개인적 주장이나 견해, 그저 다른 사람들의 글을 많이 인용한 것들은 논문이나 보고서가 아니다. 논문이나 보고서라면 연구자의 창의적인 주요 주장이며 연구의 가장 핵심 사항으로서 논지를 반드시 가져야 한다.

조사연구를 진행하는 과정은 다음과 같다. 독창적인 주제를 생각하고 주제와 관련된 키워드로 선행연구 검색을 한다. 선행연구 조사과정에서 또 다른 관련 키워드를 발견하고 검색한다. 또 지칠 때까지 선행연구 조사를 계속 실시한다. 그후 선행연구를 정리하기 시작한다. 연구자와 비슷한 주제들을 연구한 선행연구들은 도대체 무엇을 연구한 것일까를 정리해본다. 이를 연구동향 분석이라 한다. 선행연구의 한계와 향후 연구과제가 무엇인지 정리한다. 선행연구와의 차별화를 위해 기존연구의 한계를 극복하는 내용이 무엇일지 고민한다. 이에 대한 연구문제를 정리하고 연구가설로 구체화시킬 수 있는지 살펴본다. 이를 검증할 수 있는 통계검증기법이 무엇일까 고민한다. 이상의 내용을 정리해서 연구계획서를 만들어본다.

연구자는 내가 도대체 이 연구를 왜 했나를 생각하며 스토리를 적어보면 바로 서론의 연구배경과 목적이 된다. 선행연구 자료를 잘 정리하면 이론적 배경이 되고, 연구계획서의 방법들은 연구방법이 된다. 이 내용들을 함축할 수 있는 제목을 만들어보고 논문의 목차를 정해본 후 실증분석을 진행하고 분석결과를 정리하고 요약하며, 시사점을 잘 도출하고 연구의 한계와 향후 연구과제를 만든다. 이상의 논문내용의 핵심을 간단하게 적어 초록으로 작성한다. 참고문헌 목록 중 본문에 인용한 것과 맞는지 확인하고 정리한다. 이렇게 초안을 완성하고 여러 번 반복해서 읽으며 비문, 오탈자, 글의 흐름을 정리하고 맨 마지막 단계에서 소리 내어 읽으며 최종 교정을 한다.

이 과정 중에 중요한 것 몇 가지를 정리하면 다음과 같다.

주제선정

'시작이 반이다'라는 속담 같이 연구 주제를 정하면 이미 반은 완성한 것이나 다름없다. 그만큼 주제를 정하는 일이 까다로우며 오래 걸리는 작업이다. 여러 가지 주제를 다뤄보고 싶은 사람이든, 도대체 어떤 주제로 해야 할지 감이 전혀 안 잡히는 사람이든 간에 우선 연구주제를 찾을 때 고려해야 하는 중요한 요소가 실현가능성과 흥미이다. 실현가능성은 연구과정을 진행함으로써 주제에 부합하는 결과가 실제 나타날 가능성을 말한다. 연구주제에 따라 연구모형을 설계했을 때 이를 현실화할 수 있는 조건이 적절해야만 해당 연구를 계속할 수 있을 것이다. 또한 흥미는 연구자 개인의 호기심에서 비롯된 것으로, 개인적 흥미는 물론 최근 학문 공동체에서 관심을 가지고 있는 소재에서 생성될 수도 있다.

만약 실현가능성은 충분하지만 개인적으로 흥미가 없어 도전하고 싶은 마음이 생기지 않는다면 연구를 지속하기가 어려울 것이고, 흥미는 지대하지만 실현가능성이 없어 연구할 여건이 되지 않는다면 이 역시 연구를 완성하기에 좋은 조건이라 할 수 없다. 따라서 처음 연구를 시작하는 사람이라면 논문이나 보고서를 빨리 시작하고 싶은 마음을 잠시 접어두고, 지도교수나 멘토와 함께 자신이 어떤 주제에 흥미가 있고, 이와 관련된 연구를 어떻게 시작하면 좋을지를 여러 방면으로 함께 고민해 보는 것이 좋다.

분석자료 선택

특히 연구 주제에 맞는 자료를 직접 수집하려고 뛰어들면 실험 혹은 조사설계 단계의 복잡성 때문에 본격적으로 시작하기도 전에 지치곤 한다. 설문조사 설계의 경우에는 설문지 작성에서부터 결코 만만치가 않으며, 설계 과정의 미흡함 때문에 설문 대상자를 모호하게 만들어 열심히 설문조사한 후에 유효한 응답을 선별하는 와중에 귀중한 자료들이 쓸모없어지는 경우도 허다하다. 최근에서는 한국사회과학자료원 www.kossda.or.kr 이나 기타 국책연구기관에서 다양한 횡단연구와 패널연구의 원자료를 공개하고 있기 때문에 초보자인 경우 직접 자료를 수집하기보다 이러한 2차 자료를 활용하는 것이 더 바람직할 것으로 보인다.

만약 직접 자료수집을 하는 경우, 예비조사pilot survey와 본조사의 순서로 실행된다. 예비조사를 통해 조사 현장에서 부딪칠 수 있는 여러 가지 현실적 장애와 문제들을 미리 검토하여 이에 대한 해결방안을 마련해야 본조사를 중대한 오류없이 수행할 수 있으므로 예비조사를 간략하게라도 반드시 실시해야 한다.

개요작성

자료정리가 끝나면 개요outline 작성 단계로 들어간다. 개요는 연구의 전체적인 흐름을 잡아준다. 논문이나 보고서는 연구자가 세운 가설을 논리적으로 증명하는 글이다. 연구에서 논거는 이미 자료를 찾고 정리하는 과정에서 마련되었고 이제 이 논거를 바탕으로 어떻게 논리적으로 추론해가는지가 중요하다. 개요를 작성하면 논

문이나 보고서의 빈 곳이나 논리적 비약이 있는 곳을 확인할 수 있게 해주는 동시에 글을 쓸 때 논거나 사용될 자료를 미리 생각할 수 있게 해준다. 또한 개요는 글의 각 부분의 분량을 적절하게 안배할 수 있도록 도와주므로 얼마만큼의 길이로 작성되어야 하는지를 가늠해볼 수 있다.

논문이나 보고서에서 논지를 전개하기 위해서는 당연히 이 논지를 뒷받침하는 주요 근거들이 있고, 이것들을 조직화하여 구성한 것을 개요서라고 한다. 이는 그림으로 말하면 밑그림이면서 건축으로 말하면 설계도와 같은 것이다. 또한 목차는 조직화된 내용을 계통적으로 순서화한 것이다. 목차는 논지와 논지를 뒷받침하는 요소들에 의해 계층적 질서를 지닌다. 논문이나 보고서 작성시에는 반드시 개요서나 목차를 미리 작성해보는 것이 좋다. 목차만 보더라도 논문이나 보고서의 상세한 내용은 아니더라도 논지의 핵심과 논리 전개는 알아볼 수 있게 만들어야 한다. 개요와 목차가 완성되면 초고를 작성한다.

> 논술할 주요 내용들을 조직화할 때에는 가) 시간 순서로, 나) 쉬운 것에서 어려운 것 순으로, 다) 비교 혹은 대조를 통해서, 라) 일반적인 것에서 특수한 것으로, 마) 상황(질문)과 그에 대한 답변 제시로, 바) 원인에서 결과 혹은 결과에서 원인의 순서 등의 방법이 쓰인다.

초고작성

초고작성도 처음 시작하는 것이 어렵다. 그 때문에 계속 미루는 경우가 많지만 계획에 따라 조금씩 써가는 것이 중요하다. 이 때 발견한 논문자료를 중심으로 초고를 정리하기보다 개요와 목차에 맞게 논문자료를 어떻게 분류할 것인지 생각해보고 여러 가지 유형의 초고를 만들어보면서 논지를 전달하는 가장 유용한 방식을 찾아낸다. 초고를 시작할 때 논문이나 보고서에서 제기할 연구문제와 그 해답이 무엇인지 잘 알고 있어야 한다. 거칠고 빠른 초고를 작성하든지, 느리지만 깨끗한 초고를 작성하든지, 저자의 스타일에 따라 작성하지만 중요한 것이 이것이 완성이 아니라는 사실이다.

연구가 성공적으로 끝나서 가설을 검증했더라도 조사연구는 반복하는 것이 좋다. 그 이유는 과학적 연구의 특성 중의 하나는 재현가능성이고, 이 조사의 결과가 우연이 아님을 보여줄 필요가 있기 때문이다. 만일 연구가 다른 표본을 가지고 되풀이하여 동일한 결과를 얻게 된다면 그 가설이 신뢰할 수 있다는 것을 더 확실하게 지지하게 된다. 그러나 실제로는 경

제적 낭비라는 이유로 반복해서 연구를 실행하는 경우가 드물다. 수업에서 연습용으로는 가능하지만 독창성 측면에서 질이 떨어지기 때문에 학술지논문으로 실리기 쉽지 않다. 그래서 표본을 바꾸든지, 대상지역을 바꾸든지 등 완전히 똑같이 하지는 않는다. 하지만 동일한 연구 내에서도 다양한 형태로 분석해보고 일관된 결과가 나오는지 확인해보는 민감도분석 sensitivity analysis 을 진행할 필요가 있다.

재현연구(replication study)
이미 진행된 기존 논문을 재현해보는 것. 기존 연구에 대한 검증을 위해 사용되기도 하고 연구를 재현하는 의미에서 확장해, 새로운 사실을 발견하거나 새로운 연구 아이디어를 얻기도 한다.

탈고 및 수정

글은 쓰는 것이 아니라 고치는 것이라는 표현이 있듯이 초고를 작성한 후에는 충분한 탈고과정과 정리하는 시간이 많이 필요하다. 아무리 작은 글이라고 하더라도 충분한 시간을 가지고 수정하고 정리하는 과정이 필요하므로 많은 독자들이 읽게 되는 논문이나 보고서는 이런 부분이 더 필요하다. 논문을 여러 번 읽고 소리내어 읽고 또 수정하고, 완성하면 동료 연구자에게 보여주고 논평을 부탁한 다음 그들의 논평을 바탕으로 또 논문이나 보고서를 수정한다. 이는 많은 시간과 노력을 필요로 하는 작업이지만 완성도를 높이기 위해 꼭 필요하다.

논문이나 보고서 작성의 지침서들은 연구과정이 문제선정, 가설형성, 자료수집, 결과보고 등과 같은 단계가 순차적으로 이루어지지 않는다는 점을 거의 모두 인정하고 있다. 논문이나 보고서를 써본 사람들은 누구나 알고 있듯이 연구과정은 전진과 후퇴를 반복한다. 연구과정의 각 단계는 서로 다른 전단계에 의존하고 있다. 자료수집하기 전에 자료분석을 할 수 없음은 명백하다. 실제 조사연구의 과정에서는 후속 단계들에서 부딪치는 어려움으로 인해 이전 단계의 결정들을 새롭게 바꿔야 하는 경우도 있다. 만일 어떤 오류나 잘못이 발견되면 해당 단계로 되돌아가 다시 시작한다. 예를 들어 부모와 아동 쌍체자료 수집 예정이었지만 예비조사 결과 부모조사의 어려움을 파악하고 최종적으로 부모설문의 일부를 아동설문지에 넣어 아동만 대상으로 설문조사 실시하였다. 이를 보면 연구진행과정에서 문제가 발생하면 어떻게 처리해야 하는지에 대한 이해가 생길 수 있다. 모든 단계가 순서대로 진행되는 것이 아니지만 단계에 대한 이해는 조사연구의 전반적인 진행과정을 전체

흥미로운 제목 예
• 피는 물보다 진한가?: 주양육자 유형에 따른 양육태도와 가정외 보호 청소년의 심리사회적 적응 간의 관계
• 누구를 위한 설문조사인가?: 그룹홈청소년의 설문조사 경험

적으로 조망하면서 확인해나갈 수 있는 조감도의 역할을 하는 것이다.

나중에 완숙한 경지에 도달하면 형식은 내용 속에 없어지지만 새로운 것을 배울 때는 형식적인 틀에 맞춰보는 것도 바람직할 것으로 판단된다. 전형적인 틀에 맞춰서 글을 써보는 연습을 많이 해보는 것이 좋다. 또한 글쓰기도 유행이 있는 것으로 보인다. 저자들이 처음 논문이나 보고서를 쓸 때는 각주나 미주를 많이 사용했는데 최근의 논문이나 보고서에는 각주나 미주를 거의 사용하지 않는다. 따라서 논문이나 보고서 작성법도 한 번 배우면 그것으로 끝이 아니라 계속해서 타인의 논문이나 보고서를 읽으며 본인만의 스타일과 학문적 형식을 맞춰나가야 한다. 논문이나 보고서를 쓰기 전에 반드시 논문이나 보고서 작성법 관련 책들도 많이 읽어보고, 실제 논문이나 보고서들도 많이 읽어보기 바란다. 다독 多讀, 다작 多作, 다상량 多商量 하면 반드시 좋은 연구가 나온다.

3

조사보고서
주요 내용의 서술방법

제목

논문이나 보고서 중 가장 많이 읽는 부분은 제목이다. 논문이나 보고서의 제목은 "이 연구가 무엇에 관한 것인가?"의 질문

에 대한 답으로 조사연구의 가장 주된 내용을 간결하고 정확하게 반영해야 한다. 제목을 결정하는 일은 생각보다 쉬운 일은 아니다. 제목은 독자들에게 충분한 정보를 제공하는 동시에 너무 길지 않아야 한다. 가능한 최소의 단어를 이용하여 즉, 약 100자, 8~12단어 정도로 정리하는 것이 바람직하다. 콜론(:)을 사용하여 부제목과 함께 표현하여 길어질 수 있지만 제목이 12단어보다 길다면 짧게 하는 것이 바람직하다. "―에 대한 연구, 결과, 조사, 탐색, 관찰Results-, A study of-, Notes on-, An approach to-, Some aspects of-, The investigation of-, Observation on-" 등 너무 일반적이고 불필요한 단어는 생략하는 것이 좋다. 또한 검색이나 색인 분류에 적합한 핵심 주요어keyword를 포함하고 저서와 구별되도록 너무 포괄적이지 않게 작성한다. 혹시 가능하다면 독자의 관심을 끌 수 있도록 제목을 작성하는 것이 좋다. 따라서 연구의 목적을 작성한 후 대략적인 제목을 작성하고, 논문이나 보고서 작성 완료 후 제목을 수정하고, 초록을 작성한 후 다시 제목을 수정하면서 여러 개의 제목을 만든 다음 동료연구자들의 의견을 들어보는 것이 바람직하다.

초록

초록abstract은 논문이나 보고서에서 제목 다음으로 독자들이 많이 읽는 부분이다. 독자들은 대부분 제목과 초록을 보고 논문이나 보고서 전체를 읽을지 말지를 결정한다. 학술지마다 규정이 다르지만 대부분의 경우 100~150단어500자, 1/2쪽 이내로 길이를 제한하고 있다. 초록은 이 논문이나 보고서를 전혀 읽어본 적이 없는 사람에게 연구내용을 충분히 전달하는 자세로 조사연구의 핵심적인 내용을 간추린 축약 보고서이다. 왜 이 연구를 하였는가?(연구배경/목적), 어떻게 연구가 이루어졌는가?(연구방법), 어떤 연구결과가 나왔는가?(주요 결과), 이 결과로부터 얻은 실천적, 정책적 함의는 무엇인가?(함의) 등 연구의 전체 내용을 요약하되 새로운 핵심적인 결과에 많은 중점을 둔다. 논문이나 보고서 전체를 읽지 않더라도 연구전체의 윤곽을 명료하게 파악할 수 있도록 정확하고 간결하게 작성한다. 초록은 전문full paper을 읽기 전에 내용을 소개하여 독자가 빨리 내용을 파악하도록 돕기 위한 것이다. 좋은 논문이나 보고서는 초록이 잘 정리되어 있고, 간단하게 한 단락으로 잘 정리해야 하고 한 문장으로도 요약할 수 있어야 한다. 초록은 조사연구에서 다뤄지는 내용을 한 눈에 파악할 수 있게 하는 것이고, 일반적으로 하나의 문단으로 구성하며 과거시제로 작성하고 인용을 가급적 하지 않는다.

서론

논문이나 보고서의 첫인상을 좌우하는 서론에서 강력한 인상을 주는 것이 좋다. 서론은 본론으로 들어가는 도입 부분으로 뒤에 이어지는 본론 전개를 위한 길잡이 역할을 한다. 따라서 서론에서는 본론에서 다룰 문제를 너무 구체적으로 다루어서는 안되고 어디까지나 본론에 들어가기 위한 예비적 서술 또는 방향 제시에 그쳐야 한다. 서론의 역할은 연구자가 수행했던 연구의 맥락을 정리하고 독자에게 이 문제에 대한 중요성을 설명하는 것이라고 할 수 있는데 이 때문에 많은 부분이 함축적으로 포함된 부분이기도 하다. 이는 기존 연구에서 이 문제를 다룬 적이 있는지, 이전 연구의 성과와 한계는 무엇인지, 이 연구에서 이 문제를 어떻게 다루려고 하는지를 설명한다. 서론에 들어가야 하는 주요 사항은 문제의 현황과 중요성, 왜 이 연구를 수행했는지, 이 연구가 학문분야에 어떻게 기여하는지, 기존 문헌을 인용하며 이 주제에 대한 기존지식을 요약하거나 이 문제에 대한 배경지식을 제공한다. 특히 기존 연구와의 차별성이 주요하게 서술되어야 본 연구의 독창성을 확인할 수 있다. 그 과정에서 기존연구에서는 이 문제들을 다뤘던 적이 있는지, 이와 관련 있는 주제들이 등장했던 적이 있는지, 아니면 만약 이런 연구를 진행되었다면 어떤 성과를 얻었는지 등을 설명하게 된다. 만약 서론과 이론적 배경이 구분된다면 선행연구의 구체적인 검토는 이론적 배경 부분에서 진행하는 것이 바람직하다.

논문이나 보고서의 시작은 제목에 대하여 분명하게 설명하거나 제목에 대한 저자의 입장 또는 주장을 간략히 말한다. 혹은 제목을 잘 알려진 사실이나 최근의 사건에 관련시키거나 일반적인 통념에 대한 도전으로 시작하는 것도 좋다. 제목에 대한 역설적 표현이나 제목에 관련된 어떤 흥미있는 사실이나 통계 제시하여 독자의 관심을 유발하는 것이 좋다. 이러한 도입을 통해 서론을 작

성하되 서론에는 논지를 앞으로 본론에서 어떻게 논증할 것인가를 개략적으로 제시한다.

이론적 배경

학술지나 보고서 형식에 따라 이론적 배경이나 문헌검토는 따로 분리하기도 하고 서론의 문제제기에 통합되기도 한다. 이론적 배경은 연구문제와 가설에 대한 이론적인 틀을 잡기 위한 것으로 선행연구 검토가 주된 내용이다. 하지만 관련된다고 해서 기존 문헌을 불필요하게 너무 많이 인용하지 말아야 한다. 문헌고찰은 지겹게 느껴지지 않도록 간결해야 하고 동시에 연구주제가 무엇인지 명확하게 이해할 수 있을 정도로 충분히 포괄적이어야 한다김기덕 외, 2009. 또한 연구자는 성의 없는 문헌검토를 피해야 한다. 문헌검토를 일종의 형식적인 절차로 여기고 별 생각없이 진행해서는 안된다는 것이다. 이를 위해 핵심주제는 유지하면서 관련문헌을 간략하게 종합해 연구문제에 대한 개념들의 명확화, 관련이론의 검토, 개념들간의 관계에 대한 이론과 가설 설정의 논리를 제시한다. 이론적 배경에 대한 고찰은 기존 연구결과를 검토하고 비교함으로써 수행된다. 기존의 연구결과는 이론적 배경을 제공할 뿐만 아니라 연구내용이 독창적이라는 사실을 밝히는 근거를 제공하고 본 연구를 기존 연구의 맥락 속에 위치시키며 기존 연구가 가지고 있는 논리적 불합리성이나 내용적 불충분성, 상호 모순된 결과들을 지적함으로써 본 연구의 당위성을 입증하는 계기를 마련한다.

연구자는 독자들에게 연구주제와 관련되어 어떤 연구들이 이루어졌고 그런 연구들간에 일치하는 점과 불일치하는 점이 무엇인지 서술한다. 만약 기존에 수용되는 주장에 이의를 제기하고자 한다면 그런 주장을 하는 연구들을 자세히 고찰한 다음, 그런 연구들이 가진 논리적 오류나 고려하지 못했던 점들이 무엇인지 지적해야 한다. 만약 기존 연구들이 불일치한

다면 한쪽의 입장을 뒷받침하는 연구결과를 정리하고 또 다른 입장을 뒷받침하는 연구결과를 정리한 다음 마지막으로 두 입장 간의 차이가 어떤 이유에서 비롯된 것인지를 설명해야 한다김기덕 외, 2009.

다수의 연구들이 유사한 연구결과를 보고한 경우, 각 연구를 각기 논의하지 말고 그 연구들이 공통적으로 주장하고 있는 바가 무엇인지 밝힌 다음 내 각주에 관련 저자들을 나열하는 것이 바람직하다. 또한 이론적 배경에서 초보연구자들이 가장 많이 하는 실수 중의 하나는 관련 연구들을 연구자별로 정리하는 것이다. 가능하면 연구자나 연구별로 정리하기보다 연구내용을 분류하고 유형화하여 주제 중심으로 정리하는 것이 바람직하다. 이를 연습해보기 위해서는 리뷰논문들을 참고하는 것이 좋다.

질적 연구는 관련주제에 대한 편견이나 선입견을 갖지 않기 위해 문헌고찰을 자료수집이 완료된 후에 진행하기도 한다. 연역적 방법이 아니라 귀납적 방법을 따르기 때문에 질적 연구에서는 이론적 배경의 검토가 생략될 수도 있다. 이것이 질적연구 과정의 유연성을 볼 수 있는 대목이다.

연구방법

연구방법은 연구문제에 대한 해답을 얻기 위해 연구자가 실제로 어떻게 했는지를 보여주는 것이다. 제한된 지면 내에 독자들이 연구의 정확성과 신뢰성을 평가하는 데 필요한 중요정보를 누락 없이 제시해야 한다. 어떤 연구를 통해 얻은 연구결과의 가치는 그 연구의 설계와 자료수집과정이 얼마나 정확하고 타당한지에 달려있다. 또한 연구과정을 다른 연구자가 반복하여 검증할 수 있도록 연구방법을 정확하고 상

세하게 기술해야 과학적 방법의 특징 중의 하나인 재현가능성을 높일 수 있다. 여기서는 우선 연구문제에 대한 해답을 얻기 위해 어떠한 논리적 구조로 자료를 수집할 것인가에 대한 조사설계에 대한 사항을 설명하고, 이 같은 조사설계에 따라 표본을 언제, 어떠한 방식(인터넷, 면접, 관찰, 내용분석 등)으로 어느 정도 크기로 추출했는지를 설명해야 한다. 즉, 모집단과 표집틀, 표본추출방법, 표본크기, 자료수집방법, 조사응답율, 자료처리방법, 자료분석방법이 자세히 설명되어야 한다. 또한 주요변수들은 어떻게 조작화하여 측정하였는지도 서술되어야 한다. 특히 척도의 경우 총 몇 문항, 몇 점 척도, 예시 문항들, 신뢰도계수 등이 주로 보고된다. 또한 연역적 방식으로 가설이 설정된 경우 가설검증을 위해 어떠한 통계방법과 통계패키지를 통해 분석하였는지도 설명해야 한다. 자료분석의 모든 측면을 서술함으로써 다른 연구자가 동일한 자료를 가지고 동일한 분석을 할 수 있게 해야 한다. 즉, 다른 연구자들이 동일한 자료로 똑같은 척도, 똑같은 표, 똑같은 분석결과 등을 얻을 수 있게 해야 한다는 것이다. 최근에는 모든 연구자들에게 공개된 패널자료들이 많기 때문에 게재된 연구를 실제 재현하며 평가할 가능성은 커지고 있다.

양적 연구방법의 구성요소

- 조사방법이나 실험 방안
- 경험적 자료와 이론적 개념
- 표집방법, 표집대상의 특성
- 실험통제의 방법
- 측정방법과 자료수집의 절차
- 척도의 특징
- 통계적인 분석방법

질적 연구의 경우, 일반적인 부분과 논문에 특수한 부분이 함께 들어가는 경우가 많다유태균, 1998. 거의 대부분의 학술지 논문에서는 단순하고 간결하게 작성해야 하기 때문에 일반적인 부분을 제외하는 것이 바람직하지만 질적 연구는 독자들에게 익숙하지 않은 경우가 많으므로 일반적인 부분도 함께 포함된다. 이 부분에서는 독자들을 위한 질적 연구에 대한 교육과 함께 본인의 연구에서 질적 연구방법을 사용해야 하는 타당한 근거를 제시해야 한다. 논문에 특수한 부분은 구체적으로 어떻게 연구목적을 달성하기 위한 노력이 이루어졌는지에 대한 설명을 하게 된다. 이를 위해 연구자는 연구현장과 대상의 선정, 현장에 뛰어든 과정과 신뢰감 형성과정, 연구현장, 자료수집절차, 자료분류와 코딩, 자료분석, 연구윤리적 측면, 그리고 연구의 엄격성을 높이기 위한 방법 등이 주로 서술되고, 때로는 연구도구로서 연구자의 역할과 전문성, 선이해와 괄호치기bracketing 등도 추가된다. 질적 연구의 엄격성을 높이기 위해서는 현장에서 장기간에 걸쳐 이루어지는 연구자와 대상자 간의 관계 형성, 다각화triangulation, 동료집단의 조언이나 지지, 연구참여자를 통한 확인member check, 예외적 자료분석, 감사audit 자료 남기기 등이 활용된다유태균 역, 1998.

질적 연구에서는 연구자가 보고 듣고 느끼는 모든 것이 연구자료가 되며, 그 외에도 현장에서 이루어지는 모든 상황이 자료가 될 수 있다. 자료수집에서 중요한 것은 연구참여자가 자연스럽게 생활하는 현장을 선택하고 연구참여자와의 자연스런 관계를 통해 자료를 수집하는 것이다. 이 때 참여자와의 너무 친밀한 관계는 정보의 중립성을 왜곡할 수 있으므로 주의해야 한다. 수집된 자료를 계속 분석하면서 가설을 검증하기도 하고 새로운 가설을 설정할 수도 있다. 여기서 질적 연구에서의 가설은 양적 연구의 가설과 다른 점에 유의한다. 자료를 분석할 때 관찰한 자료에서 일정한 형태나 유형을 찾아내는 것이 중요하며 코딩한 자료를 분류하고 재조합하는 과정을 거친다. 질적 코딩자료를 통계패키지 NVivo 등으로 분석하는 경우도 있지만 일반적으로 질적연구자들은 이러한 통계 프로그램의 활용을 선호하지 않는다. 질적 연구는 양적 연구와 달리 연구진행과정이 유연하여 자료수집과 분석이 동시에 이루어지는 경우가 많고 기술할 때도 동시에 기록한다. 내용도 자료의 정리, 코딩, 분류, 추상화 등으로 분석적 서술이 이루어진다. 분석적 서술이란 코딩, 분석적 메모, 추상화 과정에 의해 제시되는 분류 간의 관계나 형성된 가설 등을 뒷받침하기 위한 현장기록 가운데 가장 적절한 자료를 직접 인용하여 사용한다이창희 외, 2008.

연구결과

연구결과는 논문과 보고서의 가장 핵심이 되는 부분이다. 연구자는 자신이 가진 모든 통찰력과 창의력을 발휘해 자신이 관찰한 바와 생각을 개념적으로 짜맞추고 이를 독자에게 전달해야 한다. 이를 위해 다양한 방법이 활용될 수 있지만 어떤 방법을 선택하더라도 연구결과는 반드시 엄격성을 가져야 하며 독자들이 쉽게 이해할 수 있게 써야 한다.

연구결과에서 논문이나 보고서에서 주장하는 결론을 정당화하는데 뒷받침되는 충분한 자료를 제시해야 한다. 하지만 수많은 표와 결과들을 나열하는 것은 바람직하지 않고 연구결과의 상세한 내용을 가능한 혼란스럽지 않게 제시해야 한다. 분석에 의해 도출된 결과를 정직성과 공정한 태도로 연구목적에 맞게 기술해야 한다. 자료를 통계분석한 결과를 표나 그림으로 제시하여 설명하고 이 결과가 가설을 긍정하는지, 부정하는지, 연구문제에 대한 적절한 해답이 되는지 설명해야 한다. 자료를 통계분석하여 제시할 때는 적절한 양식으로, 필요한 내용을 충분히 제시해야 한다. 가장 좋은 방법은 동일한 통계분석방법을 활용한, 가장 좋은 학술지에 게재된 논문의 양식을 따라하는 것이다. 각종 표와 그림을 적절히 배치하는 것이 간결하고 정확한 의미 전달에 도움이 된다. 표와 그림에서 나타난 축약어는 표의 제목이나 주에서 설명하고 숫자의 소수점 이하 자리수도 가능한 통일하는 것이 좋다. 표나 그림은 반드시 독자들의 이해를 돕기 위한 것이어야지 독자들이 표와 그림을 이해하는 데 더 많은 노력이 필요하다면 제대로 된 것이 아니다. 연구결과 중 중요하지만 논문의 논리적 흐름과 맞지 않는 부분이 있을 경우에는 부록으로 따로 만들어 포함하는 것이 좋다.

어떤 연구의 경우 연구결과를 설명하면서 연구방법의 일부를 설명하기도 하고 연구결과의 논의와 함의를 바로 추가하기도 한다. 하지만 가능하면 연구결과에서는 연구방법과 연구함의나 논의와 구분해서 서술하는 것이 좋다. 연구결과에서의 해석은 자료의 기술적, 사실적 의미가 무엇인지를 서술하는 정도로 제한하는 것이 좋다. 기대하고 예상했던 결과뿐만 아니라 예상하지 못했던 결과, 예외적 사실들도 솔직하고 정확하게 보고해야 한다.

논문이나 보고서 작성에서 논의한 내용은 거의 대부분 양적 연구와 질적 연구에 공통적으로 해당되는 부분이 많다. 질적 연구는 양적 연구와 달리 현상에 대한 심층적, 감정이입적 이해를 목적으로 하며 질적 연구에서 수집하는 자료는 양적 연구에 비해 축약하기 훨씬 어렵기 때문에 질적 연구의 논문이 양적 연구보다 일반적으로 길다김기덕 외, 2009. 질적 연구는 많은 분량의 인용문을 제시하기도 하고 관찰대상이나 상황에 대한 구체적이고 상세한 서술을 제공하기도 한다. 심지어 포토보이스처럼 사진이나 창의적 그림, 시 등을 제시하기도 한다. 질적 연구의 경우 보다 덜 구조화되고 덜 표준화되고 독특하기까지 하다. 양적 연구는 공식적이고 간결한 문체로 쓰는 것과 대조적으로 질적 연구는 감정이입적이고 주관적인 이해를 독자들에게 전달하기 위해 창의적으로 다양한 문체로 논문을 작성한다. 질적 연구는 글의 형식이나 구성에서 좀 더 융통성을 가질 수 있지만 양적 연구와 마찬가지로 납득할 만한 방법을 통해 수집된 충분한 양의 근거자료로 뒷받침되어야 한다.

결론

논문이나 보고서의 마지막 부분에서는 구체적인 결론을 이끌어내고 결론에 근거한 함의를 도출하고 연구가 가진 한계를 밝힌 다음 후속연구에 대한 제안점을 제시하면서 마무리된다. 즉, 연구결과의 요약, 논의, 함의, 한계점과 후속연구를 위한 제안 등으로 구성된다. 결론에서는 연구결과를 간단하게 요약하면서 시작한다. 이 때 초록의 내용을 그대로 반복하지 않는 것이 좋다. 논지를 증명하기 위해 사용했던 내용, 논지를 잘 지지하고 있는 내용을 포함해서 전체 연구결과를 간단히 요약하고 거기서 다시 논지를 끌어내어 확증한다. 본문에서 제시되었던 표, 그림, 그래프 등으로 제시되었던 결과를 반복할 필요는 없다. 따라서 가능한 간단하게 가장 중요한 결과를 중심으로 짧게 정리하는 것이 좋다.

여기서는 유의해야 할 점은 연구결과에 나오지 않는 주제나 내용은 절대로 다루지 말아야 한다. 초보연구자의 가장 큰 실수 중의 하나는 연구결과와 별 관련 없는 주장을 늘어놓는 것이다. 연구결과의 범위 내에서만 함의를 도출해야 한다. 또한 신통치 않은 결론을 가지고 마치 대단한 발견을 한 것처럼 과장된 결론을 맺으면 안된다. 마지막으로 논문작성 과정에서 아직 해결이나 해명되지 못한 문제가 있다면 이를 밝혀둘 필요가 있다. 이를 연구의 한계점에 밝히고 차후 연구방향을 제시하는 것으로 끝맺음을 한다.

간결하고 단순한 문장으로 연구결과를 종합하여 몇 개의 주요한 결론을 제시한다. 다시 한 번 강조하여 언급함으로써 독자로 하여금 연구목적이 무엇인지 다시 한 번 이해할 수 있도록 한다. 이 때 이미 알려진 사실과 연구의 새로운 발견을 명확히 구분하고 핵심내용이 분명히 드러나도록 서술되어야 한다. 자신의 논지를 잘 증명했음을 독자에게 확인시키면서 자기 주장을 확고히 하고 마무리한다. 논의에서는 연구결과로부터 도출된 결과를 다양한 각도에서 검토, 비판한다. 이 때 연구자의 독단이 개입되지 않도록 유의한다. 많은 연구가 한 가지 이상의 방식으로 해석될 수 있는 연구결과를 갖는다. 연구자가 내린 가장 적절하다고 판단되는 해석에 누구나 이견을 제시할 수 있다. 연구자는 자신의 자료를 바탕으로 내릴 수 있는 모든 가능한 대안적 해석이 무엇인지 알아야 하며, 그 대안적 해석 중 어떤 것이 가장 설득력이 있는지, 그 이유는 무엇인지를 밝혀야 한다. 연구자가 내린 결론은 근거자료에 의해서 뒷받침되어야 한다. 여기서 기존 연구를 정리했던 이론적 배경과 관련시켜 어떤 부분이 기존연구와 일치하고 지지하는지, 어떤 부분이 불일치하고 대조되는지를 서술하게 된다. 연구결과를 기존 지식과 비교해보고 비슷하면 비슷하다고 밝히고, 만약 연구결과가 상반된다면 그 이유에 대해서 논리적으로 서술해야 하다. 결론에서는 연구결과의 함의가 매우 중요할 수 있는데 연구결과의 의미를 설명하고 왜 그것이 중요한지 밝혀야 한다. 예를 들어 연구결과가 우리가 가진 지식의 범위를 얼마나 확대시킬 수 있는가, 연구결과가 실천과 정책에 어떻게 활용될 수 있는가? 등이 논의된다.

결론의 구성요소

- 연구결과의 요약
- 논의
- 함의
- 한계점과 후속연구에 대한 제언

인용과 참고문헌

인용

인용은 자기 것이 아닌 다른 출처의 자료를 연구의 논지를 뒷받침하기 위해 끌어오는 것을 말한다. 반드시 논지를 뒷받침하는 내용을 인용하는 것이 중요하고, 논지와 연관성이 적은 것을 그저 많이 모아 놓았다고 해서 좋은 인용은 아니다. 즉, 인용을 하되 그 인용의 앞뒤를 설명, 논증 등을 붙여 적당한 접속사나 어구를 통해 매끄럽게 연결해 가는 것이 중요하다. 인용은 직접인용과 요약과 의역paraphrasing인 간접인용으로 나눌 수 있다. 간접 인용은 일일이 직접 인용을 모두 하기에는 분량이 많거나 번거로울 경우에 요약이나 자기 말로 바꾸어 의역을 하는 것이다. 이때도 직접 인용처럼 인용한 말미에 내각주나 각주로 출처를 밝힌다. 간접 인용에 있어 주의할 점은 원저자는 전혀 그렇게 의도하지 않았는데 그 저자의 특정한 어구나 단어만을 취하여 그 의도를 곡해하여 인용하는 것이다. 각주는 이때 단순히 출처를 밝힐 뿐 아니라 이런 오해가 없

내각주 글의 중간에 괄호로 인용을 알려주는 각주

도록 독자에게 출처를 제시하는 목적도 있다. 간접인용시 각주를 달거나 직접 인용시는 인용부호, 3줄 이상 길어지면 내어쓰기를 하여 인용 단락을 따로 만든다. 이와 같이 직접, 간접인용에 있어서 각주는 참고한 자료를 밝히기 위해 사용된다. 이외에도 각주는 본문에서 다루기 적합하지 않은 경우, 저자의 주장이나 견해를 본문 밖에서 말하고 싶을 때도 사용한다. 하지만 요즘 논문들은 내각주로 인용 표시만 하고 글의 흐름을 방해하기 때문에 각주를 사용하지 않고 가능한 본문에 녹여서 서술한다.

인용은 저자가 두 명일 때는 모두 써 주고 세 명 이상일 때는 한 명만 쓰고 '외'를 써준다. 영어로 된 책이나 논문의 경우, 저자가 두 명일 때는 가운데에 and나 &를, 세 명 이상일 때는 한 명만 써 준 다음 'et. al.'을 써 준다. 하지만 처음 인용 시에는 모든 저자를 나열한다.

참고문헌 reference

논문이나 보고서는 연구자 본인만의 결과가 아닌 경우가 많다. 연역적 연구의 경우 많은 선행연구의 도움을 통해 연구가 만들어지는 것이다. 이것이 다른 연구자의 논문이나 책, 보고서를 인용해야 하는 이유이다. 표절을 방지하고 다른 저자의 지적 권리를 인정하고 이전 연구자에게 감사하며 역추적 방식으로 문헌을 찾아 연구의 비평을 넓힐 기회를 후속연구자에게 제공하는 뜻에서 참고문헌을 제시하는 것이다. 자신의 논문에 대한 설득력을 강화하기 위해서는 자신의 주장을 뒷받침하는 명확한 자료를 제시해야 한다. 논문이나 보고서를 작성하다 보면 인용을 명확히 하지 않는 경우가 생긴다. 다른 연구자의 논문이나 책을 인용하면서 마치 자기 연구인 것처럼 쓴다면 다른 사람의 연구에 대한 배려가 없다고 판단하며 표절 시비에 휘말려 연구자로서의 명성에 흠이 생길 수 있다.

참고문헌 작성방법은 여러 가지가 있다. 일반적으로 저자, 출판연도, 논문제목, 학술지명, 권호, 페이지 순서를 따르지만 표준화된 방식은 없고 학술지마다 다른 방식을 사용하는 경우가 많다. 따라서 그 학술지에 맞는 참고문헌 양식을 활용하는 것이 바람직하다. 가장 일반적인 것은 APA양식인데 기본적으로 다른 사람들이 참고문헌 목록을 보고 관심있는 논문과 책들을 쉽게 찾을 수 있게 하는 데 목적이 있다. 여러분들도 논문이나 보고서를 읽으면서 다른 연구를 역추적하게 되는 수가 있는데 이를 다른 연구자들도 쉽게 할 수 있도록 작성하면 된다. 이 때 논문이나 보고서에서 참조한 문헌들만을 기입하는 것을 원칙으로 한다. 기타 관련해 읽었으나 연구에 인

한국아동복지학 참고문헌 작성법

단행본

홍길동. 1990. 『조사분석』. 서울: 박달사.

홍길동 · 임꺽정. 2006. 『사회복지개론』. 서울: 박달사.

Kerlinger, I. N. 1995. Behavioral Research. New York: The Free Press. Kerlinger, I. N., Beker, R. A., &Porter, S. B. 1997. Social Science Research. New York: The Free Press.

논문

홍길동. 1990. "여성문제." 『한국사회복지학』 27: 147-165.

홍길동 · 임꺽정. 2006. "여성문제의 이해." 『한국사회복지학』 47: 17-35. Paglin, M. 1992. "The Trend of Inequality." Economic Review 65(2): 599-609. Kerlinger, I. N., &Porter, S. B. 1997. "Ethics of Social Science Research," Social Science Research 65(2): 599-609.

편집한 책

홍길동 편. 1990. 『현대문제론』. 서울: 한국연구소. Thomas, H. ed. 1997. Social Workers. New York: The Free Press.

번역한 책

Schuerman, R. 1986. 『사회복지평가론』. 홍길동 외 3인 역. 서울: 박달사.

Durkheim, E. 1960. Suicide. Translated by J. Spaulding &G. Simpson. Glencoe, IL: The Free Press.

편집한 책의 일부

홍길동. 1997. "기술구조와 노동자 소외의식." 임꺽정 편. 『불평등』. 서울: 박달사. pp.153-180.

Charlotte, I. 1980. "The Coming of Age." In C. Fry (ed.), Aging in Culture. pp.80-100. New York: J.F. Bergin.

학위논문

홍길동. 1997. "직무성과 결정요인." 한국대학교 사회복지학과 박사학위논문.

Yee, H. 1993. "Social Workers's Burnout." Ph.D. dissertation. Cornell University.

신문기사

"노인부부 83%이상 만족." 『신라일보』. 1990. 9. 17.

"Advice to Overweight," The New York Times. June 12, 1990.

인터넷 사이트

홍길동. 2003. "춘계학술대회 안내." 2003년 4월 29일, 한국아동복지학회 홈페이지: http://www.childwelfare.or.kr.에서 검색

Chou, L., McClintock, R., Moretti, F., & Nix, D. H. 1993. "Technology and Education." Retrieved August 24, 2000, from Columbia University, Institute for Learning Technologies Web Site: http://www.ilt.columbia.edu/publications /papers/newwine1.html.

참고문헌 작성 프로그램

연구자들의 논문이나 보고서 작성 시간을 조금이라도 줄이고 효율성을 높여주기 위해 참고문헌 작성을 도와주는 각종 도구들이 많다. 여기서 대표적인 3개의 참고문헌 작성 프로그램을 소개하려고 한다.

엔드노트(EndNote)

대표적인 논문 용도 참고문헌 작성 프로그램이다. 논문 외에도 사진, 책 등 다양한 자료를 일정한 형식으로 편리하게 보관할 수 있다. 인용한 문구의 출처를 쉽게 표시할 수 있다는 점이 이 프로그램의 가장 강력한 장점이다. 하지만 유료 프로그램이라 별도의 구매가 필요하다. 각 대학 도서관 홈페이지에서 검색하면 이미 구비하고 있는 곳도 많다. 이 외에도 MS 워드와의 호환성이 좋아 작업 시 편리하다.
• EndNote 홈페이지: http://endnote.com

레프웍스(RefWorks)

RefWorks는 웹기반 참고문헌 및 연구정보 관리도구이다. 국내외 학술DB 및 학술정보제공사이트에서 검색한 결과를 참고문헌으로 저장하여 자신만의 연구정보 데이터베이스로 관리할 수 있으며, 논문작성시 3,000여종의 국내외 학술지논문의 출력 스타일을 활용하여 본문내 인용, 각주, 참고문헌을 자동으로 생성할 수 있다. 간단한 계정등록의 대부분의 학술DB에서 자동으로 참고문헌을 가져올 수 있다. 학술DB의 검색결과 화면에서 내보내기 혹은 Export버튼을 눌러 RefWorks로 가져오기를 선택하면 자동으로 참고문헌을 수집관리할 수 있는 도구이다.
• RefWorks 홈페이지: www.refworks.com

조테로(Zotero)

Firefox 웹브라우저 기반의 참고문헌 수집 및 관리, 인용을 위한 도구이다. 다양한 참고문헌 관리를 웹기반으로, 클릭 한 번에 해결할 수 있다는 것이 큰 장점이다. 조테로가 여타 프로그램에 비해 좋은 점은 인터넷 뉴스 기사들의 요약정보를 바로 가져올 수 있다는 점이다. 일부 뉴스의 경우에는 기사에서 인용한 논문의 원문을 참고문헌으로 가져오기도 한다. 또한 모든 요약정보에 대해서 자유롭게 노트를 할 수 있다. 특히 책의 일부분에 표시를 해놓거나 신문기사를 요약해 놓으면 다음에 글을 쓸 때 바로 사용할 수 있어서 글쓰기 생산성이 크게 증가하게 된다.
• Zotero 홈페이지: www.zotero.org

용하지 않은 것은 적지 않는다. 이미 널리 알려져 일반화된 사실은 문헌 인용이 불필요하다. 참고문헌이 적을 때에는 저자명의 가나다 순이나 ABC 순으로 일관하여 쓴다. 참고문헌 목록 작성시에는 문헌 낱낱에 번호나 기호를 붙이지 않는다.

영문초록

영문초록도 국문초록과 마찬가지로 논문제목, 저자 영문 성명, 영문 초록 내용, keywords 순으로 작성한다. 국문초록을 최대한 반영하여 작성하되 우리나라 표현을 제대로 반영하기 어려울 경우 일부 의역paraphrasing하여 제시하기도 한다. 영문초록은 외부 전문가의 도움을 받아 완성도를 높일 필요가 있다.

부록

연구에 직접적 관련이 없는 자료는 대부분 부록으로 포함한다. 본문에 포함되기에는 너무 양이 많거나 논문에 포함되면 번잡하게 만들 가능성이 있지만 독자의 내용 이해에 도움이 될만한 자료를 여기에 포함한다. 일반적으로 각종 통계 분석의 상세통계표, 사회지표, 법률규정, 설문지 원본 등이 부록에 포함된다.

이 교과서를 통해 가장 성취하고 싶은 목표는 여러분들이 조사나 연구와 친해지는 것이다. 조사나 연구하면 굉장히 어렵고 전문가들만이 할 수 있는 것으로만 생각하고 있는 경우가 많은데 이 교과서를 읽고 나서는 여러분들이 생활이나 현장에서 의문이나 문제에 봉착하면 자연스럽게 조사와 연구를 떠올리는 계기가 만들어지기를 진심으로 기원한다.

1 전문학술지에 게재된 논문을 연구논문의 작성지침에 근거하여 비평해 보시오.

2 기말보고서를 연구논문의 주요 구성에 맞게 작성해 보시오.

summary 조사보고서의 작성지침

① 방향성
② 논리성
③ 간결성
④ 독창성
⑤ 객관성
⑥ 정확성
⑦ 가독성
⑧ 윤리성

summary 조사보고서의 주요 구성요소

① 제목
② 초록
③ 서론
④ 이론적 배경
⑤ 연구방법
⑥ 연구결과
⑦ 결론
⑧ 참고문헌
⑨ 영문초록
⑩ 부록

고려대학교 출판부. 2003. 새로운 논문작성법. 서울: 고려대학교 출판부.

김기덕 외. 2009. 사회복지조사방법론, 제6판. A. Rubin & E. R. Babbie. 서울: 박학사.

부스·컬럼·윌리엄스 저, 양기석 역. 2000. 학술논문작성법. 파주: 나남출판.

손병덕 외. 2010. 사회복지조사방법론: 이해와 실천. 서울: 학지사.

이창희 외. 2008. 사회복지조사론. 서울: 창지사.

장상 편저. 2002. 연구방법과 논문작성법. 서울: 이화여자대학교 출판부.

Index

김용석 가톨릭대학교 사회복지학과 교수
University of Texas at Austin 박사

이정희 Portland State University School of Social Work 교수
Arizona State University 박사

전종설 이화여자대학교 사회복지학과 교수
University of Texas at Austin 박사

정익중 이화여자대학교 사회복지학과 교수
University of Washington 박사

김기덕 순천향대학교 사회복지학과 교수
Arizona State University 박사

제3판
사회조사론

초판발행	2016년 1월 20일
보정판발행	2017년 8월 10일
제3판발행	2022년 2월 18일
중판발행	2025년 1월 20일
공저자	김용석·이정희·전종설·정익중·김기덕
펴낸이	노 현
편 집	배근하
기획/마케팅	정성혁
표지디자인	이영경
제 작	고철민·김원표
펴낸곳	(주) 피와이메이트
	서울특별시 금천구 가산디지털2로 53 한라시그마밸리 210호(가산동)
	등록 2014.2.12. 제2018−000080호
전 화	02)733−6771
f a x	02)736−4818
e-mail	pys@pybook.co.kr
homepage	www.pybook.co.kr
ISBN	979−11−6519−223−5 93330

정가 19,000원

박영스토리는 박영사와 함께하는 브랜드입니다.